少数民族传统体育学概论

方 征 著

中央民族大学出版社

图书在版编目（CIP）数据

少数民族传统体育学概论/方征著. —北京：中央民族大学出版社，2009.8
ISBN 978-7-81108-706-2

Ⅰ.少… Ⅱ.方… Ⅲ.少数民族—民族形式体育—研究—中国 Ⅳ.G852.9

中国版本图书馆 CIP 数据核字（2009）第 103599 号

少数民族传统体育学概论

作　者	方　征
责任编辑	蔚　然
封面设计	李　海
出 版 者	中央民族大学出版社
	北京市海淀区中关村南大街27号　邮编：100081
	电话：68472815（发行部）传真：68932751（发行部）
	68932218（总编室）　　68932447（办公室）
发 行 者	全国各地新华书店
印 刷 者	北京宏伟双华印刷有限公司
开　本	787×1092（毫米）1/16　印张：18.25
字　数	302 千字
版　次	2009 年 6 月第 1 版　2009 年 6 月第 1 次印刷
书　号	ISBN 978-7-81108-706-2
定　价	46.00 元

版权所有　翻印必究

前 言

《少数民族传统体育学概论》是中央民族大学2008－2009年度校级特色教材立项项目。主要教学目标是体育专业本科生，也可作为其他专业本科生跨专业学习以及体育专业研究生的参考教材，对从事民族传统体育文化研究的教师、体育工作者和其他领域的研究者具有参考价值。

20世纪80年代初，随着全国少数民族传统体育运动会四年一届的定期举办以及后来被确定的全国少数民族传统体育科学论文报告会的同时召开，开展少数民族传统体育文化的研究进入了一个快速发展阶段。巨大成就的取得主要是在对前人和其他学科研究成果总结的基础上，深入开展项目的挖掘和整理工作，探讨少数民族传统体育的基本概念和基本结构，制定了一些项目的规则和竞赛方法，使少数民族传统体育朝着竞技化和标准化迈进，也使得少数民族传统体育文化得到传播和弘扬，并为其保护和发展做出了贡献。但是作为具有文化多样性、各具风采的55个少数民族传统体育项目，用现代竞技体育的标准去衡量和评定显然是有失妥当，难免会抹杀其本身的民族文化特色，从而整合出一种充满现代竞技气息的、缺乏传统文化生命力的竞赛形式。通过对大量研究成果的分析可以看出，关于少数民族的传统体育文化的研究目前还处于对体育本身固有属性的探讨方面，从深层文化结构去分析和研究的学者并不多见，能够运用相关学科的理论去研究和阐释的学者更是少见。但是丰富多彩的少数民族传统体育文化为我们探索人类发展的足迹，探索人类文化的进化、传播、变迁和消亡的规律以及研究人类宗教信仰、艺术价值、道德标准、法律规范和风俗习惯等展示了广阔的空间。少数民族传统体育文化的研究至今仍处于无序和零散阶段，在研究过程中，许多学者遇到了一些困惑，如应该用什么样的理论去支撑？用什么样的方法去阐释？用什么样的手段去解决问题等。基于这种形势和需要，我们将少数民族传统体育作为一门学科进行研究，系统地论证其基本原理和基本方法，对其基本要素进行准确的定位，这些对于深入探讨少数民族传统体育文化的研究具有积极的意义。

"少数民族传统体育学"的理论基础主要是立足于民族学和人类学，它是将民族学和人类学理论作为一种工具，对我国少数民族传统体育进行阐释和说明的学科，也是一门交叉的综合性学科。民族学和人类学是研究民族和人类文化本质的学科，通过学习对我们认识事物本质、掌握探索文化的方法以及展望文化发展的未来具有重要作用。"文化是人们在体力劳动和脑力劳动过程中所创造出来的一切财富，包括物质文化和精神文化以及人们所具有的各种生产技能、社会经验、知识、风俗习惯等"。物质文化处于文化结构的表层，一般指物质产品；精神文化处于文化结构的深层，一般指意识形态。体育是"舶来品"，在少数民族社会文化发展过程中，体育没有被分化成一种独立的文化体系。少数民族传统体育文化是我们用西方体育或现代体育的标准从其他众多文化体系中整合出来的一种新型文化体系。我们在研究中是将少数民族传统体育作为一种单独的文化体系进行探讨的，同时，对这一文化体系的探讨又必然反映出少数民族社会各个文化领域以及整体文化的发展态势。因此，少数民族传统体育文化既是一种新兴的文化，同时也是一种传统的文化，新兴是指在形式方面还处于起步和发展阶段，其体系结构和文化指征还处于模糊阶段；而传统是指构成这种符合"体系标准"的文化元素是从其他具有传统文化特征的文化体系中提取出来的，从而整合出一种新兴的文化体系。这就是我们这本书要研究的主要内容——少数民族传统体育文化。

一门学科的创建首先要构建它的学科体系，"少数民族传统体育学概论"是少数民族传统体育学学科的基本纲领、理论基础和方法论，是对学科构架总体的说明和阐释。它在总结相关领域研究的基础上，概括了学科的范围、内容和领域；界定了基本概念、研究对象、研究内容和研究方法；从不同层面和视角论述了少数民族传统体育文化的本质内容；剖析了它的脉络构成和区域关联，为整个学科的发展勾绘出一张立体的结构图。

"少数民族传统体育学概论"是将少数民族传统体育作为一个整体的文化现象，从整体和宏观的视角对这一文化现象进行总体和规律上的总结，它是少数民族传统体育学科之下其他分支学科的理论基础。值得注意的是，少数民族传统体育学是对少数民族传统体育文化总体现象的研究，是通过对个案的分析，去透析整体的特征。其研究内容包括以下几个部分：

第一，建立少数民族传统体育学科的理论体系。论述了少数民族传统体育学科的理论体系和学科结构，根据其学科的属性将少数民族传统体育学科划归于体育学的二级学科，即民族传统体育学的下属学科，同时，又根据少数民族传统体育学学科的特点将其内容分为基础理论、自然科学理论、社会人文科学理论和综合科学理论。

第二，完善少数民族传统体育学基本理论的建设。论述了其研究对象、研究领域、学科性质、理论基础、学科建设的目的和意义、研究方法等基本要素的实质内容，建立了其基本理论体系。

第三，关于少数民族传统体育的研究。从少数民族传统体育固有属性上，根据其自身的特点，阐述了少数民族传统体育的基本概念、基本类型、固有特征和价值作用等内容，论证了少数民族传统体育起源和发展的社会因素。

第四，关于少数民族传统体育文化的研究。少数民族传统体育学辨析了少数民族传统体育文化的本质内容、基本结构和基本特征，论证了它与其他文化形式之间的相互关系，阐述了它在传播、演进和变迁中所遇到的整合、变异、涵化的过程。

第五，关于少数民族传统体育文化的研究方法。依据体育学和民族学、人类学的原理，并结合其他学科的理论和方法，合理地概述了少数民族传统体育文化的研究方法。

第六，介绍了相关的少数民族传统体育项目。

按照经济文化类型的分类，中华人民共和国在成立初期还存在着采集、渔猎、畜牧、农耕等多种形式并存的民族经济状况，这种状况形成了文化的多样性与复杂性。文化的多样性与生物的多样性一样，具有不可再生性和不可复塑性。环境不仅包括自然环境，同时也包括社会环境。正是由五彩缤纷的民族文化构成了一个平衡、和谐的社会环境。社会环境的平衡，关系到人类的和谐发展。在科学技术高度发达的今天，世界经济快速发展，而在经济全球化的冲击下以西方为主的主流文化对处于边缘区域的民族文化进行着强烈的冲击，许多宝贵的民族传统体育文化遗产已经消亡或正在消亡。"没有人文背景的发展，只是一种没有灵魂的经济增长而已"，少数民族传统体育学的研究不仅是对某一领域文化的研究，而且还具有维护人类文化平衡发展的作用，它不仅有着广阔的研究领域和研究空间，同时也肩负着保护和传承少数民族传统体育文化的任务。少数民族传统体育学也必将朝着科学化、系统化和专业化的方向发展，因此，这门学科同样具有广阔的发展前景。

作　者

2008年12月9日

目 录

第一章 少数民族传统体育学概述 …………………………………… (1)
 第一节 少数民族传统体育学学科的发展及展望 ………………… (1)
  一、少数民族传统体育学的发展历程 ……………………………… (1)
  二、创建少数民族传统体育学学科的动力源 …………………… (4)
  三、创建少数民族传统体育学学科的文化基础 ………………… (7)
  四、少数民族传统体育学学科发展展望 ………………………… (9)
 第二节 少数民族传统体育学的学科体系 ……………………… (12)
  一、体育学学科体系 ……………………………………………… (12)
  二、少数民族传统体育学学科体系 ……………………………… (14)
 第三节 少数民族传统体育学的基本要素 ……………………… (18)
  一、少数民族传统体育学的学科性质 …………………………… (19)
  二、少数民族传统体育学的研究对象和内容 …………………… (19)
  三、少数民族传统体育学的研究领域 …………………………… (24)
  四、少数民族传统体育学的理论基础 …………………………… (27)
  五、少数民族传统体育学的任务 ………………………………… (34)
 第四节 少数民族传统体育学的基本观念 ……………………… (43)
  一、普同性 ………………………………………………………… (43)
  二、文化相对性 …………………………………………………… (44)
  三、适应性 ………………………………………………………… (45)
  四、整体性 ………………………………………………………… (46)
  五、整合性 ………………………………………………………… (48)
 第五节 民族学和人类学原理在少数民族传统体育学的运用 …… (48)
  一、文化"残存"法 ………………………………………………… (49)
  二、文化的传播 …………………………………………………… (50)
  三、需要的演进 …………………………………………………… (51)
  四、文化的价值平等 ……………………………………………… (52)
  五、结构的说明 …………………………………………………… (53)
  六、模式的构成 …………………………………………………… (54)

七、文化唯物主义的探索 ……………………………………… (56)
　　八、符号的阐释 ……………………………………………… (57)
第二章　少数民族传统体育学的研究方法 …………………………… (60)
　第一节　少数民族传统体育学研究概述 ………………………… (60)
　　一、少数民族传统体育学科学研究的特点 ……………………… (60)
　　二、少数民族传统体育学科学研究的类型 ……………………… (62)
　　三、少数民族传统体育学科学研究的基本程序 ………………… (64)
　　四、少数民族传统体育学科学研究选题 ………………………… (65)
　第二节　少数民族传统体育学实地调查法 ……………………… (72)
　　一、实地调查的源流 …………………………………………… (73)
　　二、实地调查的特点 …………………………………………… (76)
　　三、实地调查的类型 …………………………………………… (78)
　　四、实地调查前的准备 ………………………………………… (80)
　　五、实地调查的具体方法 ……………………………………… (83)
　　六、实地调查的记录和调查报告 ……………………………… (84)
　第三节　少数民族传统体育学的比较研究法 …………………… (86)
　　一、比较研究的含义 …………………………………………… (86)
　　二、少数民族传统体育学的比较研究 ………………………… (87)
　　三、比较中的方法论问题 ……………………………………… (88)
　第四节　少数民族传统体育学文献资料研究法 ………………… (89)
　　一、初步查阅文献资料 ………………………………………… (90)
　　二、确定课题和资料的搜集方向 ……………………………… (90)
　　三、搜集、阅读、记录有关文献资料 ………………………… (91)
　　四、筛选、分析研究资料 ……………………………………… (91)
　　五、撰写文献综述 ……………………………………………… (92)
第三章　少数民族传统体育学与相关学科 …………………………… (93)
　第一节　少数民族传统体育学与体质人类学 …………………… (94)
　　一、体质人类学的概念 ………………………………………… (94)
　　二、体质人类学的理论和方法 ………………………………… (95)
　　三、体质人类学理论和方法在少数民族传统体育学中的运用 … (97)
　第二节　少数民族传统体育学与语言学 ………………………… (98)
　　一、语言学的概念 ……………………………………………… (98)
　　二、语言学的理论和方法 ……………………………………… (99)

三、语言学理论和方法在少数民族传统体育学中的应用 ……… (100)
　第三节　少数民族传统体育学与考古学 ………………………… (102)
　　一、考古学的概念 ………………………………………………… (102)
　　二、考古学的理论和方法 ………………………………………… (102)
　　三、考古学的理论和方法在少数民族传统体育学中的应用 …… (106)
　第四节　少数民族传统体育学与生态学 ………………………… (108)
　　一、生态学的概念 ………………………………………………… (108)
　　二、生态学的理论和方法 ………………………………………… (109)
　　三、生态学的理论和方法在少数民族传统体育学中的运用 …… (112)
　第五节　少数民族传统体育学与视觉人类学 …………………… (116)
　　一、视觉人类学的概念 …………………………………………… (116)
　　二、视觉人类学的研究方法 ……………………………………… (118)
　　三、视觉人类学在少数民族传统体育学中的运用 ……………… (120)

第四章　少数民族传统体育 ………………………………………… (122)
　第一节　少数民族传统体育的概念 ……………………………… (122)
　　一、少数民族传统体育概念的界定 ……………………………… (122)
　　二、少数民族传统体育的分类 …………………………………… (130)
　　三、少数民族传统体育的特点 …………………………………… (131)
　　四、少数民族传统体育的价值 …………………………………… (138)
　第二节　少数民族传统体育的起源 ……………………………… (141)
　　一、来源于生产生活 ……………………………………………… (142)
　　二、产生于军事战争 ……………………………………………… (148)
　　三、起源于民族风俗 ……………………………………………… (165)
　第三节　现代少数民族传统体育 ………………………………… (169)
　　一、现代少数民族传统体育的发展 ……………………………… (169)
　　二、发展少数民族传统体育的意义 ……………………………… (179)

第五章　少数民族传统体育文化 …………………………………… (185)
　第一节　少数民族传统体育文化的概念 ………………………… (185)
　　一、文化 …………………………………………………………… (185)
　　二、体育文化 ……………………………………………………… (187)
　　三、少数民族传统体育文化 ……………………………………… (189)
　第二节　少数民族传统体育文化的结构 ………………………… (192)
　　一、文化要素 ……………………………………………………… (192)

二、少数民族传统体育文化的基本构成 …………………………（194）
　第三节　少数民族传统体育文化的特征 ……………………………（196）
　　一、文化的特征 ………………………………………………………（196）
　　二、少数民族传统体育文化的特征 …………………………………（200）
第六章　少数民族传统体育的文化视野 …………………………………（204）
　第一节　少数民族民俗与传统体育 …………………………………（204）
　　一、生产劳动习俗形成的少数民族传统体育 ………………………（205）
　　二、婚俗丧葬与少数民族传统体育 …………………………………（206）
　第二节　少数民族艺术与传统体育 …………………………………（211）
　　一、少数民族音乐与传统体育 ………………………………………（213）
　　二、少数民族舞蹈与传统体育 ………………………………………（216）
　　三、少数民族美术与传统体育 ………………………………………（222）
　第三节　宗教文化与少数民族传统体育 ……………………………（225）
　　一、宗教与少数民族传统体育的关系 ………………………………（225）
　　二、宗教与少数民族传统体育 ………………………………………（229）
　第四节　地理环境与少数民族传统体育 ……………………………（234）
　　一、山地民族传统体育 ………………………………………………（235）
　　二、草原体育 …………………………………………………………（236）
　　三、北国冰雪体育 ……………………………………………………（239）
　　四、南国水乡体育 ……………………………………………………（239）
　第五节　民族经济与少数民族传统体育 ……………………………（240）
　　一、少数民族地区经济发展概况 ……………………………………（240）
　　二、少数民族传统体育与民族地区经济的发展 ……………………（241）
　第六节　少数民族传统体育与旅游 …………………………………（246）
　　一、旅游业的发展趋势 ………………………………………………（246）
　　二、民族体育旅游业现状 ……………………………………………（247）
　　三、我国少数民族地区旅游资源 ……………………………………（249）
　　四、开发利用少数民族传统体育旅游资源的必要性和可行性 ……（250）
　第七节　节日中的少数民族传统体育 ………………………………（254）
　　一、祭祀性节日的体育活动 …………………………………………（254）
　　二、纪念性节日的体育活动 …………………………………………（255）
　　三、庆贺性节日的体育活动 …………………………………………（255）
　　四、社交娱乐性节日的体育活动 ……………………………………（256）

第七章 少数民族传统体育竞赛项目介绍 …………………(258)
 第一节 武术 ……………………………………………(258)
 第二节 抢花炮 …………………………………………(259)
 第三节 珍珠球 …………………………………………(260)
 第四节 赛马 ……………………………………………(261)
 第五节 摔跤 ……………………………………………(261)
 第六节 押加 ……………………………………………(262)
 第七节 射弩 ……………………………………………(262)
 第八节 赛龙舟 …………………………………………(263)
 第九节 陀螺 ……………………………………………(263)
 第十节 毽球 ……………………………………………(263)
 第十一节 木球 …………………………………………(264)
 第十二节 高脚马 ………………………………………(265)
 第十三节 蹴球 …………………………………………(265)
 第十四节 秋千 …………………………………………(267)
 第十五节 板鞋 …………………………………………(267)
 附录 各民族传统体育项目表 …………………………(269)
后记 ………………………………………………………………(277)

第一章 少数民族传统体育学概述

第一节 少数民族传统体育学学科的发展及展望

任何事物都有它产生、发展和走向消亡的几个阶段。少数民族传统体育作为一类文化现象，反映了少数民族历史文明和传统文化的传承脉络，它的产生、发展和走向消亡与它自身所处的自然环境和社会环境是紧密联系的。追溯少数民族传统体育的历史轨迹，探寻其未来发展的动力和前景，对少数民族传统体育学学科的建立具有重要意义。

一、少数民族传统体育学的发展历程

（一）古代关于少数民族传统体育活动的记载

历史上我国少数民族社会发展极不平衡，由于民族压迫、疾病、生态变迁、边疆移民等原因，在我国出现过多次民族大迁徙，许多民族被迫迁到高山峡谷、戈壁荒漠、茫茫草原、密林深处等环境险恶地带，封闭自守、生产力水平低下、社会发展落后是许多民族的社会特点。甚至到新中国成立初期，许多民族还过着迁徙游猎的原始生活，许多民族还处在半原始半奴隶的社会发展状况下，人民生命财产安全随时都会受到威胁。至20世纪50年代以前，中国少数民族社会形态还处于原始、奴隶、封建等多种社会制度共存的阶段，社会发展极不平衡。可以说："新中国成立前中国少数民族社会构成一部活的社会发展史的图景。"[1] 在这样的社会环境下，许多少数民族社会文化发展长期落后，用来查证历史文化的文字记载较少，体育方面的文字记载就更少了。

---

[1] 徐万邦、祁庆富：《中国少数民族文化通论》，中央民族大学出版社，1996年版，第34页。

前人遗留的"史志"和保存下来的文人笔下的墨迹是我们了解古代少数民族传统体育文化的主要来源。早在殷商（前1766—前1122）甲骨文中，就可以约略地了解到当时的一些民族名称以及他们的生活、礼仪、祭祀和战争等情况。春秋战国（前770—前221）时期，关于各民族的历史传说和风土习俗的记载更为丰富。秦、汉（前221—220）时期中国形成了统一的多民族国家，司马迁的名著《史记》就有关于若干民族情况的介绍。三国至隋唐时期（220—907）的《吴越春秋》、《越绝书》、《华阳国志》、《蛮书》等是一些学者早期开始撰写关于民族的著作。以后历代的地方志、族谱家传以及文人的游记、笔记和文集，也描述了各民族的生活和风土人情。在大量的文化资料的记载中都可以看到古人关于少数民族传统体育活动的描述。如描述傈僳族精湛的射弩技术的史料就有：清乾隆《姚州志》载："技善弩，经年以射猎为事。"明天启《滇志》卷三十说："善用弩，发无虚失，每令其妇负小木盾经之，四寸者前行，自后发失其盾，而妇无伤"。① "总的来说，中国历史上的民族学资料，其丰富程度在世界上可以说是无与伦比的"②，这也为少数民族传统体育文化的研究提供了大量的史料。

（二）民族学和人类学关于少数民族传统体育的研究

19世纪末20世纪初，民族学和人类学传入中国，从此就有了以田野调查为主要手段的少数民族历史文化、社会结构和撰写"民族志"的专业研究。新中国成立后，党和人民政府一向重视民族学的研究和发展，重视对民族学研究人才的培养。确定了以实地调查或田野工作为民族学研究的基本方法，民族学研究为民族事业做出了重要贡献，如民族识别工作、少数民族社会历史调查和少数民族社会性质的研究等。③ 民族学专业在1966年"文化大革命"开始后被撤销。1978年"文化大革命"结束以后开始恢复，此后的20多年，人类学和民族学进入一个发展较快的黄金时期。在许多人类学家和民族学家的笔墨里，我们可以看到大量通过实地调查对少数民族传统体育进行研究的成果，但他们大多数是将少数民族传统体育作为一种民俗现象进行研究的。在各种"民族志"里以及大量的人类学和民族学研究成果中，都可以看到关于传统体育的影子，如由中央民族学院汉语

---

① 张鸿力、张凤贵：《傈僳族》，引自《中华民族传统体育志》，广西民族出版社，1990年版，第256页。
② 林耀华：《民族学通论》，中央民族学院出版社，1997年版，第3页。
③ 林耀华：《民族学通论》，中央民族学院出版社，1997年版，第13页。

系民族民间文学教研室的吴德坤等师生于上世纪80年代初期编著的《少数民族民俗资料》[①]，就收录了怒族的溜索、满族的弓箭、阿昌族的刀、苗族的跳芦笙等200多项与传统体育活动有关的民俗活动。体育作为一种文化现象在少数民族社会的各个领域都占有重要位置，极为丰富的民族学和人类学研究成果为少数民族传统体育文化研究展示了广阔的空间。

（三）体育专业领域关于少数民族传统体育的研究

我国从1982年开始每四年组织和举办一次全国少数民族传统体育运动会，随后，在运动会举办的同时，举行一次全国少数民族传统体育科学论文报告会。在这种形势下，少数民族传统体育的科学研究得到了快速的发展，其标志是由中国体育博物馆和国家体委文史工作委员会组织编写、由广西民族出版社于1990年8月出版的《中华民族传统体育志》。这本巨著涉及范围之广、参与人数之众是空前的，其中收录了我国55个少数民族的676个传统体育项目的条目，它的出版吹响了体育界向少数民族传统体育科学研究领域进军的号角，具有划时代的意义。从20世纪80年代初期开始，少数民族传统体育的研究主要是对项目的挖掘和整理，如珍珠球、抢花炮、木球、龙舟、摔跤、马术、武术等项目从众多的项目中被充分挖掘和整理，并制订了竞赛规则，成功地列入全国少数民族传统体育运动会比赛当中。20世纪90年代中期，少数民族传统体育进入到文化和市场应用领域的研究，其标志是云南社会发展研究中心编写、由云南民族出版社于1995年出版的《少数民族体育文化论》。这本著作将少数民族传统体育从各种文化领域中提炼出来，作为独立的文化现象进行了研究，探索了少数民族传统体育的文化本质，阐述了体育文化与其他文化之间的关系，论证了其价值功能和市场应用前景，是少数民族传统体育进入文化深层领域研究的里程碑。另一个标志是吉首大学白晋湘等主编、由中南工业大学出版社于2000年出版的《民族传统体育教程》。这本教材开创了少数民族传统体育教学和训练的先河，对少数民族传统体育项目的推广起到促进作用。进入21世纪，少数民族传统体育的科学研究进入应用性阶段，许多领域的研究成果不断涌现，呈百花齐放、百家争鸣的状况。从2007年10月由民族出版社出版的第八届全国少数民族传统体育运动会体育科学论文报告会获奖论文集《民族体育论集》来看，研究内容涉及体育政策启示、体质健康、资源开发、竞赛体制、文化冲突、运动训练、体育教学和文化考证等

---

① 中国当代文学研究会少数民族文学分会：《少数民族民俗资料》，内部资料，1985年。

诸多领域。研究方法也从文献研究逐渐向调查式研究、实验性研究转变，研究规模从云南师范大学、吉首大学、中央民族大学和广西民族大学等几家民族特色院校为主要龙头，发展到浙江、河南、河北、辽宁、山东、海南、新疆、湖南、贵州、湖北、云南、四川、广西、天津、宁夏、上海和北京等省市区的广大学者的踊跃参与，一些著名的体育院校也加大了对这一领域研究的投入，使得少数民族传统体育文化领域的研究呈现出空前高涨的局面。我们仅从中国期刊全文数据库1979—2007年的资料查询中就可以看到，关于少数民族传统体育的研究的文章就有328篇。

尽管近年来在这一文化领域的研究成果如雨后春笋一般蓬勃发展，从各种视角出发，对这种文化现象进行研究的成果层出不穷，但是关于少数民族传统体育的文化研究还没有形成一个系统的理论体系和研究方法。加快学科建设是促进其健康、全面发展的根本出路。

二、创建少数民族传统体育学学科的动力源

（一）学科的建立可以为少数民族传统体育文化的研究提供方法论

虽然少数民族传统体育的科学研究取得了丰硕的成果，但是，从研究的类型来看往往是"他观的"、"宏观的"、"定性的"和"综合的"综述性研究，而"自观的"、"微观的"、"定量的"和"专题的"深入研究还不够。许多研究缺乏深入的田野调查，能够运用统计学原理进行深入田野调查并进行比较的定量分析研究就更少了。从研究的方法上来看，许多研究成果是使用文献综述的方法，是对民族学等其他学科的实地调查资料进行的归纳和总结，而综合运用各种学科的研究方法深入实际进行系统研究的成果还是比较少见的；从研究内容来看，主要集中在教学训练、文化探源和资源开发等方面，在基础理论建设和文化深邃等领域的研究和其他学科比较还有很大差距；从研究的深度来讲，许多研究成果只停留在文化的中层和表层，研究手段单一，综合运用相关学科理论进行文化深层研究的成果也不多见；从研究的广度来看，研究内容不够平衡，重复性研究和相似性研究时有发现，许多领域涉足者较少甚至还没有引起人们的关注；从研究成果的理论基础来看，许多人缺乏民族学、人类学和相关学科的理论知识。到现在为止，比较系统地对少数民族传统体育的研究也只有短短的20多年，还处于起步阶段，适时地建立一套少数民族传统体育科学研究的方法论，对这一研究领域的全面发展具有指导意义。

(二) 少数民族传统文化的普同性和多样性的需要

中华民族呈"多元一体格局"①，56个民族共同创造了博大精深的一体多元的中华文化，中华民族文化是一体的，各民族风格迥异的物质文化与各具特色的精神文化是多元的。②纵观中华民族传统文化的发展历程，汉族文化始终占据主流文化的位置。历史上，尽管"大多数的少数民族王朝是力求压低汉族的地位和保持其民族自身的特点。结果却显然和他们的愿望相反。政治的优势并不是民族在社会上和经济上的优势。满族是最近也是最明显的例子。"③ 从社会发展状况来看，少数民族普遍落后于汉族。我国少数民族人口数大约占全国总人口数的8.41%，却生活在全国总面积一半以上的土地上，呈"大杂居、小聚居"的特点，不同的社会发展历程、不同的经济文化类型、不同的宗教信仰、不同的社会习俗和不同的道德价值观念等因素使传统的民族文化呈多样性。由于这种"普同的滞后性"和"多样的特殊性"，使我们在少数民族传统体育文化的研究中往往会遇到各种复杂的问题。受少数民族社会发展和文化环境等因素的影响，少数民族传统体育作为一种文化现象往往以一种复合的形式存在于社会的政治、军事、经济、宗教、法律、习俗、艺术等各个领域。一局摔跤比赛可以解决一场民族纠纷，一支弩箭可以赢得幸福的爱情，一场比赛的失利会使得整个族群背井离乡。相同的体育项目在不同的民族中有着不同的历史背景和社会地位，也远远超出了体育本身的价值功能。相似的体育"文化残存"反映了不同的民族传统文化的"进化"、"播化"、"辐合"和"需要"的延传方式。少数民族传统体育与其他文化形式相互交融，形成你中有我、我中有你，共同发展的状况。如果我们一定要将"跳竹竿"、"跳芦笙"、"东巴跳"等各种"肢体技艺"按照现代的"文化模式"进行体育或舞蹈文化领域的划分，一定要照搬现代体育的"研究模式"去研究少数民族传统体育的话，就会严重地束缚住自己的手脚。在许多少数民族社会中，体育没有形成一种独立的文化体系，在许多民族的语言中根本就没有"体育"这个词汇，体育往往与其他形式的文化活动相互融合。因此，正确地理解和区分是我们在研究中需要注意的问题。在少数民族传统体育文化的研究过程中，往往会遇到语言、宗教、习俗、观念等方面的诸多具体问题，也许

---

① 费孝通：《中华民族多元一体格局》，中央民族大学出版社，1989年版，第1—2页。
② 徐万邦、祁庆富：《中国少数民族文化通论》，中央民族大学出版社，1996年版，第20页。
③ 费孝通：《论文化与文化自觉》，群众出版社，2007年版，第77页。

稍有疏忽的一件事就会酿成很大的错误。因此，少数民族传统文化的普同性和多样性特点需要建立一套系统的理论来指导其体育文化的研究。

（三）对少数民族传统体育文化抢救和保护的需要

随着西部开发和国家建设重点的西移，少数民族地区经济得到迅速发展。在商品经济和外来文化的推动下，许多少数民族在思想观念和道德准则等方面也在发生着巨大的改变。传统的耻于经商、墨守成规的生活方式被彻底打碎，取代而来的是人口的巨大流动和商品意识的增强。大规模的外出打工、经商使得人们的生活水平得到了很大的提高，也使得原本简陋的"竹楼"变成了青砖瓦房，各种家电和通信设备被广泛普及，整个村寨充满了现代气息。但是，随着现代气息的到来，原本热闹的村寨变得安静了，原本充满生气的节日活动却少了年轻人的身影，原本能歌善舞的孩子却成了动画片的忠实观众，心爱的芦笙和弓、弩上落满了灰尘。随着现代科学技术的发展，人类生活的每一个角落都毫无遗漏地成为经济全球化的一个组成部分。整个世界在现代经济这个巨大的杠杆作用下，以迅雷不及掩耳之势急速地发生着改变。经济的全球化引起文化全球化，现代信息和通信技术的高速发展使得原本封闭的山寨与外部连成一片，外面的世界充满了无穷的诱惑，给人们带来了发展的机遇和挑战，同时，外来文化对传统的民族文化也进行着无情的冲击。这种冲击正在改变人们长期形成的相对固定的生活方式，改变着人们的文化价值观念，从而直接影响着民族传统体育文化的传承和发展。随着经济建设的快速发展，人们的精神生活也发生了巨大的改变，在人们尽情地享受现代文明的同时，宝贵的民族传统体育文化正在流失。分析其迅速流失的原因，我们概括为以下几个方面的影响：第一，受民族自身社会发展变化进程的影响。第二，经济全球化和信息化的高速发展，使得外来文化迅速膨胀，人们在吸收外部文化时忽视了自身文化的发展。第三，人口的大量流动加速了外来文化的吸收，"拜金主义"的蔓延使人们无暇顾及自身传统体育文化的发展。第四，一些地方对民族传统体育文化有不正确的看法和做法，也是使其加速解体的一个原因。第五，现代体育的竞争性、流行性和经济性残酷地冲击着民族传统体育文化的发展。[①]

少数民族传统体育文化是人类宝贵的文化遗产，具有不可间断性、神秘性和不可再创性。现在这种文化正面对着"分化与整合"、"变异与涵化"和"排斥与适应"等多种现象的考验，面对这种严峻的形势，适时地

---

① 方征、马辉：《民族文化理论与实践》，民族出版社，2004年版，第1253页。

创建少数民族传统体育学学科，运用有效的方法和手段给研究者提供理论指导，对这一文化遗产的抢救和保护具有重要意义。

（四）少数民族传统体育应用的需要

近年来，少数民族传统体育项目的挖掘和推广工作有了很大的进展，特别是自1982年以来每四年一届的全国少数民族传统体育运动会的定期举行，在许多项目的教学、训练和比赛等技术应用方面起到了巨大的推动作用。运用体育学原理建立系统的教学、训练和竞赛方法，对促进少数民族传统体育项目的推广、技术水平的提高以及其自身的健康发展都具有重要意义。随着少数民族地区经济、文化的快速发展，少数民族体育旅游、体育产品和少数民族传统体育表演等逐步加入到商品经济行列中，少数民族传统体育产业化已经初具规模，学科的建设可以为这一领域的开发和创新提供理论指导。

我国少数民族大都聚居在祖国的边疆地区，不仅自然资源和物产资源极为丰富，而且战略地位十分重要，少数民族地区社会稳定是社会主义建设的重要保障。少数民族传统体育以其广泛的社会功能和鲜明的时代内涵，起着振奋民族精神、唤醒民族意识、维护民族情感、增强民族凝聚力的重要作用。开展少数民族传统体育文化研究，对促进少数民族传统体育活动的健康开展，增强民族团结，维护社会稳定和政治统一，实现富民、兴边、康体、强国和睦邻都具有非常重要的意义，对促进少数民族社会和谐发展、经济繁荣、物质文明建设和精神文明建设具有积极影响。

三、创建少数民族传统体育学学科的文化基础

在960多万平方公里的中国土地上，少数民族分布地区占50%至60%。东至台湾，南达海南，西到新疆、西藏、北至宁夏、内蒙古、黑龙江。这些地区幅员辽阔，有着不同的自然环境。从南方热带、亚热带到北方的高寒地带，无论高原、峡谷、盆地、海岛以及荒漠等地带，都有少数民族人民在那里劳动、生息。由于自然环境不同，生产、生活方式的差异各少数民族形成了独特的色彩缤纷的少数民族传统体育项目。[①] 我国的满族、鄂伦春、达斡尔、赫哲及锡伯等民族，生活在山峦起伏、江河纵横的白山黑水的东北地区。由于他们生活在深山茫茫林海和江河湖海之间，以狩猎、采集、捕鱼、采珍珠等为主，这就决定了这些民族传统体育具有渔

---

① 徐玉良、方征：《少数民族传统体育通论》，远方出版社，2002年版，第15页。

猎民族的特征。如满族的骑射、珍珠球、赛威呼、玩嘎拉哈、空树林、拉地弓；赫哲族的叉草球、骑狗赛、划船、射箭；达斡尔族的赛马、射箭、萨克（嘎拉哈）、陶力捧、老虎棋；鄂温克族的赛马、套马、狩猎；鄂伦克族的斗熊、桦皮船赛、毛皮球、板棍、撑竿跳等都与这些民族居住的自然环境有密切关系。另外，这些民族居住在冬季气候相当寒冷、冰雪季节很长的高纬度地区，为开展冰雪活动提供了良好的活动场所。如满族的抽冰猴、滑冰车、拉爬犁、花样滑冰、速滑、冰上踢石球；赫哲族的滑雪、赛狗爬犁、冰磨、拉爬犁、滑冰；达斡尔、鄂温克、鄂伦春族的滑雪、滑冰等，这些项目都具有北国冰雪特征。

我国南方，气候温和、江河众多、水源充足。居住在这里的壮、黎、侗、土家、白、苗、瑶、京等少数民族的传统体育活动多具有水乡特点。如瑶族的踩独木滑水、土家族的潜水游戏、京族的驳脚、侗族的多能达（踢水比赛）、广西融水苗族的闹鱼及这些民族经常开展的游泳、跳水、捉水鸭、龙舟竞渡等。白族、苗族、傣族的龙舟竞渡的赛船构造及比赛方法还各具特色。

居住在以高原、草原、沙漠为主体的西北、西南地区的少数民族，如蒙古、维吾尔、哈萨克、柯尔克孜、塔吉克、乌孜别克、藏等民族，大部分或部分从事牧畜业，过着游牧生活。因此，许多传统体育活动都与马、骆驼有关，具有浓郁的草原特点。如蒙古族的赛马、射箭、打布鲁、马术；维吾尔族的叼羊、赛马；哈萨克族的姑娘追、马上摔跤、叼羊、马上射箭、赛骆驼；柯尔克孜的走马、马上角力、姑娘赛马、赛骆驼、马上击球；塔吉克族的叼羊、马术、马球；藏族的跑马打枪、骑马点火枪、飞马拾哈达、飞马拾银等。这些项目比赛场面激烈，扣人心弦，成为历届全国少数民族传统体育运动会最受欢迎的体育活动。

在我国西南地区，有些少数民族长期生活在地势陡峭、山高水急、谷深沟长、道路崎岖的地区，这里开展的许多民族传统体育活动，具有山地特点。如苗族的爬滑杆，独龙、怒、傈僳族的溜索、绳梯等。

纵观丰富多彩的少数民族传统体育项目，它们来源于生产劳动、军事斗争、宗教信仰、民间习俗等活动，是长期的生产生活斗争经验的浓缩。从这些项目本身也可以看到少数民族政治、经济、宗教、艺术、教育、习俗以及生产活动的缩影，再现了民族融合、文化交流、民族迁徙、民族压迫和民族抗争的景象，是民族文化的展示窗口和独特视角，具有深厚的文化底蕴。

四、少数民族传统体育学学科发展展望

目前，我国少数民族社会正处在巨大的社会变革中，现代科学技术和先进生产方式的迅速推广，商品经济的极大发展，年轻一代与现代社会的迅速融合等社会现象严重地冲击着人们的传统思想和价值观念，传统的生活方式正在不断地改变，文化转型正在自觉或不自觉地进行。在现代化的冲击下，人们无暇顾及传统的文化，传统的体育文化正在迅速流失。通过少数民族传统体育学学科的建设研究，试图为唤醒人们的保护意识，为弘扬民族文化，促进文化多样性发展作贡献。

（一）完善学科体系、创立基础理论

目前，少数民族传统体育学科的建设研究还处于萌芽阶段，尽管近年来体育界的研究者对少数民族传统体育活动进行了大量的调查研究，但是由于没有一套完整的理论体系作指导，没有一套科学的理论和方法做依据，人们的研究视野主要集中于少数民族传统体育概念的讨论，少数民族传统体育的起源、特征及发展趋势和区域性的文化研究，少数民族传统体育项目的研究，少数民族传统体育在全民健身和学校体育的开展研究等方面。在研究中，人们有意识和无意识地涉及和运用了人类学和民族学的理论，从文化的视野对少数民族传统体育进行了探讨。但是，也呈现出理论基础不扎实，研究内容不均衡，出现严重片面性问题，许多领域还处于空白状态。

少数民族传统体育学科属于社会科学的一级学科体育学科之下的二级学科民族传统体育学的下属学科。虽然它属于社会科学的范畴，但是在许多研究领域包含了自然科学的内容。从理论基础和研究方法方面来讲，少数民族传统体育学是一门综合性的交叉学科，它的理论和方法必须紧密依靠体育学、民族学和人类学，同时密切联系其他相关学科构建自己的基础理论和方法论。少数民族传统体育学是一门建立在其他学科基础之上的学科，因此，它的研究方向和内容必须与其他学科密切联系，从而整合出自己的研究领域，使学科建设科学、全面和深入地发展。

随着我国经济建设的快速发展，文化建设也必将越来越受到人们的重视；随着现代体育的不断蔓延，重新审视传统的体育文化也将成为必然。目前，我国少数民族传统体育迅速发展，这必将促进多部门、多学科、多领域的专家和学者加入这一领域的研究。加强对少数民族传统体育的历史源流、哲学思想、文化内涵、社会功能、竞技价值、产业特征、审美特

征、健身效能、形态结构、项群分类、训练方法与竞赛规则、学科体系建设的综合研究，逐步建立起我国民族体育的科学理论体系，并制定出我国民族体育近期、中期、远期的发展战略规划与战略实施措施，不断探索我国民族传统体育学科的本质特征与客观规律，探索体育全球化进程中民族体育文化发展的多元化途径与方式，为我国民族体育的发展提供科学的理论依据。[1] 科学地进行学科体系规划和基础理论建设，是学科发展的首要任务。

（二）多学科综合性发展

高水平的研究队伍是一个学科建设的根本保证。目前，从从事少数民族传统体育文化研究的队伍组成来看，主要集中在几所高等院校的体育院系，对于大部分研究者来说，主要从事的工作任务是体育教学和体育训练，其视野往往被局限于"体育"的范畴，因此其成果也往往被"体育专业"所限制，真正能够综合运用民族学、人类学和体育学原理进行文化深层次研究的专家并不多见。著名体育人类学教授胡小明在1992年就提出了运用体育人类学原理开展民族体育的研究，并说明了民族传统体育是体育人类学的主要研究对象，体育人类学是民族传统体育学科的主要依托学科。[2] 但是，在民族传统体育界没有得到充分的重视，致使至今能够综合运用民族学和人类学的理论进行民族传统体育文化研究的人只有为数几个。

从我国培养民族传统体育专业人才的模式上来看，一般比较注重武术、散打、摔跤、养生、舞龙舞狮等专项人才的培养，在理论方面也主要注重体育的专业理论和教学研究方法能力的培养。从开设的理论课程来看，主要有民族传统体育概论、中国武术史、中国文化概论、武术理论基础、传统体育养生学、中医学基础、专项理论与技术、运动生理学、运动解剖学、运动心理学等。从中我们可以看到，作为培养民族传统体育文化研究的专业院校没有充分重视对学生进行哲学、社会学、人类学等基础学科理论和方法论的教学，也就使得民族传统体育形成基础理论薄弱、研究内容单一、学科发展不平衡的局面。

值得欣慰的是一些从事民族传统体育文化研究的专家和学者已经充分

---

[1] 饶远：《体育人类学》，云南大学出版社，2005年版，第175页。
[2] 胡小明：《运用体育人类学开展民族传统体育的研究》，载《浙江体育科学》1992年第3期。

认识到这个问题，一些专家出版了专著和发表了专业论文，对民族传统体育学科如何发展，如何依托相关学科进行文化研究提出了看法。还有一些学者积极地进行"补课"，跨学科地学习民族学和人类学及其相关学科的理论，努力使自己的研究与文化发展的步伐接轨，力争站在学科发展的前沿。

少数民族传统体育文化是少数民族整体文化的一个分支，它同样包含物质文化和精神文化两个层面的内容。从物质层面反映了少数民族在生活实践中所创造的物质财富，包括劳动工具、器械、武器、交通工具等在体育互动中所运用的实物。从精神文化层面反映了少数民族的哲学、科学、伦理、道德、教育、法律、风俗习惯、宗教、文学艺术和语言等上层建筑和意识形态方面的内容。它是从体育的视角反映少数民族整体文化的体系，在我们深入研究这个文化体系的时候，必然要涉及各种学科领域的理论。因此，少数民族传统体育学科的发展一定会走向多视角、多渠道、多领域的跨文化、跨学科综合发展的道路。各种学科相互交叉、相互协作，形成一种科学、合理、多样化发展的道路。改变现行民族传统体育人才培养模式，树立学科带头人，加强横向联系，形成一个学科研究团体，是少数民族传统体育学学科建设发展的必要条件。

（三）少数民族传统体育学学科的国际化发展

目前，少数民族传统体育学学科还处于起步阶段，它的主要任务是建立学科的基本理论和方法论，完善学科体系，构建学科框架；加强项目的挖掘整理，促进教学训练和运动竞赛的深入进行；进一步深入进行市场开发、文化保护、可持续发展等方面的研究等。加强学科自身的建设与开发是当前学科建设的首要任务。随着学科建设的发展，少数民族传统体育学势必会通过实地考察不断丰富自身的实践经验，在实践中不断完善自身的理论体系，不断创造出新的理论方法，走出一条具有很大应用价值的独具特色的发展道路。我们可以欣喜地看到，一些专家和学者在产品开发、体育旅游、市场应用等方面作出了深入的研究，并且取得了瞩目的成就。在许多少数民族的传统节日中，体育表演和竞赛都是节日活动的重要内容，许多体育活动已经成为节日里增进市场繁荣、促进旅游开发的新亮点，"体育搭台，经济唱戏"在许多民族地区已经得到了广泛的应用。维吾尔族的"达瓦孜"，傈僳族的"上刀山、下火海"，黎族的"跳竹竿"，蒙古族的"风幡"等许多具有传统宗教色彩和风俗特色的体育项目受到了世界的关注，并得到了世界各界广泛的赞誉。少数民族传统体育的科学研究在实践中已经得到了人们的认可，同时丰富的少数民族传统体育资源又为学科的深入发展展示了光辉的前景。在这种理论与实践的相互作用、相互影响、相互促进、和谐发展的趋势下，少数民族传统体育学必将从"边缘"学科走出，登上国际科学领域的"大雅之堂"。少数民族传统体育学学科的建设要不断地加强与其他学科的联系，不断从中汲取营养，建立一支具有跨学科综合研究能力的科研队伍，加强与国际相关学科的交流，首先在理论上与国际实现接轨，然后才能由"少数民族"走向"世界民族"，真正实现国际化发展。

第二节 少数民族传统体育学的学科体系

科学是"反映自然、社会、思维等的客观规律的分科的知识体系"。[①] 现代科学的发展趋势是，一方面学科继续分化，对世界各方面的研究不断深入、精细；另一方面各种学科不断渗透，紧密地联系在一起，实现高度的整体化。学科是指"按照学问的性质而划分的门类"。[②] 科学与学科是两个不同的概念，科学只承认客观事实，是根据实践所得出的经验材料，经反复验证并系统化的知识。学科是对某一现象或事物的系统认识，这种认识形成一门学问，包含研究的意思，某一门类的学科可以包括其他科学体系的知识内容。

一、体育学学科体系

"体育科学是以体育现象和体育规律为共同研究对象的各门体育学科的总称（知识体系），是若干个体育类学科构成的学科总体。体育学科是分科之学，它本身不是一门科学。一般来讲，体育学是作为一门学科来使用的，而体育科学是一个学科群。"[③] 体育学科是关于实现体育目标的系统化的知识体系，它具有客观性、实践性、理论性、系统性、真理性、开放性等学科的一般性质和特点。作为一个相对独立的学科门类，它具有整体的交叉性和结构的大跨度的个性特征，在体育学科领域里，几乎所有的学

[①] 中国社会科学院语言研究所词典编辑室：《现代汉语词典》，商务印书馆，2007年版，第768页。

[②] 中国社会科学院语言研究所词典编辑室：《现代汉语词典》，商务印书馆，2007年版，第1547页。

[③] 杨文轩、陈琦：《体育原理》，高等教育出版社，2004年版，第150页。

科都是其他学科与体育学科结合而产生的学科,许多过去被认为与体育距离较远的甚至无关的学科,现在也与体育学科发生了交叉和渗透。体育学科有自然属性,也有社会属性;有生物属性,也有情感属性;有科学属性,也有人文属性。从体育学科的本质来看一般将体育学科定位在"综合科学"。由于边缘学科、交叉学科不断涌现,逐渐填平了哲学、社会科学与数学、自然科学之间的鸿沟,不断显示出学科体系整体化、综合化的发展态势。体育学科研究的主体是人,人既有社会属性的一面,又有自然属性的一面。因此,体育学科研究既要借助于社会科学的理论方法,又要与自然科学交融,顺应科学整体化、综合化的发展态势,使体育学科与哲学、社会科学、自然科学相互融合渗透,并将相关学科的理论和方法引入体育学科研究之中,促进体育的科学化与现代化发展。

体育学科体系是体育众多学科间内在的、本质的关联所形成的有序的结构体系。体育学科体系的形成有两个前提条件:一是体育学科众多分支学科的出现。随着现代体育运动的快速发展,以人体运动某一侧面或某一部分为研究对象的体育新学科在不断涌现,并出现了整体化的发展趋势,逐步形成了一个拥有众多学科的体育学科体系;二是科学的迅速发展。近年来,科学的社会功能大大增强,科学研究规模日益扩大,科研成果与日俱增。为适应体育运动实践对现代科学技术所提出的新要求,体育学科也有了新发展。

虽然体育学科被有关部门划归为社会科学的范畴,但是它包含了社会科学和自然科学两个知识体系的内容。2004年10月20日国家体育总局颁布了《国家体育总局关于进一步繁荣发展体育社会科学的意见》中指出:"体育科学是综合性科学,实施科教兴体战略包括繁荣发展体育自然科学和体育社会科学两个方面,建设有中国特色社会主义体育事业,离不开体育社会科学的繁荣发展。"[1] 在体育学科下属的各级学科中,不管是属于什么性质的学科,均可涵盖自然科学、社会科学和人文科学性质的内容。汪康乐将体育学科划分为:"体育自然科学、体育社会科学、体育人文科学和体育综合科学。体育运动中的技术科学归属于自然科学,体育社会科学和人文科学分别属于社会科学,各学科知识在交叉性、融合性、综合性、复杂性趋向与作用下,体育学科与其他学科领域中的许多学科之间也发生

---

[1] 国家体育总局:《国家体育总局关于进一步繁荣发展体育科学的意见》,载《体育科学》2005年第1期。

了辐射、渗透、融合与聚变，体育学科也同样向高度分化和高度综合发展，不断分蘖与衍生，创造出许许多多的体育新学科。"[1] 刘仲林认为体育学科是"一门由生理学、社会学、心理学、生物力学等20多门学科的渗透融合，广泛应用电子计算机、声像技术、遥控技术等现代技术的一门综合学科。社会中的体育现象和运动中人的多样性与复杂性决定了体育科学的跨学科性和综合性"。[2] 杨文轩将体育学科体系分类为："运动人体科学、体育人文社会科学和体育管理及交叉科学。分类原则一是主体性与客体性的原则；二是理论与实践统一的原则。"[3]

体育学科分类原则是明确的，分类的标准不同，分类的结果也就不尽相同，体育学科的分类随着体育运动实践的发展而发展，其分类、结构也会发生相应的变化。体育学科体系的研究，对于把握体育学科的内在联系，改善体育的学科结构，推动新学科的建立与完善，促进体育学科的整体发展并使之符合体育运动的实践的需要等方面都是有益的。

二、少数民族传统体育学学科体系

当今，在经济全球化、文化一体化和信息技术高度发达的冲击下，我国各民族社会生活环境正在发生着飞速变化。文化转型、环境变迁、生活方式的改变、人口迁徙、道德价值观念的再认识、商品经济的洗礼等因素无情地冲刷着人们的头脑，现代的生活方式和标准成为各民族年青一代追逐的目标，传统的文化往往被人们视为原始的、落后的，在这种"现代化"的浪潮中，具有"神秘性、延续性和不可再创性"的民族传统体育文化正在快速消亡。这种文化反映了民族历史的进程，记载了人类文明发展的足迹，承载了文化的传承，不仅是中华民族，同时也是全人类的文化遗产。抢救和保护这些宝贵的文化财富是迫在眉睫的事情，科学、合理、全面、有序地进行民族传统体育文化的研究是我们广大体育工作者的责任和义务，对民族传统体育学科、学理进行归纳、梳理及方法论的探讨，对这一领域的研究具有积极的意义。

少数民族传统体育学是以我国55个少数民族为范围、以传统体育为研究内容的综合性学科，是研究少数民族的传统体育文化的学科群。少数民

---

[1] 汪康乐：《体育科学新学科创建学》，北京体育大学出版社，2006年版，第18—19页。
[2] 汪康乐：《体育科学新学科创建学》，北京体育大学出版社，2006年版，第19页。
[3] 杨文轩、陈琦：《体育原理》，高等教育出版社，2004年版，第156页。

族传统体育学属于体育学科的范畴，是针对某一特殊领域人群的综合性体育文化的研究，因此，它不仅具有体育属性的一般性特征，而且还具不同于一般体育文化特征的特殊人文背景，其文化的多样性和复杂性是这门学科建设需要考虑的重要内容。

1997年，教育部在调整我国学科和专业时，将体育学作为一级学科划分在社会科学之下，又将体育学分为：运动人体科学、体育教育训练学、体育人文社会学和民族传统体育学四个二级学科。按照这种属性，少数民族传统体育学应归属于民族传统体育学的子学科（图1）。

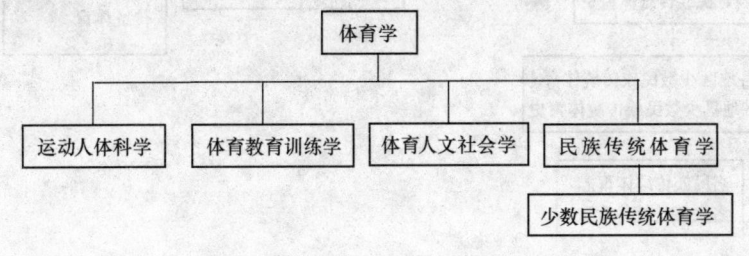

图1　少数民族传统体育学学科分类

有人将少数民族传统体育理论体系划分为：科学概念、教学训练类，理论教育类和比较学类（图2）。[①] 这种分类方法显然是从教学的内容安排上进行划分的，而不是从学科的属性上来划分的。

少数民族传统体育学作为一个领域的研究同样具有体育学科所包含的各学科所涉及的内容。少数民族传统体育学的领域不仅包括自然科学学科所涉及的各种运动技术的应用性研究、传统体育的人文社会研究和与其他领域相融合的综合性研究，同时，它还具有不同于现代体育的多样性和复杂性。例如，我们在研究运动训练时必然会运用力学、数学等自然科学方面的知识；研究少数民族传统体育的文化演进时，必然会运用到宗教学、社会学和民族学的知识；研究少数民族心理健康时，也一定会综合运用各种学科的理论。因此，少数民族传统体育学科是一类包含自然科学学科、社会人文科学学科和综合运用多种学科的综合性学科。根据少数民族传统体育学科的特点，我们将它划分为：基础理论、自然科学理论、人文科学理论、社会科学理论和综合性理论五方面的内容（图3）。

基础理论部分包括"少数民族传统体育学概论"和"少数民族传统体育学理论与方法"等，是以少数民族传统体育学的基本概念、基本原

---

① 赵静冬等：《中国少数民族传统体育研究》，云南民族出版社，2001年版，第45页。

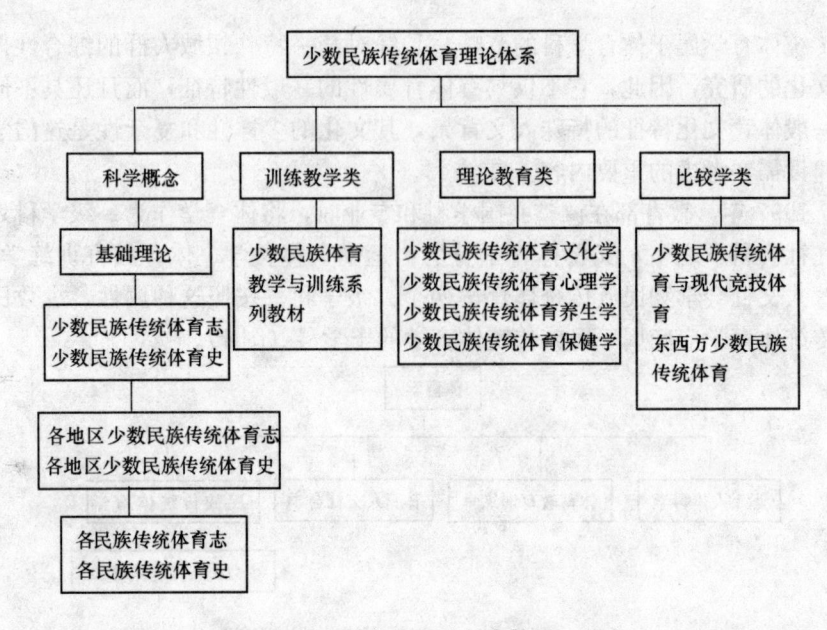

```
                        少数民族传统体育理论体系
         ┌──────────────┬──────────────┬──────────────┐
      科学概念         训练教学类      理论教育类       比较学类
         │              │              │              │
      基础理论      少数民族体育    少数民族传统体育文化学   少数民族传统体
         │         教学与训练系    少数民族传统体育心理学   育与现代竞技体
   少数民族传统体育志    列教材      少数民族传统体育养生学   育
   少数民族传统体育史               少数民族传统体育保健学   东西方少数民族
         │                                            传统体育
   各地区少数民族传统体育志
   各地区少数民族传统体育史
         │
   各民族传统体育志
   各民族传统体育史
```

图 2 少数民族体育理论教育体系一览表

理和研究方法为主要研究内容的学科。基础理论部分是少数民族传统体育学科的核心内容和理论支柱，通过对少数民族传统体育基础理论的建设，可以为少数民族传统体育学科其他领域的研究提供指导思想和方法论，为少数民族传统体育学科的总体构建夯实理论基础。基础理论的研究是将少数民族传统体育作为一个总体的文化现象进行研究，去阐述它产生发展的一般规律、基本特征和价值作用，从文化的视角去探讨它的传承与创新、变迁与冲突和传播与融合的内部环境和外在动力，而不做具体的个案的调查。基础理论部分对自然科学理论、人文科学理论，社会科学理论和综合性理论部分的研究具有指导作用，同时又不具备其他三方面理论的具体性和深入性，因此，我们在结构图中将基础性理论作为它们的上属分支概念。

自然科学理论是指包括运动人体学科、体育教学训练学和体育应用学科的体育自然科学学科在少数民族传统体育领域的运用以及少数民族传统体育项目自身的理论系统。如各个项目的理论与实践研究以及体育技术、体育手段、体育教学、身体锻炼、运动训练、运动竞赛等共性的原理与方法等方面的研究。我国少数民族传统体育项目繁多、形式多样，许多项目的技术手段、竞赛办法和锻炼方式不够科学合理，根据具体情况将现代体育学科进行合理运用，可以指导少数民族传统体育的快速健康发展。

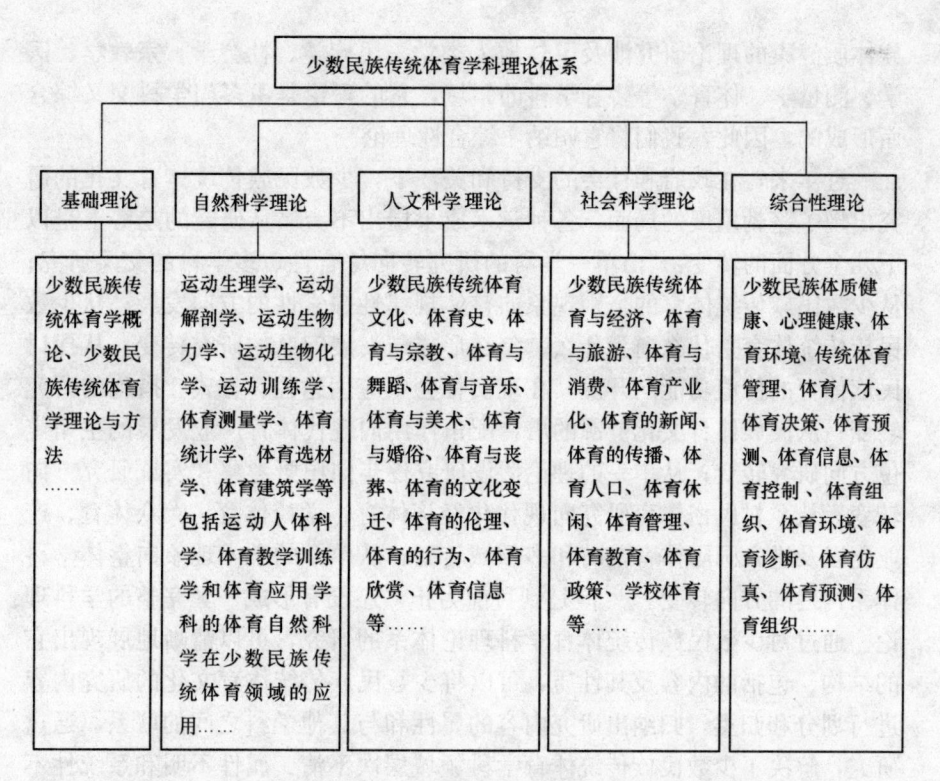

```
                    少数民族传统体育学科理论体系
        ┌──────────┬──────────┬──────────┬──────────┐
     基础理论   自然科学理论  人文科学理论  社会科学理论  综合性理论
```

基础理论	自然科学理论	人文科学理论	社会科学理论	综合性理论
少数民族传统体育学概论、少数民族传统体育学理论与方法……	运动生理学、运动解剖学、运动生物力学、运动生物化学、运动训练学、体育测量学、体育统计学、体育选材学、体育建筑学等包括运动人体科学、体育教学训练学和体育应用学科的体育自然科学在少数民族传统体育领域的应用……	少数民族传统体育文化、体育史、体育与宗教、体育与舞蹈、体育与音乐、体育与美术、体育与婚俗、体育与丧葬、体育的文化变迁、体育的伦理、体育的行为、体育欣赏、体育信息等……	少数民族传统体育与经济、体育与旅游、体育与消费、体育产业化、体育的新闻、体育的传播、体育人口、体育休闲、体育管理、体育教育、体育政策、学校体育等……	少数民族体质健康、心理健康、体育环境、传统体育管理、体育人才、体育决策、体育预测、体育信息、体育控制、体育组织、体育环境、体育诊断、体育仿真、体育预测、体育组织……

图3 少数民族传统体育学科体系

人文科学理论是指少数民族的精神文化领域的研究，是关于人的价值和精神表现方面的理论，是以人为根本出发点、归宿点和价值取向的深入阐释。包括体育人的情感、心理、审美、价值、文化等方面的主体特征以及少数民族传统体育史、体育文化、体育审美、体育艺术、体育史等体育人文科学领域的理论研究，还包括少数民族传统体育文化的变迁与发展、交流与传播、冲突与变迁、传承与保护以及其内部之间的相互作用与影响的研究，从而总结出其产生、发展、消亡的一般规律的理论研究。

体育社会科学理论研究对象是体育社会客体，体育社会现象及其运行规律，体育社会的内在本质、规律、机制、运行、结构、体育社会的组织、制度管理和调控等方面的客观特征以及少数民族传统体育与经济、体育与旅游、体育与消费、体育产业化、体育的新闻、体育的传播、体育人口、体育休闲、体育管理、体育教育、体育政策、学校体育等方面的研究。

综合性理论是指学科性质很难分辨，或综合性很强的理论。如少数民族体质健康的理论研究涉及了体质人类学、民族学、社会学、宗教学、医学、测量学、体育学等多种学科的领域，它的理论是由多门学科交叉综合而形成的，因此，我们将它归纳于综合性理论。

近年来，在政府和社会的支持和关注下，少数民族传统体育文化的研究出现了蓬勃发展的局面，各种学术成果层出不穷。从研究的趋势上呈以下几个方面的转变："由单一学科的研究转向综合性、多学科的交叉研究；从少数民族传统体育的个别现象向整体规律性探索性的方向发展；从少数民族传统体育是什么向为什么、怎么形成与发展问题的研究转变；从探讨民族体育的价值功能向开发其在现实社会中应用途径、方式、措施的研究转变；从民族体育文化资源的塔台配角作用向现代体育产业发展的主角定位方向研究转变；从单一的理论假设研究逐步向田野考察和实证研究方向转变；从乡村民俗体育研究向现代化经济体育、学校体育、大众体育、产业化以及进入国际体育范畴和多领域转变；从单个的学术现象向整体学科体系构建的方向转变。"[1] 但是到目前为止，还没有形成一套完整的学科理论。通过对少数民族传统体育学科理论体系的研究，可以清晰地展现出它的结构、包括的内容及其性质，可以将少数民族传统体育文化的研究内容进行划分和归类，归纳出研究内容的属性和与其他学科之间的联系。通过研究，解决了少数民族传统体育学科领域层次不清、属性不明和系统性不强的问题，为这一领域的研究者展示了研究领域和发展空间，指导少数民族传统体育学科均衡健康地发展。

第三节 少数民族传统体育学的基本要素

"一门体育学新学科的形成，总是有其学科的性质、学科对象、学科研究范围、学科研究方法、学科知识结构、学科功能和学科内容等基本要素构成。"[2] 少数民族传统体育具有现代体育的一般性特点，同时又有不同于现代体育的特殊性，对基本要素的研究是创建这个学科的基本要求。

---

[1] 饶远、陈斌：《体育人类学》，云南大学出版社，2005年版，第175页。
[2] 汪康乐：《体育科学新学科创建学》，北京体育大学出版社，2006年版，第87页。

一、少数民族传统体育学的学科性质

少数民族传统体育学学科是一类以少数民族的传统体育为研究范围的学科群，虽然它的研究范围给予了限定，但是"麻雀虽小，五脏俱全"，它包括了基础理论、自然科学理论、人文科学理论、社会科学理论和综合性理论等几个方面。少数民族传统体育学按照属性应该是体育学科的二级学科民族传统体育学之下的三级学科。少数民族传统体育学是以体育学、民族学和人类学为基础，综合了它们的理论和方法为自己的方法论，并密切联系社会学、生态学、考古学、历史学、宗教学、经济学、统计学、心理学、医学、教育学等学科的理论，对我国 55 个少数民族的传统体育文化进行研究的学科。这门学科是以体育文化为视角进行理论研究的，属于体育学科的范畴，它不仅综合运用了体育人文社会学、运动人体科学、体育教育训练学等体育学科其他三个二级学科的基本知识，同时也涉及了自然科学、人文科学和社会科学类型的其他学科的理论，因此，它是一门综合性的交叉学科。

体育是一个从西方传来的"舶来品"，少数民族传统体育文化是指我国 55 个少数民族由历史上流传下来的，被我们按"体育"的标准命名的"固有文化"。在现代社会里在上层建筑中占主导地位的政治、经济、法律、道德、艺术等文化形式处于主流文化的行列，而少数民族传统体育文化是以非主流文化形式存在的，它往往是作为一种文化现象出现在习俗的研究领域中，处于整个文化环境的边缘位置，因此我们说少数民族传统体育学也是一门边缘学科。

二、少数民族传统体育学的研究对象和内容

每一门学科都有特定的研究对象和一定的学科界限、学科研究与发展的范围。"科学研究的区分，就是根据科学对象所具有的特殊的矛盾性。因此对于某一现象的领域所特有的某一种矛盾的研究，就构成一门学科的对象。"[1] 少数民族传统体育学是民族传统体育学的分支概念，是针对"少数民族"这一特殊群体而展开的研究，我们从民族传统体育学的学理来探讨其研究对象。

---

[1] 汪康乐：《体育科学新学科创建学》，北京体育大学出版社，2006 年版，第 89 页。

(一) 民族传统体育学的研究对象

如何界定民族传统体育学的研究对象是这个学科研究的基本性问题，对于这个问题的探讨说法不一，根据我们掌握的资料，将其分为三个类型进行讨论：

第一，概念界定型。有人认为："民族传统体育学的研究对象就是民族传统体育在理论上与实践中的基本矛盾问题。由此引出了该门学科建设中的两个基本问题：(1) 该学科的研究范畴是什么？(2) 该学科在理论上与实践中所要解决的基本矛盾问题是什么？""民族传统体育学科的研究范畴集中表现为对民族传统体育概念的界定。"[1] 这种说法显然是说民族传统体育学的研究对象就是怎样对民族传统体育的概念进行界定的问题，"民族传统体育学"与"民族传统体育"是对民族传统体育的"学科"和"定义"两个不同领域的概念的描述，难免使人对持这种学说的人产生是否清晰民族传统体育学的理论结构的嫌疑。

第二，内容描述型。有人认为："从宏观上讲，民族传统体育学是探究民族传统体育的产生、演变和发展，尤其是民族传统体育内在的纵横联系，树立民族传统体育的动态观念和整体观念，充分评价和发挥民族传统体育的功能，研究民族传统体育在中国乃至世界各民族范围内所起的社会作用及其价值。从微观上讲，是研究民族传统体育结构及其形态、概念、功能、特征、分类等，总结、挖掘各民族体育项目及其规律，阐明其理论基础和实现途径，从而为民族传统体育运动实践服务。"[2] 有人认为："众多民族传统体育项目的基本技术、基本理论及其内在逻辑体系和适应社会发展的问题。"[3] 有人认为民族传统体育学"是在现代才凸现与分化出来的，它是一门以中国境内流传的民族体育活动为研究对象的综合学科，它以体育史、民族学、民间体育和少数民族体育等研究为基础。民族传统体育学从体育学、人类文化学、民族学、民俗学等多个视角，对中华大地上各民族传统体育活动和现象进行客观、全面、系统而又具体的研究"。[4] 以

---

[1] 崔建功、曹运华、叶伟：《民族传统体育学科建设的基本理论问题—兼论该学科产生的时代背景》，载《北京体育大学学报》2007年第5期。

[2] 倪依克：《民族传统体育学学科理论体系的研究》，载《广州体育学院学报》2006年第3期。

[3] 武冬：《从学科的角度全面审视民族传统体育学—对民族传统体育学的基本认识》，载《北京体育大学学报》2006年第4期。

[4] 张选惠：《民族传统体育概论》，人民体育出版社，2006年版，第6页。

上这些说法准确地把握了学科的概念和属性,对民族传统体育学的研究对象进行了尽可能全面和概括的论述。但是,这些学说是对研究内容或研究范围在"民族传统体育"的"一般意义上"的描述,没有深入到"民族传统体育文化"的领域对"对象"进行深入和准确的界定。

第三,文化论述型。有人认为:"民族传统体育学的研究对象应该适度抽象为:民族传统体育物质文化、民族传统体育制度文化、民族传统体育精神文化。"① 有人认为"民族传统体育学的研究对象是民族传统体育活动的现象和规律,其基本内容可包括:民族传统文化与民族传统体育的相互关系,民族传统体育与本民族或地区的政治、经济、教育及其生存、发展和变迁的关系;以及民族传统体育项目内容与地域和民族特点的关系等。"② 有人认为"我们可以在最一般的意义上说民族传统体育学的研究对象是民族传统体育,但从更有利于学科为人所理解的角度做适度抽象,我们应该说,民族传统体育的研究对象是作为人类文化形态之一的民族传统体育物质、制度、精神及其相互关系以及它们与外部世界的关联。"③ 这些说法冲破了对体育的表层文化层面进行论述的束缚,从文化的本质对民族传统体育学的研究对象进行了深入的探讨,道破了民族传统体育学是研究民族传统体育文化的实质。

"用文化学的分类来对民族传统体育进行适度抽象,是目前最合理的方法。因为体育已经不仅仅是一种生物物理现象、教育过程、社会活动,而是一类文化成果。"④ 文化学对于人类所创造的一切成果的宏观审视思路是当今社会文化研究最为重要的思想方法之一,已经成为各相关学科进行问题解析的一般方法论之一。从文化的视角去透析民族传统体育学的研究对象,是深入和准确的。

(二)少数民族传统体育学的研究对象

少数民族传统体育是民族传统体育的下位概念,少数民族传统体育学是民族传统体育学的分支学科,对少数民族传统体育学研究对象的探讨应符合民族传统体育学的学理,并根据少数民族传统体育的特点,从文化的视角进行界定才是准确的。少数民族传统体育学的研究对象是少数民族传统体育文化现象。"现象"是指事物在发展和变化中所表现出的外部的形

---

① 周伟良:《民族传统体育概论》,高等教育出版社,2000版。
② 胡小明:《拓展民族传统体育赖以生存的理论空间》,载《体育学刊》2003年第5期。
③ 周伟良:《中华民族传统体育概论高级教程》,高等教育出版社,2003年版,第14页。
④ 周伟良:《中华民族传统体育概论高级教程》,高等教育出版社,2003年版,第12页。

态和联系。① 少数民族传统体育文化现象是指人们在长期的生产生活实践中创造的以体育的形式表现出的能够反映少数民族传统文化的物质实体和活动方式。"文化唯物主义"者马文·哈里斯认为：只有现象的文化才能作科学的研究，而意识的文化只能停留在假说上。② 象征人类学是将文化当成象征符号加以探讨的，其代表人物格尔兹的"在解释之上的理解"通常被称为"解释人类学"，认为文化不是封闭于人们头脑之内的某种东西，而是存在于公共符号之中，透过这些符号社会成员彼此交流世界观、价值取向、文化精神以及其他观念，并传承给下一代。③ 对于研究对象的研究应该是对一类事物的界定，是对某一类事物的准确把握，而不是对事物概念的描述和说明。因此，我们从少数民族传统体育文化现象入手，对这种处于文化表层的可以触及和感知的文化实体进行剖晰，通过客观存在的文化形式去探索它处于文化结构深层的意识形态和精神世界，从而认识到事物的全貌。所以，这种处于文化表层的符号和标志是我们的研究对象。

文化的本质内容是在其文化层面上的真实反映，英国著名民族学、文化人类学学家爱德华·伯纳特·泰勒（E. B. Tylor，1832—1917）在 1871 年出版的《原始文化》中将文化的含义表述为："文化就其广泛的民族学意义来说，是作为社会成员所习得的包括知识、信仰、艺术、道德、法律、习俗以及任何其他能力和习惯的复合体。"④ 那么，少数民族传统体育文化就是一种由众多具体的体育文化现象在文化的不同领域的反映构成的复合体，它以特有的姿态融入社会文化的每一个角落，并对社会整体文化的发展趋势产生影响。少数民族传统体育文化绝不是一种孤立的文化现象，它与政治、经济、宗教、教育、道德、法律、艺术、习俗等文化形式相互交融，共同构成了一个民族的文化整体。少数民族传统体育学是一门以体育为视角去研究民族传统文化的学科，是通过对少数民族传统体育文化现象的剖析，去探索少数民族传统体育深层的文化内涵，去揭示它产生、发展的一般规律，去论证它在人类社会发展中的地位、价值和功能，去寻觅它在内部和外部环境的聚变中得以可持续发展的途径。少数民族传统体育学不仅是对少数民族传统体育这种文化现象本身所具有的文化特质

---

① 中国社会科学院语言研究所词典编辑室：《现代汉语词典》，第 1480 页。
② 庄孔韶：《人类学通论》，山西教育出版社，2005 年版，第 154 页。
③ 格尔兹：《文化的解释》，引自庄孔韶：《人类学概论》，中国人民大学出版社，2006 年版，第 76 页。
④ 引自林耀华：《民族学通论》，中央民族大学出版社，1997 年版，第 382 页。

进行的研究，而且是通过这个窗口去透析少数民族社会的政治、经济、宗教、教育、道德、法律、艺术、习俗等其他文化领域的深层内涵。从文化的角度来说，它是通过体育去研究少数民族传统文化的学科，是"传统体育的少数民族学"，或"少数民族传统体育的人类学"，但是，从属性上来说，它是一门体育的学科，因此我们称它是"少数民族传统体育学"。

少数民族传统体育学是研究少数民族传统体育文化的学科。少数民族传统体育和少数民族传统体育文化就是同一类文化现象在不同文化层面的指征，前者是指作为一类体育项目所具有的形式内容、功能特征和价值作用，是对少数民族传统体育本身固有的属性进行的研究；后者是指作为一类文化现象在社会的道德规范、思想品质、行为准则等意识领域的地位、影响和联系，是从少数民族传统体育的视角去透析民族精神的研究，后者要比前者涵盖的内容宽泛得多。文化的三元结构说通常把文化区分为物质文化、制度文化和精神文化三个层面。[①] 物质文化属于表层，它是人类在认识、改造、适应和控制自然界过程中所取得的成果，它表现为自然科学、技术、知识以及由此创造出来的工具、房屋、服饰、食品、器皿等物质文化。精神文化属于深层，仅包含人们的文化心理以及诸如政治思想、法律、道德、伦理、哲学、艺术、宗教等意识形态的各个方面。制度文化则属于中层，包括社会的经济、政治、法律体制及其运作方式，也包括婚姻、宗教等各种制度。这三个层面之间有机结合，存在着相互作用和相互制约的关系。少数民族传统体育文化同样具有这三层分类的要素，少数民族传统体育物质文化是指人们在生活实践中利用自然科学手段、技术、知识以及由此创造出来的关于体育的器材、场地、器物等物质产品，是具体的、生动的物质文化实体，它属于文化的表层。少数民族传统体育制度文化是指在体育过程中的规则、要求、方法、手段以及由体育的形式体现在政治、经济、法律、婚姻、宗教等文化领域中的制度和运作方式，它属于这种文化的中层。少数民族传统体育精神文化是指体育现象在民族心理以及诸如政治思想、法律、道德、伦理、哲学、艺术、宗教等意识形态方面的表现，它处于文化的深层。这三个层面之间有机结合，存在着相互作用和相互制约的关系，并有着相互重叠、相互转化和相互渗透的联系。比如，当我们谈到少数民族传统体育时，马上就会想到赛马、射箭、珍珠球、抢花炮等一个个鲜活的实例，这时，少数民族传统体育是一种客观的

---

① 林耀华：《民族学通论》，中央民族大学出版社，1997年版，第390页。

文化现象，是具体的、生动的文化实体，我们关注到的是少数民族传统体育文化的物质层面。而当我们谈到少数民族传统体育文化时，就会感到它就在你的脑海中翻滚，你却说不清、道不明，摸不着、看不见，可是又无处不在，这是由于我们将少数民族传统体育上升到了它的精神文化层面去理解，它变成了宏观的、抽象的和意识的，我们往往关注到的是它形成的历史背景、思想源泉、特定环境等内容。少数民族传统体育文化在物质、制度和精神三个文化层面的体现都可以涵盖在少数民族传统体育学的研究领域内，不管是有形的还是无形的、现实的还是意识的，都可以成为它的研究内容。少数民族传统体育学是通过剖析少数民族传统体育物质文化层面的现象，去探讨其制度文化层面和精神文化层面的本质规律和内在特征。

三、少数民族传统体育学的研究领域

少数民族传统体育学是一门综合和交叉多种学科理论的学科，它研究的内容是"少数民族的传统的体育的文化"，归根到底是通过某一窗口去研究某一类型文化的学问，因此它必须符合民族学、人类学和体育学的学理。作为对一类文化的研究，少数民族传统体育学必然要涉及其社会结构中的各个领域，在各种学科的研究中都会看到它的身影，从社会文化的各种角度去审视少数民族传统体育在社会结构中的地位、价值、功能和作用是全面和完整的。

（一）社会文化领域的研究

社会文化领域包括政治、经济、军事、宗教、法律、艺术、道德、习俗等内容，各种文化形态相互联系、相互制约，构成了一个平衡和稳定的文化环境。少数民族传统体育以"肢体语言"的形式体现出它在各种文化形态中的价值，在社会文化的各个角落都能看到它的存在。在政治斗争和军事斗争中，它是政治工具和练兵的手段；在劳动生产和经济活动中，它是生产劳动的方式和经济活动的媒介；在宗教活动中，它是神秘的仪式和驱鬼避邪的方式；在解决事务争端中，它是法律的准绳；在庆祝丰收和习俗活动中，它是重要的活动手段。在许多民族中，体育往往以一种复合的形式存在于其他文化形态中，与其他文化形式相互交融，形成你中有我、我中有你的局势，因此，我们对少数民族传统体育文化的研究必须深入到社会文化的各个角落，研究内容涉及历史学、宗教学、民俗学、地理学、经济学等多门学科的领域。

少数民族传统体育具有深厚的文化底蕴和发展空间，探索这种文化历时性和时空性是少数民族传统体育学的重要任务。作为一种文化现象，少数民族传统体育是如何产生的？在长期的发展过程中产生了什么样的变化？不同民族为什么有许多项目是相同或相似的？在当前情况下少数民族传统体育文化遇到了什么样的危机？为什么许多项目消亡了？这种文化将向什么样的方向发展？它的发展前景又会怎样？少数民族传统体育与其他文化形式是怎样的关系？用什么样的理论去解释少数民族传统体育在发展和文化碰撞过程中产生的文化变迁、传播、整合、变异、涵化等多种问题，都是少数民族传统体育学研究的领域。

（二）体育考古学领域的研究

少数民族传统体育的考古学研究是通过对少数民族的遗物和遗迹去研究过去文化的方法。这些遗物和遗迹通称为遗存，分为自然遗存和文化遗存，其中以人类活动遗留下来的文化遗存为主要研究对象。考古学研究通常通过某一特定时期的社会和文化来解释体育的状态、形式和作用。我国许多少数民族只有语言没有文字，考古学研究在恢复以往历史方面具有重要作用，通过对刀、枪、弓、弩等遗物的研究，探寻各民族经历战争、生活迁徙、文化传播、人口繁衍的脉络。肢体动作是少数民族文化传承的重要手段，考古学家可以从现存体育活动中的一些仪式、礼仪和习惯动作中判断出少数民族文化的演变过程。同民族学家和人类学家一样，考古学家对少数民族的一切事物都感兴趣，古代岩画、石刻中战争和狩猎的场面，墓葬里陪葬的弓弩，宗教活动中的"表演"，竞赛中的礼节，婚礼中的仪式，节日中的活动形式，生活中的习俗，孩子们的游戏方式等，都在考古学家的研究视野中，从中也可以看出传统体育文化在诸多文化形态中的价值。

（三）体质健康领域的研究

体质人类学主要研究人类的起源与进化、人类不同体质特征的形成与分布规律、文化因素与人类体质之间的关系、人体的结构与生理机能、人体测量、人类的遗传与变异等方面的问题。[①] 由 56 个民族构成的"多元一体的中华民族"[②]，分布在广袤的 960 万平方公里土地上，不同"族群"在漫长的历史演进过程中"人种"的特质、遗传的变异和人体基本结构的演

[①] 张实：《体质人类学》，云南大学出版社，2003 年版，第 1 页。
[②] 费孝通：《中华民族多元一体格局》，中央民族大学出版社，1989 年版，第 1 页。

进与文化的发展和变迁有着密切的联系。联系体质人类学、医学等相关学科，展开民族体质状况研究，为民族传统体育学的研究领域展示了广阔的前景。

我国许多少数民族的身体健康状况较差，我国少数民族在新中国成立初期社会形态还存在半原始、奴隶、农奴、资本主义和社会主义等多种形式，呈现出一幅人类社会发展的立体图，社会发展极不平衡是我国少数民族社会发展的最大特点。在不到60年的时间里，许多民族从几乎原始的生活环境中跨越到科学技术和信息技术高度发达的以商品经济为重要手段的现代社会环境中，这显然会遇到很多的问题。虽然我国许多少数民族在经济生活和文化适应等方面实现了快速的过渡，但是一些从高山峡谷、茫茫草原、密林深处走出来的少数民族在社会变革中遇到了很多问题，传统的产品均分、耻于经商、物物交换等经济形式和道德观念被打破，传统的迁徙游猎等生产生活方式和环境被彻底的改变。许多人很快适应了这种变化，迅速与外面的世界相融合，但是现代化也使许多人出现了极大的不适应，传统文化的丢失和对前途的茫然使许多人陷入痛苦之中。文化的转型、生活方式的改变和生活环境的变迁对许多少数民族的影响不仅直接反映在身体健康方面，同时在心理健康方面也有着很大的影响，这种看似健康方面的问题，其实是少数民族文化转型和发展过程中的综合表现。少数民族传统体育学从健康入手，深入开展少数民族身心健康的研究工作，不仅能够对少数民族群众健康水平和生活质量的提高做出贡献，同时对促进其文化适应和社会和谐具有积极意义。

（四）语言学领域的研究

语言学是通过音位记音、词义分析、同源词比较和词源考证[1]的方法去研究民族文化的学科。我国大部分少数民族只有语言没有文字，口口相传、肢体相传和实物相传是文化传承的主要手段。体育作为一类文化现象，如何用民族语言去准确地描述和表达，如何通过语言的研究去探索民族传统体育文化的历史渊源，是民族传统体育学的重要领域。通过词义分析法对词义特点的分析来认识各民族及其文化特点；通过多义词分析认识各个民族的发展经历；通过词组和复合词分析反映出民族文化特征；通过分析亲属称谓透视婚姻家庭；通过借词反映文化交流与民族关系；通过语言词汇系统看社会文化、物质生产、心理状态；通过对体育同源词比较法

---

[1] 林耀华：《民族学通论》，中央民族大学出版社，1997年版，第77页。

认识民族历史、民族关系和民族的社会文化发展过程；通过对词源的考证法论证民族史、民族迁徙等。

(五) 应用性研究

少数民族传统体育学不仅是一门理论性研究，而且也是一门应用性研究。"它通过田野调查、比较研究、文献研究和跨学科的综合研究去洞察少数民族传统体育的结构、特征、功能与社会的相互关系，探索民族传统体育理论与实践的问题，分析不同民族传统体育文化形态的个案，开拓少数民族传统体育进入国际空间的可行之路，谋求少数民族传统体育的社会化、产业化的问题。"[①]

教学和训练是民族传统体育推广和普及的重要窗口，结合体育教学和体育训练学原理针对民族传统体育的特点去探索其实施方法是民族传统体育学研究的重要领域。然而，在西方体育和学校体育的影响下，体育的竞技性和趣味性充斥着整个领域。在这种"范式"的影响下，少数民族体育在推广中往往会被某种"模式"所笼罩，失去其原有的文化特征。

从目前少数民族传统体育竞技比赛的情况来看，是朝着"规范化"和"统一化"的"国际化"标准发展，从全国少数民族传统体育运动会的比赛项目上可以明显地看到现代竞技体育项目的影子，从珍珠球与篮球、木球与曲棍球、抢花炮与橄榄球、射弩与射箭等少数民族运动会的比赛项目与现代体育项目的比较中可以清楚地看到这些项目具有很强的类似性。不可否认，许多少数民族传统体育项目为了体现竞赛的公正性和客观性，在规则的制定、方法的研发等方面大量汲取了现代体育的竞赛特点，但却抹杀了许多项目的"固有特征"。少数民族传统体育具有浓郁的民族文化特色，反映了古老的历史和文明，不同地域、不同的语言、不同自然条件、不同生活方式等反映了少数民族传统体育文化的多样性，是人类宝贵的文化财富，如何通过体育竞赛的窗口来展示历史悠久、风格各异的民族文化，是很值得深入研究的。

四、少数民族传统体育学的理论基础

(一) 民族传统体育学与体育人类学

1. 民族传统体育学

从字面上来讲民族传统体育学是研究民族传统体育的学科，那么它的

[①] 芦平生、杨兰生：《民族传统体育研究》，甘肃教育出版社，2002年版，第16页。

研究范围就包括全世界各民族的传统体育。"在我国学术界的传统概念中，民族文化是针对外国文化而言，民族文化即是中国文化的同义词"。① 同样，用"民族传统体育"指称"中华民族传统体育"，也是相对现代体育和国外的体育而言的，这是一个在我国学术界被"习惯"和"默认"的事情。如何科学合理地对民族传统体育进行文化界定，有待于权威专家进行进一步论证，这是一个有争议而不难解决的问题。还有一些学者在研究中常用"民族传统体育文化"来指征"汉民族的传统体育文化"，忽视了少数民族传统体育文化的存在，这显然没有考虑到中华民族"多元一体"的文化格局。根据以上分析，我们就可以概括民族传统体育学的研究范围：包括少数民族在内的中国56个民族的传统体育。

在国际上，日本早稻田大学体育科学部教授寒川恒夫认为：与国际体育相对，还有另一类体育，它的应用范围仅限于特定的地区、社会和民族。这类体育名称众多，迄今为止被称为传统体育（Traditional Sport）、本土体育（Indigenous Sport）、民俗体育（Folk Sport）……这些称呼不论是哪一种，都以"不同于国际体育的项目"这一认识为前提。接受国际体育的国家的人们，近年提倡把区别于国际体育的体育称作民族体育（Ethnic Sport）。② 根据这一论断，1964年日本将柔道打入东京奥运会，1988年韩国将跆拳道塞进汉城奥运会等，这些带着强烈的民族自豪感走向世界的体育项目就不能再被称为他们的民族体育或传统体育项目了。因为这些项目都已经走向国际，已经成为了国际体育项目。关于民族传统体育如何区分和界定，专家学者众说纷纭，还有待于进一步的研究。

1997年，教育部在大规模调整我国学科和专业时，将民族传统体育学确定为一级学科"体育学"之下的四个二级学科之一。由此可见，政府教育管理部门对民族传统体育学的重视和对弘扬中华民族传统体育文化的期望。从目前来看，我国一直比较注重武术项目的理论和实践研究，一些机构甚至将武术当作民族传统体育的代名词，而我国的民族传统体育文化博大精深、源远流长，不仅有几千年文化积淀的汉族传统体育，而且还有堪称人类"活化石"的五彩缤纷的少数民族传统体育，文化的多样性为我国民族传统体育学的发展提供了充足的素材。仅《中华民族传统体育志》就

---

① 徐万邦、祁庆富：《中国少数民族文化通论》，中央民族大学出版社，1996年版，第1页。
② 寒川恒夫：《21世纪的民族体育》，选自《民族传统体育发展论集》，上海古籍出版社，2007年版，第1—2页。

统计出"少数民族体育 676 条目,汉民族 301 条目"。① 但是,我国的民族传统体育文化的研究还处于起步阶段,从宏观和整体的视角去研究我国民族传统体育文化的专业著作只有几部。如胡小明主编的《民族体育》②、李鸿江主编的《中国民族体育导论》和《中国传统体育导论》③、周伟良主编的《中华民族传统体育概论高级教程》④、张选惠主编的《民族传统体育概论》⑤ 等。从研究者的队伍建设来看,大部分属于散兵游击战,没有形成一个合理的科研梯队去进行统一有效的战略分工与合作。从研究的广度和深度来看,除了武术项目以外,大部分的研究成果处于综述性的理论研究,能够进行田野调查的深入研究寥寥无几,真正能结合相关学科理论去分析和探讨的人也不多。总体来看,第一,民族传统体育学的理论研究还没有形成足以支撑学科深入发展的理论体系,特别是与相关的学科联系不够紧密,如民族学、人类学、社会学,甚至连自己的姊妹学科体育人类学都顾及得很少。第二,没有形成一套行之有效的研究方法,特别是对实地调查没有引起足够的重视。第三,理论研究缺乏统一的部署和协作。虽然我国的民族传统体育文化的研究还很滞后,但是中华民族雄厚的文化积淀也为民族传统体育学的发展展示了广阔的前景。

由于我国长期以来体育工作的重心一直偏向于现代竞技体育的发展,民族传统体育没有得到足够的重视,学科发展尚处于起步阶段,这使得"在体育学下属的四大学科中,最薄弱的是民族传统体育学,理论大片空白"。⑥ 在学科理论建设方面"因为我们对以往的民族传统体育尚缺乏足够的理论建设和成果积累,甚至还缺乏一个有利于学术研究的良好氛围"。⑦ 在研究方法方面,民族传统体育的研究方法"多局限于文献资料和逻辑分析等书斋式的方法,较少采用人类学惯常使用的实地调查研究,使得民族传统体育的研究结果千篇一律地停留在表面描述水平,很难解决实际问题,具有代表性的小样本、小范围、小群体的个案研究在这一阶段并不多

---

① 中国体育博物馆、国家体委文史委员会:《中华民族传统体育志》,广西民族出版社出版,1990 年版,第 791 页
② 胡小明:《民族体育》,广西师范大学出版社,2000 年版。
③ 李鸿江:《中国民族体育导论》、《中国传统体育导论》,中国书籍出版社,2000 年版。
④ 周伟良:《中华民族传统体育概论高级教程》,高等教育出版社,2003 年版。
⑤ 张选惠:《民族传统体育概论》,人民体育出版社,2006 年版。
⑥ 狐鸣、谭广鑫:《当代中国体育人类学的发展与展望》,载《体育文化导刊》2008 年第 1 期。
⑦ 周伟良:《中华民族传统体育概论高级教程》,高等教育出版社,2003 年版,第 11 页。

见，少有创新和亮点。同时，因缺乏宏观把握，学科研究多被局限于单科拓展"。① 在理论体系方面"仍然缺乏科学、系统、完整的理论和框架、使其作为一门学科的地位和价值仍然受到质疑"。"目前，由于民族传统体育学学科体系尚不完善，空白点较多，整体研究中还存在学科建树意识尚差，开拓创新意识不够，缺乏从宏观上对民族的传统体育实践进行应有的概括、提炼和总结等问题，致使民族传统体育学学科体系的建设和发展严重滞缓。"② 由此可见，民族传统体育学学科基础理论的发展呈滞后状态，已经不能满足科学研究的需要，加强加速民族传统体育学学科的基础理论建设是当务之急。

2. 体育人类学

体育人类学（anthropology of sport）是从人类学中派生出来的一门新兴的分支学科。"1985 年，美国人类学者勃兰恰德和切斯卡出版了著作《竞技人类学入门》（Thnthroplogy of sport An Introduction）一书，也有的人将其译为《体育人类学》。该书首次正式提出了体育人类学的建立，是以文化人类学、社会学及历史学的研究成果为基础，并且是运用文化人类学、民族学、民俗学的方法研究原始体育和民族体育的一次大胆尝试。"③ 这本著作的出版标志着体育人类学的正式建立。体育人类学至今为止只有 20 多年的历史，在我国体育人类学的发展只有十几年，较为系统地阐述体育人类学理论的专著也不多，对体育人类学概念的阐述也大致相同。如席焕久主编的《体育人类学》认为："体育人类学是一门运用人类学的观点和方法来研究各种体育运动现象的新兴学科，它从宏观上研究体育与人类发展的关系，从体质和文化的角度揭示体育对人类进化和发展的影响，从而更好地发挥体育的各项功能，为人类健康服务，造福于人类。"④ 胡小明等编著的《体育人类学》认为："体育人类学是运用人类学的理论和方法，对人类有关体育的文化活动进行研究的一门学科。"⑤ 饶远等编著的《体育人类学》认为："体育人类学就是运用人类学的视角和方

---

① 狐鸣、谭广鑫：《当代中国体育人类学的发展与展望》，载《体育文化导刊》2008 年第 1 期。

② 倪依克、邵晓军、张自治：《民族传统体育学学科建设的理论基础》，载《体育科学》2005 年第 1 期。

③ 饶远、陈斌等：《体育人类学》，云南大学出版社，2005 年版，第 4 页。

④ 席焕久：《体育人类学》，北京体育大学出版社，2001 年版，第 21 页。

⑤ 胡小明、陈华：《体育人类学》，广东人民出版社，2005 年版，第 13 页

法，从体质和文化诸方面来综合研究人类的体育问题的一门学科。"[①] 他们在著作中运用人类学的理论和方法从不同的侧重点去诠释了"人的体育"和"体育的人"，从体育的视角去分析人类文化的进化、传播和演进以及在文化的冲突中民族文化的整合和变异。胡小明根据自己长期深入少数民族地区的调查实践论述了体育人类学的研究方法，饶远则总结了我国少数民族传统体育的文化内涵和特质，阐述了民族传统体育对人类体育发展的意义，解读了民族传统体育的发展方式和发展趋势。由于我国体育人类学的发展还处于起步阶段，真正能够运用人类学理论去进行研究的人还不多。"通观当代中国体育人类学的发展，令人感叹的是，人类学仍没能在体育科学内部引发内在的学术自觉，几次标志性联姻显得很被动，其他学科的推动和国外学者的点悟与帮助才使得体育人类学有进一步的发展空间，体育界学人主动探索人类学新领域的内在动力明显不足。由于研究人员匮乏，理论和方法欠完善，体育人类学还没有达到其应有的学术影响。"[②] 虽然近年来关于我国少数民族传统体育文化研究的成果日益涌现，但是，能够结合体育人类学理论和方法对这一文化领域进行深入研究的成果并不多见。

　　虽然学科的级别不同，但是从学科的性质来看，民族传统体育学和体育人类学就像民族学和人类学一样应该是一对姊妹学科。由于我国民族传统体育学发展的不够均衡，体育人类学发展的滞后，人们往往认为这两门学科没有太大的联系，其实这是一种误解。1998年，我国体育人类学教授胡小明先生就提出了"运用体育人类学开展民族体育的研究"。[③] 2005年又提出："通过对民族的体育人类学的研究，可以从一个崭新的角度来观察人类与体育的关系。"[④] 体育人类学和民族传统体育学教授饶远也提出："民族传统体育作为一种具有民族性、地域性浓郁特征的亚体育文化形态，由于它与现代体育在形态特征、规则制度、功能结构、组织方式、传播范围等方面有着较大差异，尤其是其民族特性更是突显于现代体育文化之外的文化符号与标记。因此，在人类学对其研究过程中，就必须借助人类学的有关理论的方法。由于不同人种、不同民族具有不同文化、

[①] 饶远、陈斌等：《体育人类学》，云南大学出版社，2005年版，第2页。
[②] 狐鸣、谭广鑫：《当代中国体育人类学的发展与展望》，载《体育文化导刊》2008年第1期。
[③] 胡小明：《运用体育人类学开展民族体育的研究》，载《体育科学》，1998年第4期。
[④] 胡小明：《体育人类学》，高等教育出版社，2005年版，第99页。

不同地域，并生活在不同的人文与自然环境中，各民族体育活动也呈现出千姿百态、风格迥异的特色。因此，借助人类学理论与方法来认识和阐释各民族的体育现象与发展规律具有十分重要而独特的意义。""从体育人类学来研究民族传统体育，除了对人种特殊运动能力天赋形成的生物学、遗传学外，还要探索作为人类文化现象的民族传统体育活动形成的自然、历史、文化和社会原因。并从体育人类学的综合视角中探寻民族传统体育的历史源流、本质特征、文化内涵、价值功能、形态结构与社会组织形式。作为体育人类学的一个重要研究领域，还可以通过对恩格斯称之为'活的社会化石'的现存民族和部落的实地考察，对其民间传承和流传的传统体育文化进行实地研究，为考察体育在人类各历史阶段的文化形态与发展规律，探究人类体育与政治、经济、文化、教育、宗教、艺术、地理环境之间的相互影响关系，为体育史的研究提供更为全面、系统、客观的佐证和依据。""利用文化人类学、体育人类学、民族人类学的理论与方法能更全面、更科学、更客观地探寻各国民族传统体育生存发展的自然、社会、文化、生活方式和习俗等特有的文化生态环境，更有效地探索民族民间传统体育发展、利用、保护、弘扬、传播的文化要素、动因机制与有效途径、方式，以更好地推进人类体育全球化进程中的体育文化多样性发展道路。"[1] 熊晓正教授认为："体育人类学和文化人类学是民族传统体育研究的理论基础，也是研究如何解决现代体育全球化趋势与人类体育多样性发展难题的一把重要的钥匙。"[2] 由此可见，民族传统体育学和体育人类学的发展必须要紧密联系其他学科的理论和方法，密切两个学科的联系，深入实践进行调查研究，在实践中不断完善自己的理论体系才是促进它们发展的根本出路，也才能为少数民族传统体育学提供充足的理论依据。

"基础学科的建设是民族传统体育文化发展的基石，作为基础学科的民族传统体育学和体育人类学在我国的发展远远不能满足这种趋势发展的需要，这两门学科在我国的发展只有 20 年左右的时间，真正能够运用综合性的理论去深入研究的专家和学者为数不多，民族传统体育学和体育人类学学者要携起手来，建立一支高水平的科研队伍，带领大家沿着正确的道

---

[1] 饶远、陈斌等：《体育人类学》，云南大学出版社，2005 年版，第 147—149 页。
[2] 熊晓正：《人文奥运与奥林匹克运动》，载《第七届全国体育科学大会论文集》中国体育科学学会 2004 年编。

路前进。"①

(二) 民族学与人类学

民族学（ethnology）是研究民族共同体的一门学科。19世纪中叶，一些西方主要资本主义国家为了扩大殖民地、统治当地的国家和民族的需要，必须研究殖民地各民族的社会状况，在长期积累资料的基础上，为了适应当时的需要，民族学作为一门独立的学科正式产生，并得到迅速发展的机会。他们将美国的摩尔根、英国的泰勒等进化派倡导者作为自己的代表人物。马克思和恩格斯运用辩证唯物主义和历史唯物主义原则，依据大量的民族学资料写成民族学论著，建立了马克思主义民族学。我国著名民族学家林耀华提出："民族学是把民族这一族体作为整体进行全面考察，研究民族的起源、发展以及消亡的过程，研究各民族的生产力和生产关系、经济基础和上层建筑。民族学是社会科学中一门独立的学科。"②

人类学是全面研究人及其文化的学科。19世纪40年代，人类学成为一门学科，这与英国进化论人类学学家泰勒和美国历史特殊论人类学家博厄斯的积极推动有着密切的关系。③由于人类学在发展过程中形成了不同的传统，不同国家和地区对人类学的界说也不完全一致，英美的一些人类学家认为，人类学的研究既要研究人类的生物属性，也要研究人类的文化属性，二者结合才能体现人类学的整体性，民族学只是人类学中研究人类文化属性的一个分支，有时称为文化人类学或社会人类学。在以德、法和俄罗斯等为代表的欧洲其他国家中，人类学仅指前者有关人类体质研究的部分，有关文化研究的部分则称为民族学，他们并不是谁隶属谁，而是两个并列的独立学科。

从内容上看，人类学和民族学的历史渊源、研究对象、理论基础、方法手段、目的意义等各领域的内容都趋于一致，虽然它们有着学术上的纷争，但这并不阻碍人们对探索自身文化奥秘、揭示人类发展规律和寻找社会发展前进道路的脚步。许多著名的学者往往是集社会学家、民族学家和人类学家于一身，如我国的文化先驱蔡元培、黄文山、凌纯声、吴文藻、费孝通和林耀华等。人类学和民族学的共同之处在于：第一，基本理论都是建立在20世纪中期以前的文化进化论、文化播化论、历史特殊论、文化

---

① 方征、刘新华：《论民族传统体育学学科的理论基础》，载《武汉体育学院学报》2008年第9期。
② 林耀华：《民族学通论》，中央民族大学出版社，1997年版，第10页。
③ 庄孔韶：《人类学通论》，山西教育出版社，2005年版，第1页。

功能论、心理人类学、法国社会学年刊派理论，和当代的结构主义、新进化论、新心理人类学、文化相对论以及马克思主义民族学等学派的理论基础上的，将实地调查或田野工作作为研究的主要方法。第二，它们研究的对象从本质上来讲是人及其文化。第三，他们研究的目的都是追溯人及其文化的产生和发展的一般过程及演变规律，探寻文化在人类社会中的地位、特征、价值和作用，去寻觅适合人类自身发展规律的可行性途径。"民族学和人类学在中国已经有百余年的历史了，发展至今已经成为国际民族学人类学界的一支重要力量。"[1] 在我国有着一支专业扎实的民族学和人类学科研队伍，在短短的几十年，他们取得了丰硕的成果，如民族识别工作、党的民族政策的制定、民族文化的保护发展、民族地区的经济发展、民族历史的演进、民族人口的变迁、民族环境的改善等到处都可以看到他们对社会主义建设的贡献。而这些巨大成就的取得，来源于强大的理论基础和深入的社会实践。

民族学和人类学系统的科学基础、务实的研究方法和丰富的研究成果为民族传统体育的科学研究提供了充足的营养。"人类学（民族学）是民族传统体育学的母学科，体育界虽然对民族传统体育进行了大量的研究，但普遍不了解人类学为何物，缺乏相关基础理论知识，致使在实际研究中遇到一些问题与困惑。"[2] 因此，在民族传统体育学和体育人类学这些母系学科不能够很好地起到理论支撑作用时，少数民族传统体育的科学研究必须紧密依靠民族学和人类学学科的理论去进行。

五、少数民族传统体育学的任务

（一）深入开展少数民族传统体育项目的挖掘与整理

少数民族传统体育是历代少数民族先民在长期的生产斗争中创造出来的，它用肢体语言的文化形式反映了历史、传承了文明，是我们宝贵的文化财富。尽管《中华民族传统体育志》动用全国之力，收录了977个条目的民族传统体育项目，[3] 尽管近年来许多民族传统体育学学者在挖掘和整

---

[1] 杨圣敏：《中国民族学的现状与展望》，引自《中国人类学评论》，世界图书出版公司2001年版，第21页。

[2] 狐鸣、谭广鑫：《当代中国体育人类学的发展与展望》，载《体育文化导刊》2008年第1期。

[3] 中国体育博物馆、国家体委文史委员会：《中华民族传统体育志》，广西民族出版社，1990年版，第791页。

理民族传统体育项目的工作中付出了辛勤的劳动，但是积淀深厚的中华民族传统体育文化尚需深入的挖掘，少数民族传统体育学有责任传承老祖宗遗留下来的宝贵文化遗产。

我国少数民族大多聚居在高山峡谷、密林深处，恶劣的生存环境迫使人们疲于奔命，为了生存同大自然进行着艰苦的搏斗。由于生产力水平很低，狩猎、采集和捕鱼等活动是人们必须的生活技能，在长期的生活实践当中，人们积累了丰富的生产经验，对这些经验进行总结从而形成了具有生产特点的体育活动。如骑马、射箭、射弩、划船、游泳、打布鲁、顶罐走、穿针、叉草等，很多民族的孩子从小就开始学习这些技能，体育活动是传承生产生活技能的重要途径。少数民族传统体育是生产生活技能传承的重要手段。

各少数民族为了自身的生存和发展，自远古时期就出现过一系列军事活动，诸如部落械斗、反抗土司压榨和民族压迫以及抵御外来入侵等。在这种弱肉强食的社会环境中，有些民族在战争中被灭族；有些民族因战败被迫长途迁徙，生活在与世隔绝的高山峡谷、深山老林中；有些民族因强大的军事力量而占据了大片肥沃的土地，社会文明获得了较快的发展。我国绝大多数少数民族历史上没有完善的军事建制，遇到战争往往是在头人或首领的带领下全体参加战斗，军事训练就成为人们日常活动的重要内容。民族军事活动孕育出多彩多姿的民族体育，如摔跤、武术、骑射、气功等，许多项目具有独特的练功方法，是我们宝贵的文化财富。

少数民族原始的宗教主要包括自然崇拜、图腾崇拜和祖先崇拜三种形式。人们为了生存，不断地去征服大自然，向大自然索取，同时对大自然的一些现象和自然法则不理解产生的恐惧导致了对自然的崇拜。对图腾和祖先的崇拜，人们都怀着一种淳朴、神圣的感情，对虎、熊等猛兽的图腾崇拜反映出少数民族先民勇敢顽强、敢于拼搏的民族心理，人们将这些猛兽加以拟人化、神化，以体现祖先的不凡和伟大。出于宗教崇拜，每年到了一定的季节、日期，就要举行相应的祭祀活动，后来随着社会的发展，原始宗教信仰作为全民性的活动消失了，但成为一种具有宗教色彩的节日作为民间习俗传承了下来。宗教活动的许多内容剥去了神秘的外衣，以体育文化的形式而成为节日的重要内容。傈僳族的上刀山下火海、纳西族的东巴跳、景颇族的目瑙、独龙族的剽牛祭天、彝族的"摔跤"、基诺族"大鼓舞"、"攀云梯"、傣族的"划龙舟"等，这些悠久的体育活动反映了神秘的宗教文化。

少数民族古往今来传承保留的风俗习惯风格古朴、色彩浓郁、别具一格。各种形式的民族体育活动与恋爱、婚俗等风俗密不可分，青年男女在各种体育活动中寻觅倾慕之人，在婚礼中进行体育活动，以示庆贺、祝福。在丧葬礼俗中，有些民族也用体育的文化形式来祭祀亡者的灵魂。许多少数民族都有传统的娱乐、社交节日，节日活动的一项重要任务就是为青年男女寻找伴侣。而各种形式的体育娱乐活动就是青年男女相互了解的重要方式。青年男女在一起舞蹈、对歌、交游、竞赛、择偶，为青年男女美好的婚姻创造了条件。苗族的"射背牌"、"花山节"登山、景颇族的"恩鲜鲜"（采花节）、基诺族的"丢包择偶"、布依族的"跳月"、壮族的"抛绣球"、瑶族的"抛花包"、傣族的"丢包"等。这些活动，由于是以寻觅爱慕之人为目的的，所以，深受各民族青年男女的喜爱。此外，彝族的"摔跤"、苗族的"斗牛"、基诺族的"顶竹竿"、怒族的"乍螂抛"、水族的赛马、景颇族的"爬滑杆"、藏族的"骑马射箭"、哈萨克族的"马上摔跤"等体育活动，既是力量的较量，又是智慧的竞赛，获胜者往往会受到姑娘们的青睐。

少数民族传统体育来源于劳动实践、民族宗教、风俗习惯、古代战争、军事训练和精神生活等。从它产生起就与各民族的生产、生活、政治、经济、文化、历史、军事、宗教、教育、风俗习惯等融为一体，是长辈对后代进行历史教育、传承文明的重要手段。在我国，许多民族关于历史文化的文字记载较晚，甚至有些民族根本就没有形成自己系统的文字。那么，用身体语言进行历史教育就成为少数民族文化传承的重要方式，而体育文化就是身体语言的重要形式。因此，我们对少数民族传统体育活动的研究，不仅是对其体育本身固有价值的探讨，同时也是对研究民族历史、宗教、艺术、风俗等其他文化形式的重要贡献，有些民族学专家称少数民族传统体育活动是研究民族文化的"活化石"。因此，深入开展少数民族传统体育项目的挖掘整理工作是少数民族传统体育学的重要任务。

（二）探索少数民族传统体育文化的发展之路

现代体育产业的发展带来了巨大的社会效益和经济效益。现代通讯和信息技术的发展可以使一场体育比赛在同一时间传播到地球的任何角落。体育文化的传播不受地区、民族、宗教、政治、经济、语言等社会因素的影响，用一种全球共识的形体语言影响着整个世界。大规模的体育职业化发展，使很多体育竞赛赛事越来越频繁、越来越精彩，众多体育明星也成为人们崇拜的偶像。现代科学技术和众多体育学科的支持使现代体育竞赛更加科学化、专业化，巨大的经济利益使精彩的现代体育充斥着生活的每一个角落。我们坐在家中，通过电视就可以看到姚明征战 NBA 的比赛实况，姚明在 NBA 的成功，加上媒体的宣传和商业的介入，使篮球运动在中国得到空前的发展。这种全球性体育共赏的发展趋势，也直接影响到少数民族传统体育文化的发展。在少数民族地区，很多青少年喜欢篮球、足球、乒乓球、台球等活动，但在中小学的体育课堂上，我们却很少能看到民族传统体育项目的教学，许多优秀的传统体育项目被扔进了黑暗的角落。现代体育发展的潮流无情地冲击着少数民族传统体育的发展，这种影响将会越来越严重。现代体育对少数民族传统体育的文化产生了无情的冲击。

我国少数民族地区，由于地理位置、气候、地形和地质构造等自然条件不同，因而有着非常丰富的物产资源。在矿产方面，有煤、铁、石油、有色金属和其他稀有元素矿藏；在农业方面，由于有许多富饶的河谷、盆地和平原，有多种多样的气候条件，因而对发展粮、棉、油及其他各种经济作物极为有利；还有 40 多亿亩的草原，为大规模地发展畜牧业提供了优厚的条件和广阔的前景；此外，还有众多的原始森林和江河湖泊，也为发展林、渔业提供了有利条件。这些优越的自然条件，是各少数民族经济发展的物质基础。丰富的物产资源和国家优厚的开发政策，吸引了国内外大批的投资者。资金和科技的投入给人们带来了就业机会和商业机会。在商品经济和外来文化的推动下，许多少数民族在思维方式、价值观念、心理特征、认识能力和道德准则等意识形态方面也在发生着巨大的改变。信息的快速发展使人们认识到自身的贫困和闭塞，落后的生活方式使人们对外界的生活充满了向往，传统的耻于经商、墨守成规的思想观念被彻底打碎，取代而来的是人口的大量流动和商品意识的增强。大规模的外出打工、经商使得人们经济收入有了很大改善，生活水平得到了很大的提高，偏僻的山寨也充满了现代的生活气息。全球化的经济浪潮和信息技术的高速发展，加快了少数民族地区经济文化的发展，也加快了人们的生活节奏，传统的生活方式已经不能适应快速发展的经济步伐。传统体育文化赖以生存和发展的环境发生了改变，势必造成许多传统体育文化的流失。先进的科学技术、多彩的外来文化和巨大的经济利益使人们无暇顾及自身文化的发展，许多宝贵的传统体育活动不仅缺乏传承者，甚至被许多人认为是糟粕。

少数民族传统体育文化正面临着经济全球化带来的外来文化的冲击，

同时，又面临着发展的机遇。"越是民族的也就越是世界的。"适应经济全球化带来的外来文化的冲击，走可持续发展的道路是少数民族传统体育文化保护和发展的有效途径。信息网络的高速发展，给少数民族传统体育文化带来了发展的机遇。经济全球化的快速发展，带来了外部文化对少数民族传统体育文化的冲击，同时，也带来了发展的机遇。经济全球化的一个显著特征就是以计算机、信息与通信技术为支撑的信息网络的高速发展。全球化的互联网可以向外界提供全方位的信息服务，文化传播与交流变得十分便捷。这一传播渠道是我们大力宣传民族文化，促进传统体育文化发展的重要手段。新疆"达瓦孜"绝技第六代传人、"高空王子"阿迪力就是通过媒体将"达瓦孜"绝技推向世界的。在征服了许多高山峡谷之后，2004年5月4日，阿迪力在龙庆峡举行了"欧洲之旅"誓师仪式。这次，阿迪力不仅成功地向30米高、80米长的钢丝发起了挑战，而且还向观众表演了蒙眼踩碟子走钢丝、头顶倒立、高空体操、独轮车等绝技。据介绍，此次挑战之后，他将开始实施其"欧洲之旅"方案，初步计划用3年时间将中国的"达瓦孜"绝技介绍到欧洲地区。阿迪力已经提出在法国埃菲尔铁塔上表演"达瓦孜"绝技的意向[1]。随着少数民族地区科学技术的进步和教育水平的发展，人们可以利用更多的渠道对自身优秀的传统体育文化进行宣传，使它们得以保护、弘扬和发展。

经济全球化加快了信息的传播，促进了少数民族传统体育旅游业的发展。我国的少数民族主要聚居在边疆地带，良好的旅游环境和引人入胜的少数民族传统体育文化极大地顺应了目前旅游业的发展方向的深入阐释。我国少数民族传统体育文化源远流长，各种形式的体育活动是民族传统体育旅游的重要资源。它们内容繁多，内涵丰富，形式多样，据资料显示大约有1000个项目之多。这些体育项目，从不同角度和侧面反映出了各民族的生活环境、民族特征、审美情趣、生产劳动、生活习惯、宗教祭祀、节庆娱乐、婚葬习俗等一系列民族文化特征，使其具有浓郁的观赏性和娱乐性，这也为民族体育旅游业的发展提供了广阔的前景。一些少数民族地区的相关部门为了满足和吸引旅游者，纷纷推出一些特色鲜明的民俗风情专项旅游产品。例如东北地区的一些旅行社把鄂温克族的滑雪、狩猎等体育活动纳入自己的旅游项目中，或是让游客参加蒙古族的赛马、摔跤、射箭等。充分发挥少数民族体育活动项目繁多的优势，开展民族体育旅游已经

---

[1] 侯艳：《京华时报》，2004年5月4日。

成为一种具有广阔前景的旅游方式。我国一些少数民族地区的政府和旅游部门对少数民族传统体育旅游资源给予了充分的重视。一方面，注意保护、开发和利用少数民族传统体育旅游资源。另一方面，投入大量资金，广泛开展少数民族传统体育旅游活动，发展少数民族传统体育旅游业。例如，在云南的迪庆、怒江、西双版纳和楚雄等地，各族人民经常利用节庆活动来开展民族体育旅游并以此来吸引游客，从而，使这些富有民族特色的传统体育项目成为无数游客感受浓郁民族风情、体验新异神奇、健身娱乐的一项旅游活动。同时，使得体育旅游资源得到了开发和利用，其经济效益和社会效益也引起了各级政府和企业的重视。

少数民族传统体育文化资源的开发和利用，虽然在一些地区取得了很大成就，但还是小规模的、局部的。产业化发展是保护和弘扬少数民族传统体育文化的有效渠道。将少数民族传统体育作为一种资源进行商业包装，利用各种媒体进行宣传和推广，一定会取得物质和精神文明的双丰收。少数民族传统体育产业化的发展，势必极大地丰富文化的内涵，进一步促进民族文化资源的开发和利用，从而推动产业体系的完善；鼓励带动少数民族群众广泛参与，增进文化信息的交流，提高他们的收入，振奋民族精神，增进民族自豪感；还可以促进对民族传统体育文化的挖掘整理工作，使民族体育研究工作进一步科学化、规模化，有利于民族体育文化的保护和发展。

我国少数民族经济发展水平参差不齐，虽然许多地区经济文化得到了长足的发展，但是部分地区的发展还相对滞后，一些少数民族在上世纪中期还停留在资本主义以前不同社会的发展阶段。在这种经济发展速度很慢并长期滞后的生活环境中，少数民族传统体育以一种相对稳定的文化形式流传下来。经济的全球化引起文化全球化，现代信息和通信技术的高速发展、人口的大量流动等因素，使形形色色的外来文化充斥了人们的生活，正在改变着人们长期形成的相对固定的生活方式，影响着人们的文化价值观念和道德标准。少数民族传统体育赖以生存的文化环境发生了变化，固有的传承方式已经不适应新形势的要求，必须与外来文化互相适应，不断地吸纳、兼容先进的文化并保留自己的文化精髓，实现符合时代要求的整合，在全球化带来的挑战和机遇中谋发展。目前，民族传统体育文化正面临"分化与整合"、"变异与涵化"和"排斥与适应"等多种文化现象的考验，在这种形势下，探索民族传统体育的发展之路是民族传统体育学的重要任务。

（三）开展少数民族群众身体健康调查工作

世界卫生组织在1978年国际初级卫生保健大会上所发表的《阿拉木图宣言》中重申：健康不仅是指没有疾病或不虚弱，而且是身体的、精神的健康和社会适应良好的总称。该宣言指出：健康是基本人权，达到尽可能高的健康水平，是世界范围内的一项重要的社会性目标。1989年世界卫生组织又一次深化了健康的概念，认为健康包括躯体健康、心理健康、社会适应良好和道德健康。这种新的健康观念使医学模式从单一的生物医学模式演变为生物—心理—社会医学模式。这个现代健康概念中的心理健康和社会性健康是对生物医学模式下的健康的有力补充和发展，它既考虑到人的自然属性，又考虑到人的社会属性，从而摆脱了人们对健康的片面认识。躯体健康是指身体结构和功能正常，具有生活的自理能力。心理健康是指个体能够正确认识自己，及时调整自己的心态，使心理处于良好状态以适应外界的变化。良好的社会适应性是指能与社会保持良好的接触，对于社会现状有清晰、正确的认识。道德健康是指能够按照社会规范的细则和要求支配自己的行为，能为人们的幸福做贡献，表现为思想高尚、有理想、有道德、守纪律。[①] 健康的评价一般包括形态发育指标：包括身高、体重、坐高、胸围、皮褶厚度等；生理指标：血压、脉搏、肺活量等；身体素质指标：力量、速度、耐力等指标；心理健康包括智力正常、情绪健康、意志健康、人格完整、正确的自我评价及和谐的人际关系。自然环境、社会环境、行为因素、生活方式、遗传因素、心理因素等是影响健康的重要内容。

少数民族身体健康研究是民族传统体育工作者研究的重要内容，可是从目前来看关于这一方面的研究成果还不多见，也没有形成一套有效的方法进行研究。虽然有对学生和幼儿体质测量等方面的研究，但是真正深入少数民族聚集地对少数民族群众身体健康进行深入调查研究的成果并不多见，在这一领域的研究呈现大片空白。从身体健康、心理健康、环境适应性等方面展开少数民族群众健康调查是少数民族传统体育学的重要任务。

（四）研究少数民族传统体育竞技比赛的发展

少数民族体育竞赛是展示民族文化的重要场所，是展示少数民族传统体育向什么方向发展的重要窗口。近年来，全国性和地方性的各种形式的少数民族传统体育竞赛广泛开展，从全国少数民族传统体育运动会的项目

---

① 姚鸿恩、王家林：《健康教育》，广西师范大学出版社，2003年版，第1页。

设置来看，分为竞赛项目和表演项目。相关单位组织专家为竞赛项目制定了竞赛规则和裁判法，使这些项目朝着竞技化、规范化和统一化的"更高、更快、更强"的奥林匹克精神发展，更有走出国门，走向世界，奔向奥运之势。纵观近几年的全国少数民族传统体育运动会的赛场，许多竞赛项目的观众席上是有关单位组织的整齐划一的拉拉队，他们甚至连规则都不懂，却在整齐地喊着加油的口号，免费入场的看台上稀稀拉拉地散坐着一些观众。当我们看到"滴水贵如油"的西北地区少数民族在标准的田径场上玩着水乡的游戏"高脚马"，山地民族在标准的篮球场上玩着海边游戏"珍珠球"，来自南国水乡的民族在足球场上玩着西北回族的"木球"，生活在茫茫草原的游牧民族玩着南方山地民族的"打陀螺"等项目时是感受多么的不协调，各代表团的官员在忙着计算奖牌，教练员在忙着布置技术战术，全然忘却了项目的民族文化特点，这样的比赛失去观众也就不足为奇了。在现代体育的影响下，少数民族传统体育运动会的竞赛理念是按照"现代体育"的模式而进行的，大家在统一的规则制约下为夺得金牌而激烈拼搏，赛场上偶有一些不文明的伤害事故，个别比赛还需用行政手段来处理……与其如此，还不如把全国少数民族传统体育运动会搞成一个小型的"奥运会"，省得花费大量的人力物力去研究各项目的规则和项目的推广工作。文化是有地域性的，一种文化离开了它适应的生存环境，就失去了生命力，同样一项体育项目的形成有着它厚重的文化底蕴，有着它广泛的社会基础，如果我们抛开了它的文化基础，将它作为一种形式去推广和传播，就会造成体育竞赛的不和谐，体育比赛就会显得不伦不类。值得肯定的是，在历届全国少数民族传统体育运动会上，丰富多彩、具有浓郁民族特色的表演项目受到了观众的广泛欢迎，很多代表团也充分利用这个舞台去展现自己独特的民族文化，表演项目也越来越展现出广阔的发展前景。

我国少数民族大都分布在广袤的边疆地区，不同的生活环境和道德理念形成了不同风格的价值取向，每个少数民族独具特色的传统体育项目是与自己的文化环境相适应的，抛开传统文化一味地按照西方的"模式"来套用少数民族传统体育比赛是行不通的。如何利用少数民族传统体育赛场，去展示各民族的历史、文明的发展进程，去介绍自己风格各异的文化习俗，去宣扬自己不屈不挠的心理品质是具有重要意义的。少数民族传统体育运动会向什么方向发展，怎样去体现和弘扬各民族宝贵的文化财富，很值得研究的。

(五)指导少数民族传统体育文化的科学研究

少数民族传统体育学的研究以绘制其学科体系、完善其基础理论和构建其研究方法为重要任务,为这一领域的科学研究提供理论指导。在短短的20年里,少数民族传统体育文化的研究已经从以前的单一的挖掘整理研究阶段进入到跨学科的综合性研究阶段,研究方法也从原来的文献资料法过渡到田野调查法和比较法等。研究视角与民族学、人类学、社会学、生态学、人口学、考古学等相关学科相联系的发展趋势,综合运用国内外的先进理论和手段的研究逐渐增多,呈现出与国际逐渐接轨,研究人员呈高素质集团化的发展趋势。我们也可以欣喜地看到许多关于少数民族传统体育文化的科研项目得到了国家级和省部级的立项,有些研究成果被政府和社会团体所采用,并创造了很大的社会效益和经济效益。

在我们为之欣喜的同时,也应该看到少数民族传统体育文化的研究呈现不平衡状态,许多研究领域很少有人涉及,或者根本就是空白。例如,少数民族之间的体质健康的比较性研究、同一个体育项目在不同民族间的文化传播研究、民族迁徙造成的体育文化变异研究、文化融合造成的体育文化的涵化研究、民族传统体育文化的语言学研究、民族传统体育文化的符号学研究等。少数民族传统体育学从文化的视角论述了体育文化现象的实质,综合人类学、民族学和体育学的理论与方法将少数民族传统体育文化研究进行了概括和分类,指出了少数民族传统体育的研究方向和内容,为这一领域的研究提供了理论基础和方法论。少数民族传统体育学的建立是指导少数民族传统体育文化向着全面化、深入化和科学化发展研究的重要举措。

(六)建立少数民族传统体育学科体系

建立学科体系、完善学科理论和方法、搭建学科平台、明确学科目标和任务是民族传统体育学自身建设的重要任务。少数民族传统体育学目前还处于初创时期,尽管少数民族传统体育文化的研究已经达到了新的高度,但一直没有一套系统的理论去支撑和指导其科学研究的发展,这一工作也成为当代少数民族传统体育文化研究者要完成的任务。运用民族学、人类学和体育学原理,结合社会学、哲学和其他学科的理论去构建一套适合研究少数民族传统体育文化的理论与方法是少数民族传统体育学必须要解决的问题。

第四节　少数民族传统体育学的基本观念

少数民族传统体育学是将少数民族传统体育作为一种文化现象去研究的学科，是从整体和宏观的视野去揭示少数民族传统体育的产生、发展的一般规律，去探索少数民族传统体育的存在方式、行为特征、生存背景，去辨析少数民族传统体育在文化发展进程中的社会地位、价值作用以及与其他文化形式之间的关系等内容。我国 55 个少数民族在不同地域、不同环境和不同文化背景的条件下生存和繁衍，采集渔猎、畜牧经济和农耕经济等不同的经济文化类型形成了丰富多彩、风格各异的传统体育文化，如何透过这些表层的文化现象，整理和归纳出其本质的文化特点，发现和揭示出其共性的和规律性的文化特征是少数民族传统体育学的重要任务。那么，在少数民族传统体育学的研究过程中，以什么样的态度和标准，以什么样的态度和观念去认识少数民族传统体育，是我们首先要解决的问题。

一、普同性

所谓普同性或普同论（universalism）是指地球上全人类的一致性与共同性。各个地理区域的人们，无论肤色是否相同，还是民族是否相同，都属于同一物种，因此人人都是平等的同类。人类在生物的、心理的、社会的和文化上的共同性特征就是人类学特别关注的普同性内涵。"现代人类学的基础之一就是关于人类的普同性认知，即世界上现存所有的人类都是同一属性，任一人群都不比其他人群更为先进。"[①] 根据人类学普同性认识原则，人类在强调社会人类文化多样性的同时，考察全人类所具有的某些共同的基本行为特征和一些普遍意义的生活方式。从人类学的这种理论出发，就会发现文化被认为是在满足人们各种需要的基础上产生的。由于人类的需求常常是相似的，因而由此产生的文化因素与特征也有相当一部分具有共同性。人类的实践活动是多种多样的，但所涉及的具体文化要素，也就是实践的领域和实践的内容则大致相同。

不同民族的传统体育是各民族在不同的社会发展历程中创造出来的，由于生活环境、生活方式和人文背景的不同，每个民族都有独具特

---

① 庄孔韶：《人类学通论》，山西教育出版社，2005 年版，第 13 页。

色的民族传统体育项目，这些不同的体育项目又反映了不同民族的生活历程和民族心理。但是，遵循人类文化发展的规律，每个民族的传统体育无一不是来自各民族的生产斗争、军事斗争、宗教文化和休闲娱乐等方面。也就是说，虽然各民族的传统体育文化形式和背景不同，但是其产生、发展的本质规律是一致的。少数民族传统体育学是在不同的文化背景中寻找普同的本质规律，在普同的文化过程中寻找不同的文化轨迹。

二、文化相对性

文化相对性（cultural relativism）也称文化相对论或文化相对主义。该理论主张每一种文化都有其独创性和充分的价值，而且一切文化的价值都是相对的、平等的，但这种"平等"并不意味着放弃批评而赞成或接受某一人群的所思所为，而是指将文化行为放入其具体的历史、环境和社会中加以评估和对待。人们总习惯于以自己所属的群体文化价值和传统观念来衡量、判断并且解释其他社会文化行为，这就是所谓的"民族中心主义"（ethnocentrism）。其极端表现是"文化沙文主义"（cultural Chauvinism），即认为自己拥有的习俗、信仰永远优于别人的习俗、信仰，并且以自己的文化来规范他人的行为。[1] 民族中心主义有助于强化自我认同、民族归属感和凝聚力，但是过分强调本民族的优越性，容易引起对他民族的否定和排斥情绪，带来负面影响。

文化相对性者提倡文化的相对性，反对民族中心主义的观点，他们认为任何文化都有相对性和存在的价值，衡量文化没有普遍绝对的评判标准，每个民族都有自己的尊严和价值观。文化相对性的观点提示人们，任何一个族群的文化观念与风俗习惯都是在其漫长的历史中逐渐形成的。因此，族群与族群之间、文化与文化之间采取相互理解的态度是相宜的。

在少数民族传统体育文化的研究中，我们应该用相对性的观点去看待少数民族传统体育文化，对于一些不理解的文化现象应该努力去寻找源自其自身世界观、文化结构与逻辑等的深度诠释，而不能以自身的文化观点去评判其先进性或落后性。目前，以奥林匹克"更高、更快、更强"精神为代表的西方体育精神充斥着整个世界，并被许多人以"先进的体育文化理念"而惯称，有人将许多少数民族传统体育项目看作是"落后的"、"野

---

[1] 庄孔韶：《人类学概论》，中国人民大学出版社，2006年版，第24页。

蛮的",甚至认为是"糟粕",需要加以"批判"和"改造",才能登上大雅之堂。许多人往往以"经济价值"来判断一项体育运动的"先进"与"落后",认为创造出巨大经济效益的现代体育要远比少数民族传统体育先进。文化相对性认为,一切文化价值都是相对的,对各群体本身这种不了解民族文化的渊源、盲目以自身的感受去评判少数民族传统体育文化的"体育沙文主义"论调是我们必须要注意的问题。少数民族传统体育是在长期的生活实践中形成的,各民族对自己的传统体育文化有着深厚的感情,许多体育项目表现了民族宗教、民族信仰、民族习俗和民族感情等意识形态方面的内容,虽然不同民族、不同文化环境创造了不同类型的传统体育文化,但是它们在本民族所具有的价值是平等的。我们在研究的时候,如果不能很好地处理这些问题,就可能会造成意想不到的严重后果,伤害民族感情,对自身的研究带来不必要的麻烦。尊重民族文化,客观、公正、历史地去看待少数民族传统体育文化,是从事这一领域研究所必须正确对待的问题。

三、适应性

通常所说的适应(adaptation)是指地球上的生物种群通过自身变化与周围环境达成协调并繁衍下去的过程。人类的适应包括生物性适应和文化适应。人的生物性适应主要指人体同周围环境保持生理、心理和行为上的体质协调,文化适应则是通过改变生活方式的策略达成与自然和社会环境的和谐。人类的适应涉及外在的自然环境(包括气候、降雨量、植被和动物种群等)和内在的社会环境(如人的技术、组织、互动、价值观与信仰等)。人类通过有意识或无意识的组合,把一些重要的适应性要素——诸如劳动力、技术、资源、组织、价值观和信仰等组合起来,成为人类适应策略的组成部分,确保衣食、避害、开发和繁衍延续下去。人类对自然环境的适应,即修正自然环境以适应自己的生存需要,又修正自己的社会文化系统以适应环境,这是人类社会进步和发展的重要功能,是其他生物种群无能为力的。

人类的文化适应较为侧重群体层面,通过群体活动获得社会文化的力量,以教育、创新、发明等方式调整成员的行为和习惯,以使社会得到持续的发展。适应既包括对过程的适应,也包括对结果的适应。文化的适应使文化的发展具有矛盾性。适应过程具有两个特征：保持和创造。[①] 文化的稳定性就是文化的保守性，文化有保持现状的倾向；另一方面，文化适应中创造性的主要结果之一，便是它能在特殊环境下产生多种文化，产生多样性。也就是说，适应可以使某一文化较快吸收另一文化的精华而得以快速发展，但过分的适应可能会导致文化的停滞不前，甚至阻碍文化的发展。

少数民族传统体育文化的产生、发展必定是与其所处的自然环境和社会环境相适应的。鄂伦春族在茫茫大、小兴安岭中以狩猎为生，发明了"追猎"、"围猎"、"诱猎"、"守猎"、"穴猎"等狩猎方法，用特殊的熟狍皮的技术制作"梭罗子"、"狍皮衣"、"狍皮被"等抵御冬季的严寒。鄂伦春族人民热爱大自然，有怀孕的母兽不打等习俗，除非必要，绝不过多猎杀野生动物，鄂伦春人多少世纪以来从未因用火而引起火灾。鄂伦春族人将自己看作是大山的一部分，他们热爱大自然、崇拜大自然，他们的生活方式与自然环境相适应，同时他们又创造出灿烂的狩猎文化，自然环境和人文环境的和谐统一，使鄂伦春族狩猎文化延续了几千年。

不同的生活环境创造了灿烂的少数民族传统体育文化，草原民族骑马、射箭、摔跤、打布鲁，水乡民族游泳、划龙舟，山地民族过溜索、爬滑杆，少数民族传统体育文化与自然环境有着密不可分的关系，在人们恐惧自然、依赖自然、战胜自然的生存中，又创造了与自然相适应的体育文化。环境和文化的适应性是少数民族传统体育学研究的重要理念。

四、整体性

整体性（Holism）又称整体论，是指在人类学学科的研究进程中，历代人类学家以不同的理论为出发点，积累关于人类整体性认识论的不断完善过程。当代人类学家至今仍然需要不断把人类社会的过去、现在和将来视为一个动态的整体，关注其共时性和历时性的双重观察，做生物与文化上的综合分析，以不断认识田野工作中的较小的区域社会与更大的人类社会的总体。人类学研究的生物性与文化的双重视角也是早期人类学整体论建构的一个重要出发点。从那时起到最终构成人类学四大分支学科中的体

[①] 夏建中：《文化人类学理论流派》，中国人民大学出版社，1999年版，第237页。

质人类学和文化人类学，正是基于对人类存在的生物学基础以及族群与文化关系的系统性和整体性探讨，其中，体质人类学是联结人类形态学的科学性与生物性的主要分支学科。也就是说，既把人类当作一个完整的生物系统加以研究，又对不同人群的文化系统予以联系性的必要考察，即生物—文化整体论。①

整体论是一个辩证的理论，也就是说，整体是必要的，同时又是相对的。正如人们不可能看到所有事物、不可能思考所有问题一样，我们必须对所要观察的事物有所侧重，有所选择，从而进一步分析和理解。在自然界里，这一点也许并不难做到，我们可以描述房子的尺寸、土地的面积、公路的长度，必要时甚至还可以分析它们彼此间的比例；然而，当我们试图以这种方式分析人的经验世界时，则很容易陷入困境，因为文化不是自然实体，而是某种态度、生活方式等。我们可以描述某种文化的象征意义，但是文化本身是我们在这种解释基础上的某些提炼，只要我们在不断地认识它，随时可能出现的各种变化与更改就不足为奇了。人类学对整体论的推崇与坚持，一方面由人们在社会科学领域里认识事物的根本立场决定，让宏观和微观相结合，整体与个体相统一；另一方面也是由学科本身以人及文化为对象的特点所决定。人类学把整体论作为其观察人类社会文化的手段，正是为了避免狭窄的目光而力求宽广的系统关照，主张对所有观察的事物做通盘的考虑。

我们同样将少数民族传统体育的发展历程看作是一个过去、现在和将来动态发展的历史过程，具有共时性和历时性的双重特点，其发展进程不仅与少数民族所处的自然环境有着密切的关系，同时受政治、军事、宗教、生计方式等多方面人文环境因素的影响。从整体上把握少数民族传统体育在自然环境、社会环境中，受客观因素、主观因素等诸多方面的影响，做生物上和文化上的综合分析，是从体育文化这一视角去探讨少数民族传统文化的基本观点。

一方面，少数民族在不同的发展历程中，受不同自然环境的影响，形成了不同形式，风格相似的传统体育项目，如高原民族赛牦牛、沙漠民族赛骆驼、草原民族赛马，不同的自然条件形成了不同形式，但风格相似的体育竞赛。许多民族相隔千里，历史上也很少有他们文化相互影响的记载，但是其体育竞赛形式的高度相似性反映了各民族在不同文化背景下，

---

① 庄孔韶：《人类学概论》，中国人民大学出版社，2006年版，第27页。

积极进取、敢于战胜自然、憧憬美好未来的一致性的心理品质。另一方面，传统体育虽然是民族文化的一个方面，但是，从这个窗口我们可以透视这个民族的政治、宗教、军事、艺术、习俗等诸多文化现象，可以了解其文化全貌，同时可以了解到这个民族的历史发展状况、道德价值取向、民族精神品质等。文化整体性告诉我们，少数民族传统体育文化的研究不仅是对体育现象自身的运动形式、比赛方法等表面文化的研究，而是要通过这些表面的文化现象去揭示民族文化的整体内容，从而提炼出少数民族传统体育文化在整个少数民族文化体系中所处的位置、价值和作用。反过来通过整体性的研究归纳出少数民族传统体育文化产生发展的一致的规律性，指导其健康和持续地发展。正所谓"宏观和微观的结合，整体与个体相统一"。

五、整合性

对于人类学家来说，事物之间都是相互联系的。整合论强调从社会整体（社会及自然环境）看待事物，要把它放在社会和自然的环境中加以考察。这样才能达到不仅知其然，更要知其所以然，不仅能看到事物的表象，更要看到事物的内部联系。

少数民族传统体育不是一个孤立的文化事物，它与政治、经济、宗教、艺术、民俗以及社会生活的其他方面都有着密切的联系。它的产生发展、表现形式以及所表现出来的深层文化内涵是受自然环境和社会环境制约的。自然环境影响着项目的形式和方法，社会环境形成了体育的灵魂和思想。体育项目反映了人们适应自然，与自然和谐相处的崇拜理念，以及本民族的道德标准、价值理念和行为规范等深层文化观念。对于少数民族传统体育的文化研究，需要我们从文化的各个视角去透视和分析，只有实现多视角的文化整合性的研究，才能对少数民族传统体育文化进行深入的探讨。

第五节 民族学和人类学原理在少数民族传统体育学的运用

少数民族传统体育学是以少数民族传统体育文化现象为研究对象，运用民族学和人类学原理对这种文化现象进行解释和说明的学科。民族学和人类学理论是民族学和人类学学家通过对世界上不同种族、不同文化的人类群体的社会文化形态和体质特征进行系统观察和研究后得出的一系列观念。这些观念试图从生物学和文化两个方面，对人类自身及其社会文化的本质、秩序和发展规律做出合理的解释和预测。[1] 运用民族学和人类学原理对少数民族传统体育文化现象进行阐释是适当和可行的。

一、文化"残存"法

进化论代表人物泰勒提出的"残存"概念在他的理论中扮演着一个非常关键的角色。他认为文化的演进主要表现在"理性的进步"，文明和野蛮的差别就在于文明人已经进化到了剔除迷信习俗，转而依据科学或理性的原则。他指出，残存是仪式、习俗、观点等，它们被习惯势力从它们所属的社会阶段带入到一个新的社会阶段，于是成为这个新文化由之进化而来的较古老文化的证据和实例。这样，通过分析和研究作为文化的历史证据的这些残存，就可以追溯发展的历史，从而重建文化的演进过程。[2]

少数民族传统体育是我国55个少数民族在长期的生产斗争、军事斗争、宗教活动和生活实践中总结和衍传下来的文化财富，不同的历史背景、不同的生活环境和不同的民族心理创造了风格各异的少数民族传统体育。各民族的传统体育文化从不同侧面和角度反映了某一民族的历史、政治、文化、宗教、风俗习惯以及民族心理等多方面的内容。也就是说，少数民族传统体育来源于历史，是传统文化的结晶，同时它又是文化的遗迹，反映了少数民族传统文化发展的历程，通过对它的研究可以追溯历史的发展足迹。

"上刀山、下火海"是傈僳族传统的体育活动，刀杆场上，竖起两根20多米长的笔直的松树杆，在树干之间按顺序捆上36或72把锋利的刀刃向上的钢刀做梯子。表演者赤手光脚，蹬上顶端，并要做些"蜻蜓倒立"、"飞燕迎春"等高难度动作。下了刀杆后，勇士们还要赤裸着上身，光着脚跳入熊熊烈火中，甚至用身体滚压火海，直至炭火逐渐熄灭为止，以圆满完成"刀山敢上，火海敢闯"的惊险表演。[3] 我们在研究这一文化现象时，不仅要关注那些高难度的技术动作，同时也要关注"上刀山、下火海"之前的那一套烦琐的宗教祭祀仪式以及每个"上刀山、下火海"的勇

---

[1] 胡小明：《体育人类学》，高等教育出版社，2005年版，第27页。
[2] 庄孔韶：《人类学概论》，中国人民大学出版社，2006年版，第38页。
[3] 方征：《浅谈傈僳族传统体育文化》，载《体育文化导刊》2002年第3期。

士身上都要挂上的几十条巫师画的符咒。这些仪式和符咒作为一种文化"残存"反映了傈僳族人民为了生存,在征服自然和抗击外来侵略时,对自然、图腾和祖先的崇拜。反映出傈僳族先民勇敢顽强、敢于拼搏的民族心理和对王骥将军反抗外族入侵、保卫祖国的大好河山精神品质的赞扬。

"残存"法给我们的启示是:当我们在研究某一少数民族传统体育文化现象时,不仅要关注体育项目的技术环节和竞赛环节,更要观察一些习惯动作和表演仪式,这些动作和仪式往往是历史遗传下来的"文化残存",通过这些"残存"我们去研究其深层的文化内涵。因此,要求我们在进行少数民族传统体育文化研究中,要做到观察全面、仔细和认真,要善于从形式多样的事物中发现宝贵的文化遗迹。

二、文化的传播

传播论认为文化变迁的过程主要是文化采借的结果,认为传播是历史发展过程的主要内容,全人类文化史归根结底是文化传播或借用的历史,他们试图解释文化在全世界的分布现象和发展路线。他们相信传播是文化发展的主要因素;认定文化采借多于发明;认为不同文化间的相同性是许多文化圈相交的结果。由此,文化彼此相同的方面越多,说明发生过的历史关联的机会就越多;认为进化论忽略传播迁徙,并从传播角度重构人类文化史。

民族传统体育的传播方式是由民族传统体育文化融合、民族体育放大和民族体育文化交流等形式组成的。民族传统体育的融合是指两种以上的体育文化经过交往接触后,彼此借鉴、吸收、交融而形成的一种民族体育新文化。民族体育放大是指当一种体育活动方式原有的价值或意义在传播过程中产生了新的方式、新的价值、新的意义,或是这种体育活动方式所表现出来的整体文化含义的传播面增加,从而使受体文化相对于传体文化有了某些膨胀。民族体育文化交流是指民族传统体育传播在于文化流的作用,所谓文化流就是不断地传播、发展、变化的一种趋势,是一种动态的过程。[①]

我国丰富多彩的少数民族传统体育项目有一些是某一个民族独有的,更多的是呈现多个民族共有的状况。秋千是我国许多少数民族共同喜爱的一个体育项目,南方有荡秋、磨秋和轮秋,在彝族、白族、纳西族、景颇

---

① 芦平生、杨兰生:《民族传统体育研究》,甘肃教育出版社,2002年版,第134—136页。

族、苗族、壮族、阿昌族、傣族、哈尼族等民族中开展得十分普遍。而北方的朝鲜族、维吾尔族、柯尔克孜族等民族的荡秋开展得也很普遍。据《古今艺术图》这本古书载:"秋千,北方山戎之戏,以习轻巧者。齐桓公北伐山戎,此戏传入中国。"[①] 历史上关于秋千活动的记载更是不胜枚举。秋千来源于生产活动、民间娱乐等,如荡秋千就是人们为了生存利用植物藤条在山涧、悬崖和树梢上荡来荡去采集果实而逐渐演变而来的。那么,这项活动是由哪个民族发明的?是怎样传播的?是需要人们思考和检验的问题。另外,赛马和马术、射箭、摔跤等项目,在达斡尔族、鄂伦春族、哈萨克族、蒙古族、柯尔克孜族、乌孜别克族等我国北方民族中开展得极为普遍。而在我国南方民族中的藏族、白族、纳西族、苗族、瑶族、水族、彝族等民族中同样开展得也很普遍。就连惊险绝伦的"上刀山"和"下火海"表演也呈现出傈僳族、苗族、哈尼族和布依族等民族共有的现象。少数民族传统体育学者在研究这类现象时,不仅要关注某一项目本身的文化特点,同时,也应该运用传播论原理去关注这些项目在各民族之间的传播和影响。

历史上,由于种种原因,我国曾经出现过数次的民族大迁徙,许多民族被迫迁徙到高山峡谷、戈壁荒漠和茫茫林海中。在民族交流、民族冲突中文化的影响和传播对民族文化的发展和演进起到重要的作用,少数民族传统体育文化学者必须考虑体育文化自身的主体和能动性,承认体育文化有选择、排斥及整合外来文化要素的能力,检验某一民族传统体育文化的形成和发展过程是怎样从"量"的积累到"质"的飞跃,是传播论给我们的启示。

三、需要的演进

文化功能论代表人物马林诺斯基认为文化在满足人类需要的过程中创造了新的需要,新的需要又促使新的文化手段的出现,这正是人类进步的关键所在。

狩猎曾经是我国少数民族最重要的生存手段,鄂伦春族至1996年随着"禁猎令"的颁布才彻底结束了狩猎生活。他们不仅根据季节和猎物习性发明了"追猎"、"围猎"、"诱猎"和"穴猎"等狩猎方法,狩猎工具也由最初的石块逐渐过渡到弓箭、扎枪、木棒、套夹和使用猎狗、驯鹿以及马

---

① 云南社会发展中心:《少数民族体育文化论》,云南民族出版社,1995年版,第64页。

匹等。除此之外，鄂伦春人还使用滑雪板、桦皮船、雪橇、猎刀、鹿狍哨、陷阱等作为辅助狩猎工具和手段。18世纪中叶，鄂伦春人开始使用火枪，后来又传入了连珠枪、套筒枪、三八式、半自动、全自动等枪支。另外，在鄂伦春族的宗教活动、民间娱乐和文化习俗等活动中，到处都体现出狩猎活动的踪影。纵观鄂伦春族狩猎文化的演进历程，狩猎生活的需要使人们不断创造出新的狩猎手段，同时在不断完善的过程中又提出了新的问题，在不断完善的过程中创造了灿烂的狩猎文化。

在少数民族传统体育的发展和演进过程中，环境的变化、科学技术的进步以及外部文化的影响起着重要的作用。山地民族以狩猎型体育文化为主要特点，水乡民族以划船和赛龙舟类型体育文化为主要特点，草原民族以赛马和骑射型体育文化为主要特点，人们根据自己的生活环境特点创造了不同类型的体育文化。在生产、生活实践中，人们不断地创造新的体育活动方式，并服务于日益发展的生产劳动、军事斗争、宗教活动、休闲娱乐和文化传承等活动的需要，在满足需要的同时，又提出了新的要求，在这种不断循环进化的过程中，使民族传统体育文化得到了广泛的发展。科学技术的发展和外部文化的影响对少数民族传统体育文化的演进起到了很大的推动作用，文化的传播在满足需要的过程中具有重要的作用。

四、文化的价值平等

文化相对的思想早在博厄斯的学术主张中就有体现，他认为每种文化都有自身的价值，不能用欧洲中心主义的观点去评估他们。赫斯科维茨则进一步总结出文化谈不上进步和落后，文化是特定社会中组成人们行为、习惯和思维模式的总和，每个族群的文化都有自身世代相传的价值观。文化相对论的最核心之处是认为社会的稳定与和睦来自对不同特点的尊重，来自互相尊重，强调多个而不是一个生活方式的价值，是对每个文化价值的肯定，应以寻求了解和协调为目的，而不是损坏与我们不相吻合的东西。

在少数民族传统体育文化的研究中，文化相对论给我们的启示是：在五彩缤纷的少数传统体育活动中，尽管许多项目其器械、场地、方法、形式、内容和要求等方面有着很大的相似性或差异性，但是它们都是在长期的生活实践中发展而来的，反映了古朴的生活方式、宗教信仰、生存斗争和道德标准等文化观念，它们的价值是平等的，没有先进和落后之分。在研究中，我们应该客观地看待体育在各民族传统文化结构中的地位，不能用自身的文化观点去评估它们，认为他们的体育活动是"落后的"、"不科学的"。不能主观地力图改变其表现形式和活动方法，更不能用西方的体育文化标准试图去修改它们，这样往往会丢弃民族文化的精华，伤害民族感情，就会犯"文化沙文主义"的错误。我们应该以尊重、理解和关爱的态度去对待这些文化现象，透过这些文化现象去关注其文化发展的脉络。

当前，以"更高、更快、更强"为宗旨的奥林匹克运动为代表的西方体育文化，在强大的科技杠杆和经济杠杆的作用下，正以强势文化的姿态席卷整个世界。少数民族传统体育作为弱势文化受到前所未有的冲击，许多体育项目由于失去了生存的环境而灭绝，许多繁衍几千年的传统体育项目正在走向消亡。文化的多样性告诉我们，社会环境正是由不同的民族文化构成的，丰富多彩的民族文化促进了文化的平衡和社会的稳定，传统文化具有不可再生的特点，一旦消失就不可重塑，保护传统文化同保护自然环境一样关系到人类生存和发展的前景。少数民族传统体育文化虽然在规模、影响和推广等方面远远不及现代体育，但是，在人类文化发展的道路上同样具有不可磨灭的作用，与其他形式的文化相平等，同样具有不可低估的价值，共同构建了人类平衡、和谐的文化环境。

绚丽多彩的少数民族传统体育文化在起源上是多元的，在内容与形式上是多样的，在文化特征上又具有异质性。不同民族的传统体育依存于某一特定的自然、社会与文化背景之下，因此，少数民族传统体育文化的产生是地方性和民族化的，文化的差异不能简单地通过分配或重新分配就可以简单地实现现代化。在少数民族传统体育文化的改革与发展中要遵循这一规律，尤其在经济全球化进程中的今天，更要注重保护我国少数民族传统体育文化的多样性，不能孤立地对少数民族传统体育进行简单改造，这对于尊重少数民族传统文化，维护少数民族传统体育文化的重要价值，保持世界文化的多元性和体育文化的多样性发展都具有重要的意义。

五、结构的说明

如果说拉得克利夫-布朗的结构功能论是一种理论体系的话，那么列维-斯特劳斯的结构主义就是一种方法论。前者强调文化在社会中的功能和价值，强调一部分活动对全部社会生活和社会体系所作的贡献，认为在一个社区内社会生活的各个方面都密切关联着，人类学是要在研究社会的功能的同时还要研究社会的结构，社会结构和社会功能二者合并起来就是社会体系；后者认为人类学需要建立一种模式，用一个概念化的模式来陈述集团之间的关系和组成集团的个人之间关系的正确状况，人类学家在田野调查中遇到困难时，应根据社会经验通过冷静的结构分析用模式去解释社会关系。

我们在研究少数民族传统体育时，不仅要研究体育项目本身的价值和特点，还要研究体育项目在整体文化所处的位置以及它与政治、宗教、道德、法律、艺术、民俗等文化体系之间的关系。在田野工作中，我们往往会遇到各种各样的问题，调查对象经常会连自己都弄不清楚事物的来龙去脉，这就要求我们运用结构主义的原理，根据经验用模式的方法去深入地阐释。

六、模式的构成

心理学派认为：每个民族都有一个独特的、由其文化传统造成的"基本人格"，而这种基本人格又反过来影响文化的发展。本尼迪克特根据各社会的心理和行为特点描述了日神文化、酒神文化和妄想型文化三种文化模式，她认为人格是由文化决定的。不同的环境创造出不同的文化，不同的文化又塑造出不同类型的人格。在结构人类学中，结构所指的并不是社会关系的总和，而是在经济实体之下存在的一种深层模式。他们认为人们一般所能认识到的社会现象只是浅层的结构，并不是社会的真正结构，社会的真正结构是人们所不能认识到的，需要人类学家的分析和概括才能发现的深层模式。

傣族的居住区属云南南部热带、亚热带坝区稻作农业区，以原始多宗教崇拜与佛教的复合为自己的民族宗教，对水的崇拜成为多神崇拜的重中之重。优越的自然环境和祥和的社会环境使傣族体育具有柔美、细腻、传情、祥和、修身养性的文化特质，傣族舞蹈的基本风格和韵律是身体柔软起伏，舞姿极富雕塑感，多姿的手势、纤细的腰身、轻盈的体态，构成了一幅完美的"三道弯"造型，这使得傣族舞蹈既有动态的韵律美，更具静态的造型美。傣族最为隆重盛大、狂欢纵情的泼水节是为了辞旧迎新、祈求佛祖和天神保佑五谷丰登、人丁兴旺，人们尽情欢乐，互相祝福。在影响傣族体育文化特质形成、发展的自然环境与人文环境等诸多因素中，"水文化"起核心主导作用。在这样的自然环境和社会环境下，傣族典型的传统体育项目体现为孔雀舞、象脚鼓、堆沙、丢包和放水灯等，活动主要特征为柔美细腻、动作节奏丰富、注重传达人物情感和以求休闲与娱乐身心为主，其文化取向表现为柔美、传情、崇水、倡导人与自然的和谐等是其文化具有的主要特征。

彝族人民生活在山区和半山区，地理条件复杂，这为开展畜牧、种植和狩猎等多种经营提供了可能。彝族人崇拜老虎，是因为老虎的力量在本质上具有其它动物不具备的特殊性，即勇猛顽强性。彝族人对火怀有莫大的崇敬，他们把火作为世界的本原，是彝族人的"道"。而动植物和人都是由火衍生出来的。他们认为人的心灵与世界万物同处一源、合为一体，并且，人的行为可以与某种神秘力量和宇宙秩序相互感应，人甚至可以从各种神物那里获得能量从而实现对自然的征服。这种遵循"互渗"规则的原始思维方式，明显带有"火文化"的价值取向，成为彝族传统体育活动形式及发展的动力源。彝族人举行摔跤会之前要先请毕摩选定日子，在摔跤会当天要举行祭"火神"仪式，通过祭"火神"实现人神沟通从而达到祈福免灾的目的。过"虎节"模拟老虎跳舞，开始要鸣火枪，并有虎神送药，在舞蹈过程中香火一直燃烧不断。彝族人把一年的开头作为最大的"祭火"日期，火把节的祭火、耍火早已走出平时的火塘歌舞的局限，火把狂欢使作为民族文化核心的民族意识得到形象化、个性化的表达，也使得火这一文化符号成为彝族人民"心中的太阳"。也正是在这种自然环境和社会文化环境的条件下，彝族传统体育典型项目以摔跤、斗牛、射弩、挥刀、长跑和投掷为主，其活动特征表现为朴实粗犷、动作刚劲有力、力度大、攻击性强和强调身体接触与对抗等，其文化取向为尚力、血祭、崇火、体现对大自然的征服等。[1]

少数民族传统体育事项，以其浓郁的生产气息、鲜明的生活风格和生动的身体语言，充分地反映出一定民族的审美观、价值观和文化观，成为对生产、生活方式众多描述中最精彩的部分之一。在特定民族文化圈内，由气候、地形、水文、动植物等要素组成的自然环境，不仅为体育运动的开展提供了前提和基础，而且直接造成了人们在体质上的不同，也孕育出了不同的需求。生产方式作为社会发展的决定力量，决定着民族传统体育的活动内容与开展方式。如此，自然环境因素与社会环境因素的复合为民族体育的孕育提供了可能。民族体育的形成过程就是主观观念见之于客观实际的过程，属于一种"合目的、合规律的创造性实践活动"。不同层次的文化观念在民族体育发生、发展过程中的地位与作用也是不平衡的。其中，价值取向与思维方式是这一矛盾的主要方面，其对自然、社会环境中

---

[1] 李延超、饶远：《水与火洗礼中的民族传统体育——傣族与彝族体育的比较研究》，载《体育科学》2006 年第 11 期。

各种物质因素的选择与契合成为影响民族体育发展的主导系统,直接决定了民族体育的发展模式与运行轨迹。[①] 正是由于傣族的"水文化"创造了以"柔"为主要特点的传统体育文化,正是由于彝族的"火文化"创造了以"刚"为主要特点的传统体育文化,不同的自然环境导致不同的民族生产、生活方式;不同的民族生产、生活方式孕育出风格各异的传统体育文化形态;不同的民族文化观念导致不同的体育文化价值取向;不同的文化价值取向成为决定民族传统体育发展机制的核心因子。少数民族传统体育的形成过程就是主观观念见之于客观实际的过程,自然环境和社会环境中各因素的选择与契合成为影响少数民族传统体育发展的主导系统,形成了不同的传统体育文化模式。

纵观我国少数民族传统体育的文化特征,虽然不同的民族由于形成传统体育文化的历史轨迹不同,形成了不同的气质与个性、心态特征与价值观念。但是许多民族相似的自然环境、相似民族发展经历、相似的人文文化背景,导致了传统体育文化的趋同性,也就形成了不同的传统体育文化模式。山地民族以狩猎为主要生活手段,崇尚虎、熊等猛兽,其体育文化模式以不畏残暴、崇尚自由、体现敢于拼搏精神的模拟生产、生活斗争的体育项目为主;水乡民族则以"龙"为自己的崇拜,体育文化模式以祈求风调雨顺、避免灾害和欢庆丰收的赛龙舟等水上项目为主。

我们通过对少数民族传统体育文化现象的分析和研究,去揭示少数民族传统文化的结构和本质,概括其发现模式,总结出不同民族的传统体育文化特质的规律性、共同性和差异性,探讨其在民族文化演进历程中所体现的价值和作用。相同的经济文化类型和类似的发展经历使许多民族在传统体育文化的特征上表现为一致性,通过这种一致性的归纳,我们可以将少数民族传统体育进行不同的模式的分类,根据不同的模式指导我们对少数民族传统体育文化进行更全面的研究。

七、文化唯物主义的探索

文化唯物主义者认为:文化是由技术经济、社会政治和意识形态三种成分构成的。在适应过程中,文化直接对人类的生存发挥作用。因此,文化变迁在本质上是技术经济的变迁。文化的其他部分,即社会政治和意识形态也发生适应性变化,但这是第二、第三层次的适应。社会政治制度是

[①] 李延超、饶远:《傣族体育与"水文化"缘由探析》,载《体育科学》2006年第4期。

技术经济基础的产物，而意识形态也是相同的物质成分再加上被社会政治成分过滤而塑造成型的产物。因此，文化是由社会的物质和适应性需要所决定的。亲属制度、婚姻制度、法律和政治行为以及体育竞技等社会制度是由技术和经济所决定的。每种社会的宗教、价值观和哲学的存在是为了证明这种社会的正当性和合法性。当技术变化时，社会制度和意识形态也会发生变化。

少数民族传统体育是少数民族传统文化成分的一个方面，因此，它是物质基础的产物。换言之，少数民族传统体育是一种社会的技术和经济的体现。在文化论的结构中，少数民族传统体育是一种处于文化表面层面的物质文化实体，是人们经济技术和思想意识形态的客观反映，是可以看到和触摸到的现象和事物。马文·哈里斯（Marvin Harris）认为：只有现象的文化才能作科学的研究，而意识的文化只能停留在假说上。[①] 文化唯物主义给我们的启示是：通过少数民族传统体育文化现象的研究，去透视少数民族传统文化的深层内涵，通过解析少数民族传统体育物质文化现象，去探索少数民族社会的历史发展过程，去揭示少数民族政治、经济、宗教、艺术、习俗、道德标准及其价值观和人生观形成的脉络。同时，文化唯物主义告诉我们，文化的研究应当通过表面现象去探索事物的本质，通过对表面现象的层层剥离，最后我们可以看到事物的本质。少数民族传统体育文化的研究不能停滞在体育事物本身性质的研究，我们不仅要关注体育的比赛形式、方法、手段和价值作用，还要通过体育的窗口去探索其制度和精神等深层文化内涵。

八、符号的阐释

19 世纪末 20 世纪初瑞士语言学家索绪尔提出了"语言是一种表达观念的符号系统"[②] 的观点，之后，民族学和人类学家就运用语言学的这个观点，将符号作为一种文化的象征进行研究。结构主义认为文化是符号体系，符号体系反映人类的意识结构，而意识结构可以抽象成结构模型。象征人类学是为将文化当成象征符号加以探讨的，其代表人物格尔兹的"在解释之上的理解"通常被称为"解释人类学"，认为文化不是封闭于人们

[①] 庄孔韶：《人类学通论》，山西教育出版社，2005 年版，第 154 页。
[②] 费尔迪南·德·索绪尔著，高名凯译：《普通语言学教程》，商务印书馆，1985 年版，第 37 页。

头脑之内的某种东西,而是存在于公共符号之中,透过这些符号,社会成员彼此交流世界观、价值取向、文化精神以及其他观念,并传承给下一代。①

少数民族传统体育来源与生产斗争、军事斗争、民族宗教和生活实践,是少数民族文化演进和生活技能传承的重要手段。我国有许多少数民族历史上只有语言、没有文字,他们的原始教育的主要内容是向后代传授一些简单的生产、生活技能和自卫能力,无论是狩猎、捕鱼、爬山、涉水、攀树、逃跑或与野兽搏斗乃至简单工具的制造与使用,都以传统体育文化的形式表现出来,少数民族的传统体育具有文化载体的功能。通过对少数民族传统体育的研究,我们可以从中看到许多民族文化的精华,它将一个民族的历史、文化、风俗习惯、民族精神和道德规范等因素清楚地表现出来。如景颇族的"目瑙"的舞路就清楚地记载了这个民族的迁徙路径及历史传说。傈僳族的"上刀山、下火海"表现了他们崇拜英雄的信仰,将傈僳族人民机智、勇敢、知难而进的品质充分地表现出来。瑶族的"戒度"是每个小伙子在"成年礼"上必须要完成的仪式,仪式前每个人都要刻苦训练这种合乎规则的跳跃方式,由于"戒度"本身非常庄严,且有难度,因此,在正式举行仪式以前,每个小伙子都要向师傅求助,瑶族小伙子只有顺利地完成"戒度"所要求的跳跃后才能表明从此以后,其体从天降,重度人生。同时他才有资格享受其他族人的权利,与其他族人一起挑起民族兴旺的重担。

追溯少数民族传统体育的形成脉络,可以看出每一项体育项目都反映了一段少数民族历史文化和文明发展的历史,记录着民族荣辱、社会兴衰的足迹。少数民族传统体育是民族文化发展的浓缩,是反映民族文化的重要窗口,各民族的传统文化也正是将语言、艺术、体育等文化形式作为载体进行衍传的,通过这些载体可以透视少数民族的世界观、价值取向、文化精神以及其他观念。因此,少数民族传统体育不仅是一种文化现象,同时又是一个反映少数民族传统文化的"符号",通过对这种"符号"的深层"阐释",去研究它们的深层内涵,为少数民族传统文化的保护和发展作贡献。

从文化进化论开始至当前的人类学重构,民族学和人类学家一直孜孜不倦地探索人类文化发展的脉络和足迹,试图通过各种理论来解释人类的

---

① 庄孔韶:《人类学概论》,中国人民大学出版社,2006年版,第76页。

文化现象。在人们不断提出新的理论的同时,各种原理也在遭到不断质疑。在推陈出新的过程中,人类也越来越清晰地看到文化的本质和价值。在自然环境和社会环境巨变的今天,少数民族传统体育目前面临着前所未有的困境,同时也越来越显示出它的重要性和宝贵性,保护这种文化遗产是我们的责任,通过民族学和人类学原理在体育领域的运用,为更好地挖掘和保护这一文化资源提供了理论支持。

<h3 style="text-align:center">本章思考题</h3>

1. 简述少数民族传统体育科学研究的发展历程。
2. 简述少数民族传统体育学学科的发展趋势。
3. 论述少数民族传统体育学学科的理论体系。
4. 阐释少数民族传统体育学的学科性质和研究对象。
5. 论述少数民族传统体育学的理论基础。
6. 论述少数民族传统体育学的基本观念。

第二章 少数民族传统体育学的研究方法

中华民族呈"多元一体"格局。55个少数民族传统文化呈现出五彩缤纷、千姿百态的状态，宗教信仰、风俗习惯和文化类型等具有很大的差异。尊重民族信仰，了解民族习俗，科学地运用适合的研究方法是搞好少数民族传统体育文化研究的基本要求。

第一节 少数民族传统体育学研究概述

一、少数民族传统体育学科学研究的特点

少数民族传统体育科学研究同其他自然科学研究、社会科学研究、体育科学研究一样，都是探索未知、认识客观世界、创造新知识的活动，它们都具有许多共同的特点，如科学研究的继承性与创造性，研究工作的探索性与实践性，工作过程的艰巨性与复杂性，成果的实验性与可检验性，认识过程的系统性与协同性等。但少数民族传统体育科研还有有别于其他的特殊性。少数民族传统体育的研究目的与现代竞技体育研究的目的不同，研究的起点、层次也有差异。因此在科研方向、研究方式、研究内容上，少数民族传统体育科研也具有其特点。

（一）研究目的的特殊性决定少数民族传统体育科研的主要任务

研究我国少数民族传统体育最根本的目的是为了弘扬我国民族文化，振奋民族精神，促进各民族的团结和社会发展。这一目的决定了少数民族传统体育科研、挖掘、整理少数民族传统体育的主基调，并使之逐步走向科学化、规范化、大众化和国际化的发展道路。尽管自20世纪80年代至今，经过广大少数民族传统体育科研工作者的努力已挖掘出670多项少数民族传统体育项目，但由于我国少数民族居住状况比较分散，交通、文化交流相对闭塞，少数民族传统体育仍有发掘的潜力。而且更要提高对少数

民族传统体育的认识，从民族文化、民族经济、民族自尊、民族发展的角度来研究少数民族传统体育。在研究的过程中推广民族传统体育项目，弘扬少数民族传统体育千百年来传承的民族精神。

(二) 研究对象的复杂性与研究工作的艰巨性

少数民族传统体育科研的对象在广义上可以是各种体育现象、文化现象。而大多数体育现象又是以人主动参与为中心的各种形式的体育实践活动，社会环境的诸多因素影响着少数民族体育，因此研究工作相对复杂。少数民族传统体育更是掺杂在民俗、民间人文活动当中的体育形式，有时，其研究工作需要长年深入民族地区搜集资料，环境十分艰苦，还要从大量资料中筛选出与研究有关的内容，工作十分艰巨。

(三) 研究方法的多样性与运用理论的综合性

由于少数民族传统体育的发展受政治、经济、文化、地域、宗教、教育等多种社会因素的制约，少数民族传统体育活动的主体——参加者又受到生理的、心理的、宗教的、文化的多种因素的影响，为了全面、准确、深刻地研究各种体育现象，研究者必然要具备涉及这些影响因素的相关学科知识，并采用各种方法从不同途径来进行研究，才能全面客观地揭示少数民族传统体育的本质，表述其产生、兴衰发展的过程。

(四) 少数民族传统体育学研究具有鲜明的文化性特点

少数民族传统体育活动与少数民族的日常生活、娱乐、宗教、环境紧密联系。作为少数民族文化的一部分，体现着少数民族的精神与心理世界，在民族文化交流和民族交往过程中扮演着重要角色。因此，研究少数民族传统体育不能单纯地从体育的角度来研究，要同少数民族传统体育文化背景相结合，才能从少数民族的教育、日常生活、民俗活动、祭祀等各种文化活动中发现体育的东西，才能从少数民族传统体育中延展出深刻的文化内涵和精神底蕴。

(五) 少数民族传统体育学研究具有广泛的综合性

少数民族传统体育学研究既要研究体育项目的场地、设备、技术、战术的改进、推广与发展，要求我们要用科学的体育理论、体育运动的普遍规律指导研究方向，用先进的科学仪器设备、研究方法和手段分析研究技术、战术和设备的合理性，提高运动技术水平，使少数民族传统体育项目不断成熟；又要兼顾少数民族传统体育特点，结合体育教育、民族心理学、生理学、地理学、经济学、宗教学、民俗学、民族学等与少数民族传统体育的联系和制约来研究少数民族传统体育，这样才能真正挖掘出少数民族传统体育的价值。因此，它又是一个多学科交叉式的综合研究。

（六）少数民族传统体育研究具有多重现实价值

少数民族传统体育学是一门综合学科，它联系着社会生活的各个方面。新时期民族工作的重点是发展民族经济，加强文化交流与合作，增强民族团结。少数民族传统体育具有鲜明的文化特点，这使少数民族传统体育具有强大的吸引力，成为世人关注的目标。在少数民族传统体育研究推广的过程中，体育的经济作用和文化教育功能进一步显现，使少数民族传统体育成为发展民族经济的催化剂。研究少数民族传统体育提高了民族自尊，振奋了民族精神，提高了民族地区体育锻炼的自觉性和民族地区发展体育教育的可行性。人们的体育意识在不断增强，进取、公平、公正、团结、协作的体育精神，潜移默化地影响着少数民族同胞正视现实、勇于进取、采众之精华、扬己之长、补己之欠缺，使他们能在思想观念上得到发展。思想观念的更新是社会发展的原动力，是民族发展的前提，也是我国当前民族工作所需解决的现实问题。

抓住少数民族传统体育科研的特点，无论进行哪种类型的研究，运用哪些研究方法，都能把握正确的研究方向，获得研究成果。

二、少数民族传统体育学科学研究的类型

（一）根据科研成果的性质分类

1. 基础性研究

在探索未知中去发现从未有过的新的事实，提出某种新原理、新法则，验证某种假说，创立新的论点与学说。少数民族传统体育科学是一门新兴的体育学科，研究少数民族传统体育理论，建立学科基础，进行基础性研究是十分必要的。少数民族传统体育基础性研究多是在学科理论、历史起源等方面进行研究，这就需要研究工作具有超前性、创造性、理论性的特点。超前性是超越同时代人的认识水平和已有理论，去发现和探索那些少数民族传统体育中的深奥的、重大的、新奇难解的、长期争论悬而未决的科学问题。

创造性主要是指这类研究不拘泥于对问题的一般性补充、完善和归纳，不是在原有学科或问题上绕圈子、踏小步，而是另辟蹊径，寻求新的突破口；或开辟新的研究领域，充分想象与创新，在探索少数民族传统体育的奥秘中去努力发现新规律，构建新理论，在已有的少数民族传统体育原型基础上，改革和创新出新的体育运动形式。

理论性指其研究成果的知识内容含量较高，概念体系完整，系统性与逻辑性强，具有普遍法则和对本质的揭示。主要运用抽象（逻辑）思维，通过一系列科学概念、数学语言、史实资料进行系统的分析、综合、演绎、判断、推理，建立新的逻辑概念体系，形成新的系统理论体系。目前少数民族传统体育科研工作者从政治、经济、文化、历史、宗教、心理、生理等多个角度进行理论研究，也取得了不少成果。

2. 应用性研究

应用性研究是采用少数民族传统体育的基础研究成果（某种科学理论知识及运动形式），去探索解决实际问题的新途径、新方法及新的战术手段，着重解决把先进的科学理论转化为少数民族传统体育领域中的生产技术、工艺和方法的研究活动。它直接面向一个专门的实际目的和应用目标而展开。如少数民族传统体育与旅游、娱乐消费、社区体育；少数民族传统体育比赛项目和表演项目、规则的修改；珍珠球的抄网、木球和球板等的器材改进。

3. 推广性研究

推广性研究是"少数民族传统体育科学研究成果的扩大"。如根据某项研究新技术、新器材、新方法的科技论文（或研究报告），在体育教学、训练中进行小规模的试验研究，以进一步检验其科学性、可行性、实用性。

（二）根据研究的目的和内容分类

1. 探索性研究

少数民族传统体育科学领域中提出的一些新理论（如少数民族传统体育理论与发展）、新技术、新战术的应用研究就属这类。探索性研究面临的是尚不熟悉的事物，无同类研究成果可借鉴参考，因而作为探索的结果有可能成功。一些重大探索性研究课题耗时较长，有的需几年甚至更长的时间才能获得结果。探索的结果有可能失败，但在多次探索失败后不断变换方向、寻找突破口，最后才艰难地找到出路、获得正确的成果。

2. 描述性研究

描述性研究是指在对某一问题事件进行研究的过程中，将观察了解到的少数民族传统体育事实与现象力求客观准确地描述下来，并根据描述提出某种假说或初步结论。在描述中一般包括对它的性质、结构、数量与质量特征的描述及概括性、规律性反映。在少数民族传统体育科研中的大量技术、战术临场观察统计及项目开展状况，各地区同一项目的不同形式、特点等。

3. 解释性研究

解释性研究是指对少数民族传统体育项目的规则、方法、裁判法等进行解释与说明。这对少数民族传统体育项目的推广、开展起着重要作用。多数研究活动往往可以同时包含上述三种类型（探索、描述和解释）的目的和作用，以较全面地反映研究对象的本质，从多角度、多方面考察与分析少数民族传统体育的客观规律。

三、少数民族传统体育科学研究的基本程序

（一）确定课题

选择和确定课题是科研工作的首要环节。研究者通常在自己的专业范围内，通过查阅文献资料或了解体育实践中的有关情况，结合少数民族传统体育的具体状况，提出一个较有意义和可行的研究题目。选题是否恰当，关系到整个研究工作的成败和成果的价值。选题能否成功，取决于研究者的理论素养、科研经验、科学洞察力与科技信息量，并要采用一定的选题步骤和方法来实现。选题是科研过程中较为困难的环节，又具有对整体的制约和统帅的作用。

（二）提出研究假设

研究假设，又称为科学假设或科学假说（有人亦称为理论假设），它是研究者对研究问题的预期结果的假定性设想或结果，是形成和建立科学理论的初步模型。假设体现了研究者解决问题的基本构思，是整个研究工作的纲领与导向。

（三）选定研究方法

社会科学类课题常用的有社会调查法、专家调查（咨询）法、观察法、文献法、比较法、考古发现法；技术学科类课题常用的有竞赛临场观察与统计法、教育实验法、测量与评价方法等。

（四）制订研究计划（方案）

在周密思考后，最后用文字书面表述出来，可以是文字叙述或表格分栏式表达。所有的研究课题，都应该制订研究计划。

（五）搜集研究材料

研究材料就是验证假设、论证问题，形成科学理论所需要的各种事实与资料、实验结果，这是所有研究工作都要完成的重要内容。它具体包括文献（情报）资料和经验事实两大类。文献资料是间接实践经验的表现，

是过去经验与规律性的系统理论形式,即前人积累的各种少数民族传统体育及文化活动形式、科学理论与研究成果的集中体现。研究人员只有尽可能搜集较多的文献资料,才能充分了解本课题的学术背景与前沿动态,才能为验证假设、论证观点提供可靠而有力的依据;也能为进一步调整课题,修改与完善假设提供参考。搜集文献资料既是少数民族传统体育研究课题的起点,又贯穿于整个研究过程之中,需要研究者"积铢累寸"、"拨沙拣金"、"去粗取精"、"择优汰劣"的工作。尤其是少数民族传统体育中有关社会学科类、基础理论类的研究课题,主要靠搜集大量文献资料来为论文提供论据和形成假设,提出某种科学理论与观点。

经验事实是直接来自社会实践(包括研究者本人的实践活动),来自参与各种少数民族传统体育实践活动、民俗民间活动,所获得的感性经验、感性材料和对具体事实的观察与统计结果。它为研究课题提供新鲜、直接的研究材料,是科学研究中检验假设,提出新发现、新发明、新规律、新理论的重要先决条件。

搜集文献资料与获取经验事实,是一个课题的研究过程中花费时间与精力较多的阶段,属于验证假设的前期阶段。它是研究者具体接触研究对象,深入少数民族传统体育活动群体或亲自参与实践,亲身体验少数民族传统体育活动的过程,也是科学理论与实践相结合,科学认识在实践中不断深化的过程。

(六)撰写论文,获得研究成果

按照科研论文的规范结构与论述要求,把研究过程及所获的研究成果用文字完整、系统地表达出来,最后形成科研论文。

四、少数民族传统体育学科学研究选题

(一)选题的概念及其意义

科研选题,就是研究人员有目的、有步骤地选择某一学科领域中尚未完全认识和解决的问题的过程。首先,选择的课题如何,从根本上决定少数民族传统体育科研的总方向和研究方案设计,进而制约着研究的全部过程。因为课题集中体现了研究者的理论修养与学识见解,题目又是贯穿于整个科研过程的中心目标。所选题目不同,研究的见解、起点、范围、内容与难度也各不相同,所采用的研究方法也不同。一个新颖、可行的课题,将在较高的起点上展开,并可能引起研究方法手段的变化与更新。另外,选择一个好的课题,是保证科研成功及成果价值的先决条件,并能取得科研的高效益。一个错误或平庸的选题,不管研究方案设计得如何周密,都不可避免其研究的失败或成果的无意义。

(二) 题目的主要来源

研究课题不是研究人员主观臆造的,而是来自生产、生活和社会的需要。在少数民族传统体育科研中,则来自民俗活动、民间生活以及少数民族传统体育的教学、训练、比赛、项目推广、管理等工作的实践中。在这里首要体现和强调的是科研的基本指导思想——科研为实践需要服务,理论必须同实际相结合,如果研究工作脱离体育实践的需要,脱离了民族传统或片面强调少数民族传统体育的民族性、地域性,那么选题将无端浪费人们的精力,也就谈不上什么科学价值。自然科学研究的大量题目来自社会生产实际需要,社会科学研究材料来自社会生活的大量现象与实际问题;少数民族传统体育科研题目也来源于各民族体育实践活动中碰到的各种共性问题、疑难问题、亟待解决的发展问题等。恩格斯说:"社会一旦有技术上的需要,则这种需要就会比 10 所大学更能把科学推向前进。"

1. 从各民族人民日常生活中发现课题

我国是一个多民族国家,地域辽阔、地理环境十分复杂,人们的作息方式也因政治、宗教、种族等因素而不同。融入各民族人民的生产、生活中细致地观察和体味,深入地揣摩和研究,就能从中发现一些少数民族传统体育的表象和内涵,从而进行研究。

2. 从少数民族传统体育教学、训练、竞赛、体育管理中碰到的实际问题中发掘课题

广大体育教师、教练员和体育管理人员、体育院校的学生、民族学研究者,在长期教学、训练和管理工作的实践中,常常会遇到一些疑难问题、实际问题需要解决。诸如:前人或教科书中没有解决或不能解释的新问题,有个人多年来积累起来的某些教学经验、训练体会需要加以科学总结和验证等,还有如运动技术的发展变化;比赛规则的改变会对原有的训练、技术、战术带来影响;少数民族传统体育的娱乐性与竞技性的结合等。这些切身感受的实际问题是选题的重要源泉,然后根据问题的迫切性和实用性择定具体题目。

许多有重大价值的科学研究成果往往是从日常生产、工作、生活中的普遍现象中发掘的。所谓"夕阳芳草寻常物,解用都为绝妙词"。美国的大细菌学家史密斯说过,他总是着手处理眼前摆着的问题,主要是因为容易得到资料。因此,研究者要善于在日常工作和生活中,从人们熟视无睹

的寻常现象中发现要研究的课题。

3. 从文献资料中去搜寻课题

文献资料是前人创造积累的科学成果与文化知识的真实记录,反映了人们对客观世界的科学认识水平。与体育有关的文献资料种类很多,其中又以体育期刊(学报、会刊、杂志等)、图书、论文集为主,它们不同程度地记录了研究人员对有关少数民族传统体育现象、问题研究的成果、观点、规律、方法、数据、经验事实以及少数民族传统体育发展的最新动态、运动成绩记录等。通过对这些文献材料的查阅,既可较快地了解有关问题的历史、现状及前沿动态,开阔眼界,启发思路,学习别人的成功经验,借鉴前人的成果与方法;又能从材料中发现前人研究的突破口,从中提出个人要研究的新问题。目前,很多体育院校师生的研究课题,就是从文献资料的分析研究中提出来的。而且不少非体育专业的民族问题研究者对少数民族传统体育也进行了很有价值的研究。

4. 从体育改革与发展的趋势中及时发现问题

社会主义市场经济的确立与发展,为我国体育事业带来一系列新的变化,特别是少数民族传统体育改革与发展出现了前所未有的新形势,少数民族传统体育的挖掘、整理和推广、发展过程中也产生了一系列新问题,亟须解决。宏观方面的问题,如少数民族传统体育改革的指导思想、地位、基本模式、主要对策、突破口、与竞技体育的关系等。中观方面的问题,如少数民族传统体育人才市场、经营市场、技术市场的建立与发展;体育院校如何改革办学模式、增加少数民族传统体育教学内容与方法、招生与分配制度等,适应市场经济发展对少数民族传统体育人才的需求;职工体育、城市社区体育、学校体育、旅游体育、农村体育的新的发展趋势、管理模式与对策;学校体育目标、任务、作用的发展变化趋势等。微观方面的问题,如不同体育人才的知识结构、体育观念的变化等。研究者善于从当前体育改革的趋势中去了解新动态、新信息,并经过分析从中提出研究的课题。

5. 在对本门学科、专业的传统理论的怀疑中寻找问题

前苏联科普史专家格拉宁说:"科学是以怀疑开始,以深信不疑告终,科学的真相必须不断更新。"在科研中,我们应当随时用批判的眼光看待已有的科学理论和传统观点,寻找它们的缺陷和矛盾,然后再设法加以研究证明。这样做才会使科学真正不断进步。任何科学理论与学说总是在一定条件、范围与认知水平下产生的,它不可能是万古不变的真理,而适用

于所有的情况与条件。唯物辩证法告诉我们,世间的一切事物总是在不断地发展变化和调整自身,真理都具有相对性。对已显示缺陷的传统理论方法、技术的怀疑与修改,正是科学发展的必然过程。科学史上这样的例子很多。前人的理论、传统的观点,看起来似乎无懈可击,但随着时间和事物的发展变化也会有漏洞缺陷,需要加以改变和修正。如果过于迷信前人的结论观点,那么,就无法在学科前沿找到突破口。当然,这不仅需要气魄与胆量,也需要广博的知识与才干。

6. 在学科交叉所产生的"边缘地带"发现课题

当代科学发展的趋势是学科不断分化又不断综合,大量相互交叉与渗透,在总体上向综合化、一体化方向发展。少数民族传统体育科学的发展也是这样,许多新的少数民族传统体育正是这样交叉、渗透的产物。在各门学科相互交叉、渗透的"边缘地带",正是科学研究中未开垦的"处女地",有许多未曾见到、预料的问题有待人们去解决,有新的学科需要建立。如体育人类学、体育经济学、少数民族传统体育心理学等。

7. 经常向专家学者请教,参加体育学术会议也可以找到一些研究课题

一些学术水平较高、有科研经验的专家和学者,他们在科研方面往往有许多成果,对学术前沿状况比较了解;并在自己的研究领域有一系列研究课题。对于刚跨入这一领域进行科研的学生或研究新手,由于不熟悉学科前沿,也缺乏经验,可以求教于指导教师和专家学者,听取他们的意见和建议,以便了解学科的发展趋势,并在分辨问题的价值和可行性后选择课题。

另外,各种少数民族传统体育学术会议是荟萃学术成果、交流科研信息的集中场所,又是拜访名家学者的极好机会。经常参加少数民族传统体育学术会议、竞赛交流,可以及时向他人学习,了解最新学术动态;并可能因此而受到新的启示,产生新的研究课题。

8. 从有争议的少数民族传统体育问题中找出研究问题

在选择研究这类问题时,必须要了解争论问题的历史、焦点和现状,如项目的起源问题,确定它的价值和可行性后选择课题。

(三)选题的原则

确立科研选题是一个相当艰苦的过程,其间充满了大量劳动、抽象思维及对比选择。初选时似乎题目很多,俯拾皆是;再看时又左右为难,无从下手;进而又柳暗花明,豁然开朗,终于找到了题目。不少研究者都经历过"众里寻她千百度,蓦然回首,那人却在灯火阑珊处"的过程。由于

主客观条件的限制，人们不可能什么题目都去研究，要十分清醒地评价题目的相对价值，决定最后取舍，择优选题。有所弃才能有所求，有所不为才能有所为。必须把精力和时间集中在一个最有意义和可能实现的目标上。为此，在选择和确定题目时必须遵循一些基本原则。

1. 实践需要性原则

这条原则是指科研选题首先要满足社会需要，即从少数民族传统体育事业的实践发展需要考虑，从各项少数民族传统体育项目实际工作中亟须解决的问题出发去选择题目。如少数民族传统体育教学领域内的许多基础理论与应用课题，从教学理论、方法、原则到每部教材的教法；课题的结构改革、课外锻炼活动的组织；学生和社会大众对少数民族传统体育兴趣的培养；少数民族传统体育在非体育领域的应用等问题，都是很有意义的研究方向。在竞技项目中，从运动员的选材到训练过程中的各个环节（技术、战术、训练原则与方法、训练负荷等）、比赛、规则的完善及器材的改进等问题都可以探讨。在有些非体育学科的发展中，也需要少数民族传统体育的体系发展与完善，少数民族传统体育内容的更新、内涵的挖掘也需要其他各门学科的研究。这一原则主要遵循"科研为实践服务"的指导思想，能使研究课题充满生命力，符合实际需要，也能避免教条主义，通过科研不断产生新的科学知识和理论。当然，从理论上讲凡属于少数民族传统体育领域内的任何现象都可作为研究课题。但是，要尽可能考虑题目的相对价值，尽量选择少数民族传统体育实践中亟待解决的问题。如少数民族传统体育项目的竞技性发展；如何推广；制约这些项目的因素是什么？应当采取什么措施来提高运动技术水平？这些问题就比较迫切。另外，力求寻找少数民族传统体育实践中有共性的普遍意义的问题。如少数民族传统体育教学中的教学方法研究；不同运动器材、技术动作间匹配的研究；大众体育中少数民族传统体育运动的开展及健身价值的研究等。研究解决好这些问题，将对少数民族传统体育运动实践有普遍的指导意义与促进作用。

2. 现实可行性原则

现实可行性原则是指研究者从自身所具备的主观条件和客观条件出发，去全面考虑问题的可行程度，恰当地选择研究题目。任何人进行研究，必然受制于其所处的外部条件。恩格斯说："我们只能在我们的时代条件下进行认识，而且这些条件达到什么程度，我们便认识到什么程度。"因此，这里就必然涉及题目在现实研究步骤中的可行性问题。如果题目的选择具备一定的主客观条件,题目难度适中才可能保证成功。有时候,题目确实很好,富有新意,然而由于客观条件限制或主观条件的缺乏,研究者也不得不放弃课题。

主观条件,一般指研究人员掌握本课题有关的科学理论知识的程度;有关研究方法与手段、科研能力、经验、思路、创新意识、文字表达能力等,这是作为科研工作者必不可少的基本素质与能力。因此,选题时要力求与自己的知识能力大体相适应,与自己专业相一致,并应留有一定余地。题目虽好,但对自己估计过高,对研究对象一知半解,研究过程中就会遇到很多困难,不得不临时补课,那样就会影响到整个研究进程或导致半途而废。尤其对初搞少数民族传统体育科研的人来说,要重视这一问题。

客观条件,是指课题的研究必须具备的物质手段和物质条件:包括必备的研究仪器、设备、工具、经费、所需的文献资料、研究时间、观测机会、地点远近、研究对象的状况等。上述必备的物质条件,在确定课题时就应同时考虑是否基本具备。否则,再好的研究课题也无法实现。"巧妇难为无米之炊","工欲善其事,必先利其器"。良好的客观条件能减少困难,提供便利,加快研究进程,保证课题顺利成功。尤其是少数民族传统体育地域分散、形式多样,在很大程度上依赖于深入实地的调查发现;若要对某项运动技术进行精确的动力学、运动学分析研究,就需用高速摄影机拍摄和解析处理。而少数民族传统体育史、少数民族传统体育理论、少数民族传统体育项目发展等课题的研究,则须具备大量的体育文献资料、民族学文献资料、宗教和民俗方面的文献资料。

另外,选题应注意难度深浅适度,切合自身知识水平,切忌好高骛远,题目不宜过大、过难。题目过大、过难,必然涉及的问题多、层次多、范围广,无经验的新手或者时间不够,或者材料难齐,或者理论准备不足,或者经验太少,都会难以驾驭课题的研究。题目太大,也往往无法深入探讨问题,难免失之肤浅,反而没有价值。著名学者胡适就主张"小题上大作,可以得到训练"。小题目做大文章也需一定的功力,如能深入钻研,究其本质,有独到观点,就会成功。在少数民族传统体育领域各个专项、各门学科、各项工作中,有大量小而有意义的问题需要解决,长期坚持研究这些小问题,就可以积少成多,解决大问题。

3. 科学性原则

科学性原则是指选题必须有一定的科学理论依据,又能符合某一学科理论发展的方向与需要,这样才能保证课题的科学价值。它涉及这样几层意思:第一,研究题目基本上能纳入某一具体学科的内容范畴,能为学科的发展完善提供参考。第二,题目有已形成的科学理论与方法作指导,并以此为依据提出研究假设。第三,有时某些新问题、新事实的科学理论依据不足,现有的理论又不能完全说明和解释它,但从发展方向看它可能是潜在的科学领域而大有价值。如少数民族传统体育与旅游、少数民族传统体育与社区体育、少数民族传统体育与国际化等。

4. 创造性原则

创造性原则是指课题在借鉴前人成果的基础上,对所研究的问题能提出新的见解、新的结论,有所发现、有所前进、有所突破。所有的科学研究都是一种特殊的创造性实践活动,创新是科学研究的灵魂。题目力求创新,富有新意,其成果才具有生命力,才可能有一定的学术价值和实用价值。课题唯有富有新意,提出了别人没有解决的问题,也就必然有独特性、创造性;没有创造性价值的课题当然不值得花力气去研究。搞科研最忌讳的就是由于闭目塞听而盲目重复前人的研究成果,做"炒现成饭"的重复劳动。造成这种情况一方面是掌握科技信息较少,不了解学术动态和实践发展所致,另一方面则是科研人员的素养问题。

对创新(创造性)要有全面正确的理解。凡是在本质上具有某种独创性、先进性和新颖性的课题,都是有创造价值的题目。在少数民族传统体育基础理论研究中,表现为(通过研究假设体现)新发现、新观点、新原理,建立新的学科理论,开辟新的领域。在少数民族传统体育应用、开发研究中,发明或创编新规则、新技术、新战术、新方法、新器材、新材料等。我们每个人因科研水平、知识经验及学科领域的不同,其研究课题与成果不可能都是一样规格、一样水平的创新。

5. 兴趣性原则

"兴趣是最好的教师。"一旦题目是自己感兴趣的问题,就会有强烈的动机和责任感,促使研究人员把全部心血倾注其间,乃至废寝忘食、夜以继日地攻关,就可以充分调动主观能动性,克服困难,不怕挫折,取得成功。另外还有,分析对课题兴趣的强烈程度,结合其他原则进行优选。因为感兴趣的问题可能很多,而我们不可能什么问题都去研究。对于少数民族传统体育应用性、开发性研究课题,还要考虑成果的经济效益、社会效益,力求投资少、周期短、见效快、效益好。

第二节 少数民族传统体育学实地调查法

所谓实地调查（田野工作），是经过专门训练的民族工作者亲自进入民族地区，通过直接观察、具体访问、居住体验等方式获取第一手研究资料的过程。① "没有调查就没有发言权"是毛泽东的一句名言。调查是在实际中了解真实情况，调查研究是一种实际工作中的具体方法，经过调查获得丰富的第一手资料，然后经过头脑的加工制作，去粗取精、去伪存真、由此及彼、由表及里，从感性认识上升到理性认识，就可以得出比较正确的结论。

实地调查是民族学家和人类学家获取研究资料的最基本途径。民族学和人类学实地调查是学科生命之所在，是学科发展的基本动力。美国著名的民族学和人类学家摩尔根就曾以鹰氏族"养子"的身份进入到印第安塞讷卡部落，用"参与观察"的方式到易洛魁人中调查研究和收集资料，并于1851年发表了《易洛魁联盟》一书。此后，又通过调查表和实地考察的方法掌握了人类139个部落和氏族的近200种亲属制度资料。② 19世纪末期，人类学和民族学传入我国，其先驱黄文山、凌纯声、杨成志、吴泽霖、陶云逵、林惠祥等在这一时期就开始了以田野调查为主要手段，对我国少数民族社会和文化的研究。③ 我国著名民族学和人类学家费孝通偕同妻子王同惠深入广西大瑶山进行考察，由于天黑路险，其妻溺水丧生。④ 林耀华1943年考察凉山彝族时，曾冒着被掠为"娃子"的危险。由于他们付出了痛苦和艰辛的实地工作，才有了令世人瞩目的《江村经济》和《凉山彝家》等不朽的作品，才使他们成为我国民族学和人类学的泰斗。"民族学实地调查是学科生命之所在，是学科发展的基本动力，可以这样说：没有实地调查，也就没有民族学。"⑤ "民族学的发展不在书斋里，而在民族学田野工作的广阔天地。"⑥ 现在我国民族地区社会发展得到了极大提高，少数民族地区与内地的差距正在缩小，但是民族传统体育文化的传承

---

① 林耀华：《民族学通论》，中央民族学院出版社，1997年版，第151页。
② 宋蜀华、白振声：《民族学科学与方法》，中央民族大学出版社，1998年，第18页。
③ 庄孔韶：《人类学通论》，山西教育出版社，2005年7月版，第644页。
④ 费孝通：《盘村瑶族》，民族出版社，1983版。
⑤ 宋蜀华、白振声：《民族学科学与方法》，中央民族大学出版社，1998年版，第173页。
⑥ 林耀华：《民族学通论》，中央民族学院出版社，1997年版，第155页。

和发展却面临着经济全球化、文化一体化和少数民族文化转型等诸多因素的困扰，只有以实地调查为重要手段，深入各民族社会内部去获得第一手材料，才能获得有价值的研究成果。

一、实地调查的源流

在民族学和人类学作为独立学科出现之前，没有真正意义的"田野调查"，但是有关民族学和人类学的资料，却通过非专业人类学和民族学家大量积累起来，被称为西方民族学的"先驱著作"是由"地理大发现"之后蜂拥而入到美洲、大洋洲、非洲等地的航海家、冒险家、旅行家、地理学者、殖民者、传教士留下的。19世纪中叶，专业民族学家出现，1874年，由英国不列颠科学进步协会编印发行了田野考察专业手册《人类学的记录和询问》，这是民族学和人类学学科产生的标志。民族学和人类学草创初期，民族学和人类学家便以搜集资料为目的到民族地区考察。德国进化学派的先驱、人类学家阿道夫·巴斯蒂安（Bastian Adolf，1826—1873）在旅行中度过了自己生命的近三分之一，著有《民族学研究和资料的搜集》（1871—1873）一书。当时，并不是所有的民族学家都重视实地调查，马尔堡大学哲学教授西奥多·魏茨（Waitz Th，1821—1873）著有六卷本《自然民族的人类学》，是当时有关非洲和欧洲各族全部现有资料的最大型总汇，但他却是个纯粹的书斋学者。他自己虽然没进行过实地调查，可他使用的资料都是前人调查搜集的。"在原始历史的研究方面开辟了一个新时代"的美国人类学家摩尔根是对亲属制度进行科学研究的开创者，在民族学调查方面也有开拓性贡献。19世纪90年代，西欧和美国的民族学出现了新阶段的象征，一支受过专业训练的民族学家队伍形成，民族学博物馆如雨后春笋般地建立，民族学专业杂志和集刊遍及西方各国。这是民族学实地调查工作不断扩大与完善的结果。大约自19世纪70年代末，开始出现了由专业人员撰写的第一批民族学专业著作和田野调查记录。强调造就训练有素的民族学调查者，是美国历史学派创造人博厄斯的一个重要主张。从19世纪80年代起，他开始了对美国北部的科学考察旅行，1897—1902年，他组织和领导了大型的北太平洋沿岸科学考察队（所谓杰塞普考察队）的工作。在他的门下，诞生了一批杰出的民族学和人类学家，实地调查工作也取得了令人瞩目的成果。19世纪后的几十年和20世纪初，随着实地调查的深入，民族学和人类学迅速发展起来。田野调查研究和出版物不仅数量剧增，科学水平也有很大提高。大部分调查研究是由有专业素养的学者、民族学家进行的,他们不是简单地记录和出版到手的一切,而是提出一些问题,系统地搜集有关资料。20世纪上半叶,功能学派的理论和实践对民族学实地调查的方法论产生了重大影响,马林诺斯基开创了"参与观察"式的田野工作新局面。这是民族学实地调查发展过程的一次变革,一次飞跃,奠定了现代民族学实地调查的基石。现代民族学和人类学实地调查所强调的仍然是"参与观察",因而在一些场合,"田野工作"又被称为"参与观察"。

中国的民族学和人类学社会调查出现得比较晚,但从它产生之日起,便把实地调查摆在重要的地位。自1928年起,由蔡元培主持的中央研究院民族学组开展了对广西瑶族、台湾高山族、黑龙江赫哲族、湖南苗族、浙江畲族、云南彝族等民族的实地调查。直至1949年,中国民族学家所做的工作有两大项,一是介绍西方民族学和人类学,二是从事本国的民族学和人类学的实地调查。中国民族学和人类学的产生和发展,与民族实地调查密切相关。

中华人民共和国成立后,民族学和人类学走过了曲折的路程。尽管民族学和人类学作为独立的学科被打入冷宫,但实地调查工作却在"民族研究"和"民族工作"的领域中取得了举世瞩目的成就,并且表现出鲜明的中国特色。新中国的民族学实地调查最突出的成果有两项:一是民族识别,二是少数民族社会历史调查。新中国成立后,在民族工作中遇到的第一个问题便是中国究竟有多少个民族。在1953年的全国人口普查中,自报的民族名称有400多个。民族学工作者和其他科学工作者通力合作,对全国提出新的族名的地区和单位进行调查研究。基于全国民族识别工作的成果,国务院先后公布了中国共有55个少数民族。通过科学研究和民族自愿原则决定民族成分,是中国民族研究工作的创举,引起国际民族学界的广泛注意和较高的评价。中华人民共和国成立后,民族学工作者参加了人民政府组织的各种访问团队或工作组,到民族地区进行调查,为进行民主改革以及制定民族政策提供科学依据。1956—1958年,全国有关省、区组织了16个少数民族社会历史调查组,开展社会历史调查研究工作。除民族学工作者外,参加调查的还有历史学、语言学、考古学等学科的学者,共有上千人。各调查组搜集了上千万字的原始材料,自1959年起,陆续撰写了少数民族简史、简志和自治地方概况三套丛书书稿,整理调查资料300余种。1979年起,由国家民族事务委员会领导,组织"民族问题五种丛书"(包括《中国少数民族》、《中国少数民族简史丛书》、《中国少数民族语言简志丛书》、《中国少数民族自治地方概况》、《中国少数民族社会历史调查资料丛刊》）编辑委员会，陆续编写和出版了各种丛书。正是大规模的少数民族社会历史调查为五种丛书的编写提供了最基本的素材。

少数民族传统体育的社会调查最早也是由民族学和人类学学者在进行少数民族社会文化调查时首先开展的。他们将少数民族传统体育作为一种民族习俗加以调查和研究，从而反映出少数民族社会的政治、军事、经济、宗教、艺术等文化内涵。我们可以在各种民族志、民族文化大观、民族文化丛书中看到关于少数民族传统体育文化田野调查的踪影。例如，由中国当代文学研究会少数民族文学分会编著的《少数民族民俗资料》（分上下两册，各包括上下两集，1982年）就收录了反映少数民族传统体育活动的调查资料近300项。由张力平编著、广西民族出版社出版的《中国少数民族习俗与传统文化》（1994年）收录了反映少数民族传统体育活动的调查资料200多项。由惠西成、石子编著、广东旅游出版社出版的《中国民俗大观》（分上下两册，1988年）收录了反映少数民族传统体育活动的调查资料200多项。可以说民族学的少数民族社会文化研究为少数民族传统体育的文化研究奠定了坚实的基础。

1985年第三届全国少数民族传统体育运动会在乌鲁木齐召开之际，一些省、区热心民族体育的文史工作者会聚一堂，立时共议、共识，并共同下决心决定调查编著《中华民族传统体育志》。在国家体委和国家民委的支持下，1987年春各省、自治区、市组稿员会议召开于北京西山古刹，编写的设想、方法、体例、收录的范围等，经过热烈讨论，很快达成了共识，随即下山分赴全国各地，投身于调查发掘民族体育的奋斗之中。黑龙江70多岁的王昭文同志，不顾老伴卧病在床和自己患病，带着药连续两次到赫哲族聚居地调查。西藏的张明兴、广西的谭举来、内蒙古的刘培然、王宏刚、云南的张凤贵、贵州的彭守胜等身处少数民族聚居区的同志，更是访遍了村村寨寨；湖北的李天申走访了14个县市、30多个乡村、20多个文化站，200多人次，采集了10多万字的资料；湖南的蒋松卿查阅史书县志府志，采集了大量史料；宁夏组组稿员牛广俊，年近六旬，患心脏病住院期间，仍坚持半天组稿；青海的马呈祥同志不顾身体有病仍然到柴达木盆地的海西州、祁连山牧区深入采访；浙江的朱震武自己深入普查，还团结了一批热心民间体育的积极分子；上海、山东、辽宁、江苏、安徽、天津和陕西等地区，从未进行过民族体育的调查，所以收集资料更是困难，组稿员采取层层发动、逢会调查等办法，都取得了不少成果。经过4

年的苦干，编辑组共收集到150多万字的调查资料，至于原始资料就更多了。因为每一位组稿员周围都还有编写组、县市组稿员等近200位的作者队伍。这次全国性的调查工作，无疑是一次中华民族传统体育前所未有的大普查，基本上摸清了中华民族体育的"家底"，收集到少数民族体育676条目，汉民族体育301条目，共计977条目。[①] 1990年8月，由中国体育博物馆、国家体委文史委员会编写的《中华民族传统体育志》终于由广西民族出版社出版。这本著作是关于少数民族传统体育实地考察的第一本专业著作，也正是由于这本巨著的出版，使少数民族传统体育的文化研究进入到一个高潮阶段。从此，关于少数民族传统体育项目的挖掘、少数民族传统体育的产业化发展、少数民族传统体育的竞赛、少数民族传统体育与其他文化形式的关系、少数民族传统体育文化的保护与发展、少数民族群众体质健康等方面的调查研究进入到快速发展时期。

当前，在社会变革和意识形态的改变中，在经济全球化和文化一体化的冲击下，少数民族群众生活的社会环境和自然环境正在发生着巨大的变化，乡村城镇化、经济商品化等现代生活理念在少数民族地区已经被广泛接受，少数民族社会正在向着"现代化"发生着快速的发展。失去了生存的土壤，就失去了生命力，少数民族传统体育出现了断代和缺乏继承人等状况，文化的传承遭受到前所未有的冲击，许多项目已经消亡，许多项目正在走向消亡。在这种情况下，进一步加强少数民族传统体育状况调查，加强少数民族传统体育文化的研究工作，对保护和弘扬这一宝贵文化遗产具有重要意义。

二、实地调查的特点

少数民族传统体育学的实地调查是少数民族传统体育文化研究的基本手段，需要借助于民族学和人类学以及体育学的方法和理论，不仅与这些调查研究具有共同之处，同时又有自己鲜明的特点：

（一）社会性和多元性

少数民族传统体育学是以少数民族传统体育文化现象为研究对象，它是通过关注体育的文化现象去透视整个社会的方方面面。作为某一民族的传统体育文化研究，应该是对民族社会全貌的描述。作为少数民族传统体

[①] 中国体育博物馆、国家体委文史委员会：《中华民族传统体育志》，广西民族出版社，1990年版，第790页。

育文化的研究者,不但要具备对少数民族传统体育项目竞赛和表演等技巧方面的研究,而且更为重要的是对体育项目所反映的政治、经济、宗教、历史、民俗等文化领域的探讨。通过对少数民族传统体育的开展形式和价值功能的研究,去探讨少数民族的社会结构、意识形态、道德标准和价值观念等深层文化内涵。因此,少数民族传统体育文化研究者应该是掌握和了解民族学、人类学、社会学和体育学的"多栖"学者。

少数民族传统体育以不同的文化形式表现在民族文化的不同领域,少数民族传统体育学的研究不能满足于对体育事项本身的收集和整理,而应是对少数民族社会文化的整体研究。在整体的研究中,少数民族传统体育学遇到的是一个复杂的多元的系统工程,这种多元性远远超出体育科学本身所具有的功能,需要大量借助其他学科的知识去研究和探讨。这种跨学科和跨文化领域的研究,要求少数民族传统体育学研究必须同其他学科密切结合。正是这种多元性,要求少数民族传统体育学的调查研究必须与交叉学科保持着密切的联系。

(二) 历史性和现实性

少数民族传统体育学学者关注的是留存在少数民族社会中的体育事项,但这并不是说他们的视野就局限于此。对于少数民族传统体育学调查来说,洞察历史的深邃力在某种意义上来说更强一些。通过对生活在现代社会中的原生态的少数民族传统体育活动调查,构建少数民族传统体育文化发展史。我国许多少数民族历史上没有文字,体育活动是文化传承的重要手段,是我们研究少数民族历史文化的"活化石"。通过传统体育文化的研究,可以追溯少数民族社会文明发展和进步的足迹,可以描绘出人类社会由原始的蒙昧、野蛮社会向文明社会过渡的进程,展望少数民族社会向美好未来发展的广阔前景。

少数民族传统体育学的调查不仅有着深沉的历史性,同时还表现出敏锐的时代感,即现实性。在历史与现实之间,没有一道泾渭分明的界线。昨日的现实,是今日的历史,今日的现实,很快又成为明日的历史。少数民族传统体育学的调查是立足于现实的,它更重视目前的状况。它不仅关注昨日传统体育文化的历史,更加关注在当前日益严重的文化环境中,少数民族传统体育如何生存和发展的现实空间。

(三) 实践性和探索性

综述少数民族传统体育文化研究的成果我们可以看到:大部分研究是通过分析和借鉴别人的调查结果而进行研究的,主要是通过查阅民族学的田野调查资料。真正深入少数民族地区进行体育文化田野调查研究并不多见。推动少数民族传统体育文化研究发展的源泉不在书斋里,而在田野。少数民族传统体育调查的基本属性是实践。只有实践调查,才能给科学提供用之不竭的营养,只有亲自去实践,才能获得第一手资料,也只有在少数民族传统体育调查实践中,才能造就出一批高水平的研究者。

少数民族传统体育实地调查的目的在于获取资料,这种资料,不是文献上记载过的,也不是别人已经发现了的,而应当是调查者独自占有的。这就要求每一个调查者都要去探索。实地调查是一个探索过程。调查者在进入实地之前,会带着许许多多假设,实地调查并不立足于假设,而是立足于调查所获取的实际资料。假设可以被证明成立,也可以被实际材料所推翻,这个过程,鲜明地表现出探索性。只有认真地、严肃地、实事求是地探索,才能有少数民族传统体育学真正的发展。

(四)艰苦性和变化性

一般情况下,少数民族传统体育学的实地调查对调查者来说都是在陌生的、偏僻的、具有族际差异的地方进行,艰苦性不言而喻。我国少数民族大都聚居在封闭落后的边疆地区,在调查时往往会遇到自然、地理、气候、生活以及文化和语言的障碍,可能层出不穷,艰苦性不言而喻。与过去相比,虽然少数民族地区的生活条件有了很大改善,但风险依然存在。一些没有去过少数民族地区的研究者对实地调查怀着罗曼蒂克式的幻想,为冒险的刺激所激动,但往往经受不住没有冒险、没有刺激但确实是艰苦的磨炼。今天,少数民族地区与内地在生活方式方面的差异正在缩小,但生活关仍是一个大问题。除此之外,语言关、工作关也并不好过,还会遇到交通不便、疾病困扰等许多困难。

少数民族传统体育学不是静态的学科,它在不断地变化。少数民族社会在变,调查对象在变,调查内容在变,调查的方法和手段也注定会变化。一方面我们要吸收前人调查的宝贵经验;另一方面我们要充分利用现代科学技术手段。如运用现代化的录音、摄录手段进行记录,运用先进的测量手段进行测量。在实践中不断开拓、创新和发展,走出一条少数民族传统体育学的实地调查之路。

三、实地调查的类型

(一)自观和他观

在少数民族传统体育学调查中,以什么眼光看问题是个十分重要的前提问题。自观和他观的方法是借用了语音学的"音素"也叫"音位"的发音方法而引进文化人类学的。自观方法是站在被调查对象的角度,用他们自身的观点去解释他们的体育文化现象。他观的方法是站在局外立场,用调查者所持的一般观点去解释所看到的体育文化现象。明了"自观"可以克服"族际差异"所造成的障碍,如实地反映真相。不带"偏见",但并不把握本质。自观方法和他观方法是互补的,并不是互相排斥的。在调查中运用好这两种方法,才会得出真实而深刻的见解,才会分析出传统体育现象后面的深层结构,才能总结出规律性的东西来。

（二）宏观和微观

借用物理学的概念,少数民族传统体育学的宏观和微观调查类型是从调查的视野范围上划分出的两种方法。宏观和微观是相对的,一般来说,比较大的区域性调查或跨区域调查都是宏观调查。微观调查就是在一定的地方,在少数人可以直接观察的范围内进行的调查。一般以村、镇为单位的社区属于微型调查。宏观调查是指"面",如开展某一民族体质健康调查等。微观调查是指"点",如深入调查某一村寨长寿老人的健身活动等。一般来说,宏观调查要"大兵团作战",少数几个人难以胜任。而微观调查既可以组成"小分队",也可以单枪匹马,独立完成。只有点面的有机结合,才能对文化进行整合。

（三）社区和个案

在少数民族传统体育学研究中,社区调查是为了揭示民族社会某一层面文化的全貌。社区是一个变量,有大有小,在实际调查中,社区都是微型区域,在调查者有可能进行视野范围内的直接观察。

少数民族传统体育学是以"群体"为研究目标的,社区是群众一个基本单位,社区调查被重视是理所应当的,但这并不影响个案的调查方法。个案最初是一个心理学的研究方法,指搜集关于一定个人的家庭情况及社会地位、教育影响、职业经历、作业成就、健康条件等历史资料,从而加以分析,探索其心理特征的形成和发展过程。少数民族传统体育学借用这种方法,进行文化的个案分析。个案虽然以个体为调查对象,但其目的在于通过个体去发现整体。个案法以个人或家庭为调查研究的单位,通过个案的调查,探求一个社区群体体育文化的构成。

（四）定性和定量

在进行少数民族传统体育的调查时,都是为了发现问题、解决问题,这都离不开分析。"定性分析"和"定量分析"出自于化学。定性分析的功能在于鉴定物质中含有哪些元素、离子或功能团等，但不确定其含量。定量分析的功能是专门测定物质中各种成分的含量。在少数民族传统体育学中定性调查研究在于确定性质，定量调查研究在于确定数量。重定性轻定量是少数民族传统体育学研究中普遍存在的现象。其实，定量研究也是一个非常困难的事情，利用统计学等手段进行定量研究是需要突破的难点。

（五）专题和综合

所谓专题研究就是选择少数民族传统体育某一方面的内容，进行深入的、全面的或比较的调查研究。专题调查的内容和范围虽然比较局限，但对调查者的素质要求却比较全面，因为它需要多学科的交叉。专题研究的另一个任务是以深入、细致地去弥补已有调查资料的不足。专题研究要求调查者深入到更多的实地，进入没有涉足的现场，获取属于自己的第一手资料。专题调查要求调查者具有创新意识、开拓精神，探寻那些前人没有发现或随时代变化新出现的问题。

少数民族传统体育学具有广泛的研究领域，单靠体育的专门化研究已经无法驾驭层出不穷的新问题，这就要借助其他学科。任何一个少数民族传统体育学研究者不可能掌握全面的多学科的知识和技术，这就要求他们运用整体论的观点，打破学科封闭，与其他学科交叉协作，进行综合调查研究。

四、实地调查前的准备

成功地进行一次实地调查，认真充分地准备是十分重要的。调查准备包括许多方面，最重要的是课题选择、文献准备、物质准备和调查提纲。

（一）课题选择

选择有价值的课题无疑是进行调查的前提，课题的选择是由调查者的工作所决定的。一种是指令性课题，即调查者从单位接受明确的调查任务；一种是自选择课题，即研究者根据自己的实际情况所选择的课题。选择课题时，最重要的是力所能及。有的课题很有价值，但限于调查者自身的能力、客观条件及调查地点和对象等方面的原因，在调查中有无法克服的障碍，这种课题的调查只能"忍痛割爱"，或者"从长计议"。力所不能及的课题在调查中是不会获得令人满意的结果的。

申请各种科研基金项目，是解决调查研究经费的重要途径。申请课题时，首先要填写资助项目《申请书》，认真填写《申请书》是申请成功与否的关键。各种基金申请表大同小异,最重要的栏目是"课题设计论证"及"完成项目的条件和保证"两栏。课题设计论证包括:同类课题国内外研究状况;本课题拟研究的主要问题、重点和难点;研究方法;学术价值;理论意义和实践意义;预期效益。完成项目的条件和保证包括:负责人和主要成员曾完成和组织完成过哪些重要研究课题,成果水平的社会评价;完成本课题的研究能力、时间保证和其他条件;资料设备;研究手段;项目分工。

申请课题的题目必须符合"课题指南"的要求,但课题指南中的题目仅仅是研究范围,不是具体的题目。申请者所申报的题目应更明确、具体。申请项目的关键在于申请者及所在单位具有承担这一课题的优势,扬长避短是申请成功的基本原则。进行课题论证要做到具体可信、简要明了,忌空洞模糊、拖泥带水。

(二) 文献准备

文献资料的准备工作是少数民族传统体育学田野调查研究的必须。在我们进行调查之前,前人已经积累的文献资料及调查资料是制定研究方案的重要借鉴。因而,调查前的文献准备是不可忽视的。

进行实地调查前,首先应熟悉所去地区的地理情况,包括自然环境、气候条件、物产、交通等。对于当地的历史,如何时有何民族居住、历代建置如何、历史上有什么重大事件、有什么重要文物古迹、当地人有什么特殊的生活习惯等。这样,在进入调查区以前就"入乡问俗"。为此,查阅地方志书是调查前必须的一项工作。中国科学院北京天文台主编的《中国地方志联合目录》是最方便的指南。该目录共收录了我国历代地方志8200余种,收录范围包括通志、府志、州志、厅志、县志、乡志、里镇志、卫志、关志、岛屿志等。凡具有方志初稿性质的志料、采访册、调查记等也都有收录。近年来,各地新编撰的省志、州志、县志陆续出版,较之旧地方志有许多优点,调查者在深入实地前,一定要查询一下该地有无新方志,通过新方志,可以使调查者做到心中有数,对深入调查大有好处。

20世纪50年代至60年代初,中国的民族工作者进行了大规模的少数民族社会历史和语言调查,获得的调查资料累计3000多万字,这是中国民族学调查的最可宝贵的资料。1979年以后,由国家民族事务委员会主持编辑了《民族问题五种丛书》,这些丛书分别介绍了少数民族各自治地方的基本情况,概括了行政区域、自然地理、民族成分、人口分布、地区沿革、社会经济结构、语言文字、风俗习惯、宗教信仰、名胜古迹、地区特点和民族特点等内容，对于全面了解少数民族地区的基本情况具有很大帮助。

随着我国民族学社会调查的不断深入，大量的关于少数民族传统体育文化的成果出现在民俗调查的资料中。各种"民俗大观"、"民俗文化丛书"等都具体描述了各种形式的少数民族传统体育活动，这些都是少数民族传统体育学研究者需要查阅和借鉴的宝贵资料。查阅准备调查资料是调查者进入调查区以前最重要的文献准备。

（三）物质准备

在进入调查区之前，应准备好必要的装备和物品。物质的准备要根据调查时间长短及调查地区的条件来决定，物质装备既要齐全又要轻便，因为有些偏僻的地区购物不便，所以应该携带的必须携带，例如磁带、电池、胶卷等，很可能在调查地区购不到。调查时，经常步行，跋山涉水，携带物品过多也是沉重的负担。初次去一个地区调查，应该仔细地向有经验的人咨询。一般情况下，需要携带下列物品：

1. 地图：所去地区及附近地区最新且较详明的行政区划图、交通图、地形图等。如出发前找不到合适的地图，到调查的省（自治区）、专区（州）、县时，可到有关行政部门求助。

2. 摄影设备：照相机是田野调查不可缺少的器材，其性能至少要保证可在光线不足的房间里拍摄。摄像机是记录采访调查的有效工具。

3. 录音机（笔）：录音机或录音笔是采访调查的重要工具。

4. 测量和绘图工具：深入少数民族地区进行身体健康指标的测量是实地调查的重要任务，对一些体育器械进行准确的测量是必要的。

5. 记录表格：根据调查的内容和测试的需要，事先应合理地绘制表格，便于统计和管理。

6. 证件：除个人的工作证、身份证以外，还要开好有关单位的介绍信。如去边疆地区，事先应准备好边境通行证。

7. 生活用品。

8. 药品。

9. 礼品：为便于沟通，携带适当的礼品也是必要的，礼品应在调查前准备好，并应准备备用礼品，以应酬临时遇到的关系。

（四）调查提纲

调查提纲是调查者在实地调查前根据调查的目的、任务、对象编制的调查纲目。纲目性提纲实际上是调查者准备了解的各方面内容，有了提纲，可以按照一定程序去工作，避免混乱和遗忘。调查提纲一方面是工作计划，另一方面又是备忘录，调查者不准备调查提纲是不行的，但千万不要被提纲所束缚。少数民族地区有许多生动的、新鲜的材料是任何人的提纲都无法包容的，因而在调查时一定要灵活运用提纲，随时补充和修改，必要时可以完全抛开提纲。

五、实地调查的具体方法

少数民族传统体育学的实地调查形式多样，调查者要根据自己研究的目的和任务去制定不同的调查方案。在少数民族传统体育文化的研究中，形成了一些行之有效的调查方法。

（一）观察与参与观察

作为少数民族传统体育的社会调查，不是走马观花地随便看看，而是有目的地细致观察。当地的自然地理、人工建筑等均要尽收眼底，这是对静态物的观察。另外，对当地的日常生活、生活礼仪、人际交往等更要留心，这是对动态的人的观察。观察要身临其境，所以通常称为"现场观察"、"直接观察"。观察是否细致入微，往往是发现问题的关键。观察要深入，更要全面。既要看得全，又要自始至终，把握全过程。如通过观察法研究"那达慕"，我们不仅要看"三项竞技"的精湛技艺，而且要看它的礼节和习惯，通过"文化残存"，从文化的物质层面入手去研究它的制度层面和精神层面的内涵。

参与观察被称为"局内观察法"、或"居住体验法"。要求研究者像一个当地人一样"入乡随俗"，通过一段较长时间的居住和生活，对某一地区的传统体育文化进行深入的研究。

（二）访问和调查会法

通过访问和开调查会的方法获得直接的一手材料的方法。首先要选择好访问和参加会议的对象，应该选择有阅历的、知情的和具有典型性的人员参加，事先要做好准备工作，如提纲、录音机、笔记本等，在采访和会议过程中要做真实的记录，不能掺加自己个人的意愿，要善于引导发言者将话题集中在所调查的问题上，不要随意打断对方的发言，到一些使用民族语言的地方进行调查时，一定要选择好翻译，翻译水平的高低直接影响着调查的结果。

（三）问卷法

问卷法是少数民族传统体育研究的一个辅助性的方法，由于实地考察是一个深入、细致的工作，大部分工作主要依靠其他方式进行研究，问卷调查只用于简单、共性的问题。由于民族地区语言文化等方面的特殊性，问卷法的使用一定要注意其真实性。

（四）测量法

测量法主要用于少数民族群众的体质健康方面的研究，如对测试对象进行身体形态、身体机能、运动能力和心理测试等方面的测量。在测量中，一定要尊重少数民族的风俗习惯，否则有可能酿成大错，要充分考虑到工作的艰苦性和复杂性。

（五）文物、文献搜集法

文物、文献搜集法的研究主要是指对现存于少数民族生活中的物器的研究。只要它具有能够反映少数民族传统体育的文化特征，就可以成为研究对象，如芦笙、鼓、刀、剑、弓、弩、舞谱等。

六、实地调查的记录和调查报告

实地调查最重要的成果是完成调查报告，而实地调查记录的优劣，对于完成调查报告有着直接的影响，因而，在调查过程中，认真做好调查资料的记录是十分重要的。

（一）调查记录方式

在少数民族传统体育学实地调查中，调查资料的记录有以下三种：

1. 影视记录

"一张相片抵上一千个字。"早期人类学家已知尽量使用照相技术。对于记录少数民族传统体育活动来讲，相片的效果绝非文字记录可以比拟。除了照相机以外，利用摄像机拍摄宗教仪式、节庆活动、舞蹈和游戏等体育活动场面是非常重要的手段。

照相及录像都要首先取得被拍（摄）者的同意。中国有的少数民族过去认为，照相会摄去灵魂，因此拒绝照相，过去调查者因为不经过同意擅自拍摄，常发生不愉快的事情。照相及录像的时间、地点、内容及被拍摄者姓名等，应有详细记录。

2. 声音记录

报告人的重要谈话、老人讲述的神话故事、歌手的唱歌或对歌、巫师的念咒或祷祝等，均应录音，以保证材料的完整，并有利于长期保存。

录音的时间、地点、内容、被录音者的姓名、身份，均应记录在录音带标签之上，或由调查者口述，录于录音带之前。

3. 文字记录

尽管已经有了影像和音响等现代手段，文字记录仍然是少数民族传统体育学学者田野工作的主要方法。

(1) 笔记：仅用来记录报告人的谈话，人们的日常行为，调查者自己对一些事物的看法和印象等。

(2) 实录：在参与观察中记录仪式及重大活动。其要点是按时间顺序记录全过程及细节，务求翔实具体。

(3) 原文：记录重要人物的口述自传，重大事件参加者的回忆，民间故事和神话传说等。这种记录方法的要点是把报告人或当事人说的话以第一人称的口气原原本本地记下来。若使用的是当地语言，应先录其音，再逐句翻译。

(4) 日记：记录自开始田野工作以后每天个人生活和工作情况、印象和感想及遇到的困难等。如果是一个调查队，除了个人日记外，最好还要有一本日志，记录全队的活动。

无论是笔记、实录、原文或日记，都不要忘记注明调查和记录日期、地点及有关人员的姓名。这四种不同类型的记录应分册书写，以便查找。

(5) 图表：有些事物仅用文字记录效果不佳，应绘图或列表说明。如测量身体形态、体能、机能等数据，记录体育比赛的器械、场地、器物等，长篇描述比不上一张简单的剖面图。

(二) 关于调查报告

调查工作结束后，最重要的是完成调查报告。调查报告是反映调查研究成果的一种常用文体。少数民族传统体育学实地调查报告的特色主要表现在资料性与学术性两个方面。

记录式调查报告多用于反映报告人讲述的某一主题，经调查者整理，多将第一人称改为第三人称。

综合性调查报告是在搜集大量资料的基础上，经过分类整理、认真分析而形成的科研成果，应用最普遍。综合性调查报告的基本形式分三个部分：导言、正文和结语。导言部分主要说明调查的缘由、调查者队伍的组成、调查时间、调查内容、调查地点及向有关人员表示的致谢语等。正文是有关调查的内容，多采取分门别类的方法展开。正文以叙述和分析调查材料为主，调查者的观点寓于材料的运用及分析之中。结语是扼要地阐述调查者的看法和体会。

一份高水平的调查报告，不仅需要以艰苦扎实的调查为前提，而且还需要认真深入的分析加工的整理过程。调查报告是一种应用性文体，以叙述为主，语言上的要求是朴实无华、准确无误，应避免空洞的议论，切忌抒情。写调查报告是少数民族传统体育学的一项基本功，只有在不断的实践过程中，才能提高撰写调查报告的功力。

第三节 少数民族传统体育学的比较研究法

几乎在所有的科学研究领域里，为了检验某种命题或归纳出一般的法则，都在不同程度地使用着比较的方法。少数民族传统体育学的研究范围包括 55 个少数民族的传统体育，少数民族传统体育学工作者在观察社会文化时会有意无意地与自己所处的社会文化相比较。研究者面对的社会文化是多种多样的，而对这些多种多样的文化的认识，理所当然要使用比较的方法。

一、比较研究的含义

在比较研究中，由于比较的对象、比较的项目和标准以及比较的目的不同，会有不同的比较研究。少数民族传统体育学是以探讨少数民族传统体育现象反映出的各民族文化的普遍性和多样性为目的的学科。因此，在比较研究中，不仅要进行某一民族传统体育文化的演变和发展的纵向比较，同时还要进行不同民族间传统体育文化的横向比较。在实际操作中，在比较的规模、比较的内容及目的等方面存在着很大的差异。

摩尔根的《人类家族的血亲和姻亲的体系》和弗雷泽的《金枝》可以说是早期进行文化比较研究的作品。摩尔根通过对世界诸民族的亲属分类和亲属称谓的考察，提出了进化主义的亲属体系的发展阶段学说。弗雷泽在分析整理世界诸民族的资料的基础上，论述了有关宗教、礼仪和王权的发展过程。默多克以世界 250 个民族社会的民族志的资料为基础，运用统计手段，采用比较方法，论述了他的亲属理论。默多克等人还建立和发展了统计分析手段的全球规模的跨文化研究。早在 19 世纪末，英国人类学大师泰勒就提出了引用统计分析的方法进行跨文化的比较研究。但是，这种研究方法到了 20 世纪 30 年代以后才正式运用于多种不同文化的比较研究中。

结构主义者对跨文化比较研究有其独特看法。英国著名结构主义人类学家利奇认为，社会科学中用于比较的资料与自然科学的资料在本质上是不同的。在民族志中被描述的文化环境是不可控制的。同时，由于人类行为在规范与实际行为方面存在较大差异，因而随观察者的不同，民族志的描述也存在很大的差异。因此，他认为民族学中的统计概率几乎没有什么意义。在结构主义看来，跨文化的比较研究并不是建立在某种理论或检验某种假说的方法，而仅仅是解释人类文化基本结构的手段。

拉德克利夫-布朗的比较社会学是通过它区别民族学和社会学人类学或区别旧派社会人类学和新派人类学的基础上建立起来的。他用两种不同的方法：历史的方法和通则的方法进行区别。在他看来，民族学或旧派社会人类学使用的是历史的方法，它的兴趣在于对原始民族的历史进行构拟，并对其人种和语言进行分类。社会学或新派人类学用的是通则的方法，它的目的是探索制约人类社会行为的普遍规律。

根据民族学和人类学家关于文化比较研究的理论，我们将这种方法运用于少数民族传统体育学的研究领域中，去探讨同一民族或不同民族传统体育的变迁与差异，具有重要意义。

二、少数民族传统体育学的比较研究

比较法包括纵向比较和横向比较，运用统计学原理选择适合的对象进行研究是比较法的重要手段。

（一）纵向的比较

纵向的比较研究主要是对某一民族在其文化演进历程中，对其传统体育文化现象的前后进行的比较研究，通过比较研究来了解这一文化的发展变化过程。通过对搜集到的大量材料的分析，从各方面进行周密细致的解剖，找出其中所含的各部分因素，找出各因素间的内在联系，从而依一定的观点、标准进行筛选，删除无用的或无关紧要的部分，进行比较处理。如对某一民族身体形态、机能和运动能力等健康指标按照一定的年限进行测试，然后运用统计学原理对测试的数据进行计算和分析，通过数据的比较研究，总结出其体质变化状况，并对这一民族的身体健康情况进行评价。通过评价找出影响其体质健康的原因，如饮食结构的变化、生活环境的改变、文化变迁的影响、心理因素的影响、外来事物的影响等。

纵向的比较是我们探讨社会发展和文化变迁的重要手段，对于我们探索少数民族传统体育的起源、发展和消亡具有重要意义。一项体育活动的产生，必然要有与它相适应的社会环境，是为了满足人们在生活中的需要以及在社会结构中具有与之相适应的价值功能。同样,一项体育活动的消亡,是因为它失去了生存的环境,失去了在社会结构中原来所具有的价值功能,因而从兴旺走向衰败。在当前经济全球化和文化一体化浪潮的推动下,作为强势文化的西方体育对少数民族传统体育进行着无情的冲击,强大的经济后盾使西方体育在少数民族地区迅速蔓延,少数民族传统体育正在加速消亡。通过纵向的比较,我们可以追溯灿烂的少数民族传统体育文化,探讨影响其发展的原因,为保护和发展这种宝贵的文化财富作贡献。

(二) 横向比较法

横向比较法也称为跨文化比较法,是对两个或两个以上民族的体育文化现象的比较研究。通过横向的比较研究,我们可以看到相似的体育文化现象在不同民族的历史文化背景以及它在不同文化环境中所处的社会地位和产生的作用。通过跨文化的比较研究,"找出哪些是适用于任何社会或文化背景的人类体育行为的普遍法则,哪些是仅适用于特殊文化背景的人类体育行为的特殊法则,它的研究目的在于查明人类体育活动的方式多大程度上是以相同的方式发展的,用什么来解释不同社会和文化之间明显的体育活动个性和体育认知特征方面的差异"。①

我国少数民族传统体育形式多样、内容繁多,许多项目呈几个民族共有的形式。虽然它们的表演形式相同,但是它们却有着不同的形成方式和文化背景。通过对传统体育活动的内容、形式、竞赛方法和奖励方式的对比研究,探讨少数民族传统体育在少数民族社会中的价值作用和社会地位,追溯各民族社会文化的传播与交流过程,挖掘少数民族传统体育在社会变革中的积极影响。

三、比较中的方法论问题

在进行比较研究时要注意以下几个问题:

第一,比较的内容要一致。

我们在做比较研究时,注重内容的一致性是非常重要的问题。少数民族传统体育存在于各种形式的文化活动中,宗教仪式、舞蹈、娱乐、生产活动等都是体现这种文化的重要场所。不同文化体系的活动内容也反映了不同的价值取向和思想意识,因此在比较过程中,我们不仅要在纵向的研究中注重内容的一致性问题,同时也要注重横向比较的内容一致性

---

① 芦平生、杨兰生:《民族传统体育研究》,甘肃教育出版社,2002年版,第35页。

问题。

第二，比较的单位和层次要一致。

跨文化的比较中，在界定可识别的单位问题和层次问题时，注重其可比性是一个重要问题。选取的样本不仅要具有代表性，而且比较的样本还要具有可比性，如果我们用某一个村寨的某一项体育活动与汉族的某项传统体育作为比较进行对比研究，就会被视为批评家所说的极端例子。

第三，比较对象样本单位之间的可能性和历史关联性问题（高尔顿氏问题）。

高尔顿氏问题实际上也是与比较单位有关联的又一个问题。这是一个有关对样本单位之间的比较的可行性和历史关联性的疑问。在某种体育活动通过传播分布于广袤地域的情况下，跨文化的相关关系在多大程度上一方面反映功能性的关联；另一方面反映文化的传播和继承的历史关联。在跨文化的统计分析中，多个不同社会或文化单位的某种文化变量与另外一种文化变量之间的共变关系，所反映出来是制度间的一种功能关系，而非比较单位之间可能存在的历史关联。由此可见，这种跨文化的比较研究掩盖了比较单位可能存在的历史关系。如果这种历史关系存在，那么统计结果并非是一种功能关系，而是历史传承或文化传播的结果。在这种情况下，被统计分析所证实的理论假设的真实性值得怀疑。

第四，样本量的片面性和品质问题。

选取对比资料的代表性和良好的品质性对于比较研究具有重要意义。每一个民族都有形式多样的体育活动，如何从这些丰富多彩的体育活动中筛选出最具有特点和代表性的项目进行比较决定了我们研究的成败。即使是一个有经验的体育专家，由于各种因素的影响，在田野工作和选择对比样本时也难免会出现各种各样的错误和偏差，亦难免会影响到样本量的片面性和品质的好坏。这就要求我们在实践中要不断学习和探索，必须牢固掌握民族志资料，全面了解被研究民族的文化发展脉络，这样才能从中发现最具有研究价值和高品质的比较性材料。

第四节　少数民族传统体育学文献资料研究法

文献资料研究法是指研究者通过搜集和阅读大量与课题有关的资料，为研究的问题提供学术背景和科学依据，并在此基础上形成少数民族传统体育科学理论的研究方法。通过对文献资料的去伪存真、由表及里的筛选和分析,以获得间接科学知识进行研究的方法。查找文献资料主要有追溯查找法、检索工具查找法、直接查找法、循环查找法、浏览法、咨询法和普查法等。

文献资料是以故事、传说、书面或影像形式表达、传播和保存前人所创造和研究的成果和知识体系。广泛地了解和吸收已有的研究成果可以对少数民族传统体育的历史现状与发展动态有较深刻的理解。通过搜集文献资料,可以明确研究方向和具体课题,避免盲目性和重复性。另外,研究者在研究的过程中,大多是对少数民族传统体育的一部分或某一问题的研究,其成果很可能是阐述有关少数民族传统体育的某一局部或某一方面,缺乏整体性。综合文献资料可以使其中研究假说得到充分的认证。文献资料法对于初涉少数民族传统体育科研的研究者尤为适宜,在阅读过程中,能更多地了解少数民族传统体育方面的有关知识,培养自身的科学素养、严谨的科学态度和加工整理信息的能力。

当今的科学研究成果数量庞大,各学科之间的交叉研究日渐频繁,而少数民族传统体育的研究却有其自身特点,文献资料少、连续性差,因而与其他社会科学、自然科学交叉研究的必要性更加突显,因此搜集资料的广泛性、多学科性特点更加突出。

运用文献资料研究法应包含以下内容:

一、初步查阅文献资料

这是少数民族传统体育研究者,本着科学的态度,学习积累相关知识的过程。在初步查阅资料的过程中发现问题,并以事实为依据提出假设,同时可以避免重复研究。

二、确定课题和资料的搜集方向

根据自身对少数民族传统体育的了解和对初步查阅资料的总结,发现少数民族传统体育当中尚不清晰和尚不明确的问题以及前人科研成果中所缺乏的研究内容,确定自己的研究课题,课题范围力求小而精,并结合课题确定资料的搜集方向。

通过对有关少数民族传统体育文化的史书类、档案文件类、少数民族古文字文献等历史资料和当代民族学和人类学对少数民族民俗文化资料的搜集和整理,去寻觅少数民族传统体育的记录。目前少数民族传统体育有关的科研资料刊物较少,有关内容多集中在各地的《体育文史》刊物;少数民族地区的史志资料；历届少数民族传统体育运动会论文报告会论文集；每年的少数民族传统体育专题研讨会论文集；体育辞典、少数民族辞书；全国范围对少数民族大规模的社会历史调查资料等。这其中有大量有关少数民族传统体育娱乐活动的内容。再有，有关民族学、民俗学的研究成果中，也包含了部分少数民族传统体育的内容，如《中央民族大学学报》及各地民族院校学报。另外，民俗活动、民间故事、民间传说中，也有许多民族传统体育的信息。

三、搜集、阅读、记录有关文献资料

搜集文献资料可以从初步查阅文献与事实当中找出相关文章，或从文章后的参考文献中获得与课题有关的文章目录。再者，以年代搜集不同历史时期有关少数民族传统体育的内容，或以区域划分获取"县志"、"府志"中有关民俗活动的记载。在研究过程中，上述的搜集方法有可能同时用到，这样既能够提高查全率，保证研究成果的真实准确，又具有说服力。

阅读搜集到的资料时，为提高效率，加快研究进程，应采取略读与精读相结合，对涉及课题的重要专著、论文中的重要内容、观点、原理部分有时要反复阅读，面对一些浅表性的内容则采用浏览的方式。重在理解，弄清原文或段落的实质要点与成果价值，带着课题中的问题，边思考边读，甚至是批判性地阅读，这样才能形成新的创意，修正自身的研究方案。

搜集资料应采取边阅读边记录的形式，为日后的资料整理、撰写论文提供便利条件。阅读过程中将相关的文章、内容要点分类摘录、存储，或将理解后的要点、实质、特点及时总结记录。

四、筛选、分析研究资料

首先要对全部资料进行筛选、删减，对来源不明的资料进行分析，再决定补查或删除。通过对资料的分析可从中发现少数民族传统体育的新问题、发展的新趋势、新特征，从而揭示少数民族传统体育研究各环节之间的因果关系、必然联系、矛盾状态和发展方向，获得对少数民族传统体育学科认识的新观点。把这些与事先提出的假设相对比，就可基本判断假设是否成立，进而大致看出研究成果的状况。

五、撰写文献综述

有目的地综合与概括已获得的文献资料,将文献中的基本观点与评价,按问题系统地书面表示出来,形成阶段性研究成果或完成课题研究。写综述时应当有前言、综述主体叙述、对全文的概括总结、参考文献等几个部分。

思 考 题

1. 论述少数民族传统体育学的研究特点。
2. 简述少数民族传统体育科学研究的类型。
3. 怎样对少数民族传统体育科学研究进行正确地选题?
4. 什么是实地调查?实地调查有什么样的特点和类型?
5. 什么是比较研究法?什么是文献资料研究法?各包括哪些内容?

第三章　少数民族传统体育学与相关学科

"随着现代人类学在20世纪的繁荣，它开始发展出四大主要分支学科：生物或体质人类学、考古学、语言人类学和文化人类学。尽管这些分支领域往往又被分为更小的分支、甚至小得没法再小的分支，但是每个领域在今天都关注人类经验中一个特定的组成部分。"[①] "过去25年中国人类学研究的前半段，关注于学科重建和梳理学科之间关系，后半期出现了跨学科综合的趋势。这是中国人类学研究的新现象。它主要表现在两个方面：一方面，20世纪90年代以来的中国人类学研究，关注的主题除了传统的四大支柱之外，还广泛包括了生态环境、开发计划、城市化、乡村政治、区域自治、经济全球化、传播媒介等涉及多种学科问题；另一方面，从不同渠道认识人类学的法学家、文学家、比较文化研究者、社会学家，综合自身研究方法，对习惯法、制度史、文本分析、文化差异、社会构成等方面提出了有新意的看法。"[②] 随着人类学学科的发展，它的视角已经扩大到人类活动的各个角落，横向的学科交叉和联系极为广泛，使得学科的探索与世人的生活之间的联系越来越密切，应用价值也越来越广泛。少数民族传统体育学同样需要密切联系相关学科，从不同的视角去探讨少数民族传统体育的文化价值，去挖掘它自身的潜能，开发和利用这一文化资源，对保护和弘扬民族文化，促进少数民族社会精神文明和物质文明建设，加强少数民族地区经济发展和社会和谐稳定以及对提高少数民族群众生活质量和身体健康水平具有重要意义。

---

① ［美］卢克·拉斯特著，王媛、徐默译：《人类学的邀请》，北京大学出版社，2008年版，第42页。

② 王铭铭：《中国人类学评说》，世界图书出版公司，2007年版，第16页。

第一节　少数民族传统体育学与体质人类学

一、体质人类学的概念

林惠祥的《文化人类学》一书中，将体质人类学定义为："体质人类学——这便是'种族人类学'（racial anatomy），应用比较的方法研究各民族的体质特征，要寻出一定的标准，以审查各民族相互间遗传的关系，而发现种族分合的陈迹，并据之以区分人类。所研究的体质特征：头、面、眼、鼻、肤色、毛发、躯干、骨骼等的形状；又如心灵反应、遗传适应等现象。"[1]

黄新美编著的《体质人类学基础》一书中，将体质人类学定义为："体质人类学是研究人类体质及其类型在各历史阶段变化与发展的过程及其规律的科学。它所研究的内容主要包括：人类在自然界的地位，灵长类的形态及行为习性，从猿到人的转变过程和发展规律，各人种、各民族的体质特征及其形成过程，现代人各种体质类型和个体及年龄的变化，各种生活条件和社会因素对人体的影响。"[2]

云南大学人类学教授张实认为："体质人类学主要研究人类的起源与进化、人类不同体质特征的形成与分布规律、文化因素与人类体质之间的关系、人体的结构与身体机能、人体测量、人类的遗传与变异等方面的问题。"[3]

庄孔韶主编的《人类学通论》认为："体质人类学研究人的生物性与文化性，研究人类文化的生物学基础，关注人类如何获得现在的形态和行为。除了这些'究天人之际'的问题之外，它也探讨实质性的问题：如人的理性在多大程度可靠？黑人为什么黑，黑有什么后果？这些与人的审美标准、贫富差别、社会地位、生活环境有什么关系等。体质人类学的运用范围也很广泛，从艺术审美到刑侦破案，从身体舒适到化妆整容都在我们的关注之列。当然，对文化人类学而言，它的最大效用还是加深我们对文化的生物学基础的理解。"[4]

体质人类学是从生物和文化结合的视角来研究人类体质特征在时间上

---

[1] 林惠祥：《文化人类学》，商务印书馆，1996年版，第13页。
[2] 黄新美：《体质人类学基础》，科学普及出版社广州分社，1983年版。
[3] 张实：《体质人类学》，云南大学出版社，2003年版，第1页。
[4] 庄孔韶：《人类学通论》，山西教育出版社，2002年版，第75页。

和空间上的变化及其发展规律的科学。主要涉及三个基本问题：第一，通过对人类化石及灵长类的分析与研究，探索人类的起源，其目的是了解人类是如何、何时、为什么会成为与其它动物不同的"文化"动物。第二，研究人类不同体质特征与分布的原理。第三，研究人的生长和发育、人的结构与生理机能、人类的遗传与变异等方面的问题。人能使用和制造劳动工具，并能运用语言进行思维。人类的形成受环境因素、体质因素、遗传因素以及社会文化因素等多种因素的影响，人类的体质与社会文化有着密切的关系，社会文化的发展也脱离不开人类的生物性。体质人类学作为人类学的重要组成部分，它不仅重视利用地下发掘的远古人类化石去说明自身的起源和发展，而且还强调通过现有的人类群体（种族、民族）体质特征的比较研究来阐明他们的源流、发展、变迁以及社会文化特征等。同时，体质人类学的研究还为提高各民族身体素质和健康水平提供了可靠的科学研究基础。

二、体质人类学的理论和方法

（一）体质人类学的基本理论

细胞学说：细胞是构成有机体的基本单位，一切动植物都是由细胞发育而来的，并由细胞和细胞产物构成。每个细胞作为一个相对独立的单位，既有它"自己的"生命，又对与其他细胞共同组成的整体的生命有所助益。细胞学说的成立，对现代生物学的发展具有重要意义，它对生物基本细胞结构的了解是研究生命科学、人类体质科学所不可缺少的重要基础。

生物进化论：生物进化的主导力量是自然选择，生物群体中经常会出现一些微小的变异，在自然选择压力的作用下，那些比较适应外界环境条件的个体能够生存下来，留下后代，经过多代积累有利的变异，逐渐发展成为新种，而那些不能适应的个体则被淘汰。进化论的影响远远超出了生物学界曾被用作哲学、伦理学或社会观的理论基础，并为马克思的哲学奠定了自然科学的基础，也是体质人类学的基本指导思想。

遗传与变异理论：遗传指的是生物通过生殖产生子代，子代和亲代之间，不论在形态结构或生理机能的特点上都很相似，这种现象叫遗传。亲代和子代之间、子代各个体之间不会完全相同，总会有些差异，这种现象叫变异。遗传和变异是生物的共同特征，生物在世世代代的繁衍过程中，既有遗传，又有变异。遗传是保守的一面，不变的一面；变异则是发展的一面，变化的一面。遗传保证了生物类型特性的相对稳定，变异现象的存在，促使自然界产生了各种各样的物种。

整体观：人类是"文化的动物"，既有生物特性，又有文化特性，是生物与文化特征相结合的有机的整体，人类的体质特征与文化也是密不可分的。人类的生物特征和文化特征由不同的因素所决定，这些因素互相关联，每一种因素的改变都会引起其他因素的变化。因此，研究人类体质必须从整体出发，充分考虑到文化因素和生物因素之间的相互作用和其内在的联系，从而更全面、深刻地认识问题。另外，人体结构有自身的完整性，是一个有机的整体。

文化相对论：文化相对论认为，任何一种文化都有它自己的特点和个性，无论过去、现在和将来，它们在价值上都是平等的，人们不能用自己文化的价值标准作为普遍、共同、绝对的标准去衡量、评判另一种文化的价值。文化相对论对于研究人类体质在时间空间上的发展变化具有重要的意义，如不同的种族都具有不同的体质特征，我们不能片面地认为某个种族的体质比较优异，而另一个种族的体质较差。因为，每一个种族身上都同时具有一些较进步的体质特征和一些古老的体质特征，人类体质特征的形成是和遗传、环境、文化等多种因素有关的。

(二) 体质人类学的基本研究方法

形态观察法：通过观察人体各部位的形态来研究各时代、各地区人类体质的特征，如肤色、发色、眼色、眼型、鼻型、口型、耳型、头型、体型、骨骼等。人体的外表分为头、颈、躯干、四肢四个部分。头分为颅和面两个部分。躯干的上部分为肩，肩以下前面部分为胸、腹部，后面为背、腰臀部。上肢分为上臂、前臂和手，下肢分为大腿、小腿和足。人体根据其生理功能特点，归纳为九个器官系统：运动系统、呼吸系统、循环系统、消化系统、泌尿系统、生殖系统、神经系统、内分泌系统和感觉系统。这九大系统组成了人体统一的一个整体，各器官和系统的活动都是彼此联系、相互协作、密切配合的，在神经体液的精密调节下，能够很好地适应外界环境，使人与环境之间的矛盾不断得到统一。这是在亿万年生物进化过程中逐步发展完善起来的。

人体测量法：运用体质人类学研究的重要工具，通过对人体整体测量与局部测量来探讨人体的特征、类型、变异和发展规律的方法。人体测量包括骨骼测量和活体测量两个部分，骨骼测量根据骨骼的部位又分为颅骨测量和体骨测量；活体测量根据人体的部位，又分为头面部测量和体部测量。人体测量还包括活体上进行的其他测量，如关节的活动度测量、皮褶厚度测量与生理测定等。人体测量是体质人类学常用的基本方法之一，对考古学、民族学等研究有重要价值，如对不同进化阶段的古人类化石进行测量和观察，可以找出人类发展与进化的规律；对不同种族、不同民族和不同人群进行人体测量，探索人类体质在时间和空间上的变化规律等。

统计学方法：统计学是研究数据搜集、整理、分析与推断的科学，是认识事物的一种重要手段。它是体质人类学研究的重要工具，统计研究的是有变异的事物，是在同质分组的基础上，通过对个体变异的研究，透过偶尔现象，反映同质事物的本质特征和规律。人体测量和观察所得到的大量材料，需要进行深入的统计学分析，来确定人类各体质特征最具代表性的数值、各体质特征的变异范围、各组间差异的统计可靠性分析等。统计工作可分为设计、搜集资料、整理资料和分析资料四个步骤。

年代鉴定法：在体质人类学中，年代鉴定法主要是通过测定古人类的化石及其遗迹的年代来阐明人类的发生、发展的历史。

生理学方法：运用生理学的方法来研究不同种族、不同人群的体质特征。如各种血型的研究、指纹的研究、血压、血色素的测定等，对研究人类体质具有重要意义。

分子生物学方法：运用分子生物学的方法，主要用来研究和探索生物的进化和人类的起源。

三、体质人类学理论和方法在少数民族传统体育学中的运用

少数民族传统体育学的重要任务是探索少数民族传统体育文化发展之路及研究少数民族体质健康状况等。结合体质人类学理论和方法研究我国少数民族传统体育文化发展的脉络和少数民族身体健康的状况，具有广阔的前景。

由于民族压迫、疾病、生态变迁、边疆移民等原因，历史上我国出现了多次的民族大迁徙。许多民族被灭绝，许多民族被迫迁到高山峡谷、戈壁荒漠、茫茫草原、白山黑水等地带，许多民族分散为各个支流，从此走向了民族分离的道路。同一个民族不仅在相貌、形态、血缘和基因等遗传方面具有显著的特征，而且其文化特征也表现为持久的传统性。根据遗传特征和传统体育活动的"残存"去探索少数民族的迁徙之路，为少数民族传统体育学研究展开了视野。

从目前来看，我国少数民族体质健康研究还处于落后阶段。虽然体育

部门定期组织全国性的体质健康调查，并取得了很大成果，但是深入少数民族聚居区，针对少数民族"原生态居民"的体质健康调查还很少见。我国许多民族由于社会发展落后，生活方式、医疗条件和健康观念等长期滞后，许多群众体质健康状况较差。如"生活方式的变迁对鄂伦春族传统狩猎文化和猎民体质健康的影响"课题组，在2007—2008年通过对鄂伦春族自治旗5个猎民村18岁以上174位猎民的体质健康指标的测量表明：鄂伦春族猎民从身体形态、身体机能到体能等指标与全国农民平均水平具有较大差距，平均寿命与全国水平具有很大差距。造成这一现象的重要原因是文化的失衡带来的不健康的生活方式。

身体健康指标的测量目前已经达到了一个较高的水平，一般包括身体形态、体能和运动能力等方面。影响我国少数民族的体质健康的因素有很多，有经济发展落后、文化失衡、心理压抑和焦虑以及传统的不良生活方式等因素，是造成这一现象的重要原因。少数民族传统体育学结合体质人类学的理论和方法，为提高少数民族群众体质健康服务是开展这一学科研究的重要任务。

第二节　少数民族传统体育学与语言学

一、语言学的概念

19世纪20年代初，瑞士语言学家索绪尔（Ferdinang de Sussuer）在他的《普通语言学教程》中提出"语言是一种表达观念的符号系统"[1]的观点。他的这一观点作为语言的经典性定义被学术界广泛接受。

语言学也称语言人类学，是研究语言与文化相互关系的学科。[2] 语言是一种听觉的符号系统。语言符号由形式（能指）和内容（所指）两个方面构成。语言符号的形式就是语音，内容就是语义。语言符号的这两个方面是密切联系而不可分割的，如果缺少任何一个方面，也就不能称其为语言了。[3] 语言具有交际和传递知识的功能，还具有思维和记忆的功能，是人类区别于动物的重要标志。人类语言的语法虽然各不相同，但在其深层

---

[1] 费尔迪南·德·索绪尔著，高名凯译：《普通语言学教程》，商务印书馆，1985年版，第37页。

[2] 庄孔韶：《人类学通论》，山西教育出版社，2005年版，第8页。

[3] 庄孔韶：《人类学通论》，山西教育出版社，2005年版，第171页。

隐含着相同的结构，正是有了这种结构，人类才能学习语言，而且只有人类才能学习语言。

语言在民族构成诸要素中占有重要地位，是由于它和任何一个民族中的每一个成员息息相关，最深刻地反映该民族的特征，是维系民族内部关系的纽带，也是民族的重要特征之一。语言之所以是民族的一个重要特征，还在于民族的其他特征，一般要通过语言才能得到体现。在民族诸特征中，语言是最稳定、变化最慢的一个。地域的改变，民族成员的分散，经济生活的变革，甚至文化的变迁，通常都不会立即引起语言的迅速改变。

二、语言学的理论和方法

（一）语言学的观点

语言决定文化：关于语言与文化的关系，有一种观点认为，语言决定文化。这就是所谓的语言决定论，也就是萨丕尔-沃尔夫假说（Sapir-Whorf Hypothesis）。这种观点认为，人们的生活不但在语言的影响下，而且在某种程度上，语言还决定了人们的行为（经验或文化）。语言是一个用来组织经验的概念体系，这种概念体系不仅迫使人们接受一定的世界观，而且还决定了人们的思维模式，从而决定了人们的行为准则。使用不同语言的人具有不同的概念体系，因此也就有不同的世界观、思维模式、行为规范和文化。语言不同，思维模式就不同，人们对事物的看法和认识不同，从而也就形成了不同的文化模型。

语言反映文化：与语言决定文化的观点相比，语言反映文化的观点得到了更多人类学家和语言学家的认同。"语言作为文化的表达形式，并不是说语言的声音是形式，其意义等于文化，我们是把语言符号的整体看成是民族文化的重要表达形式的。一般来说，内容决定形式。它具体表现为特定的文化常把某种烙印加到语言之上。当然，最明显地表现在语言的词汇平面上，但是，对语法平面也不是绝无影响的。"[1] "语言和文化的关系是局部和整体的关系。但语言和文化还有另一层关系：语言符号是文化的重要表达形式，即文化的内容是通过语言来表达、来反映的。从这个角度来看，语言和文化的关系是形式和内容的关系。"[2]

---

[1] 陈松岑：《社会语言学导论》，北京大学出版社，1985年版，第51页。
[2] 戴庆厦：《社会语言学教程》，中央民族大学出版社，1993年版，第54页。

(二) 语言学的方法

音位记忆法：音位记忆法原是语言学的基本功，但是因为民族学者的调查也要求首先记下语音材料，所以它就理所当然地成了民族学研究中的语言学方法的基础。准确地记录发音人的语言是用第一手材料进行比较、分析、考察和论证的先决条件。它要求调查者对于所要论证的语言材料做出准确的记录，而且这种记录必须用世界语言学界公认的国际音标进行。这是音位记忆法的核心规范。音位记忆法的价值不仅在于它的准确性和科学性，还在于它能够提供一把打开民族语言资料宝库的钥匙。

词义分析法：就是通过对词义特点的分析来认识某一民族和其文化特点的方法，这一方法的认识论基础在于民族语言与民族历史和文化的紧密联系。历史语言学的先驱里姆（J. L. K. Grimm）曾说："我们的语言也就是我们的历史"，"关于各民族的情况，有一种比之骨头、工具和墓葬更为生动的证据，这就是他们的语言"。[①] 分析词义法的主要对象包括：词义的多重含义、复合词的构造及其含义、亲属称谓的外延、借词和词汇系统构造中的含义。

同源词比较法：对同源词的研究也同样可以帮助我们认识民族历史、民族关系和民族的社会文化发展过程。如果某个词在不同语言或方言里是同源的，那就说明讲这些不同语言或方言的人共同使用过该词。事实上，这也是历史比较语言学确定语言谱系的重要依据。

词源考证法：在民族学中，有时要对某一种语言现象的来源问题进行考证，以弥补其他方面材料的不足。掌握这种方法有时能对民族学工作者论证民族史上的一些事实产生至关重要的作用。经常被民族学家考证的语言现象是地名和民族名称，其中地名尤为重要。

三、语言学理论和方法在少数民族传统体育学中的应用

我国55个少数民族，语言使用情况表现得非常复杂。"我国60多种民族语言，按语言谱系法分类，分属5个语系即汉藏语系、阿尔泰语系、南亚语系、马来·波利尼西亚语系和印欧语系。"[②] 少数民族传统体育学同样不能忽视对语言的研究，掌握基本的语言学知识对有效开展少数民族传统体育调查和研究工作具有重要意义。

[①] 引自林耀华：《民族学通论》，中央民族大学出版社，1997年版，第74页。
[②] 徐万邦、祁庆富：《中国少数民族文化通论》，中央民族大学出版社，2006年版，第52页。

在日常生活中，我们常用一种事物代表另一种事物，如用"A"代表"B"，"A"就是"B"的符号，也就是说符号是事物的代表，是指代他种事物的标记。符号由形式和内容两个方面构成，形式是人的感觉器官可以感知的对象，而内容则是形式所表达的意义。语言学将"符号"的概念引入到文化的研究中，它认为语言是一种听觉的符号系统，这个系统是由形式和内容两个方面构成，语言的形式就是语音，内容就是语义，通过对语言的研究来透视人类的文化。语言学"符号"的概念启示我们将少数民族传统体育同样看做是一种以肢体运动为技能手段，以器械和活动方法为基本形式的文化符号进行研究。我们不仅仅要研究这种"符号"的技能方式、运动器械和组织方法，而且要通过这种"符号"去探讨少数民族传统文化的深层内涵。

少数民族传统体育学通过对语言学对体育事物和现象的语音、词汇等内容的描述，去透视少数民族传统体育的起源、发展和变迁的过程，探讨少数民族历史、文化、社会、民族等现象的作用。少数民族传统体育学研究者要通过现代语言中保留的古代语言对少数民族传统体育活动的遗迹来探讨古代文化史上的未知因素，要通过语言间的相互关系来确定某些民族的接近程度，要通过语言的分布、扩散及互相借贷的过程来推论历史上民族的迁徙、接触和文化交往情况，还要通过语言对体育过程的印证去追述原始文化的历史。

田野调查是研究少数民族传统体育学的主要方法。任何形式的实地调查都不能不通过语言来进行。如果实地调查者不懂被调查者的语言，就只好求助于翻译，使自身处于被动之中。此外，语言是调查者和被调查对象沟通的重要渠道，也是反映调查对象内心的主要窗口。因此，语言学知识和语言要素在少数民族传统体育学研究中的地位是举足轻重的。少数民族传统体育学作为一门研究文化的学科，从语言学中得到了对少数民族传统体育认识的启发；对研究少数民族传统体育文化方法论的完善；对少数民族传统体育文化核心的揭示；对少数民族传统体育实证材料的来源；对少数民族传统体育文化多元与文化变迁的指标。另外，用科学的方法准确地记录下"原生态"的少数民族语言对体育的描述是文化保护和传承的需要，语言学也为少数民族传统体育学研究展现了一个广阔的领域。

第三节　少数民族传统体育学与考古学

一、考古学的概念

考古学（archaeology）是通过人类的遗物和遗迹研究过去的方法。这些遗物和遗迹通称为遗存，分为自然遗存（natural remains）和文化遗存（cultural remains），其中以人类活动遗留下来的文化遗存为主要研究对象。[①] 考古学研究是通过研究某一特定时空的社会和文化来理解整个人类的社会和文化现象。在理论上，跨越时空的文化连续性及其中断是人类学视野下考古工作的共同旨趣。

按照欧洲大陆的学术传统，考古学是广义历史学的组成部分，通常分为史前考古学和历史考古学。其中史前考古学主要研究文字系统出现之前的社会，而有文字的系统大约出现于青铜器时代，因此史前考古学实际上就等同于石器时代考古学，历史考古学则集中在有文字记载以来的社会。考古学有很多分支，按照研究的类型和角度可分出农业考古、工业考古、聚落考古、美术考古、宗教考古以及分子考古等领域。今天的考古学已经越来越成为一门技术与文化考察高度融合的综合性学科。研究范围也逐渐有所拓展，不仅研究人类的过去，还包括对现代生活的实物研究。

考古学获得研究资料的方法主要是田野考古发掘与考古调查。"考古学不仅是研究以往特殊的时地之个别事情，并兼事研究有关过去事项的一般通则，虽然它植于人文学的传统，但就其处理资料时所用的实证方法，及组织发现物以研究社会文化过程而言，则考古学是一门科学。"[②] 考古学发掘有一系列科学操作规程，考古类型学与考古地层学是考古学家处理材料的两个支柱。考古信息的提供越来越倚赖于现代科技手段和方法，如考古年代学有C14分析、孢子花粉分析、钾—氩法等。

二、考古学的理论和方法

（一）考古文化学

随着各个时期积累起来的出土考古资料越来越复杂，考古学家开始注

[①] 庄孔韶：《人类学通论》，山西教育出版社，2005年版，第6页。
[②] 芮逸夫：《云五社会科学大词典·第十册·人类学》，台湾商务印书馆股份有限公司，2000年版。

重对遗存区域性差异的研究。考古学家开始探索新的方法，以便能探究这种差异的规律性。考古学家认为，可以将含有相同或相似器物的组合合并到一起，建立一种与人类学中"文化"相类似的单位，即"考古文化学"。其主要优点在于："它使史前学从一种简单的演化偏见中解放出来，并考虑到明显存在于考古记录中历史关系的复杂性。演化观只是在考古记录中关心单一的发展模式，而新的历史学方法则对追溯文化发展的具体过程感兴趣。"① 以此为基础，考古学家开始致力构建考古学文化的时空架构。文化史的重建成为这个时期考古学研究的主旋律。

（二）功能与聚落考古

文化变迁的观点是受人类学界传播派理论的影响，在研究中注重对文化传播现象的关注，并引入"文化圈"的概念来概括和比较不同区域的文化特征。英国的功能主义学派对考古学的影响也十分明显，一些考古学家在建构文化史的同时，开始对依存的功能作出解释和分析。然而，采用功能方法对考古资料进行阐释和实施得最彻底和最明确的是一些美国考古学者试图对文化所依存的自然环境进行复原，将其视为理解文化、研究文化功能的一个出发点。泰勒在1948年发表的《考古学之研究》一书中，把文化功能观点引入考古学。他主张把具体文化当做系统而不是文化特征的集合。从保存在考古材料中的各种信息来探索功能关系，不但使个别器物的意义变得更为重要，而且有可能从整体上把史前文化作为一种系统来复原。20世纪40年代，美国学者威利在秘鲁维鲁河谷所做的聚落形态的研究把大约属于同时期的遗址合并到一起，将属于同一时期的墓葬、居址、庙址、城堡以及灌溉系统作为复原维鲁河谷社会和政治结构的依据。威利认为，对聚落形态的描述提供了考古文化功能性解释的一个战略性出发点。聚落考古也成为对史前社会展开综合研究的最重要的手段之一。

（三）新考古学

在20世纪60年代的"新考古学"（new archaeology）思潮中，宾福德发表了《作为人类学的考古学》，强调考古学要全面研究人类"文化"这个系统，更明确了美国考古学的人类学特征，并在世界范围引起很大的反响和认同，开启了"新考古学"的篇章。他主张：第一，要对考古遗物的解释进行严格的经验检验；第二，要用经过严格检验的考古学证据重建史前人类生活。然而采用传统考古学运用的归纳的方法只能得出一些经验性

---

① 布鲁斯·特里格：《考古学主要概念的历史演变》，载《东南文化》，1995年。

的结论，而不能形成理论，更不能产生规律。只有演绎—假说法才能解读考古资料，提供一个可以验证的结构模式，并得出规律性的认识。但是考古学遗存处于静止状态，它所反映出的人的行为并不能直接观察，通过材料来验证理论仍需要经过推论，两者并非直接关联，所以，对考古遗存进行解释、验证假说的过程本身也需要检验。为解决这一矛盾，宾福德引入了社会学中的"中程理论"这一概念。考古学上的中程研究试图在静态的考古遗存和人类往昔动态的行为之间架起一座能够沟通的桥梁，建立一种可以观察的"语言"，它所借助的手段主要是通过民族考古学、实验考古学、埋葬学等分支学科。

（四）跨学科方法

考古学十分强调要有明确的问题以及解决问题的圆满手段。因此，在获得考古资料时，采用新技术、新设备装备起来的跨学科科学学术队伍是必须的。古代 DNA 的研究可能是考古学利用现代技术和跨学科方法的最好的例子。古代 DNA 是指从考古现场或博物馆的古人类或动植物标本中提取、复原，并可用于分析研究的 DNA。广义上，凡是已经死亡的生物的DNA 都属于古代 DNA 的研究范畴，所以其时间跨度大，从不足百年到几千万年不等。古代 DNA 的研究已经发生了革命性的变化。特别是对人骨线粒体的分析，可获得母系的遗传信息，对坟墓主人的族属、遗传性疾病等提供遗传学上的证据。这样，文化和生物两个方面就可以对比分析。

（五）后过程考古学

在 20 世纪 70 年代末 80 年代初，新考古学被批评为"科学家式"或"功利主义"的。它依赖于生态学解释，并过分关注生活的功利层面，而这一时期流行的结构主义、后结构主义等思潮为考古学理论反思提供了新的给养。[1] 后过程考古学（post-processual archaeology）就出现于此。后过程考古学融合了文献研究和历史学与哲学的各个领域的影响，其倡导者霍德（Lan Hodder）反对新考古学将考古学的目标普遍化，而代之以强调每个社会的唯一性与差异。后过程考古学也认为新考古学所倡导的目标之一，即客观性是无法达到的，而且也不存在解释过去或进行研究的独一无二或正确的方法。象征与认识层面的问题、历史社会的观念和信仰、个人的行动与思想都是后过程考古学者所关心的。后过程考古学者强调结构

---

[1] 保罗·巴恩（Paul Bahn）：《当代学术入门——考古学》，香港，牛津大学出版社，1998年。

与能动性的互动，把遗存所反映的"思想、观念"置于研究的核心地位，而解读考古遗存中符号的象征理论。霍德还提出了"结构考古学"的理论，这是受列维-斯特劳斯结构主义思想影响的结果。"结构考古学"所要揭示的是人们在构建社会、创造文化时所要遵从的逻辑秩序以及在事物背后所隐含的深层意义。要解释结构的意义就必须借助从考古学中发现的对比关联来完成，只有将解释放到具体的环境、背景之中才能发挥出结构解释的力度。

（六）反思"真正的过去"

以往，考古学家认为，只要充分发挥考古学家的独创精神并应用新技术、新方法，就可以从考古资料中获得丰富的人类社会与文化行为信息。20世纪70年代后期，考古学家发现仅仅根据遗址形成的自然与文化过程进行推理，并对考古材料进行解释具有很大的缺陷。由于研究是在当下进行的，现实主义的研究（如地质考古、民族考古、实验考古等）才有可能使扭曲的、失真的解释得到矫正。

20世纪末期引发的怀疑主义危机，使得考古学认为从民族志获得的知识不可能适用于考古学。人类的行为太复杂、太难以捕获，人类的行为是如此独特，富于变化，因此，即使在物质遗存上留有蛛丝马迹，也是难以全部解释的。而且，我们对那些异己社会的进程（无论是现代的还是过去的）的看法，都不可避免地要受当代社会政治力量的干扰和影响。而且考古资料从古到今也远非是稳定和一成不变的，它是生物、地质等各种因素共同作用的结果，因此并不存在考古学最初追求的"真正的过去"，至少我们不可能了解真正的过去。

（七）民族考古学（族群考古学）

20世纪60年代以后还发展出一门专门对"现存社会"进行考古研究的分支学科——民族考古学（ethno-archaeology），它是运用民族志类比较分析法，从现代社会的民族资料中寻求解释、理解过去时间和过程的方法。利用民族志资料来研究考古学的方法非常悠久，但民族考古学完全不同，它通过对现代社会的物质生产、物质生活以及物质遗存形式观察，建立现代人类群体行为与物质遗存的关系，然后用这种关系来分析考古所发现的遗存，尝试恢复过去人类群体的行为。民族考古学"正是在发展了旨在研究物质文化遗存与当代族群进化过程的关系中，帮助考古学家揭示当代民族的行为与考古遗存之间的关系"。①

无论考古学理论、田野技术如何发展，考古学最终只是利用（透过）人类过去的物质遗存来进行研究。这些物质遗存正是人类有秩序的行为和文化之产物，其内涵已经凝聚在过去的时空里。研究资料与研究形象的实质存在且具有秩序，使考古学对其研究形象可以做解释和预测。②

三、考古学的理论和方法在少数民族传统体育学中的应用

少数民族传统体育学的考古学研究，一方面是通过对少数民族先民遗存下来的能够反映传统体育文化的遗物和遗迹进行研究，也包括目前人们仍然在使用的器物的研究，如对从古墓发掘的弓箭、弩、刀剑、芦笙、鼓、服饰、宗教器物和各种器皿等出土文物进行的研究，对岩画、石刻、石碑、美术作品等文化遗迹的研究等；另一方面是对现在仍然流传在少数民族民间的体育活动进行的研究，如武术、摔跤、射箭、划龙舟以及各种形式的祭祀活动等内容。通过考古学研究去挖掘少数民族传统体育的发生、传播、演变和消亡等历史过程，重构少数民族传统体育文化的发展史，从而反映出少数民族社会、文化和意识形态等领域的发展历程。通过少数民族传统体育的考古学研究为保护少数民族文化遗产服务，为弘扬民族文化、保护人类文化遗迹作贡献，为促进少数民族社会物质文明和精神文明建设和构建和谐社会服务。

文化遗产既有有形的也有无形的。有形的是指文物，无形的是指语言、艺术、表演、宗教以及其他具有文化价值事物的结合。③ 保护少数民族传统体育文化遗产，是少数民族传统体育学运用考古学理论和方法进行研究的重要内容。少数民族传统体育虽然属于非物质文化遗产的范畴，但是它的文化表现形式却包括实物的和形态的，也就是有形的和无形的两个方面。有形方面主要是以实物为表现形式，无形方面主要是以肢体动作为表现形式。少数民族传统体育学不仅要对有形的文化进行深入研究，而且对无形的"文化残存"的研究同样具有重要意义。

少数民族传统体育文化遗产是指各民族世代相传并流传至今的，能够反映民族历史文化特点的体育活动，是至今仍然活在民间的乡土"活态人

---

① 容观琼、乔晓勤：《民族考古学初论》，广西民族出版社，1992年版。
② 庄孔韶：《人类学概论》，中国人民大学出版社，2006年版，第124页。
③ 华安德：《序三》，载《文化遗产的保护与经营》，社会科学文献出版社，2003年版。

文遗产"。① 这种遗产来源于历代先民长期的生产技能、民族宗教、风俗习惯、古代战争、军事训练和精神生活等活动的社会实践的积累②,是长辈对后代进行历史教育、传承文明的重要手段。在我国,许多民族关于历史文化的文字记载较晚,甚至有些民族根本就没有形成自己系统的文字。那么,用身体语言进行历史教育就成为少数民族文化传承的重要方式,而体育文化就是身体语言的重要形式。因此,我们对少数民族传统体育活动的研究,不仅是对其体育本身固有价值的探讨,同时也是对研究民族历史、宗教、艺术、风俗等其他文化形式的重要贡献。有些民族学专家称少数民族传统体育活动是研究民族文化的"活化石"。

民族节日是反映"无形文化"的重要场所,大多数节日的起源往往与祈求神灵、祭祀祖先、庆贺丰收、民族交往、民俗娱乐等有关。在这些节日里,体育竞赛、祭祀活动、唱歌、跳舞是节日活动的重要内容,体育、舞蹈、音乐等多种文化形式融为一体,表现出和谐统一的景象。如苗族"苗年"中的跳芦笙、赛马、爬竿、游方,"斗牛节"中的斗牛,"龙船节"中的划龙舟;布依族"玩山节"的爬山比赛,"投石节"中的投石比赛;侗族"三月三"的抢花炮,"摔跤节"中的摔跤比赛;彝族"彝年"中的赛马、射箭、磨秋,"火把节"中的赛马、摔跤、斗羊、斗牛、跳东格舞、达体舞;傈僳族"射弩节"中的射粑粑、射松鼠,"刀杆节"中的上刀山下火海、"新米节"中的抢新水;蒙古族的"那达慕"中的骑马、射箭、打布鲁;朝鲜族"九三节"中的秋千比赛;哈萨克族"阿肯弹唱会"中的赛马、拔河、叼羊、姑娘追,"撒班节"中的摔跤、赛马、赛跳跑;黎族"三月三"中的跳竹竿等。③ 另外,还有目瑙、东巴跳、跳月琴、竹筒舞、剽牛舞、射日舞、把式舞、孔雀拳等。④ 这些活动都是以体育和其他文化形式形成的一种复合的文化去展现悠久的历史和古老的文明,是体现民族文化的重要内容,因此,"无形体育文化"的考古学研究对研究少数民族传统文化具有重要意义。

通过对传统体育的考古学研究,我们不仅可以追溯少数民族历史文明

---

① 色音:《文化遗产与文化人类学》,载《文化遗产的保护与经营》,社会科学文献出版社,2003年版,第52页。
② 徐玉良、方征:《少数民族传统体育通论》,远方出版社,2002年版,第25页。
③ 张力平:《中国少数民族习俗与传统文化》,广西民族出版社,1994年版,第20—116页。
④ 吴开婉:《论少数民族的舞蹈与体育文化》,载《少数民族体育文化论》,云南民族出版社,1995年版,第205—206页。

的发展足迹，而且可以透视少数民族的宗教信仰、民族精神、思想品质、道德标准和价值观念等深层的文化理念。少数民族传统体育学的考古学研究对少数民族传统体育的挖掘和整理、保护和发展具有重要价值。

第四节　少数民族传统体育学与生态学

一、生态学的概念

1866年，德国动物学家海克尔（Ernst Haeckel）首先把"研究有机体与环境相互关系"的科学，命名为生态学（ecology）。宋蜀华、白振声在《民族学理论与方法》中提出："生态学是研究生物与周围环境之间关系的一门科学，它的主要内容包括生态系统、生物种群与群落、生态平衡等诸方面，研究主体是生物。"[①] 庄孔韶在《人类学通论》中提出："生态学是研究生物与环境间相互关系的科学，在这里，环境不仅包括生物生存地域的物理环境和化学环境，而且还包括与其共存的其他生物。生物和一定的环境构成一个生态学单元。生态学的最终目的是运用整体观的方法，研究一个生命的系统在一定的环境条件下，如何表现生命的形态和功能。"[②]

王如松、周鸿在《人与生态学》中提出："用生态学的观点重新审视环境和环境资源的价值，产生了新的生态价值观；用生态学的观念来总结人与其产生文明和支撑文明的环境之间的关系，产生了新的生态文明史观。环境的内涵已从过去的物理环境发展到今天的自然环境与社会综合环境。生态理念进入了人类生活的各个领域，产生了新的生态经济观、生态文化观和生态政治观。"[③]

生态人类学研究人类与环境之间的关系。环境包括物理、化学和生物性质的自然环境，也包括人类社会文化的人造环境。文化生态学是生态人类学研究的一个部分，侧重研究人类的社会文化特质与环境的关系。而除此之外，生态人类学还关注人类的生物特质与环境的关系。由于人们认为人类之所以是人类，在于文化的高度发展，人类和其它动物最重要的不同之处在于人类适应其环境时会有文化面貌的调整，文化较少受遗传和生物

[①] 宋蜀华、白振声：《民族学理论与方法》，中央民族大学出版社，1998年版，第324页。
[②] 庄孔韶：《人类学通论》，山西教育出版社，2005年版，第126页。
[③] 王如松、周鸿：《人与生态学》，云南人民出版社，2004年版，第3页。

本能的限制。生态人类学和文化人类学这两种不同称谓的使用还反映了学者们对人类进行生态学研究的不同取向。强调人类文化为生物行为表现的学者们认为，人是生物的一种，可以完全用研究生物生态学的理论和方法来研究人。人类和其它动物同样具有行为，人类文化包括在人类行为之内，人类文化只是人类行为的表现而已。以文化生态学指代生态人类学，或者将生态人类学等同于文化生态学的学者强调人类文化有异于其他生物的独特性。

二、生态学的理论和方法

（一）生态学理论

环境决定论：环境决定论是指"文化形式的外观及进化，主要由环境的影响造成的"。环境决定论在人类学术发展史中曾经盛行一时。现在环境决定论已经基本被所谓的"人类—环境模式"所取代，这种观点对环境的作用进行了限制，认为环境为"非创造性"条件，并且承认人与环境之间复杂的互动关系。

人类地理学："人类地理学"一词是由德国地理学家拉策尔（F. Ratzel）所创用。是在地理学的研究框架中得到发展的。人类地理学具有强烈的环境决定论倾向，以单一的环境因素做涵盖性的推论，认为文化由环境所创造。这类研究把文化看作功能相关的整体，把诸如气候、地形等自然环境的一些现象视为判断整个环境的标准，认为每个区域对应地产生整合的整体文化。

可能论：可能论是环境可能论的简称。可能论认为环境并不是肇始因素，而只是限制的或选择的因素。地理环境并没有造成人类的文化，而只是设定了某种文化现象能够发生的界限而已。20世纪二三十年代，人类学家对环境的解释观点从决定论转向"可能论"。认为历史、社会及生物因素对文化的解释至少具有同等的重要性。博厄斯认为："环境对文化的影响限于引起原有的文化形式中的某些修改，刺激所朝向的方向则由文化因素来决定。"[1] 可能论对"文化区"的概念是：物质文化和技术的地理分布受到了环境的影响，但并非环境所引起，他们看到了环境因素，承认文化区和自然区间的普遍关系，但却把环境视为消极因素。可能论者在探讨环境对文化演进中的作用方面认为：文化发展水平受到环境的严格限制。环

---

[1] 芮逸夫：《云五社会科学大词典·人类学》，商务印书馆版，第295页。

境论和可能论有一个共同之处就是：用逻辑推理的方法来探讨人与环境之间的关系，将人视做一方，环境则是另一方，两者永远不能汇合，两种模式的目的都是确定一方对另一方的影响。决定论认为环境是塑造人的积极因素，可能论认为环境是一种限制或选择性因素。

文化生态学：文化生态学的创始人斯图尔德认为："文化生态学探讨环境、技术以及人类行为等因素的系统互动关系，以社会科学的方法分析特定社会在特定环境条件下的适应与变迁过程。"他将说明不同地域的特殊文化特征和文化类型的研究领域确定为文化生态学，使用"文化生态"解释人对环境的适应问题。"文化生态学的方法"之最重要贡献在于提出环境和文化并不是两个不同的方面，而是辩证的相互作用，或叫作反馈或相互的因果关系。他认为人类学的主要目的是发现文化的发展规律，寻找因果关系。从因果关系上寻求相互的因果关系，在生态学上有两种内在的根本观点：环境和文化彼此相互定义；环境对人类事物发挥了积极的作用，而非仅仅是限制性或选择性作用。但在反馈关系中，环境与文化的相互影响并不是相等的。斯图尔德还认为在一个文化系统内，有一组较其他文化特征有更大功能的文化特征是文化系统的决定因素，他用"文化核心"和"次级特质"的概念进行区别。

民族志生态学：20世纪五六十年代，受主位、客位研究方法的影响，生态学的研究也主张揭示对其生态环境的看法，即从内在认知的观点了解环境与文化之间的关系，形成了所谓的民族志生态学，或者叫民族志语义学（ethnographic semantics）。这类研究注重每一个群体在语言与语意上所透露出来的认知分类系统及世界观。认为对每个社会的语言材料加以分析，即可发现该社会成员用来界定概念、形成见解和决定事物的特质。

系统生态学：20世纪50年代在"一般系统论"的影响下，系统生态学的研究应运而生。"一般系统论"是用来说明生物群体与自然环境之间关系的体系，这一理论具有整体的观点，可用流程图来表示系统关系。一般系统论不只研究物质，也研究非物质方面。因人类为生物圈中的一个种属，因而生态系统的概念得到人类学家的采用和借鉴。格尔茨的生态人类学研究虽然根植于文化生态学，但研究视野却建立于"系统"研究的基础上。生态系统所着重的关系是相互交错影响的多重网络关系，所采取的分析步骤是首先界定每一系统的环境与各种相关界限，再用一理论模型对系统的复杂互动关系进行研究分析。格尔茨之后，里察德·李和拉帕帕特成为系统生态学研究的代表，他们提出人口以及能量交换可以进行量化分析的生态系统较之"文化"是更合适的研究单位，生态学观点的人类学研究应该叫"生态人类学"，而不是"文化生态学"。

种群生态学：种群生态学是来自动植物生态学的术语。用于人类研究时，是指一定数量的某一特殊群体与其生存环境之间的互动关系。研究者将具有相同生活方式及一种同属的地缘性的团体称为生态群体。其主要研究影响生态群体分布与繁衍的过程。"外在过程"会影响该群体与食物、水源、气候、其他生物之间的关系，"内在过程"则包含了该群体在行为、生理和基因方面对人口密度的反映与适应。这类研究倾向于强调生态方面与群体方面的互动关系。一个生态环境所能载负人口的能力依赖于生存其中的群体所拥有的生产技术能力，技术的更新可以使该群体更能增进生产力，并进而影响人口的成长，然后又影响社会、政治的组织，甚至世界观。

文化唯物论：这是 20 世纪 80 年代由马文·哈里斯所提出的一种理论。这种理论代表了部分人类学家试图将客位分析框架与内在认知分类的主位框架以及微观与宏观分析整合在一起的一种研究与分析尝试。哈里斯的文化唯物论借鉴了马克思物质决定论的观点，认为基础结构对结构和上层建筑起决定作用，客观行为对主位思想起决定作用，并试图在文化生态学的理论中融入文化内在认知的考虑及整合研究者的观点与被研究的当事人的观点。他的文化唯物论特别强调区分人类思想和行为的主位与客位观点。哈里斯强调根据分类学原则表明系统的各个组成部分之间的结构关系以及主位与客位的区分，将社会文化系统划分为四个组成部分：客位行为的基础结构、客位行为的结构、客位行为的上层建筑和思想的主位的上层建筑。

历史生态学、政治生态学：随着人类学家由相对隔离的、传统的小型社会的研究，向对当代民族国家市场中的经济的群体的研究内容的增多，生态人类学的研究开始更多地关注超越地方社区的历史、政治、经济等因素对社会发展的重大作用。更大区域间的经济竞争，对于国际贸易的世界体系很大程度上的依赖，不同地区为争取文化霸权而进行的争斗，所有这些活动对于地方社会的影响超越了物理环境给地方带来的直接影响。历史生态学、政治生态学由此而生。这一研究将传统的更多关注于环境—技术—社会—组织之间关系的研究与对政治经济上的权利以及历史不平等因素的强调联系在一起。

(二）生态学的研究方法

多学科的合作研究：要了解自然环境中对人类有影响的因素，特别是欲了解能量交换的模式，即特殊生态系统功能的核心，研究者可能必须具有有关降水量、地下水、土壤类型、温度、各种植物和动物分类的专业知识。如果研究者缺乏必要的气候学、地质学、地理学和土壤学的知识，就必须寻求有关专家的合作。

比较研究：比较研究方法既包括共时性的研究，即比较研究生活于不同环境下的同时代的不同群体，也包括历时性的研究，即对同一个群体进行纵时性的研究。许多学者还将共时性研究与历时性研究相结合，研究人们是如何把自然环境中的有利因素转化为生存资源，他们在历史上如何适应地理条件而产生各有特点的族群经济这些人类共同体间相互适应等问题。

应用性研究：生态人类学的研究能直接探讨与当代利害相关的问题，如环境恶化、能源供应、污染、社会秩序的杂乱无章等。人类学家熟悉社会制度和价值模式，结合有关生产、人口、能量传递的广泛知识，可以对预见社会变迁的原因和性质做出贡献。研究者可以根据对自然景观、生存技术、人口、社会组织之间相互关系的研究，提出一套模式和建议。

综合性分析：生态人类学的一个重要方面是探讨环境对文化特性的影响。虽然以单一环境因素进行的涵盖性推论受到批驳，但人类学家无论如何也不能无视气候、地理条件、自然生物对他们所研究的人类群体的影响，而且在相似的环境中，可能会产生相似的文化。自然环境无疑会对人类文化的面貌产生影响，而且在生产力水平越低的社会中，这种影响就越明显。任何一个社会的文化面貌，都是由多种因素造成的，除了自然环境之外，还有历史传统、异文化的影响等多种因素。因此，我们在分析某一社区文化形成的原因时，就应该从多个角度进行综合性研究。

三、生态学的理论和方法在少数民族传统体育学中的运用

生态学是研究生物与自然物的特性与规律的学科，它重点考察的是各种各样的生命以及它们与环境之间相互关系的生存状态。随着全球环境的日益恶化，生态问题也越来越受到人们广泛关注，生态这一名词也超越了原有的学科范畴被广泛运用到社会生活的各个领域，渗透到精神生活的各个方面。民族文化与生态环境的关系研究在目前看来还是一个比较新的研究领域，民族传统体育文化与生态环境的关系研究更是一个新的研究方

向。从体育人类学、体育环境学、体育产业学、体育文化学、体育社会学等很多学科的研究范围来看，都涉及体育文化与生态环境关系的内容，从教育生态学、政治生态学、经济生态学、文化生态学、文艺生态学、理论生态学等生态学相关研究领域来看，也都涉及体育文化方面的内容。从生态学的视角去透视少数民族传统体育文化的发展，可以使民族传统体育文化得到进一步的弘扬和发展，而且可以从体育文化的角度去诠释社会、民族、人与生态环境的关系，同时进一步去论证民族传统体育文化与生态环境相适应的可持续发展原理。少数民族传统体育文化的生态学研究是从民族传统体育文化的角度去探讨社会、民族、人与自然的关系，揭示人与自然生态环境"依生"—"竞生"—"共生"的发展阶段，同时，提出由于社会环境的变化，特别是在当前经济全球化的社会环境中，民族传统体育文化面临的严峻形势和采取的对策。从生态学的角度探讨民族传统体育文化在自然生态环境和社会生态环境的变迁中是如何产生、发展、传承及灭亡的，从少数民族传统体育文化的视野去探讨人对自然的恐惧、蔑视、无知、敬畏等复杂的心理状态的产生原因以及民族历史文化的发展过程；从历史学、地理学、民族学、经济学、宗教学、哲学等视角去探讨民族传统体育文化与生态环境之间的关系，对少数民族传统体育文化的发展具有重要意义。

每一项民族传统体育项目的产生、发展及消亡都是在特定的自然环境和社会环境中进行的，各民族的传统体育文化的形成必然要有与之相适应的自然生态环境和社会生态环境，对民族传统体育文化的研究也反映了某一民族特定的自然环境和社会环境的特点和变迁。山地民族的体育项目有爬山、过溜索、射弩、爬杆、过独木桥等，草原民族的体育项目有骑马、射箭、打布鲁等，北方民族体育项目有滑冰、滑雪等，南方水乡民族体育项目有游泳、龙舟、划船等，不同的自然生态环境使各民族具有不同的体育文化特点。同时各民族不同历史时期的政治、经济、宗教、教育、科学技术等社会环境的变迁对传统体育文化的发展也产生至关重要的影响。民族传统体育文化的起源与发展受生态环境变迁的制约，对民族传统体育文化的研究又折射出人类文明进步的历程。生态环境孕育着民族体育运动的方式，环境的特殊性为某一种体育项目的发展提供了自然条件，环境的变迁为传统体育文化的传承和发展带来了冲击。环境的"生态平衡"使民族传统体育文化不断传承和发展，环境的"生态失衡"必然使民族传统体育文化受到冲击和影响，"适者生存"的法则同样适用于民族传统体育文化。

从生态学的观点来看,"环境的内涵已从过去的物理环境发展到今天的自然与社会综合环境"。[1] 在现代科学技术和社会经济高速发展的今天,社会环境日新月异地发生着变化,整个世界在现代经济这个巨大的杠杆作用下,以迅雷不及掩耳之势急速地发生变化。现代信息和通信技术的高速发展、人口的大量流动等因素,使形形色色的外来文化充斥了人们的生活,正在改变着人们长期形成的相对固定的生活方式,同时撼动了民族传统体育赖以生存的文化基石。民族传统体育赖以生存的社会环境发生了变化,固有的传承方式已经不适应新形式的要求,必须与外来文化互相适应,不断地吸纳、兼容先进的文化并保留自己的文化精髓,实现符合时代要求的整合,在不断变化的社会环境中迎接挑战,谋求发展。

根据1990年的全国民族体育项目的调查资料显示:在中华民族传统体育前所未有的大普查中,"收集到少数民族体育676条目,汉民族体育301条目,共计977条目"。[2] 其实际数字还远远不止这些。在这些丰富多彩的民族体育项目中,许多是人们在同大自然搏斗中创造出来的。早期的人们为了生存,必须进行狩猎、采集、捕鱼等活动来维系人类的生存和繁衍,在这种环境下,投掷石块、游泳、登山、爬树、磨制骨锥、骨镞等反映萌芽体育的活动成为人们生活中的重要内容。由于人们对大自然的一些现象和自然法则不理解产生的恐惧导致了对自然的崇拜、祖先的崇拜和图腾的崇拜等,这些原始宗教活动的许多方式也成为萌芽体育的重要内容。傈僳族"上刀山,下火海",反映了祖先英勇无畏的英雄气概;独龙族"剽牛",反映了人们祈求上天保佑,祝愿来年兴旺、五谷丰登的美好愿望;彝族"舞刀、舞枪",反映了自称"虎族"的先民抵抗天灾人祸、瘟疫疾病的坚定信念;傣族的泼水活动是人们为了祈求雨水而拜雷雨之神"英骆络"和人们祈求丰收的良好祝愿;白族的"龙舟竞渡"是为了纪念忠贞不渝的柏节夫人;苗族的"上刀梯"是为了纪念英勇无畏的青年石巴贵。从许多萌芽体育的活动中我们可以看出,在人类生存的漫长历史中,"自然作为客体是强大的,而作为主体的人是弱小的,客体占据着主导性的地位,主体只能依存、依从、依生于客体"。[3] 每一个民族,在其历史发展过程中,都会与自然形成特定的关系。在远古时代,人类与自然的关系主要

---

[1] 王如松、周鸿:《人与生态学》,云南人民出版社,2004年版,第3页。
[2] 中国体育博物馆、国家体委文史工作委员会:《中华民族传统体育志》,关系民族出版社,1990年版,第791页。
[3] 黄秉生、袁鼎生:《民族生态审美学》,民族出版社,2004年版,第3页。

是"依生"关系，或是从自然中采集植物、猎取动物，直接依赖于大自然的赏赐而生存，或是通过对自然神力的崇拜，求得各种神灵的护佑而生存。"在人类 200 万年的存在中，除了晚近的这几千年，人类一直是通过采集食物和狩猎动物相结合的方式来取得他们的生活资料，差不多没有例外。"① 各民族先民直接依生于自然不仅时间相当的久远，而且也相对的轻松。由于当时人口较少，各个氏族都能够找到自然环境比较优越的地方生活，大自然的馈赠使各民族先民过着一种相当"滋润"的生活。早期的人类"有着营养充足的食谱，这是从一个可以得到的范围很广的食物源中挑选而来的。丰富的、多种多样的食物，通常只是环境中可以得到的食物总量的一个很小部分。获取食物和其他形式的劳作，通常只占一天时光中很小部分，留下大量的时间可用于消闲和祭祀活动"。② 由于当时人类自身能力的限制，使得大自然没有被更多地干预，没有破坏生态平衡，自然以它的广袤和丰厚给人类较多的馈赠。在狩猎—采集生活阶段，各氏族先民强烈地依赖着自然，顺应着自然季节的变化，按照自然的节奏过着"富足"的生活。在长期的生产劳动、宗教活动、娱乐休闲和对敌斗争中，人们通过对一些活动和行为的不断创造，对成功和失败经验的不断总结，形成了一种以身体动作为主要特点的文化形式，这就是萌芽的民族传统体育，每个民族都有极具本民族文化特点的传统体育活动。民族传统体育不仅是对生活经验的总结，而且也是人们传承文明、延续文化的重要形式。由于早期的人类没有文字，用语言和肢体动作进行交流是其文化交流的重要形式，那么，体育、舞蹈、歌曲、器乐等"无形文化"形式就成为人们传承文明、教育后代的重要方法。通过对萌芽状态的民族传统体育的研究，我们可以看到，早期的氏族先民渴望了解自然，恐惧自然，依生于自然的心理。每一个民族"依生"于自然的历程是一个相当漫长的历史时期，尤其是一些生产力发展比较缓慢的民族，依生范式存在的历史更为漫长。但"随着人们对生产工具的改进，实践能力的提高，群体力量的壮大，他们会或快或慢地走向与自然抗衡的道路"。③ 弓、弩的出现标志着狩猎文化进入了一个新的时代，在中华民族传统体育的百花园中，绝大多数民族都有关于射箭射弩的记载或传说。傈僳族"善用弩，发无虚失，每令其妇小木

---

① 克莱夫：《环境与伟大文明的衰落》，上海人民出版社，2002 年版，第 21 页。
② 美国时代生活公司：《人类文明史图鉴》，吉林人民出版社、吉林美术出版社，2000 年版，第 19 页。
③ 黄秉生、袁鼎生：《民族生态审美学》，民族出版社，2004 年版，第 28 页。

盾经之，自后发其盾，而妇无伤"；彝族"使用的弓长四尺，两头无梢，以牛皮做弦，箭二尺五寸，有倒钩装皮筒左腋下，每筒五十支。内药箭三支，中人立死，有倒钩者，中人不能拔，必连肉割去寸许而后出"；苗族的偏架弩"强劲有力、长六七尺，三人共张。矢无不贯"。关于我国北方民族的射箭和骑射的记载更是数不胜数，木华黎"猿臂善射，挽弓二百强"；满族"八旗根本，骑射为先"，依靠骑射而建立大清帝国。[①] 随着社会的发展，人们越来越精湛的射猎水平给大自然带来了沉重的压迫，蒙古族弯弓射雕、满族围场狩猎、高山族成人礼射猴、拉祜族射松鼠求亲、布朗族射飞鼠等精湛的射术都反映了少数民族从"依生"逐渐过渡到"竞生"的过程。随着作为客体的人类的强大，作为主体的自然逐渐变得越来越脆弱，在现代化的发展过程中，人类的行为使大自然变得不堪一击，生态的失衡使得土地荒漠化、动植物资源枯竭、各种灾害频发，"竞生"范式也给人类带来了无情的报复。在人类猛醒的同时，保护民族文化与保护自然环境成为人们的共识，人与环境和谐相处的"共生"范式成为人类文明发展的目标。少数民族传统体育学从生态学的角度去探讨当前自然环境和社会环境面临巨大变迁的情况下，少数民族传统体育文化如何去适应环境的变迁而可持续地发展，如何为少数民族群众的物质生活和精神生活作贡献，如何保护和弘扬这一传统文化，是其面临的重要任务。

第五节　少数民族传统体育学与视觉人类学

一、视觉人类学的概念

文字和书写符号为早期人类所创造，照片的出现则晚到1839年发明可制作静态影像的光学仪器——照相机之后，而活动的影像——电影的制作更迟至19世纪末。尽管影视作品尚不是人类学家必须的作品形式，但影视和影像手段在人类学田野调查与后期分析工作中使用得越来越普遍。这固然是由于今日影视工具非常普及，然而其本质更在于文字撰写与影视表现之不可替代性，人们注意到人类学的这两种表现方法的独立性、互补性以及由此构建对不同的文化理解的价值。影视人类学认为："人类学认为影视人类学是以影像与影视手段表现人类学原理，记录、展示和诠释一个族

[①] 徐玉良、方征：《少数民族传统体育通论》，远方出版社，2002年版，第224—253页。

群的文化或尝试建立比较文化的学问。"① 在电影和录像制作十分普及的今天，影视人类学的作品被广泛应用到田野调查中。与文字撰写不同，它透过镜头所构建的图像寻求对文化的另一种理解形式，通过图像记录具体生动地再现了历史和文化。

视觉人类学滥觞于19世纪末，20世纪60年代以后，视觉人类学已经大盛于欧美的人类学和社会学界乃至媒体、大众教育和各个领域。随着视觉工具和手段采用比例的增大和内容的加强，人类学家渐渐发现视觉人类学手段并非简单的一种工具，它也能改变你的思想，科技的优势可以凸显出很多人类学研究者原来看不见的事实，而这些平时被忽略的事实在被看到以后，人类学家的思想、思维和研究的领域当然也会随之发生变化。人们发现，视觉的表述不仅代表着一种态度，而且还代表着一种认知。而认知代表着一个人对世界看法的全部。这样，从什么样的视觉看世界和怎样看世界就成了当代人类学最关心的问题。除了用自己的眼光研究别人以外，视觉人类学者开始有心地培养被研究者即当代原始部落成员来表达他们的认知，从自我和自观的视角展示不同的文化观念。这样，视觉人类学就不只是一种工具，它更成了新的方法论的源泉。视觉人类就这样潜移默化地进入了当代人类学发展的崭新领域，发展成为一种新的思维、新的科学。

视觉的功能在传统上往往被忽视。在人类学界早就有过文字与机器的争执，关于文字与机器哪个更真实，哪个更有说服力，西方早有"眼见为实"的视觉派和"见不如读"的文字派之争。前者认为"一张图片胜似万语千言"，他们认为图片展示事实，而最重要的是让"事实"说话，而另一派则认为"语言的力量胜过图像万千"，强调抽象表达能力的无所不能。

关于视觉人类学的概念，直到上个世纪末一些权威的人类学工具书上才依稀给出了定义。略早的是夏洛特·瑟伊穆尔-史密斯的定义，"这里认为，视觉人类学是一个较新近的学科，它着力于研究人类行为视觉维度的方方面面。同时它也囊括了用视觉的方法对人类学研究、教学和文化变化等方面的研究。它的领域还包括人类学艺术、人类学摄影和人类学电影的使用，人和人之间距离的社会化意义研究及在不同的社会文化中如何使用空间的研究、对直觉和视觉符号学的跨文化透析等。此外视觉人类学还关心不同的文化视角和文化对象的问题。同时，视觉人类学也作为研究工具

---

① 庄孔韶：《人类学通论》，山西教育出版社，2005年版，第557页。

和教学媒介被广泛应用。视觉人类学发展在近年来最重要的一个特色是它在试图培训当代原始部落的提供信息者,即当地线民使用照相和摄影器材以便他们用这些设备来自由地表达他们自己的关于观察和秩序的概念及认知等方面的努力。"①

20世纪90年代末美国出版的较权威的《文化人类学百科全书》中也对视觉人类学有全面的论述和定义。它认为,视觉人类学根植于"文化是通过可视性的系列符号来宣示的"这样一个理念而成立的。这些可视性的符号包括动作姿态、典礼活动、仪式化行为以及在结构上和自然环境上置放和呈现的人工制品等。文化就是如上述背景本身中存在和昭示的文本和情节,它牵涉不同背景、不同环境、不同打扮的各色男女演员。文化本身就是一个个体的人涉足其间的所有情境的总和。如果人们能够看得见"文化",那么研究者就应该能够通过他手中的摄像器材来记录、捕捉文化资料,以便分析和展现它们。

视觉人类学力图从一些可视的文化现象中挖掘文化的深层内涵和本原意义,阐释其微妙的文化符号意义,从而让我们更好地透过现象看本质,举一反三,磨砺我们的思维,让我们掌握一些新的方法论,从而使我们的研究更接近科学和真理。如果我们只是肤浅地理解一些可见的视觉表象,就会离视觉人类学的本质越来越远。事实上,视觉人类学的终极目的是透过对象、符号的研究来探析文化发生发展的深层结构,拓展其研究视野,并透过对具象的具体课题的研究来拓展研究人类发展的全部,进而拓展到一切可视的文化领域。

二、视觉人类学的研究方法

(一) 视觉人类学的基本理念

视觉人类学的基本理念建立在文化是一种客观的、可视的理念以及大众对音像和摄影技术本身是中立、无立场和透明的、客观展现的这些信念上。按照实证主义的理解,摄影可以没有限度、不被人类观念操纵而捕获真实本身。因而,图像就能够不容置疑地展现客观可信的证据。这种理想主义的观念认为,只要在技术上达到了可能,人类学家就可以在田野工作中用照相机或摄影机获取可信赖的、客观的资料供后代和未来的人类学家研究。

---

① 王海龙:《视觉人类学》,上海文艺出版社,2007年版,第55页。

在关于文化知识可以被摄取和储存的理念方面，当代视觉人类学者的思考要比他们实证主义的前辈现实多了。在眼下的后实证主义和后现代主义的世界里，人们深知，摄像机所摄是受制于遥控器后面的摄制者的文化理念。那就是说，这些摄像机和摄影机里所表现的永远受制于两个方面，即文化体现上的摄影者和被摄者。当然，作为产品，这些图像上永远会有意识形态的烙印，他们难逃其本身是一定的仪式形态展现之责。这样来看，有的视觉人类学作品亦可被看作人类学家应用当代科技随心所欲制作的产物，作为一个文化的"他者"或外来人，视觉人类学家也可以用任何错误的假设来截取他们所见的现实画面表达自己的理念。

从理念上讲，视觉人类学试图把所有的文化现象诸如所处的环境、仪式、典礼表演、舞蹈、艺术和其他物质类文化产品都纳入非语言的视觉交流范围。虽然有些视觉人类学家致力于斯，但在田野工作的领域比较缺乏这种用画面影像交流的传统。在这个领域，人类学者们还在不断努力，但若想让这些理念普遍被人接受尚需时日，虽然这种理念在日渐为人崇尚，但在视觉人类学的实践活动中，人类学的图像传媒较多地被使用于人类学的知识传播，也就是说，人类学电影和人类学图像更多地被用于文化的可视性表象研究。

（二）视觉人类学的研究基石

视觉人类学最重要的理论和实践的基石有三大分支。

第一是人类学对形象的研究，它包括人类学对原始艺术、艺术家、手工艺品和那些土俗物品制造者本身的研究等。除了研究物质产品外，通过形象研究来关照其文化内涵也是它的首要任务。此外，通过图像的上下文背景来研究其文化的上下文关系也是其重要目的。最后，使用研究图像和媒体文化分析的手法来研究民族精神，也是视觉人类学近年来比较引人注目的一个发展趋势。

第二是文化志的摄影研究，近几十年来，随着摄影变得越来越容易操作和其产品成功率越来越高，大多数人类学家在做田野工作时都采用摄影作为工具和手段，有的甚至活用这些产品来促进采访和交流以获取材料。大部分人类学家应用摄像的手段是帮助资料收集、协助记忆，把它当作另一种视觉的田野"笔记"。有的在发表自己的文化志著作时把它们当作插图、佐证或在演讲时将之用作幻灯片等，更有的把它们用于展览会的陈列。但等到田野工作的写作完成之后，就将其束之高阁或遗忘了。近年来，随着对视觉文化的重视和其影响力日广，有越来越多的专门著作出版,专门的人类学电影、电视节,特别是它们和现代传媒以及广告设计等结合起来,在整个世界范围日益流通。现代的世界是一个视觉的世界,视觉人类学无处不在。

第三是人类学电影。人类学电影是视觉人类学影响最大的一支,也是发展最为成熟的一支,它很早就独立出来,在人类学领域异军突起。人类学电影参与过最早期的"文化救险"计划,后来和文化电影冶为一炉,帮助过早期人类学研究,它也和商业电影、探险电影合作激发过人们对人类学的兴趣。它也以其成果为人类学研究做过辅助,帮助过人类学教育并加入应用人类学,为某些政府的殖民政策服务。人类学电影也曾力主拓宽其文化研究视野,研究故事片和其他视觉文化产品来探讨人性的共同主题。它也通过研究别国的故事片来从跨文化的角度研究国民性。人类学电影研究曾经提出过"所有的电影都是人类学电影"的主张,号召对电影进行深刻的民族学探讨和深层分析。电影人类学的很多见解都把今天的视觉人类学研究推向了更进一步发展的轨道。

在以上三个方面,视觉人类学做得比较好的是后两个方面,以至于人们常常会忽略了第一个方面,而仅仅把视觉人类学理解成一些带有异国情调的电影、电视,被人们猎奇搜艳,或者人类学电影就是一些科教片,是被用来传播对异族的一些见识。这样的误解使人们喜欢简单地把视觉人类学打上一些异国情调和落后、荒唐,甚至贫穷无知等标签,从而给视觉人类学一种非学术化的定位。

三、视觉人类学在少数民族传统体育学中的运用

视觉人类学在少数民族传统体育学研究中具有独特的视角。用肢体语言来阐释文化是少数民族传统体育学研究的重要领域,视觉人类学在这一领域显示出得天独厚的优势。

第一,在实地考察中,通过照片和影像资料可以帮助调查者准确记录和再现实地调查时的情景,使调查经历复制成为一个可以重复的动态过程,帮助研究者进行深入研究。

第二,许多少数民族传统体育项目濒临灭绝或已经灭绝,运用影视的方法,可以准确记录这些动态过程,即使这些技艺今后失传,我们也可以以影像的形式准确地再现当时的情景。对于许多失传的技艺,通过现代影像技术手段可以重现以前的情景,为弘扬、研究和保护少数民族传统体育文化作贡献。

第三，利用影像的效果可以帮助人们开展少数民族传统体育项目的教学、训练和推广。少数民族传统体育项目内容丰富、形式多样，项目的推广是少数民族传统体育文化传播的重要渠道，通过影像手段可以准确地传递项目技术、方法，为提高竞技水平作贡献，同时也为开展跨地区的公平竞赛作贡献。

思 考 题

1. 论述体质人类学与少数民族传统体育学的关系。
2. 论述语言学与少数民族传统体育学的关系。
3. 论述考古学与少数民族传统体育学的关系。
4. 论述生态学与少数民族传统体育学的关系。
5. 论述视觉人类学与少数民族传统体育学的关系。

第四章 少数民族传统体育

少数民族传统体育是少数民族传统体育文化的重要组成部分，是从文化的"固有属性"方面对少数民族传统体育文化进行的深入探讨。对少数民族传统体育的深入探讨是少数民族传统体育文化研究的重要内容，虽然少数民族传统体育处于整体文化的浅层，但是，只有通过对这种浅层文化的深入剖析，才能透视整体文化的深层内涵。

第一节 少数民族传统体育的概念

一、少数民族传统体育概念的界定

（一）少数民族

1. 民族

对于民族这一人类社会特有现象，中外研究者甚多，斯大林在他著名的《马克思主义和民族问题》中，根据马克思和恩格斯关于民族问题理论，完整地、系统地对民族下了定义："民族是人们在历史上形成的有共同语言、共同地域、共同经济生活以及表现于共同的民族文化特点上的共同心理素质这四个基本特征的稳定的共同体。"[①] 斯大林简明扼要地把一个民族作为独特的共同体所必备的最基本也是最重要的特征全部表达出来了，而且还精辟地论述了民族定义四个基本特征之间的相互关系。斯大林的民族定义提出后，得到了世界各国马克思主义者的公认。我国早在20世纪30年代后期就有人把它译成中文，被中国共产党人所接受和运用。尤其是在新中国成立后，更是被作为制定民族政策和民族识别工作的理论依据。

---

① 林耀华：《民族学通论》，中央民族大学出版社，1997年版，第103页。

2. 中华民族

中国是一个统一的多民族国家，定居在中国领土上的所有民族共同组成了中华民族大家庭。"中华"一词在古代主要是用来指文化和民族，有时也作为地理名称出现。《资治通鉴》载："国家本戎狄，正朔会不与人；江东虽微弱仅存，然中华正统，天意必不绝之！"这里的中华显然是民族称谓。《宋书·张畅传》："君之此称，尚不可闻于中华，况在诸王之贵！"此处的"中华"兼指传统文化和具有这种文化的人民。作为地域名称时，"中华"与"中国"含义相同，主要来指内地郡县和中原地区，与边疆相对而言，国家当然一时又指全国。《晋书·陈郡传》："中华所以倾弊，四海所以土崩者，正所以取材失所。"这里的"中华"指的是中原地区。[①]

"中华民族"一词是"中华"与"民族"的复合，产生于"民族"一词传入中国后不久，是与外国民族相对而言的。随着历史的发展，各民族的内在联系与中华民族的整体性逐渐被认识。现在，"中华民族的全部含义可以作如下归纳，即中华民族，是中国古今各民族的总称；是由众多民族在形成为统一国家的长期历史发展中逐渐形成的民族集合体"。[②]

今天的中华民族，通过民族识别，已经确认的民族共有56个，其中汉族占全国人口的90%以上。汉族以外的55个民族由于所占人口比例小，习惯上被称为"少数民族"。汉族和少数民族，共同组成中华民族，费孝通把这种局面称为"中华民族多元一体格局"，"中华民族作为一个自觉的民族实体，是近百年来中国和西方列强对抗中出现的，但作为一个自在民族实体则是几千年的历史过程所形成的"。中华民族的主流是"由许许多多分散孤立存在的民族单位，经过接触、混杂、联合和融合，同时也有分裂和消亡，形成一个你来我去、我来你去，我中有你、你中有我，而又各具个性的多元统一整体"。在中华民族这个多元一体格局的形成特色的描述中，费孝通还指出："在相当早的时期，距今三千年前，在黄河中游出现了一个由若干民族汇集和逐步融合的核心，它被称为华夏，像滚雪球一般越滚越大，把周围的异族吸收进入了这个核心。它在拥有黄河和长江中下游的东亚平原之后，被其他民族称为汉族。汉族继续不断吸收其他民族的成分而日益壮大，而且渗入其他民族的聚居区，构成起着凝聚和联系作

---

① 徐万邦、祁庆富：《中国少数民族文化通论》，中央民族大学出版社，1996年版，第15页。

② 陈连开：《中国·华夷·蕃汉·中华·中华民族》，载《中华民族多元一体格局》，中央民族学院出版社，1989年版，第113页。

用的网络，奠定了以这个疆域内许多民族联合成的不可分割的统一体的基础，而成为一个自在的民族实体，经过民族自觉而称为中华民族。"① 多元一体格局是中华民族在长期的历史发展过程中形成的，各族人民共同缔造了我们的国家。

3. 少数民族

"少数民族"是相对于"汉族"而言的，它是指除了汉族以外的其他 55 个民族。这个词是 1939 年毛泽东在《中国革命和中国共产党》一文中，阐述中华民族基本情况时被提出来。

中华民族的各民族祖祖辈辈生息、繁衍和劳动在东亚大陆这片广袤的大地上。黄河中下游的夏人、商人、周人，吸收了周边的夷、羌、戎、苗、蛮等族成分，演化成华夏族，汉代以后，逐渐被称为汉族。我国今日各少数民族的形成，大多数与先秦时期的一些古族有着深厚的历史渊源。分布在长江中下游以南的"百越"，是形成今日壮侗语族各民族的先民。分布在黄河上游陕、甘、青一带的羌系民族，是构成今日藏缅语族各民族的主体。东北地区被称为"胡"、"狄"的肃慎、东胡、乌桓、鲜卑、挹娄、匈奴等古族，与今日北方阿尔泰语系蒙古语族、满一通古斯语言的民族有着密切的族源关系。东汉至宋时分布在今湘西以及黔、川、鄂、渝四省交界地区沅水上游一带的五溪蛮，是形成苗、瑶、土家、仡佬等族的重要源头。吐蕃、突厥、回鹘等古族是近代藏族和西北阿尔泰语系突厥语族的先民。② 我们伟大祖国的辽阔疆土和富饶土地是各民族人民的祖先共同开拓的。各少数民族在中国历史舞台上扮演了不可缺少的重要角色。少数民族先民建立了一些有影响的地方政权，如北方的渤海、契丹，西南的南诏、大理，西藏的吐蕃等，都是少数民族建立的。历史上有不少政权是由少数民族建立的，如五胡十六国、北魏、辽、金、元、清等，它们或者统一了中国的大部分，或者统一了全中国，为历史的进步和发展做出了贡献。

各个民族是在长期历史发展过程中逐步形成的。由于各民族在长期历史发展中都经过很大的演变，支系纷繁，族称众多复杂，再加上中华人民共和国成立前历届政府，对少数民族采取歧视与压迫政策，视少数民族为

---

① 费孝通：《中华民族多元一体格局》，中央民族大学出版社，1989 年版，第 1—2 页。
② 徐万邦、祁庆富：《中国少数民族文化通论》，中央民族大学出版社，1996 年版，第 18 页。

"国族"的大小宗支。因此,到中华人民共和国成立后,民族识别才被提到日程上来。20 世纪 50 年代初期,国家投入很大的人力、物力进行民族识别工作。中华人民共和国成立初期,各地区自报的民族成分达 400 多个,自称、他称繁多,相当混乱,很不科学,所以,从 1950 年就组织专家、学者、民族工作者进行民族识别工作。至 1953 年,除了近代已经明确的 11 个少数民族,又确认了 37 个少数民族。1954—1965 年又先后确认了 16 个少数民族。1979 年又确认了基诺族,全国共有少数民族 55 个,从此,民族识别工作结束。①

我国少数民族大部分聚居在祖国的边疆地区。目前,东北地区的主要有满族、蒙古族、朝鲜族、赫哲族、达斡尔族、鄂温克族、鄂伦春族;西北地区的有维吾尔族、哈萨克族、柯尔克孜族、锡伯族、塔吉克族、乌孜别克族、俄罗斯族、塔塔尔族、回族、东乡族、土族、撒拉族、保安族、裕固族;西南地区的有藏族、门巴族、珞巴族、羌族、彝族、白族、哈尼族、傣族、傈僳族、佤族、拉祜族、纳西族、景颇族、布依族、布朗族、仡佬族、德昂族、阿昌族、普米族、怒族、基诺族、独龙族等;中东南地区的有壮族、苗族、侗族、仫佬族、瑶族、毛南族、土家族、畲族、水族、京族、黎族、高山族等。55 个少数民族共同创造了灿烂的少数民族传统体育文化。

(二)少数民族传统体育

1. 体育

20 世纪 60 年代以前对体育概念的界定是:"体育是通过身体进行的教育";60 年代中期,对体育提出了新的概念:体育是"人类运动的技艺与科学。"20 世纪 70 年代则多以"人类运动"来定义体育;20 世纪 70 年代以后,体育概念又有了新的发展趋势,Sport 的含义具有"解闷、嬉戏、快慰、宽怀"等意思。各国对 Sport 的解释不尽相同,但都一致强调 Sport 的游戏性质。从国际范围来看,在对体育概念的研究中,对体育概念的认识有两种主要的观点。一种是本质的教育观,日本的前川峰雄认为:"体育是通过可视为手段或媒介的身体活动进行的教育。"美国的布切尔认为:"体育是以身体活动为媒介,培养身体、精神情操等方面与社会相适应的公民"。《韦氏大词典》将体育定义为:"体育是整个教育的一个方面,它采用运动活动和有关经验从心理上、体力上、道德上、精神上和社会上来

---

① 徐玉良、方征:《少数民族传统体育通论》,远方出版社,2002 年版,第 2 页。

使个人充分发展,使他成为国家和世界上的一个有用的公民。"另一种是体育的文化观,即体育是一种社会文化现象已经被许多人所理解和接受。1974年出版的《体育运动词汇》(阿莱克塞著)中载:"体育文化是广义文化的一个组成部分,它综合各种利用身体锻炼来提高人的生物学和精神潜力的范畴、规律、制度和物质设施。"在1978年颁布的联合国教科文组织《体育运动国际宪章》中,对体育有许多新的提法:如体育是一种人权;体育是提高生活质量的手段;体育是教育与文化的基本方面。中国高等教育出版社1995年出版的《体育概论》对体育的概念做了如下定义:"体育是以身体活动为媒介,以谋求个体身心健康、全面发展为直接目的,并以培养完善的社会公民为终极目标的一种社会文化现象或教育过程。"[1]

身体文化和教育都是人类总文化中的一部分,体育既是身体文化的下位概念,同时也是教育的重要组成部分。体育并不是学校所特有的教育形式,它应该是社会生活教育的一部分,具有社会文化的属性。它可以使人们丰富经验、提高适应力,并使整个社会因每个个体的健康发展而日益繁荣。随着社会文化的传播与发展,特别是休闲体育时代的来临,体育被赋予了更宽广的概念空间,舞蹈、戏曲、杂技、气功等各种形式的文化活动不断与体育文化相融合,也呈现出这种复合文化的空前繁荣。少数民族传统体育学对体育的研究重点是对肢体形式和物质实物所表现出来的文化特质进行的研究,是以整体论的观点去看待这种文化现象的,而不针对个体进行文化的鉴定和区分。

2. 中华民族传统体育

关于民族传统体育的定义和概念的表述,我国已有许多学者对之进行过研究,并在历史上对"传统体育"的探讨有过两次研究的高潮。第一次是在19世纪30年代展开过"土洋体育"的热烈争论;第二次高潮出现在20世纪80年代末的"文化热"中,它将体育文化置于人类社会、文化、历史、哲学的广阔视野之中进行考察,并对中华民族传统体育文化的概念、性质、内涵、功能、发展趋向进行系统研究。

曾于久、刘星亮认为:"中国民族传统体育是以汉族文化为主体,融合多种民族文化形成的一种文化形态,是各民族传统的养生、健身和娱乐体育活动的总称。"[2] 李鸿江认为:"中华民族传统体育是相对于起源于希

---

[1] 颜天民:《体育学概论》,广西师范大学出版社,2006年版,第61—63页。
[2] 曾于久、刘星亮:《民族传统体育概论》,人民体育出版社,2000年版,第1页。

腊发展成熟于西方文化氛围中的现代体育而言的,指包括汉族在内的中国各民族在本民族居住地区内共同创造、形成、继承和延续的带有浓郁的民族文化色彩和特征的传统体育活动。"① 芦平生、杨兰生认为:"民族传统体育是对具有民族特色的体育活动的总称,它是以汉族文化为主体融合多种民族文化形成的一种文化形式,是中华 56 个民族在长期的共处和交往中,各民族的传统体育文化的不断融合,并在华夏大地交相辉映,共同构筑了具有鲜明特色的中华民族体育文化的宝库。"② 易剑东认为:"在中国近代之前产生发展、由中华民族世代实践并流传或影响至今的体育。"③ 饶远认为:"中华民族传统体育是以汉族文化为主体,融合多种民族文化而形成的一种文化形式,是各民族传统的养生、健身和娱乐、竞技体育活动的总称。"④

世界各国的民族大多数都有自己的传统体育,确切地说民族传统体育应该包括全世界各民族的传统体育活动,但许多学者往往将民族传统体育指代为"中华民族的传统体育",这是一种特指或习惯用法。

3. 少数民族传统体育

少数民族传统体育是相对中华民族传统体育而言,指我国主体民族汉族以外 55 个少数民族的传统体育,它内容丰富、历史悠久,具有深厚的文化底蕴,是我们宝贵的文化财富。但少数民族传统体育这个概念,直到 20 世纪 80 年代初才得以研讨。1986 年 9 月在新疆乌鲁木齐市举行第三届全国少数民族传统体育运动会期间,原国家体委、国家民委举行了首届少数民族传统体育学术研讨会,与会学者对少数民族传统体育的概念首次进行了研讨,会上对少数民族传统体育的概念大致有以下几种看法:

第一,少数民族传统体育是各民族世代相传,具有民族特点的各种体育活动的总称。

第二,少数民族传统体育是继萌芽体育之后,在古代体育基础上延续下来的农牧时代的产物。因此,少数民族传统体育是指近代体育传入前,我国各民族就已经有的那些体育活动。

第三,凡是目前在一些民族地区仍在流行的具有民族特色的体育活动

---

① 李鸿江:《中国传统体育导论》,中国书籍出版社,2000 年版,第 12 页。
② 芦平生、杨兰生:《民族传统体育研究》,甘肃教育出版社,2002 年版,第 8 页。
③ 易剑东:周伟良主编《中华民族传统体育概论高级教程》,高等教育出版社,2003 年版,第 10 页。
④ 饶远、陈斌等:《体育人类学》,云南大学出版社,2005 年版,第 162 页。

（包括自娱活动）内容都属于少数民族传统体育的范围。对于古代典籍或历史文物中反映的古代体育项目已失传的，不应看做是传统体育，只能看做是古代体育。

第四，少数民族传统体育具有三性：一是民族性，由于各民族的经济、文化水平差别较大，因而形成了风格各异，形式多样，各具民族特色的体育活动内容；二是传统性，由各少数民族世代相传；三是体育性，各项活动是以强身健体为主要目的。

随着少数民族传统体育文化研究的不断深入，许多专家和学者对少数民族传统体育的概念进行了进一步的探讨和概括。有学者提出："少数民族传统体育是我国人文社会科学的重要组成部分，是各少数民族世代相传的，具有各少数民族文化特点、特征（生产、生活、宗教、祭祀、精神、性格等）的各种身体活动内容（包括自娱活动、体育舞蹈等）的储存和再现，是各少数民族文化模式的外在表现和历史文化知识的延续，是一门独立的学科。"[①] 也有学者经过分析同样提出："少数民族传统体育是我国人文社会科学的重要组成部分，是各少数民族世代相传的，具有各少数民族文化特点、特征（生产、生活、宗教、祭祀、精神、性格等）的各种身体活动内容（包括自娱活动、体育舞蹈等）的储存和再现，是各少数民族文化模式的外在表现和历史文化知识的延续，是一门独立的学科。"[②] 以上两位学者经过研究得出了完全相同的结论。所谓定义，是指对于一种事物的本质特征或一个概念的内涵和外延的确切而简要的说明。[③] 定义是明确概念内涵的方法，概念的内涵是事物特有属性的反映，明确概念的内涵就明确了事物的特有属性。这种定义方法说明了少数民族传统体育的属性，提出了鉴定事物的文化特征，但是混淆了事物与学科的概念，难免使人对其产生概念不清的嫌疑。

饶远认为："少数民族传统体育是长期流传于各少数民族中的具有浓郁民族性、地域性特征的以强身健体和娱乐为主要目的的民间体育活动。"[④] 这种说法明确了少数民族传统体育的基本属性，阐述了其文化特

---

① 赵静冬、殷俊、陈宇红：《中国少数民族传统体育研究》，云南民族出版社，2001年版，第12页。

② 姚重军：《少数民族传统体育文化研究》，民族出版社，2004年版，第51页。

③ 中国社会科学院语言研究所词典编辑室：《现代汉语词典》，商务印书馆，1985年版，第256页。

④ 饶远、陈斌等：《体育人类学》，云南大学出版社，2005年版，第163页。

征，对少数民族传统体育进行了客观的界定。韦晓康认为："少数民族传统体育是一种文化现象，是我国各少数民族以民族或一定地域为单位，长期开展并因此而具有一定的历史传统和民族、地方特色的各种体育活动。"[①] 这种说法在界定了少数民族传统体育的民族性、历史性和体育性等基本属性的基础上，确定了"文化现象"的文化层次定位，是准确和恰当的。

（三）少数民族传统体育与民族传统体育的区别

少数民族传统体育与民族传统体育是两个不同的概念。正确区别它们，直接关系到我们正确认识少数民族传统体育的本质属性。民族传统体育是指包括汉族在内的56个民族所特有的传统体育活动，通常称为中华民族传统体育。它是相对近代以来从西方国家传入的体育活动而言的。从西方国家传入的体育活动，一般通称为近代体育。近代体育活动在我国最早出现于19世纪60年代。19世纪末20世纪初得到了较大发展。以后，它逐渐取代了民族传统体育活动的地位而成为中国体育运动的主流。

少数民族传统体育只是民族传统体育的一部分，是不包括汉族在内的其他各民族的传统体育。因此，有些人把少数民族传统体育称为民族体育或称少数民族地区的传统体育及民间传统体育等，显然是欠妥的，因为上述概念都包括汉族传统体育，而少数民族地区体育还包括从西方传入的近代体育。

（四）少数民族传统体育与民间传统体育的区别

民间传统体育是流传在劳动人民中间的体育活动。这一概念是相对贵族体育、宫廷体育而提出的，它与民间工艺、民间文学、民间舞蹈等都属于民族学范畴。因此，它的概念的内涵，即在劳动人民中广泛流传的、具有鲜明的民族风格和地方特色的传统体育活动。

那么，民间传统体育与少数民族传统体育相互关系是怎样？在编写各种辞典、体育史、体育志时，经常遇到这个问题。1982年中国大百科全书出版社出版的《中国大百科全书·体育》卷中，民间传统体育被列为群众体育词目下，包括民间拳击、中国马术、拔河、跳板、秋千、爬竿、爬绳、杠子、皮条、扔沙袋、踢毽子、跳绳、跳皮筋、抖空竹、放风筝、抽

[①] 韦晓康、方征、张延庆、赵志忠：《少数民族传统体育可持续发展研究》，中央民族大学出版社，2006年版，第5页。

陀螺16项体育项目。在群众体育词目下，又列有包括骑射、叼羊、摔跤等少数民族传统体育项目，在这里，民间传统体育与少数民族传统体育之间的关系是并列的。而在1984年上海辞书出版社出版的《体育辞典》里，民间传统体育则包括少数民族传统体育。

很明显，《中国大百科全书·体育》卷中把民间传统体育与少数民族传统体育并列，把民间传统体育认为是汉族民间传统体育。这种归类是否科学，是可以商榷的。因为少数民族是中华民族的成员，民间传统体育项目中包括了少数民族民间传统体育项目。

那么，《体育辞典》中将少数民族传统体育从属于民间传统体育是否恰当呢？这也可商榷。因为少数民族传统体育并不等于少数民族民间传统体育，前者还包括少数民族贵族体育、军事体育和宫廷体育。比如，满族的冰嬉在清代则是宫廷的一种礼制。清代摔跤分官跤与私跤。蒙古族的"贵如赤"是元朝一支能跑善走的蒙古人组成的禁卫军之称谓，后成为长跑的代名词。当时"贵如赤"只是作为训练和检阅禁卫军身体素质的一项长跑运动，只能称作是军事体育。

少数民族传统体育是中华民族传统文化的重要内容。我国的55个少数民族大都聚居在我国的边疆地区，由于地理位置、生态环境、历史发展、文化形式等方面与内地汉族相比具有很大的差异，特别是少数民族传统文化的发展较少受内地几千年封建思想束缚的影响，就使得许多民族文化的形成较少有思想意识上的限制。体育这种起源于人类同大自然进行斗争的产物也就较少地受到各种各样的社会条件的限制、并能够得到充分的发展。在少数民族地区，体育活动融入社会的各个角落，并对社会的发展起到了重要的影响，体育在少数民族历史文化的形成和发展中具有重要的作用。

二、少数民族传统体育的分类

少数民族传统体育不能完全依照现代体育的标准来立项分类，这是由于少数民族传统体育的复杂性和多样性所决定的。在历届全国少数民族传统体育运动会上，均设有竞赛项目和表演项目。并且，表演项目的数量远远大于竞赛项目。这是由于少数民族分布非常广泛，各地区间的自然条件差别很大，即使是同样的项目，也很难让各地区都组队参加全国范围的比赛。少数民族传统体育的种类很多，异彩纷呈，在邻近地区比赛比较容易，在全国范围内比赛却有诸多困难，其主要原因是全国各民族共有的传统体育项目较少的缘故。

鉴于上述情况，有些学者倾向于把少数民族传统体育项目分为竞技项目和表演项目两大类，这样分类虽然笼统些，但是比起按民族排列项目来说，还是易于划分和归类的。当然，这不是绝对的，因为绝大多数少数民族传统体育项目都有竞赛性，只是局限于某一地区的小范围，或不适于众多的群众观看或共同娱乐而已。

据《中华民族传统体育志》所提供的资料统计，少数民族传统体育项目有676项。其中，蒙古族、满族、藏族、维吾尔族、回族、彝族、苗族、瑶族、土家族的项目较多。如藏族的赛马、射箭、马术、响箭、"古朵"、抱石头、赛牦牛、"吉韧"、藏棋、登山、"格吞"、奔牛、大象拔河、"卡布重勒"、犟扳劲、拔腰、蹬棍、摔跤、叼羊、马球、"俄多"、骑马拾哈达、"卡格"、赶牛、斗风筝等；苗族有芦笙刀、芦笙技巧、赛龙舟、八人秋、舞板凳、爬坡竿、打布球、木鼓、打猴鼓、打花棍、手毽、斗牛、斗鸟、斗马、跳鼓、射背牌、拉鼓、踢枕头、踢毛菌、舞吉保、射弩、赛马、踢架、摔跤、爬竿、扭扁担、射箭、武术、独木桥、打禾鸡、爬山、走竹竿等。1993年出版的《当代中国的民族工作》一书，将少数民族传统体育形式分为四大类，即空中运动、马上运动、水上运动和陆上运动。空中运动主要指各种秋千、跳板和空中转轮及空中走绳等；马上运动主要指骑在马上的各种竞赛以及赛骆驼、赛牦牛等；水上运动主要指龙舟竞渡、赛皮筏、游泳、水中捉鸭、踩独木、滑冰等；陆上运动是指摔跤、角力、登攀、跳跃、射弩、射箭、投掷、球类、武术、技巧等。虽然比较细致，但仍难以准确地将所有已发掘出来的和仍然流传的传统体育项目都包括进去。

之所以有些学者把民族传统体育项目分为竞赛和表演两大类，是因为许多项目强调的并不是决出胜负高低，或者能够参与表演的只是少数人，或者不是人与人之间的比赛。例如，斗牛，回族与瑶族是人与牛角力，而彝族、侗族、苗族则是牛与牛斗来娱乐，又如哈萨克族的"姑娘追"，姑娘用鞭子抽打小伙子或他的马，小伙子只能在前面骑马奔驰，这是游戏娱乐，而不是赛速度。再如维吾尔族的"达瓦孜"，表演者在高空做各种表演，像杂技一样，绝不是多数人可以做到的。类似的游戏娱乐项目还有各种形式的秋千、跳鼓、刀舞、跳灯、跳桌、打扁担、抛绣球、丢花包等。

三、少数民族传统体育的特点

1990年由广西民族出版社出版的《中华民族传统体育志》，共收录了977条词目,其中少数民族传统体育676条。如此众多的词目,不仅与近代体育、汉族传统体育有强身健体、休闲娱乐为目的的相同性,又有自己的特殊性。即民族性、传统性、文体融于一体、自然性、时代性、教育性。

(一) 民族性

这里所说的民族性,具有两层意思。一是指与汉族传统体育在民族特点方面的差异性;二是指各少数民族之间的差异性。信仰宗教差异:一些少数民族虽然吸收了汉族的道教,如部分白族、彝族、瑶族等,把道教崇拜的神灵纳入了本民族的神灵系统之中,使道教"民族化"了。东北的若干少数民族过去以至今天仍信仰自己固有的萨满教,西南的白族、纳西族长时期以来还信仰本教或东巴教。至于信仰以崇拜祖先等为主要内容的原始宗教的少数民族,则为数更多。对少数民族影响最大的是世界性的佛教和伊斯兰教。但这些民族在继承和发扬了这些宗教派别外,也赋予这些宗教以民族特色。如佛教从7世纪传入西藏后与当地的本教相结合产生了藏传佛教。经济生活差异:少数民族的大多数虽然与汉族大多数一样从事农业生产,但由于历史和自然条件的关系,有些民族至今仍然广种薄收,甚至刀耕火种;有些民族如赫哲族长期从事渔业,鄂伦春等民族长期从事狩猎,而独龙族、怒族等采集占重要地位;哈萨克、柯尔克孜、蒙古、藏等民族主要或部分长期从事畜牧业。社会经济形态的差异:在民主改革前,约有400万人口的藏、傣、哈尼等民族尚处于封建农奴制;在川滇交界的大小凉山,约有100万人口的彝族仍处于奴隶制发展阶段;云南边疆的独龙、怒、傈僳、景颇、佤、拉祜、基诺、布朗和东北地区的鄂伦春、鄂温克及海南五指山部分黎等民族,共约70万人仍处于原始公社制度末期或几乎保留着原始公社制残余。

正因为如此,少数民族与汉族及各少数民族之间在政治制度、宗教、语言、经济、心理素质、道德和价值观念等方面有显著差异。因而形成了与汉族及各少数民族不同的、同自己生活情趣紧密相连的具有鲜明民族特色的传统体育。如满族的珍珠球,赫哲族的叉草球,傣族的堆沙,傈僳族的溜索,高山族的竿球,壮族的抛绣球、黎族的跳竹竿等,都反映了本民族的生产、生活方式及宗教信仰等,具有鲜明的民族特点。

从《中华民族传统体育志》挖掘、整理出来的676条词目的民族属性来看，可归纳如下几类：

有些项目，一开始总是由某一个民族，根据本民族社会实践生活逐步创造出来的，但至今仍然在本民族中流行。如朝鲜族的顶水罐竞走、赫哲族的叉草球、藏族的赛牦牛、苗族的斗牛、傣族的堆沙、维吾尔族的达瓦孜等。这些项目不但具有鲜明的民族性，而且还具有独特性。当然，在几千年的历史长河中，少数民族要不断吸取汉族及其他少数民族的优秀文化来丰富自己、发展自己，再加上长期从事相同的生产方式，相同的自然环境，许多少数民族传统体育项目成为多民族所共有，但也糅进了本民族的某些特点。如赛马，长期主要或部分从事畜牧业的哈萨克、柯尔克孜、维吾尔、蒙古、藏等民族中都经常举行赛马比赛，成为这些民族共有的体育项目。蒙古族赛马在历届那达慕大会上进行，藏族赛马在初夏及各种节日中进行，维吾尔族、哈萨克族、塔吉克族赛马一般在喜庆日子进行。赛马的距离及奖励各民族也不同。

也有些项目由于它的发展、演变，已由当初某个民族或某几个民族所独有，今天该项目由于融合了多民族特点，已成为中华民族所热爱共有的文化遗产。如中国式摔跤，只能称中华民族传统体育项目。

还有些项目，如抢花炮、珍珠球、秋千、木球等规则更加科学化、规范化、竞技性也强，已成为各民族喜欢的项目。这些项目虽然被列为全国少数民族传统体育运动会的竞赛项目，但由于这些项目不论在器材、场地、规则等方面，仍然保持了本民族的特点，并在本民族得到经常、广泛的开展，也仍是某民族的传统体育项目。当然有些挖掘、整理出来的项目，经改革后，不论场地、器材、规则等方面均无本民族特点，那么这些项目，只能称之为体育游戏了。

（二）传统性

少数民族传统体育，是少数民族世代相传、长期历史发展沿袭而来的。传统性一般有以下几种特征。

稳定性：即使受到冲击，也很难改变，并能顽强地保存下来。

群众性和社会性：有广泛地群众基础，为全社会所承认。

民族性：有浓厚的民族特点，并带有本民族原有社会经济形态的烙印。

继承性：代代相传，有继承、有发展和扬弃。

敏感性：传统成为该民族的标志，有凝聚力，涉及民族感情。

双重性：有积极的和消极的，有先进的和落后的。

鉴于上述特征，我们对传统体育项目进行考证时，常常以历史文物、古书记载、神话故事、民间传说及老人讲述等为依据,当然考证时,必须注意少数民族传统体育项目的继承和发展的特征。也就是说,传统体育项目在继承与发展过程中,必然要弘扬积极进步有生命的东西,扬弃消极有迷信色彩的东西,同时吸收其他民族文化丰富自己,发展自己。项目本身不断充实、提高,内容由简单到复杂。有些竞技项目在规则方面,会更加规范化和科学化。甚至有些项目,由于历史的演变,从军事体育演变成娱乐性体育,场地、器材也产生了很大变化,但我们仍然认为它是传统体育项目。如满族传统体育项目跳骆驼,古代是"跳骆驼者,索驼高八尺以上立于廷,捷足在驼旁,忽跃过驼前而过,到地时,仍直立不仆,亦绝技也"。清代满族人跳骆驼是训练八旗子弟,提高体质和作战技巧,飞身跃上敌骑擒拿的军事体育活动。而现在满族青少年仍然喜欢跳骆驼这个体育活动。但是是以人当骆驼,扮骆驼者含胸低头,两手在膝关节上,跳者依次从背上支撑而过。

自1984年以来,国家体育总局、国家民委和各省市、自治区政府,为了迎接每隔四年举行一届的全国少数民族传统体育运动会,先后组织一批体育专家、学者对一大批竞技性和表演性项目进行加工、提高。使这些项目更具有竞技性、表演性、娱乐性。不仅抢救了一批濒临失传的项目,还为一大批项目走向全国以至世界创造了条件。

(三) 文体融于一体

在许多被挖掘、整理出来的少数民族传统体育项目中,如黎族的跳竹竿、高山族的竿球、景颇族的刀术、苗族的芦笙技巧、维吾尔族的达瓦孜、傈僳族的上刀山、壮族的狮子上金山等,把竞技、舞蹈、娱乐、体育融为一体。这些项目既有娱乐、健身的作用,又有艺术欣赏的价值。

体育与艺术的交融现象,不仅少数民族传统体育存在,近代体育也存在。如花样滑冰、花样游泳、艺术体操、健美操等,把体育的力和美以艺术形式进行表现。在当今人们追求返璞归真的时代,体育与艺术交融已成为一种趋势。因此,对少数民族传统体育文体交融应给予肯定。

我国少数民族大多居住在山区、草原、森林等偏僻边疆地区,地理环境的自然屏障,加上历史上造成人为的民族歧视等原因,使他们长期生活在狭窄、闭塞、经济文化落后的村寨中,只有到各种节日时才能进行社交活动,而这种社交活动都是在节日大型娱乐活动中进行的。此时人们对那些既能进行社交，又能使身心放松、富有刺激、烘托节日气氛的载歌载舞的体育活动备受欢迎。譬如，壮族三月三时，青年男女穿上节日盛装，云集在山头旷野、竹林草坡。即兴对唱山歌，互相抛接绣球，以传递爱慕之情。这种文体结合，以体为媒的传统活动成为壮族传统体育一大特色。此外，像黎族跳竹竿、苗族的跳芦笙，都是把文化娱乐寓于体育活动之中。

（四）自然性

在960多万平方公里的中国土地上，少数民族分布地区占50%～60%。东至台湾，南达海南，西到新疆、西藏，北至宁夏、内蒙古、黑龙江。这些地区幅员辽阔，有着不同的自然环境。从南方热带、亚热带到北方的高寒地带，无论高原、峡谷、盆地、海岛或沙漠边缘，都有少数民族人民在那里劳动、生息。由于自然环境不同，生产、生活方式的差异，各少数民族形成了独特的五彩缤纷的少数民族传统体育项目。

譬如，满族、鄂伦春、达斡尔、赫哲及锡伯等民族，生活在山峦起伏、江河纵横的白山黑水的东北地区。由于他们生活在茫茫林海和江河湖泊之间，以狩猎、采集、捕鱼、采珍珠等为主，这就决定了这些民族传统体育具有渔猎民族的特征。如满族的骑射、珍珠球、赛威呼、玩嘎拉哈、空树林、拉地弓；赫哲族的叉草球、骑狗赛、划船、射箭；达斡尔族的赛马、射箭、萨克（嘎拉哈）、陶力棒、老虎棋；鄂温克族的赛马、套马、狩猎；鄂伦克族的斗熊、桦皮船赛、毛皮球、板棍、撑竿跳等都与这些民族居住的自然环境有密切关系。

另外，这些民族居住在冬季气候相当寒冷、冰雪季节很长的高纬度地区，为开展冰雪活动提供了良好的活动场所。如满族的抽冰猴、滑冰车、拉爬犁、花样滑冰、速滑、冰上踢石球；赫哲族的滑雪、赛狗爬犁、冰磨、拉爬犁、滑冰；达斡尔族、鄂温克族、鄂伦春族的滑雪、滑冰等。这些项目都具有北国冰雪特征。

我国南方，气候温和、江河众多、水源充足。居住在这里的壮族、黎族、侗族、土家族、白族、苗族、瑶族、京族等少数民族的传统体育活动多具有水乡特点。如瑶族的踩独木滑水、土家族的潜水游戏、京族的驳脚、侗族的多能达（踢水比赛）、广西融水苗族的闹鱼及这些民族经常开展的游泳、跳水、捉水鸭、龙舟竞渡等。白族、苗族、傣族的龙舟竞渡的赛船构造及比赛方法还各具特色。

居住在以高原、草原、沙漠为主体的西北、西南地区的少数民族，如蒙古、维吾尔、哈萨克、柯尔克孜、塔吉克、乌孜别克、藏等民族，大部或部分从事畜牧业，过着游牧生活。因此，许多传统体育活动都与马、骆驼有关，具有浓郁草原特点。如蒙古族的赛马、射箭、打布鲁、马术；维吾尔族的叼羊、赛马；哈萨克族的姑娘追、马上摔跤、叼羊、马上射箭、赛骆驼；柯尔克孜族的走马、马上角力、姑娘赛马、赛骆驼、马上击球；塔吉克族的叼羊、马术、马球；藏族的跑马打枪、骑马点火枪、飞马拾哈达、飞马拾银等。这些项目比赛场面激烈，扣人心弦，成为历届全国少数民族传统体育运动会最受欢迎的体育活动。

在我国西南地区，有些少数民族长期生活在地势陡峭、山高水急、谷深沟长、道路崎岖的地区，这里开展的许多民族传统体育活动，具有山地特点。如苗族的爬滑杆，独龙族、怒族、傈僳族的溜索、绳梯等。

当然，由于自然条件的变化，有些民族开展的传统体育活动，在一定程度上发生了变化。这种变化表现在两个方面。方面一是项目本身发生了变化，如满族项目"赛威呼"。满族入关前，居住在白山黑水之间，这些地方有着广阔的水域。按满族习俗，农历七月十五要举行赛威呼来纪念祖先和庆祝一年的丰收。清朝统一全国，满族大批入关，居住的自然环境变了，有的地方已没有大片水域，赛威呼逐渐演变为象征性的，以集体握竿赛跑代替水上划船，并以青少年游戏方式流传至今；另一方面由于迁移、民族融合导致传统体育项目向多元化发展。如满族大批入关以后，将本民族的大批传统体育项目骑射、滑冰、打冰嘎、摔跤等传入中原，又同时吸收了汉族、蒙古族、回族等体育内容，像冰上蹴鞠、武术、中幡等。居住在城市尤其是京师的满族贵族，出入茶楼、酒肆、戏园、围棋等活动为他们所喜好，审美情趣与汉人趋同。

（五）时代性

由于社会历史进程的发展，科学的进步，必然给少数民族传统体育带来一定的影响。譬如"那达慕"，蒙古语是娱乐游戏的意思。起初是以民间形式进行的，主要内容有赛马、射箭、摔跤及一些原始的歌舞活动。

后来蒙古族部落首领开始官办那达慕。从此，那达慕成为一种有组织的活动。即散居的草原牧民在规定的时间、地点会聚，共同进行娱乐活动。

随着市场经济的发展，商品交易会已经成为那达慕的重要活动内容。体育搭台，经济唱戏，三项竞技已成为那达慕经济活动的重要载体。

冰雪活动起初是居住在白山黑水、林海雪原高寒地区满族的生活习惯和青少年喜欢的游戏。到后金时期，努尔哈赤的部下费古烈带领士兵"沿脑温（嫩）江冰层驰往救援，一日夜行七百里"。解了墨根城之围。这次战争的胜利，滑冰发挥了重要的作用。从此，从清初开始每年都举行冰嬉盛典。项目除"抢等"外，还有"滑行中射彩球"、"转龙射球"等射箭技艺比赛项目。举行此盛典的目的是"习劳行赏，以阅武事而修国俗"。

随着祖国的统一，清政权得到巩固，尤其康乾盛世的太平环境，尽管清王朝一再强调武备，但冰嬉已不完全是军事训练手段，内容增添了武术、杂技等项目，向趣味性、娱乐性发展了。

到了道光（1821—1850）初年武备松弛，国力衰弱，冰嬉停止举行。这时，曾经是军事训练手段的冰嬉，已成为名副其实的娱乐性体育活动。

少数民族传统体育如同少数民族习俗、宗教等一样，会或多或少受一定的社会发展变迁的影响。从"那达慕"、冰嬉各个历史时期的变化，也可了解它们的社会文化背景及时代特征。

（六）教育性

自从教育在我国形成独立的体系后，体育始终是教育的组成部分，并作为教育的基本内容之一而出现。如早在我国殷商时期设立的教育机关学宫中，即把射箭作为学习的主要内容。周代的六艺（礼、乐、射、御、书、数）教育中的射、御等，就是民族体育活动。

在清代康熙、乾隆年间，皇帝每年农历十月中旬派皇子、王公、军机大臣等对宗室及近支宗室10岁以上者进行小考以便封爵，考试不但考满语，还要考骑射。其优者，赐花翎缎以奖励；其劣者，停其封爵以耻之。道光帝在一旨令曰："八旗根本，骑射为先。"令八旗子弟注意学习骑射。并规定："凡满人读书、考试，无论举人、进士都必须会骑射才能录取，皇室子弟也要自小习骑射。"这里讲的骑射就是满族的传统体育项目。

"五四运动"以后，学校体育引进西方现代体育内容，如田径、体操、球类等。虽然民族传统体育被排斥，但体育作为教育的一部分始终未改变。

中华人民共和国成立以来，党和政府十分关心青少年健康成长，要求学校领导把体育作为贯彻党的教育方针的一方面列入学校工作计划。各级学校教育计划均把体育规定为必修课程，制定了全国统一的各级学校体育大纲和教材。

少数民族传统体育，不仅是少数民族教育的一部分，在无本民族文字的民族中还具有特殊的地位和作用。我国 55 个少数民族，只有一部分民族有自己的文字。由于各民族发展不平衡，有的民族文字出现比较早，有的民族到民主改革前还处在刻木结绳记事阶段，从未使用过文字。我国多数少数民族教育的手段主要靠言传、身教，大量进行的是模仿学习。传统体育成为民族教育的主要形式之一。譬如，主要分布乌苏里江和黑龙江流域的赫哲族，主要从事渔业生产，有自己的语言，没有文字。在长期的生产实践中，赫哲族人民积累了丰富的捕鱼经验。人们对各种鱼类的习性十分熟悉，能根据鱼在水中流动的波纹鉴别鱼的种类，然后用渔叉刺去，往往能百发百中。不同的鱼，叉刺的方法也不尽相同。为了让下一代能熟练地掌握叉渔的生产技术，家长就教他们学习叉草球，通过这项富于乐趣的传统体育活动，学习生产技能。叉草球方法是，一手握渔叉，一手把草球扔在地上使其向前滚动，象征着鱼儿在水中流动。这时迅速掷渔叉出去，一人叉一次，轮流进行，数轮以后，以叉中次数最多者为优胜。当小孩子叉草球的技术十分熟练时，家长便带他们到江河中进行叉鱼。

许多少数民族的社会教育，在民主改革前，如政治、祭祀、歌舞、传统体育等进行教育时，身体活动的比重占得相当大。随着文化水平的提高，脑力劳动和体力劳动的差别逐渐明显时，民族教育以少数民族传统体育为主的形式才会发生根本变化。

四、少数民族传统体育的价值

（一）健身价值

体育的功能取决于本身的特点和社会的需要。在体育活动中整个有机体直接参与其中，在愉悦身心的活动中承受一定的生理负荷，并在人体能量消耗和恢复的过程中不断增强体质，增进健康，使人的机能水平不断提高。

仅从全国少数民族传统体育运动会的比赛项目来分析。有对抗性强，竞争激烈的珍珠球、木球、抢花炮，有重竞技项目的摔跤，有惊险异常的秋千，有需要较好心理素质的射弩、射箭、射击，有需要充满战术计谋的蹴球等。开展这些体育项目不仅可以提高人们的力量、速度、柔韧、耐力等身体素质，使参加者身心得到锻炼，还可以锻炼人们的意志品质，培养人们勇敢顽强、勇于克服困难的精神。

（二）娱乐价值

我国少数民族多数聚居在交通欠发达地区，长期以来与外族、外界的接触较少，在缓慢的发展过程中，人们需要辛苦劳作以求生存，同时也需要娱乐和休息。而民族的传统体育活动正是为适应他们的这种身心需要才存在和发展起来，并逐渐成为各少数民族适应自然与社会环境而产生的休闲娱乐方式之一。在欢乐的体育活动中，人们享受着体育文化的裨益，感受着生活的美好，不断提高生活质量，增强生活情趣。例如，藏族人民的跳乐就体现出典型的娱乐功能。再如，苗族的"踩鸡蛋"。表演者边唱边跳，运用气功把全身的重量压在鸡蛋上，而鸡蛋竟然不碎，更是引人入胜，妙趣横生。像怒族的"跳竹"、基诺族的"踩高跷"、佤族的"百戏"、布朗族的"布朗球"、朝鲜族的"跷板"、哈萨克族的"追姑娘"等，都具有很高的娱乐价值。

充分利用我国丰富多彩的少数民族传统体育活动，可以丰富人们的文化娱乐生活，增进友谊，促进民族地区的精神文明建设。

（三）观赏价值

我国的少数民族传统体育活动，许多都融体育、音乐、舞蹈于一体，体现出独特、优美、豪放等特点，能使人耳目一新，乐于观赏。景颇族每逢节日，都要举行刀术表演，在铓鼓声和笛声中，男人们表演各种刀术。其动作刚劲优美、舒展大方。刀法以砍、劈、撩、刺、抹为主，花样甚多，身步灵活。再如，苗族的跳芦笙，在活动过程中，跳者一边做出回首、大跨步、梭步除邪、滚翻、倒钩、挂颈倒立等动作，一边还要求芦笙不停，音不走调。这种活动花样多、技巧高，观赏者如同欣赏一种艺术表演，给人带来一种享受。

（四）参与价值

少数民族体育活动多源于各族人民的日常生活和娱乐活动，往往与他们的生产、生活、宗教、祭祀、节庆、婚丧习俗等联系密切，具有简单易学的特点。当人们融入其中时，很快就会模仿或掌握，从中体会到乐趣。例如，哈尼族的骑磨秋，秋杆两端骑坐人数相等，坐骑者只要用脚猛蹬地面，秋杆便迅速起落旋转，悠悠荡荡，犹如一轮巨大的磨盘不断起落飞旋，既惊险，又壮观。

（五）文化价值

少数民族体育作为一种特殊的文化形式，它一出现就与周围环境的其他文化体系相互依存、相互作用，成为一种与外界自由地进行物质和信息交流的文化开放系统。所以，在各少数民族传统社会中，体育活动处处充当着复合文化的角色。诸多体育项目的表现形式，包括隐含于内的民族性和显形于外的身体运动，无不包含有各个民族的宗教信仰、传统风格、历史渊源、舞蹈艺术、神话传说、伦理道德、民族情感等多种含义。例如，傣族在泼水节举行的划龙舟比赛，是为了祭拜雷雨之神。龙舟竞渡时，那喧天的锣鼓，快速而有力地击响江面的桨叶，表现了傣族人民坚韧不拔、自强不息、团结协作的民族精神。当我们透过龙舟竞渡的宗教面纱，去探究它的真正源头时，就会发现它与傣族的农业生产的密切关系。傣族庆祝泼水节时，已经是"清明时节雨纷纷"，农民已经投入春耕高潮。而云南由于受到西北季风的影响，此时还处于干旱期。正是在这种自然环境的影响下，傣族人民以赛龙舟的方式向雨神、水神求雨，保证农业生产不误时节，保佑农业丰收。此外，我国各少数民族也都有一些既能悼念祖先，又能体现出民族勇敢无畏精神的体育项目。例如苗族为祭拜祖先，欢庆丰收的"芦笙舞"；彝族的"海王跳"等。通过开展各种形式的活动，各民族应该寻找到向外界展示自己文化技术的舞台，寻找到一条通往外部世界的途径。通过与外部世界的交往，学习先文化、进先进技术，不断促进本民族、本区域经济文化的发展。

（六）科考价值

少数民族传统体育从产生之日起，就与各民族的经济、社会、文化等相融合。通过对这些民族体育项目的科学考察，可以了解各少数民族的起源迁徙、政治变迁、农业生产、文化艺术等诸多内容。比如，哈尼族的跳铓活动，其中的许多内容不仅反映了这个民族的早期的狩猎活动，而且也反映了他们的农耕生产。跳铓者的身体划"8"字舞动，身体随之向上移动，名为"糊田埂"；脚向前做"踩步"，向后做"小退步"，意为"把肥料踩入田中"；还有跳铓者向前跳跃为"跳河沟"等，都与哈尼族今天的农耕动作相一致。所以，通过对跳铓动作的科学考察，可以帮助研究者对哈尼族农业生产的发展演变历史进行更深入的研究。

（七）教育价值

各少数民族在进行传统体育活动时，十分注意利用其内涵的思想教育内容，对下一代进行社会道德规范教育，以形成人们良好的思想品德和民族心理素质。例如，彝族的摔跤，武术艺人在传授武功时，都时时注重武德和武风的教育，借此培养武艺者的正义感。少数民族体育内涵的教育价值，使人们在参加体育活动时，除了得到健身和娱乐之外，还能受到思想品德的教育。

（八）史学价值

每一少数民族传统体育项目的产生和发展，都与特定民族和一定历史时期的经济、文化、政治、军事和教育等有广泛的联系，是一定社会背景下各民族的发明和创造。开展民族传统体育活动，有助于对少数民族体育的产生和发展的历史进行研究，对我们研究少数民族的经济史、军事史、文化史等诸多内容，认识民族文化的进步轨迹以及人类的文明发展史都具有极为重要的参考价值。

（九）审美价值

我国少数民族传统体育是在漫长的社会实践中创造出来的，并在不断完善的过程中审美价值与日俱增，为人们提供了其他审美对象难以替代的审美感受。纵观我们的少数民族传统体育活动，有展示民族风采的矫健美、机敏美和优雅美，又有显示各民族性格的粗悍美、坚毅美及柔婉美；还有能透示出各民族文化的神秘美、惊险美和谐趣美。例如纳西族的"东巴跳"动作刚劲有力，气氛庄严肃穆，展现了一个人、鬼、神、兽相消相长的诡奇世界，以其扑朔迷离引人沉思，给人一种神秘的美感，而傈僳族汉子表演的"爬刀杆"则透射出一种于让人惊奇、危险的境界中突然解脱的撼人心魄的惊险美。此外，还有许多少数民族传统体育中具有融诙谐、幽默、情趣、妙趣于一体的谐趣美。

第二节　少数民族传统体育的起源

人类社会的各种文化是由简单到复杂的发展过程，各文化虽然不一定处在同一时代，但都遵循着同样的程序，必须经过一定的发展阶段。英国人类学家泰勒认为人类的文化史就是人类的技术经济、精神生活自我运动发展史，同时代的不同社会可以处于不同的进化阶段，每个阶段的文化，既是过去阶段的产物，又对未来阶段形成一定作用。各民族都有其独特的历史和文化，它们相互作用，相互影响，以其特殊的社会功能，对社会生活、社会体系做出一定的贡献。

少数民族传统体育文化是某一特定的民族在长期生产劳动中创造出来的，它从不同角度、不同方面在一定程度上反映了某一特定时期内的某一特定民族的历史、政治、经济、文化、生活、宗教、风俗习惯、心理状态等多方面的内容。当然，有不少的少数民族传统体育随着历史的发展而消失，也有不少的少数民族传统体育随着历史的发展而持续发展，流传至今，被越来越多的人认识、接受。那么，少数民族传统体育为什么会出现这些现象？这得从少数民族传统体育的历史渊源及发展过程来探讨。

一、来源于生产生活

(一) 生产工具

1. 百越新石器时代的有段石锛及习水便舟

人是最重要的生产力，不论科学技术发展水平如何，工具和技术都要通过人来创造和掌握。古代越人分布很广，大致在大陆和海上两大区域。在大陆又可分为在沿海和长江上游地区。在沿海的，北起浙江、福建，南到岭南东部和西部等两广地带以及邻国越南北部。在长江上游的，东起贵州、云南，北到四川西南部。分布在上述诸地的越人部落众多，不相统属，称为百越。越人定居在五岭地区的时代颇早，相当于新石器时代。在新石器时代，东、西部越人之间来往是频繁和密切的，在这些地区发现了具有共同特征的石器工具——有段石锛，有段石锛是新石器时代的一种石木复合的生产工具。"石"指石锛。"木"指"鹤嘴锄"形的木柄。有段石锛一面有刃，一面有段，段指平面中起的脊棱，有段则利用捆绑在鹤嘴锄形的木柄上。有学者指出，有段石锛是用于刳制独木舟的专门工具。

有了生产工具，再加上越人生活在"西则迫江，东则薄海"以及广阔的海域地区，使他们对于所处的地理环境颇相适应，因此，他们在木材加工方面很发达，如独木舟的刳制。考古界在我国东南沿海和岭南沿海连续发现的时代较早的"独木舟"和"木楫"，距今已有3000—7000年的历史，情况说明，这是我国最早发明舟船的地区，发明舟船的人即是我国历史上的越人。《越绝书》卷八载："越人水行而山处，以船为车，以楫为马，往若飘风，去则难从。"因此，划舟竞渡孕育于百越民族"陆事寡水事众"的生存环境及由此必然形成的"习水便舟"的丰厚民族文化。

2. 石器、青铜器时代对狩猎的影响

原始的父系氏族公社向奴隶制过渡，主要原因是生产力的发展。其中，工具的演进（青铜器代替石器）又是主要根源。夏代，青铜冶铸业已有一定规模（代表性变化，河南偃师二里头发现了化钢炉、钢渣和残碎的陶范），出土有铜镞、戈等。商代青铜器发展，铸造规模更大，已能铸出重达875公斤的司母戊大铜鼎。西周冶铸技术更高超，器物更精美，这为生产精锐的工具、兵器奠定了坚实基础，起先为奴隶时代军事体育的发展创造了条件。如夏代开始有铜兵器，商代数量猛增，而且种类齐全，包括远射、格斗、卫体等兵器。商代还出现做精细木工的青铜工具，结合殷代晚期车马坑的出土，说明工具是制造车辆的，车辆被用于战争，因而出现了车兵（甲士）的军事武艺。

各民族无一不是从原始社会过来的。众所周知，在原始社会里，由于生产力水平低下，居住在山区、丛林的每个氏族部落都是靠狩猎、采集等生产活动来维系自己的生存和繁衍。唐代诗人杜甫游湘江时写了一首《岁晏行》，其中就有"莫徭射雁鸣桑弓"的诗句，反映了南北朝时期部分湖南瑶族用弓弩箭狩猎的情况。《岭外代答》曰："凡蛮瑶之弩，状如中都之吃笪弩，盖不能弯弓，而皆能踏弩也。以燕脂木为之，长六尺余，厚两寸，博四寸许，其长三尺余，厚止半过，不划箭槽，编架其箭如括，故名曰编架弩。其箭剡竹为之，或用小圆竹，而皆有弩之箭户，镞如凿、或如凫茨叶，以软皮为羽……"详细地记述了弩箭的构造。而云南彝族的毒箭就非常厉害："夷人之生活，虽分为种植及打猎二种……打猎者应为男子，所用之器械为弩箭，箭头擦以毒汁，名回堂药，甚为利害，任虎豹等最猛之兽，只须此种药箭，虽立时不死，逃逸而去，终须蜇至受箭之地以死……"壮族还有集体狩猎的记载："口含酒糟，槽腰带毒桀，蛇长一丈，旗手1人，枪手10人，弩手5人，金手20人，金手藤，弩手牌，枪手盐，旗手酒。其胜也，金振旗开，枪招弩发，金手进藤，主束也；枪手进盐，主剥也；旗手进酒，主劳也；旗手得胆，枪手得皮，弩手得眶，金手得肉……"美国人类学家亨·摩尔根在其著作《古代社会》把弓弩箭称为"给狩猎事业带来了第一件关键性的武器"，它的产生及发展历史，其意义远远不是民族传统体育运动所能概括的，它在人类历史上的意义是"弓箭是一大发明……其发明时间在蒙昧阶段晚期。我们用弓箭作为高级蒙昧社会开始的标志。弓箭必然对古代社会起过强有力的推进作用，它对蒙昧阶段的影响正如铁制刀剑之于文明时代"。摩尔根的这一论断，不但为历史学提供了证据，而且也为科技发展史和人类体力、智力发展史提供了一定的依据。我国最早的弓箭实物遗存是距今2.8万年前的山西朔县峙峪遗址中发现的石镞。根据弓箭的发展历程，在使用石镞箭之前一般大多是使用竹箭头或木箭头，到了青铜器时代开始出现青铜镞，汉代以后铁镞大量出现。云南古代民族使用弓弩箭最早的证据是江川李家山墓葬口出土的铜镞，楚雄万家坝和晋宁石寨山也出土了青铜镞，这可以说明弓弩箭的使用在云南古代一些民族中具有悠久的历史，也可以说明弓弩箭在这些民族的生活中已占有重要的地位，弓弩箭在当时已是十分重要和常用的狩猎工具，也是战斗中有效的杀伤武器。这种射弓弩的活动，是人们在使用原始的弓弩前，用人体自身的力量，以手投掷石头、木棍等方式去杀伤野兽。毕竟人的力量是有限的，而且很不省力，用弓弩的弹力代替人用手去投掷，比较省力，威力大，而且竹箭、木箭、石箭被铜镞箭、铁镞箭所代替，威力更大，进而被利用到战争中，逐渐发展到娱乐式的比赛，直到用于体育锻炼身体为目的，这期间经历了漫长的历史时代。

3. 蒙古族的狩猎工具——打布鲁

"布鲁"为蒙古语音译，意为投掷。"打布鲁"起源于古老的狩猎生活，据说已有上千年的历史，"布鲁"是蒙古族猎人狩猎的工具和防身武器，可用来击打飞禽走兽、野鸡、野兔和狐狸等动物，这些动物被击昏或被打死，皮毛完好，在单人狩猎时和数人围住动物时使用。早期的布鲁是用榆木制作的，后为提高杀伤力，改为头部带有金属的布鲁，用铜、铁等金属包扎或注在头部花纹上。布鲁长约50厘米，宽6厘米，厚1.5厘米，头部弯曲，形似曲棍球杆。猎手们为准确地打击猎物，娴熟地掌握好打布鲁的技术，平时注意练习布鲁的投准投远，并经常相互比赛，逐渐形成比赛项目，作为锻炼身体的手段保留下来，现已成为各地区那达慕大会的比赛项目，并有该项纪录。

4. 满族的弓箭

满族的弓箭制造精巧，射箭技艺精湛。早在3000年前就能制造出工艺很高的弓箭。据记载，公元前11世纪的西周初年，满族先世肃慎即派人向周王进献"楛矢石砮"。楛矢，是长白山所产楛木做的箭杆，石砮即箭头，其石为松花江坚硬青石。到了汉代，满族先人挹娄人用猎来的貂皮和采到的珍珠交换铜铁制造箭镞。

(二) 与劳动生产活动分不开的

1. 生产劳动

满族的"采珍珠"，满语"尼楚赫"，现名"珍珠球"，是满族古老的生产活动之一，远在清太祖努尔哈赤时代，居住在东北白山黑水地区的满族先民，在采珠之余，欢庆收获之际，模仿采珍珠劳动中的一些动作情景而产生的。清朝《吉林通志》卷六有一首名曰"采珠行"的长诗。

这首长诗，生动地描述了牡丹江流域的满族人民采珍珠的劳动情景，同时也证明了"珍珠球"运动从古代满族人民的社会生产活动发展而来。随着满族迁入辽沈，后分居于北京、河北、内蒙古、新疆等地，此项运动也带到了与汉族杂居的地方。

壮族的民族传统体育活动"打扁担"，壮语叫"谷榔"或"谷鲁榔"，也称"特朗"。每年正月初一至十五,在壮家村寨常常可以听到"打,打,打嘟打,打打,打嘟打……"的悦耳之声,这是壮家男女老少成群结伴,聚集于村寨空坪和堂前庭院,尽情地打扁担。由于所需器材简单,动作多样且刚柔兼备,场地可大可小,既便于开展又能强身健体,所以从古流传至今,不断发展。《隆山县志》云:"惟打春堂之日,相传久矣;今犹未衰。"唐代刘恂所著《岭表录异》中描写了云南广南县壮族的打春堂:"广南有春堂,以浑木刳为槽,一槽两边约十杵,男女间立,以春稻粮,敲磕槽弦,皆有偏析。槽声若鼓,闻于数里,虽思妇女之巧弄秋砧,不能比其浏亮也。"宋代学者周去非在《岭外代答》中记载:"静江(今桂林一带)民间获禾,取禾心一茎藁,连穗收之。谓之清冷禾。屋角为大木槽,收食时,取木桩于槽中。其声如僧寺之木鱼,女伴以意运杵成音韵,名曰春堂。每旦及日昃,则春堂之声,四闻可听。"后来人们感到以"浑刳为槽"不够轻便,便进行改革。《隆山县志》云:"但浑大木,返颇难得,妇女每用木板以代其法,以一长方坚硬之木板,两边垫以长凳,两旁排列妇女二三,手持扁担上下对击,或和以锣鼓遍迫轰冬,高下疾徐自成声调。"至此打春堂过渡到打扁担,有的地方还用两头系上数枚铜钱的竹竿,最后又发展成用长凳代替打槽,还用竹筒配打成节奏,声脆优美,悦耳动听。打扁担活动的传统套路有"打春堂"、"全家乐"、"大团圆"、"播秧"、"车水"、"打谷"、"庆丰收"等。从动作结构看有上下对击,有站立、下蹲,有原地、行进,还有转身和跳跃等动作,表现出耙田播秧、戽水耘田、收割打场、春米尝新等,集中概括了壮族人民的劳动过程,充分表达了喜庆旧年的富足和预示来年风调雨顺、五谷丰登的喜悦心情,体现了壮族人民的勤劳和智慧。打扁担活动能使众多的人参与,对提高人的力量、节奏、耐力和灵敏等身体素质起到良好的效果,还能培养人们坚毅、顽强、友善和集体主义的美德,因而一直广泛流传,经久不衰。

还有蒙古族人民将生产中的套马活动,运用到体育娱乐中——挥杆套马。蒙古族骑手数人为一组,在草原上各持一长约3米的竹竿,竹竿顶扎一绳环,环的大小以能套住马头为宜。先让一烈马疾奔,套马手们纵马飞驰,紧追不舍,到适当距离时即迅速挥杆将马套住,以先套住马头,拉住烈马者为胜。另一个项目是绳索套马,这原是放牧时的一种重要手段,即骑手手持打有活结的绳索,追逐烈马,到一定距离,抛出绳索套马,套准并能束住烈马。

藏族牧民经常进行的一种生产活动,即用羊鞭甩石头,藏语为"俄多"。牧羊鞭用黑、白两色的牛毛和羊毛编制而成，中间有一皮囊用来装石头。每当放牧时，在羊鞭的皮囊中装上石头。当发现有狼混进羊群时，牧羊人紧握羊鞭向逆时针方向转动，突然把石子甩向恶狼，恶狼遭到痛击，只得忍痛逃跑。这是防御野兽的一种工具，也是牧牛羊的工具。有时牛群乱跑，主人装上小石子向牛群甩去，牛群就不敢乱跑了，这既是一种生产劳动，又是娱乐体育活动。

原始人类在极其艰难的环境下生活、劳动，产生了一些基本技能，这些基本技能孕育着最基本因素，是原始体育的早期体育行为，既来自生产和生活实践的需要，又直接为生产和生活实践服务。

秋千的起源与原始人类架巢于树上、采集果实及悠荡藤蔓跨过沟涧有关。《古今艺术图》载："壮俗寒食为秋千戏以习轻趫，后中国效之，以彩绳悬木立架，坐列其上，推引之。"或曰："秋千，北方山戎之戏，以习轻趫者。齐桓公伐山戎，流传入中国。"这两种说法都在讲，秋千起源于居住在今之河北一带我国古代北方少数民族的北戎族。公元前10世纪传入中原，至汉代，荡秋千的运动水平已很高。

北方秋千多置架荡秋千，受山戎影响较大。朝鲜族的荡秋千深受朝鲜族妇女们喜爱，早在13世纪时，在高丽史《雀忠献传》中有"端午忠献设秋千戏于柏井洞宫，宴文武四品以上三日"的记载。到了15世纪，出现了把金铃系于秋千之上，测量腾空直上的高度来定优劣胜负比赛，当时李朝作家成倪以"手揽彩索如飞龙，金铃语半空"的诗句来描绘朝鲜族妇女荡秋千的情景。柯尔克孜族的"二人秋"有其独特之处，是在3米高的秋千架上吊拴三副套马的缰绳，两人相对而立，脚蹬在中间那根绳的下端，各用旁边一根绳拴在背后，荡起秋千后，在运动过程中从地上拾起或往地上放下一些小物件，以示技巧和勇敢。青海土族的"轮子秋"是在长期的生活、劳动中产生的，是把卸掉的大板车车轴连同车轮竖立起来，在上面的轮子上平绑一架木梯，梯子两端各牢固地系一个绳圈，坐上人，足蹬地，使之运转起来；维吾尔族的"萨哈尔地"，即转轮秋千，与土族轮子秋相似，只是构造要大得多，高达十五六米。

南方少数民族的秋千种类繁多，苗族的"八人秋"是同时可坐8人的大秋千，其形制像大纺车，主轴为一根长4米、直径20厘米的圆木，在粗壮的横木上凿孔穿插8根木杆，形成8副秋千扶手，4对男女青年间隔坐在秋千板上，转动时下面的人以脚蹬地加力，停止时谁在最上面就罚谁唱歌。傈僳族、仡佬族、羌族、壮族等有四人秋，其形制与八人秋相同，也是垂直旋转,故称"在秋"或"转转秋";壮族、彝族、哈尼族等有"磨秋",其形制类似于天平,运动起来如磨盘旋转,此彼落起,此起彼落。拉祜族的秋千像大水车,玩的人可随"车轮"转动升空或降落,同时还能前后摆动。此外,高山族、纳西族、景颇族、普米族、畲族、阿昌族等也都有自己充满情趣的秋千活动。

2. 由地理环境决定的生产、生活方式的民族体育

地理环境、自然条件对社会生产方式和社会生活方式有很大的影响。环境不同,为人们提供的生活资料也不同,各种自然环境下的生产方式也不同,少数民族传统体育产生在一定的自然环境和社会环境中,是因地制宜产生的,也能够因地制宜而存在、传承和发展。居住在山区、丛林、草原地带的古代少数民族,为了维持生活,狩猎成了他们的生产方式,保护庄稼,防御野兽,而且这些地方也特别适宜狩猎并提供了生活资料,因此狩猎才会有较高程度的发展。马克思说:"不同的公社在自然环境中,找到不同的生产资料和不同的生活资料。因此,他们的生产方式、生活方式和产品也就各不相同。"草原牧区一般都骑马放牧,所以像蒙古族、维吾尔族、哈萨克族、柯尔克孜族等游牧民族很容易开展了赛马、马术、叼羊、姑娘追等。生活在怒江大峡谷的怒族,由于怒江两岸高山峭壁千仞,怒江穿流其间,汹涌澎湃,水流湍急,落差极大,难以行舟摆渡,溜索成为两岸怒族人民生活往来的特有的交通工具。久而久之,形成了溜索比赛。东北地区气候寒冷,冬季漫长,冰雪活动在北方少数民族中开展得较多、较早、较普遍,《隋书》记载了当时北狄的室韦人"射猎为务……地多积雪,惧陷坑井,骑木而行"。这里的"木"类似于后来的滑雪板。《新唐书》记载了北方古代少数民族"俗嗜射猎,少耕获,乘木逐鹿冰上";突厥人"俗乘木马驰冰上,以板藉足,屈木支腋,蹴则百步,势迅激。"文中的"乘木",类似乘冰床,"以板藉足",即冰上滑行。

我国南方气候温和、江河众多、水源充足,远古时代的人们多喜欢沿江河而居,以便于取水捕鱼,但也常遭到水患的威胁,人们在与水患的斗争中,学会了驾舟、游泳。侗族的潜水捉鱼活动,要潜入水底,在石洞、石缝中将鱼捉住,没有过硬的水下功夫,是无法做到的;生长在水边的瑶族,深识水性,他们手持竹竿,脚踩圆木在水上滑行,技术高超者,在咆哮的江河中,甚至遇有旋涡,也能平稳渡过,遇上礁石也能灵巧地避开,顺利到达终点;傣族、白族、苗族等南方水边少数民族的划龙船比赛,各有特色,比赛场面和气势蔚为壮观。

此外，南方多产竹，形成了黎族、傣族的跳竹竿或佤族、布朗族、景颇族的爬竿；扁担是生产工具，顺手拿起来就形成壮族的"打扁担"，土家族、苗族的"扁担劲"，傈僳族的"扭扁担"，瑶族的"拨扁担"等，例子俯拾皆是。

二、产生于军事战争

人口的增多需要越来越多的生活资料，一些民族便越来越广泛地利用战争来满足这种需要。产生于劳动中的一些技能运用到战争中去，"他们为了自身生存和发展的需要，自远古以来便展开了一连串的诸如部落械斗、反抗剥削和民族压迫及抵御外来入侵等军事战争，军事需要促进了军事体育的产生"。

（一）运用于军事技能训练

自古以来，骑马、射箭及各种武术在军事活动中的运用极为广泛，是各民族必须具备的军事技能。

1. 骑射

骑射包括骑术和射艺，我国北方靠游牧为生的少数民族非常善于此道，他们以射猎禽兽为生，善于骑马射禽，并运用到战争中去，常常取胜。在公元前307年，赵武灵王为了对付北方的少数民族"三胡"（却东胡、林胡、楼胡），提倡"胡服骑射"，目的是用于战争。《史记·廉颇蔺相如列传》记载："变俗胡服，习骑射，北破林胡、楼胡"。赵国骑兵成为中原各国最早组建的骑兵。到了两晋南北朝时，善骑射的匈奴、鲜卑等少数民族，进入中原后仍保留骑射长技，对中原地区和南方骑射的发展产生了很大的影响，当时文献中关于善射的记载很多，如"应弦而倒"、"箭应弦饮羽，伤百余人"之类，比比皆是。匈奴人刘耀竟能射透几寸厚的铁板，也许事有夸张，但其射艺可见一斑。

封建社会后期的宋代始终是"半壁江山"，并存的有辽（契丹族，916—1125），西夏（羌族，1038—1127）和金（女真族，1115—1234）等少数民族政权。北宋初年，曾两次出兵企图收复北方，均告失败，从此对辽、西夏政权都采取了岁输银绢的妥协退让政策。1115年女真族起于黑龙江流域，建金国，金（女真）人善骑射，射猎是其主要生产、军事技能。其民"善骑，上下崖壁如飞"。金太祖完颜阿骨打"十岁好弓矢，甫成童，即善射"，一次当着辽使，手持弓矢，连射8只飞鸟。其民风俗，继承辽制，在重五、中元、重九行"拜天礼"之后，有"射柳"之戏。《金史·

礼志》记载了金代"射柳"的方法是:"插柳球场为两行,当射者以尊卑序,各以赔识其校,去地约数寸,削其皮而白之,先以一人驰马前导,后驰马以无羽横钦箭射之,既断柳,又以手接而驰去者,为上。断而不能接去者,次之。或断其青处,及中而不能断,与不能中者,为负。每射,必伐鼓以助其气。"这是一种骑射的竞技比赛。《金史·兵志》记载女真人选亲军(禁军)必"取身长5尺5寸,善射者"。辽代"射柳"制度与金不同,有很多烦琐礼节,多与"祈雨"有关,还要饮酒,胜者还要扣押负者的"冠服",然后再归还。另外,辽代还有"射鬼箭"制度,是在出征前或胜利回师后,选一个死囚或敌人的间谍"乱箭射死",带有祈禳的成分。

1206年,蒙古人在铁木真率领下勃然兴起,从1218—1253年征服了西域诸国,包括整个中亚以及俄罗斯和东欧的许多国家。1227年灭西夏,1234年灭金,1276年在元世祖忽必烈指挥下,攻陷临安,1279年统一了全中国。元代,蒙古族以骑射定天下。骑射是蒙古民族的传统,素有"马背上民族"的美称,《黑鞑事略》记载:"孩时绳束板,络之马上,随母入,三岁,索维之鞍,俾手有所执射,从众驰骋,四五岁,挟小马短矣,及其长也,四时业田猎。"我国北方自古是兵戎相见、战争频生之地,各民族都注重骑射。《元史》记载:"元起朔方,俗善骑射。"成吉思汗的13个"古列延"(军事组织)中,能骑善射者达3万之众。

明朝后期,努尔哈赤领导建州女真,经过30多年征战,统一女真各部,建立"后金",并把骑射作为立国的根本,在他实行的八旗制度中,将满族人分别组织于各旗,平时生产,战时从征,当时人人善射,使射首先服从政治军事的需要,更加推动骑射的发展。明天启六年(1626),皇太极称帝,定国号为大陵,定族名为满洲(满族)。山德元年(1636)四月,皇太极斋戒迎春祭天,于院内射箭,有大臣劝谏道:"斋戒不宜射箭。"皇太极答曰:"昔辽太宗祭天,曾射柳,此射不可忘也。"《清太宗实录》记载,全大臣习射,清入关后渐染汉习,多以骄逸自安。为此,清廷降旨:"我国家以骑射为业,首要习射,作为演武之法。今后世子孙毋变异祖宗之制。"要求"凡乡试、会试,功勋子弟也必须先试弓马,合格然后许入场屋"。康熙年间,亲王的嫡子众子皆封,必须考以马步射,其技皆优,然后授以本职,否则降等授爵。雍正四年(1726)降旨:"古者射御居六艺之中,圣人所垂。本朝开国以来,骑射精熟历代罕有伦比,旗人凡长贵贱悉皆专心练习,未有一人不娴熟弓马者,士于应试,必先试其骑射。"科举考试规定:"凡满人读书考试,无论举人、进士,都必须会骑射才能录取。"说明清政府更崇尚骑射,为国家选拔人才要文武双全。乾隆年间,每年十月中旬有宇室小考。《清朝文献通考》记载:"钦派皇子、王公、军机大臣等,亲为考试清语、弓马,而先命皇子较射,以为诸宇室所遵式。诸宗室视其父之爵列以考试,优者带领先上,每赐花瓴、缎匹以奖励之。其劣者,停其应封爵以耻之。故诸皇宗室无不谙习弓马、清语,以备维城之选焉。"乾隆时"每春习射",乾隆亲自检阅王公大臣文武官员射技的优劣。道光皇帝在一道御旨中说:"八旗根本,骑射为先。"令八旗子弟注重学习骑射。光绪皇帝在"百日维新"中校阅参用西法训练的军队时,还要特别阅视御前大臣们的马步射。满族崇尚骑射,不仅是要求王公大臣、皇室子弟娴习,皇帝本人也要以身作则。康熙、乾隆自幼习骑射,一生身经百战,武功超群,每年都亲自参加"木兰秋狝",直到高龄还带皇子皇孙前往。"木兰秋狝",即清政府在热河设置"木兰围场"进行秋猎,古人按季节更换,将春猎称为"搜",夏猎称为"苗",秋猎称为"狝",冬猎称为"狩"。康熙二十年(1681)清政府在我国北方现河北省承德地区围场县设置了总面积达 5000 平方公里的"木兰围场",其主要目的是反对外来侵略,团结蒙古族和其他民族,巩固国家的统一,通过围猎,强化军队训练,"安不忘危,训兹貔虎"、"博犀以作,气冒风雪以习劳",提高八旗军士身体素质。每年秋,清帝率王公大臣、八旗甲兵 1 万多人,有时达到 3 万多人,到围场打猎,称"木兰秋狝"大典,康熙、乾隆、嘉庆三帝在此举行狩猎活动 105 次,每次行围 20 余天,使狩猎成为政治、经济、军事、体育融于一体的一个独特典范。而且崇尚骑射也反映到生活习俗中,男孩出世,家门高悬用红线挂小弓和箭示之。到六七岁时,以木制弓箭进行习射,10 余岁儿童亦能佩弓箭驰逐。民间也很兴盛射柳习俗,丹东岫岩城南,有文昌阁(已毁),每年春季,满洲人到此祭祀以后便练习射箭,这就是射柳之遗风。就是到了晚清,在选拔武艺人才上仍沿袭武举制度。这些措施及生活习俗,使满族以骑射著称的传统得以保持和发展。

2. 马球

骑在马上持棍打球的运动即马球运动,中国古称"击鞠"(南朝梁代以后又称"打球"),又名"击毯"、"打毯",今天叫"马球"。此项活动在我国唐、宋时期非常盛行,源于何时何地则其说不一。有的学者认为源于波斯(今伊朗),有人认为源于西藏唐代传入。

但也有一派学者认为:最早记载"击鞠"一词的,是公元 3 世纪时曹植写的诗《名都篇》。该诗写京都洛阳的少年们，穿着艳丽的服装，佩着宝剑，挟着雕弓，每日清晨去东郊斗鸡，然后在两旁长着楸树的大道上跑马，"长驱上南山"去打猎，猎后列坐长宴。宴后"连骑击鞠壤，巧捷惟万端"。这两句就讲到了击鞠（马球），而且技术达到了"巧捷惟万端"的程度。直到"白日西南驰"才停止。因而近人唐豪先生认为："曹植这首诗，就现存的文献来说，为我国创造马球以后的最早一个记载。"他认为击鞠起源于蹴鞠，推测是以蹴鞠为军事体育活动的两汉可能出现这种情形：当一场蹴鞠竞赛结束时，球场上后走的或守卫的战士，骑在马上用手中的兵器拨弄尚未收拾起来的球作短暂的游戏，这可能就是击鞠的萌芽。

如果此说法成立的话，证明我国马球最早在东汉末已出现。我国南北朝时梁朝宗慎的《荆楚岁时记》亦提到："寒食，为打毬、秋千藏钩之戏。"两相印证，我国的马球很可能早于波斯传来的马球——"波罗"。但此事尚需进一步研究、考证。

但是，击鞠（马球）在两晋南北朝时不多见。到了唐代出现了异常兴盛的景况，上升为第一位的球类活动，而且是从西藏传入的。唐人封演《封氏闻见记》卷六曾载："太宗御安福门，谓侍臣曰：闻西蕃人好为击球，比亦令习，会一度观之。昨日升仙楼有群番街里打球，欲令朕见，比番疑朕爱之，骋为之。以此思量帝王举动岂亦容易，朕已焚此球以自诫。"从"比亦令习"（提倡）到焚球以"自诫"（显示帝王威严与地位）从正反两方面说明唐太宗向吐蕃人学打马球及对马球的重视。

马球除用作娱乐外，主要是军事体育，而竞技性、娱乐性极强的马球正好用于训练骑兵的体质和技能。唐代要和突厥、吐谷浑作战，唐太宗已经认识到与这些游牧民族发生战争，必须大量发展骑兵，命军队和皇室子弟及王公大臣等都要学会马球技术，这也是马球大发展的重要原因之一。唐代各地军队驻地，大都有马球场，将领多以马球练兵。所以，当部属韩愈以马球危险劝阻徐州刺史张建封放弃打马球时，张说："儒生疑我新发狂，武夫爱我生雄光。"唐中宗时，"上好击球，由是风俗相尚"。唐玄宗爱好走马打球，曾4人上场战胜吐蕃队10人。

唐代宫苑里，多半筑有球场。西安大明宫遗址还专门出土过"含光殿及球场"石碑。球场很讲究，十分平坦，要"平望如批，下看如镜"。韩愈在《汴泗交流赠张仆射》一诗里写道："汴泗交流郡城角，筑场千步平如削。短垣三面绕透道，击鼓腾腾树赤旗。"说明当时的马球场，多是三面用矮墙环绕，一面是供观赏的殿阁、楼台之类，平坦光滑。《资治通鉴》

曾记载唐中宗的"驸马武崇训、杨慎交洒油以筑球场"。说明球场的讲究与贵族的奢侈。

　　唐文成公主到吐蕃（西藏）后，加强了汉藏经济、文化与体育的联系。唐中宗景龙四年，"吐蕃遣使迎金城公主，中宗于梨园亭子赐观打球"。禁卫军（神策军）等上场与吐蕃使者队比赛，连连失败。封演《封氏闻见记》："时玄宗为临淄王，中宗又令与嗣貌王晋、驸马杨慎交、武延秀 4 人，敌吐蕃 10 人。玄宗东西驱突，风回电击，所向无敌，吐蕃功不获施。"《唐摭言》（卷 3）还记载：各地到京城长安应试的进士们在月灯阁打球，神策军军官要和他们比赛。新进士刘军自愿代表。他飞快奔驰，如聚星闪电，一会儿挑起球击向空中，球无影无踪。

　　1972 年，陕西乾陵章淮太子李贤墓出土了一幅《马球图》壁画，形象生动地再现了唐代马球比赛的激烈场面。五代时，还有女子打球的记录。《新唐书·郭知运传》载："又教女伎乘驴击球，钢鞍宝勒及它服用，日无虑数万费，以资倡乐。"除帝王将相外，一些富豪子弟也喜打马球。李廓的诗《长安少年行》中就有"长拢出猎马，数换打球衣"之句。五代时，后蜀花蕊夫人的《宫词》中有"自教宫人学打球，玉鞍初跨柳腰柔，上棚知是官家认，遍遍长赢第一筹"之句。故宫博物院收藏的"妇女打球图"（上刻 4 妇女骑马打球），都是唐代妇女打马球的佐证。

　　唐代马球技艺高超，反映了时代水平，文字多有所载，如："俯身迎未落，回辔逐旁流。"（沈荃期：《幸梨园观打球应制》）"俯身仰击复旁击，难于古人左右射。"（张建封：《打球歌》）又据《唐语林》说：唐宣宗李忱善打马球，"所御马，衔勒之外，不加雕饰，而马尤矫捷。每持鞠杖，乘势奔跃，运鞠于空中。连击数百而马驰不止"。可见当时马球技术之高明。

　　日本积极吸收唐代文化，先后派遣唐使节 13 次，并有留学生和学问僧前来。中国也有使者和僧人（如著名的鉴真和尚）前往日本。中国的蹴鞠、马球、武艺、棋类等很多体育内容因而传入日本。唐代马球（击鞠）约在 8 世纪传入日本。日本古书《经国集》等曾多次出现有关马球的诗作，描写其"衣冠如唐人"，形制也相似。

　　辽代统治者爱好马球，辽史记载甚多，有些史料记载皇帝打马球，一年有 15 次载入史册。善击球者受赏识。辽代马球与中原有关，曾要求北汉进贡球衣和马。

　　金代继承辽俗，从帝王、贵族至平民，多有好打马球的。每逢重午、中元、重九之日，行拜天礼后，"则行射御、击球之戏"。靖康二年

(1127),金国粘罕、或离不陷汴京,掳徽、钦二宗北返,途径真定府(河北正定),二人还打马球,让宋徽宗观看,并命其赋诗。后或离不因打球中暑,用冷水冲洗,不慎得伤寒而死。金代重击球,还曾将击球列入策论进士的考试科目,是为了保持女真族善骑射的传统。据《辽史·礼志八》记载:"各乘所常习马,持鞠仗。仗长数尺,其端如偃月。分其众为两队,共争击一球。先于球场南立双横桓,置板,下开一孔为门,而加网为囊,能夺得鞠击入网囊得为胜。球状小如拳,以轻韧木枵其中而朱之。皆所以习跷捷也。"可见金代马球也分成球门和单球门两种比赛。后随着猛安谋克(女真人的社会组织形式)渐趋末路,金代马球也日渐衰落,被看成是市井无赖、轻薄子弟的不良嗜好。

明代虽仍有马球开展,但只在宫廷礼仪和民间节日活动时才偶尔看到。《明史·礼志十一》载:"永乐时有击球射柳之制。十一年五月五日幸乐苑。击球射柳。听文武群臣四夷朝使及在京营老聚观。分击球官为两朋,自皇太孙而下诸王大臣以次击球,赐中者币市有差。"这可能是单球门的马球。民间于节日亦有马球活动。明吴宽的《翁家藏集》载诗:"京师胜日称燕九,少年尽向城西走,白云观前作大会,射箭击球人马跃。"("燕九节"指正月十九日,是白云观创始人邱处机的生日)。明代已鲜见军队打马球的史料,可见已不是习武内容,也是马球衰落的标志。

清代白云观庙会仍有关于击球的记载,其他史籍中则已不多见。

综上所述,马球运动历经唐、宋、元、明、清各代,因统治者提倡和军事需要等原因,马球在相当程度上得到开展,在场地建设、竞赛交流、技术战术等方面均达到较高水平。但因物质条件要求较高,一般平民百姓较难开展。后来统治阶级不再提倡,军事需要也不再迫切时,马球就开始衰落了。

3. 赛马、射箭

在古代战争中马占有极高的军事地位,马给军队提供极强的机动能力,可以疾袭,可以速退,可以代人之劳,负粮草,运器械。后晋名将马援曾说:"马者,兵甲之本,国之大用。"我国北方自古是兵戎相见、战争频仍之地,各民族都注重骑术训练。爱马和善骑是蒙古族的传统,他们素有"马背上民族"的美称。据文献记载,蒙古赛马已有近两千年的历史,《后汉书·南匈奴列传》记载:"匈奴俗,岁有三龙祠,常以正月、五月、九月、戎日祀天神……会诸部、议国事,走马及骆驼为乐。"到了元代,由于蒙古王公贵族的推崇,马上运动与兵役制结合起来,成为当时的一项制度，每当举行"忽力勒合（即大型集会）"时都把赛马作为大会的活动内容。到了清代，据《清稗类抄·技勇类》记载：蒙古族人"不论男女老幼，未有不能骑马者，其男女孩童自五六岁即能骑马，驰驱于野"。青海蒙古族"会盟典礼时，常举行跑马大会，借此练习马足，尽马力之所能及，兼程而至。事后又会集于海岸。择旷野，纵辔绝驰，以角胜负。唯不赌彩。胜者，众以红布蒙马首为别"。这样长距离高速奔驰，即须选择良马，骑手体魄骑术均须久经训练，射箭也是蒙古族"那达慕"大会三大竞技之一。13世纪，成吉思汗统一蒙古诸部落后，蒙古族射箭有了迅速发展，骑射之风闻名于世，其军队尤为显著，意大利人普拉努·卡尔皮尼《出使蒙古记》记载："每个战士必须带有下列武器：弓二张列三张，其中至少有一张好弓，三个装满箭的大箭筒……"历史上，蒙古族射箭使用的是牛角弓、皮筋弦、木制箭、铁镞。辽、金、元统治者历来重视射箭，每逢重大节日，辽有"射兔"活动，金有射柳之戏，元以骑射立国，以弓矢为作战的重要武器。

　　藏族的赛马称"达久"。据传，公元729年西藏桑耶寺落成时，全藏曾举行过一次盛大的历时半月的赛马大会。传说在很久以前，华热部有十三兄弟，他们英勇善战，特别是十三弟才华出众，聪明过人，有万夫不挡之勇。在一次保卫本土反对侵略者的战斗中，十三兄弟率领华热108个部落英勇抗敌，最后牺牲，人们为了纪念他们而举行赛马会，并取前13名予以奖励，还特别对第13名特加一哈达，表示对最小弟弟的崇敬。另说华热有13名著名的战神，他们跟随格萨尔王战斗，人们为了纪念他们的丰功伟绩举行赛马会并对前13名给予奖励。还有说是唐朝时，吐蕃王松赞干布迎娶文成公主后，在拉萨举行了盛大的庆祝活动，并举行了藏族人民喜欢的赛马，松赞干布也参加了比赛，获得第13名，欢喜若狂的藏族群众簇拥着公主向松赞干布敬献哈达，表示祝贺，从此，这个活动便一直流传下来。藏族还有赛牦牛的习俗。射箭也是藏族节日、祭祀活动中不可缺少的项目之一，藏族谚语中有"不射箭不能见英雄"，至今康定、巴塘等地，还有古代较射遗址。藏族还流行射碧秀，"碧秀"即"响箭"，相传已有400多年的历史，响箭与一般的箭基本相同，只是箭头有木制椭圆形装置，四侧有小孔，射出后，因空气进入小孔而发出声响。

　　维吾尔族有善骑马、射箭的传统，11世纪玉素甫·哈斯·哈吉甫在他的古典长诗《福乐智慧》中记载，在哈拉汗国里，要当统帅和使者必须会射箭。清和宁在《回疆通志》记载："又数十日，回纥老少男女，鲜衣修饰，帽上各簪纸花一枝，于城外极高处，妇女登眺，男子驰马较射。尽日而散，谓之'努鲁斯'。"

满族历史上是一个狩猎的民族，射箭是猎取食物、防御野兽侵害的工具，也是军事武器，运用于战场，在满族社会活动中起着很重要的作用。满族的射箭活动项目繁多，有骑射、步射、追射、射柳条、射香头、射鸽子、射米团、射簇、射兔等。

赛马、跨驼比武及射击、射元宝等是柯尔克孜族最喜爱的传统体育项目，他们的"叼羊"活动更具特色。乃达庭著《新疆之吉尔吉斯人》记载："富庶之家，置羊于某地，由骑士乘马夺之。其争夺战往往数小时，羊虽是死，而结局归于某长，始为胜利……"他们认为叼羊是斗智、斗勇，顽强拼搏最好的锻炼机会，是检阅人们本领大小、勇敢与否的"试金石"，并作为练兵手段继承下来，一直流传到今天。

南方少数民族也有赛马、射箭的传统。农历三月中旬，云南大理城西门外苍山中和峰下举行"三月街"赛马活动，相传大理"三月街"始于南诏时期，赛马是随着"三月街"的集市贸易而产生的。大理滇西一带，自古盛产马匹，虽不如内地马个子高、步幅大，但能吃苦耐劳、快速、善走山路，比赛中，特别顽强，频率快，驰名中外。《云南民族史》载："大理国出产的马，当时已闻名内地。从北宋时期开始，每年都以上千匹以至万匹出售给宋朝。这些马匹部分为彝族中所畜，而部分则为白族中所产……"元朝时期，意大利旅行家马可·波罗有关大理的游记记载："这省里养了许多马，送到印度去卖。"在交易中需要区别马跑的速度和走法，因而出现赛马和马技。明代徐霞客游大理"三月街"曾说："余乃仍由西门西向一里半，入演武场，俱结棚为市，环错纷纭。其壮为马场，千骑交集，数人驰骑于中，更队以觇高下焉……"彝族赛马不是在一定的直线距离上决胜负，《西昌县志·彝族志》载："择较平之草禾或田坝辟圆形马道，使善采骑手乘马，依次驰道中。"《越西厅志》："乘马飞驰跑圆圈，以决胜负，后马越过前者为胜。"苗族的赛马活动一般在"四月八"、"五月龙船节"、"六月六新禾节"、"九月芦笙会"等节日时举行，各村寨的苗族都要从四面八方汇集拢来进行赛马，并表演各种马术。射箭、射弩都是苗族、彝族、白族、黎族等民族狩猎和作战的武器，朱辅在《溪蛮丛笑》中说："苗族自己能生产多种铁质工具……剑、斧和箭镞，他们创造的甲胄、标牌、牛尾枪（火枪）、偏架弩等兵器都很有名……偏架弩强劲有力，长六七尺，三人共张，矢无不贯。"《越西厅志》载："彝族使用的弓长四尺，两头无梢,以牛皮作弦,箭二尺五寸,有倒钩装皮筒带左腋下,每筒五十支。内药箭三支,中人立死,有倒钩者,中人不能拔,必连肉割去寸许而后出。"赛马、射箭、射弩比赛成为各民族节日的传统体育活动。

4. 跳马、跳骆驼

跳马、跳骆驼是由古代满族与敌兵近战,飞身跃上敌骑擒拿敌人的一种军事技巧演变而来的,最初成为清朝八旗士兵提高体质和作战技巧,后演变成传统体育活动。一种方法是两匹马或马与骆驼并驾齐驱时,骑者从马上飞越到另一匹马或骆驼上;另一种方法是跳马,在马飞跑时,纵身一跃,飞快骑上马背,要求跳马者纵跳要高要快,手和身要十分灵巧,否则是无法跃上马背的;跳骆驼是从奔跑着的骆驼后面纵身跃上驼背,难度更大。每当春节及秋收后,满族人民都要举行跳马、跳骆驼的比赛。

5. 武术和气功

武术和气功,千百年来一直被当作强身健体、防身自卫、保家卫国的有力手段。少数民族传统武术,主要分为徒手和器械两种,它们又往往和气功相糅合,相得益彰,威力无穷。

徒手技术,是中华武术的重要组成部分。回族创立了众多拳术,其中影响较大的有"弹腿"、"回民七势"、"通备拳"、"查拳"、"心意六合拳"、"八门拳"、"八极拳"等,是回族人民在长期的实践中,不断进取、探索,并吸收了其他民族武术之长,渐渐形成了本民族独特的武术风格。"弹腿"又称"踏脚",即十路弹腿,它是从回族的原始武术深化而来,属武林中昆仑派,相传在唐朝中期,从西亚迁徙过来的穆斯林传教士把弹腿带入中原,仅限于穆斯林拜师学艺,概不外传,正如拳谱中所道:"南京到北京,弹腿出在教门中(指清真教门)。"清代同治年间,陕西的西安、渭南等地就有众多的穆斯林习练,在当时陕西回族农民起义军中,弹腿为士兵必须之架子功,曾在与清军的刃战中大显身手。习练弹腿强调内练精神、气息、劲力、功夫,外练手、眼、步法、身法,特点是发力迅速,有如弹丸射出,故称弹腿。"查拳"讲究劈崩挑打、闪展开合,动作敏捷、快速、沉稳。据另一说,"查拳"和"弹腿"为明朝抗倭名将戚继光部下查尚义,即查密尔所创,查密尔是新疆伊斯兰教徒,投戚家军抗倭,操练士兵,"九战皆捷,俘馘一千有奇",他融汇军伍中各派拳技精华而创编了查拳与弹腿。一日征讨倭寇,路经冠县张尹庄身染重病,住在回族家,受精心医疗和护理,病愈康复,感激不尽,传拳一套,以示答谢,当地回民为纪念此事取名查拳,因此民间拳谚有说:"学好十路查,须从弹腿始。"动作质朴，攻防性强。"回民七势"亦称七士、齐势，据传，宋太祖赵匡胤攻打西关，回族群众为抗击遂创此拳。"心意六合拳"多与回族风俗礼仪结合，源于形意而又与之迥异，是一种近身制敌的拳法，在武林中素以"狠拳"著称，其实战打法威猛凌厉，狠辣刁钻，据传此拳为宋代岳武穆所创，山西戴友邦在1750年著的《心意拳谱》序中写道：明末山西满洲人姬隆丰，"访名师于终南山，得《武穆王拳谱》……"此拳很可能最早在陕西秘传，确有考稽的是在清代由河南鲁山县人买壮图（回族）的徒弟安大庆（陕西回民）、宝显廷（回民）二人传入陕西地区，此后，成为陕西地区回族群众较多习演的拳术流派。正因为回族人民在中华武术中能人辈出、贡献卓著且风格独具，所以通常以昆仑为标识，把穆斯林传习的武艺称为"昆仑派"，与少林、武当、峨嵋相提并论。满族人全祐及其子吴鉴泉从杨式太极拳演化而成的吴式太极拳，架式小巧细腻，柔缓平和；另一满族人佟忠义祖传的六合拳，系喻东、西、南、北、上、下六个方面，套路有七十二式，入门基础拳套有十二路谭腿、迎门炮、行龙拳等，拳法重一打二拿三摔。南方各少数民族的拳种也非常多，"洪拳"广泛流传于广西各地区，列为岭南"度、列、蔡、李、佛"五大名拳之首，源于清代康熙年间（1662—1722），一些聚集在南少林的豪俊之士，以明太祖朱元璋年号"洪武"的"洪"字立门，寓投身报国之意，其技艺出自少林，又融聚南派各门精粹，演变成攻防意识浓烈的新拳种。傣族武术早在汉代时已见雏形，到了唐朝，唐南诏政权统治管辖了傣族地区，由傣族组成的"白衣舍命军"已是南诏最精锐的作战军队。在不断的战争中，为适应战争的需要，傣族的武艺得到了充分的发展，并促其向军事战斗技能方向发展，据统计，仅西双版纳地区流行的傣族武术套路就有上百种，且各有所长。傣族有名的"孔雀拳"就是傣族人民在长期观察了他们所喜爱的孔雀行为举止后，仿其动作并融入太极拳、长拳、绵拳和气功等技法，创出的一套特色鲜明的拳种。"孔雀拳"外柔内刚，既给人以美的享受，又能强身健体、抗敌御侮。德昂族的"左拳"，闻名遐迩，其武术套路灵活多变，往往能出奇制胜。

器械打斗术，在中华武术中与徒手技击术占有同等重要的地位，其所有器械品种繁多。在两晋时，北方少数民族的骑兵都用槊，槊是宽刃长刀，一般长过丈八，还有二丈四尺的。槊可劈透人马重铠。元代的蒙古兵多用体轻甚长之标枪，有"细六"和"巴尔恰"等名称，两头有刃，可作长枪，射弓投掷，除此之外还有刀、剑、钟、斧等短兵，还善使双刀，反映蒙古兵重视近战。朝鲜族的"铁连极"已有 500 年历史，类似传统武术的大梢子，在一根齐肩高的棍端有一圆环，环上套连着三根并列成放射状的短节，长度尺余，双手握棍，有砸、抢、扫、缠、盖、架、格等技法，配合多种身形，风格勇猛，异常精彩。刀是彝族心爱之物，《中国兵器史稿》："出入佩刀，贵贱皆然，常年如此。"据《倮族志》记载："有以刀向敌飞掷，且无不中。"彝族中有一种刀术，叫"木此额簿惹"，即带着护肘握刀交锋，彝族男子自幼要进行专门的训练。云南大理白族的"霸王鞭"，又称"花棍舞"、"英雄鞭"、"金线棍"、"打莲湘"，多用竹、木制成，长约二三尺许，分五节，每节系 3～5 枚铜钱，在"三月街"及其他节日里，各村寨的白族男女成群结队，在一片唢呐、锣鼓声中，舞起"霸王鞭"，在成套的动作中，融入了许多白族传统鞭术、棍术中的动作。此外，景颇族的平头长刀、阿昌族的卢撒刀、珞巴族的长马刀、蒙古族的蒙古刀、藏族的藏刀等都是锋利异常、非常实用的武术器械。

在中华武术中还有徒手与器械相结合的。壮拳是壮族武术中很有代表性的一个拳种，唐代宗大历十二年（777）至唐宪宗元和年间（806—820），壮拳在桂西南广为流传，据《宁明州志》载，花山距城 50 里，江山峭壁画有赤色人形，皆裸体，或大或小，或持干戈，或骑马，而且沿江两岸崖壁上如此类者多有。壁画是壮族"都老"的主要练武功架，与现代流行左江流域壮拳中的功法——七步铁线桩功相似。壁画里的武士们身高体壮，战阵中展现了环首刀、剑、长枪、手镖、山弩以及竹箭等壮拳种中惯用的武术器械，著名的壮族义军首领侬智高精熟此拳械，并将它广为传播。明孝宗弘治十年（1497），壮族瓦氏夫人在这古老朴实的壮拳中糅进壮长拳功架，使壮拳具备大架子，用此架势功夫训练的良兵，在抗倭前线大显身手，屡建奇功，抗倭名将戚继光、俞大猷还吸取壮拳技艺训练其队伍，据胡宗宪《筹海图编》载："择其最骁勇者，各照良兵、兵法编为队伍，演其技艺，习其劲捷。"可见，当时壮拳技艺已有很大发展，并也传入江浙，壮拳现存拳术套路、器械套路、对练套路，动作剽悍粗犷，形象朴实，功架清楚准确，在攻击防守上，壮拳、器械力主架实劲猛，出入变化以灵捷活动为导，发动要与声气合一，进退以四门为径，适合广西山区演练。苗族的"苗拳"始于上古蚩尤时代的"角抵"和"五兵"，角抵为苗族先民战争、狩猎的攻防格斗的内容，五兵为戈、矛、戟、弩、剑，经过长期的发展，已发展到十八般兵器俱全的阶段。苗族的"舞吉保"是苗语东部语言对技击操练的通用语，苗族人民为了提高格斗的技能，进行操练，亦即"操习武打"的意思，"舞吉保"早在远古时期曾成为苗族全族性的武术活动，一直是苗族人民的必修之术，春秋战国时期得到繁荣发展，由简单的徒手动作发展为器械的所谓十八般武艺，一直流传至今，是苗族人民开展体育活动的一个优秀项目。

藏族习练功者众多，在桑耶寺大回廊壁上的桑耶寺落成庆典壁画中，就有引人注目的表演，只见表演者平伸手足、俯卧在支撑腹部的两把钢刀的刀尖上，令观者无不为之咂舌。苗族的"上刀梯"、傈僳族的"上刀山"表演，都是赤手抓住刀梯，裸足登踏在锋利的刀刃上，一步步攀上梯顶，还有回族武术、傣族"孔雀拳"、壮族"洪拳"等技法超群，令人叫绝。

（二）运用于军事体能训练

没有良好的军事体能，就没有出类拔萃的军事技能，两者是相互依存、相互促进，在我国古代各民族中，军事体能训练形式多种多样，内容极其丰富。

1. 摔跤

中国的摔跤运动起源于草原牧业民族。1957年中国科学院考古所在陕西长安县沣河西岸客省庄附近的西周京城遗址范围内，从一座战国墓出土的陪葬品中，发现两块透雕铜牌，其图案的主体形象是一对相互弯腰搂抱的摔跤手，两侧各有一匹马，摔跤者长发隆鼻，上身赤裸，下着灯笼长裤。据考证，墓主是北方游牧民族，《汉书·金日传》说金日有"摔胡"之技，摔是摔跤技术，金是匈奴人。史籍有两晋盛东扑杀"西域健胡"和北齐时胡人何猥萨在相扑时"扑杀"王绰的记载，《晋书·庚阐传》载："有西域健胡，矫捷无敌，晋人莫敢与校。"《续高僧传》云："有西番贡一人云大壮，在北门试相扑无敌者。"上述擅摔跤角力者皆古代西域少数民族，这是长期驯养大批的牛（包括牦牛）、马时锻炼出来的本领。纳西族摩梭人的掰牛角（摔牦牛）、回族的掼牛、蒙古族的"打马印"等活动，都能看出这种锻炼的表现。据考证，出土文物中匈奴人摔跤的架势、套路与蒙古族古代摔跤相似。

蒙古族摔跤，蒙语为"博克"，一般认为已有千年历史。至元代，在辽阔草原广泛开展起来，并逐渐成为军事体育训练士兵体能的手段，元统治者内部也积极提倡开展和奖励摔跤，如武宗海山曾于大德十一年（1307），以拱卫直部指挥使马可谋沙在角力中经常获胜，便调升他为平章政事；又于至大三年（1310）赐优秀角力者阿里银千两、钞四百锭；元英宗硕德八剌至治元年（1321），也赏赐角力优秀者 120 人，每人钞一千贯。就是在后来部落联盟时期的民主选举中，有当选首领资格的必须是摔跤的超群者，忽图勒汗夺得那达慕摔跤冠军，以至当选为全蒙古泰赤兀得部首领。成吉思汗时代，摔跤、射箭是争汗位、选将领的主要条件。成吉思汗规定出征前、凯旋时都举行以摔跤为主要内容的那达慕。成吉思汗也喜爱摔跤，其兄弟别勒古台，忠实将领合撒尔木华黎、哲别、苏别额台均为著名摔跤手，优秀的摔跤手被誉为"孛阔"（力士）。如成吉思汗时的不里孛阔就是有名的摔跤手，他可以用一手一足将对方摔倒，据《马可·波罗游记》记载，元时在蒙古族中还盛行女子角力，当时海都王的女儿爱吉牙尼阳就是一位角力强手，她曾以摔跤征婚，许多人包括王子、贵族应征时，都败在她手下，她随海都王上战场，勇猛顽强，曾经多次冲入敌阵，擒获敌人回营。此时，还开展了国际摔跤比赛，《多桑蒙古史》记载，窝阔台时曾和波斯大力士进行过比赛："二人相扑时，蒙古力士投比列于地，比列戏曰：'紧持之，否则，我将脱身而起。'语甫毕，猝反蒙古力士而投之地。"帖木尔的孙子皮尔麦特，在撒马尔罕城，还以蒙古摔跤招待过西班牙使臣克拉维约。

到了清代，蒙古族摔跤又有大的发展，重大喜庆节日和祭祀都把摔跤作为活动内容之一。《新疆图志·天章三》记载："相扑之戏，蒙古所最重，筵宴时必陈之，国朝，亦以是练习健士，谓之布库，蒙古语谓之布克。脱帽短褴褚，两者相角，以搏摔扑地决胜负。胜者劳以酒。厄鲁特则袒裼而扑，曾蹶不释，以控首屈肩至地，乃为胜彼、嘉其壮，赐之羊臂，则撒探掬……"《新疆礼俗志》载："每岁四月，官民贞吉祀鄂博……祀毕，年壮子弟相与贯跤、驰马、以角胜负。贯跤者，分东西列，二人跃出场抗空拳相持搏，格于踘足，牛虎，胜者扶负人起，以靥相抚掩官长高坐监斗，连胜十人者为上，以次至五等。"《清稗类抄·技勇类》记载，蒙古厄鲁特部族摔跤："必须将负者按捺于地，其负者不能托挣扎再起，乃分胜负。"《清朝文献通考·王礼考》又谓，必至"两肩着地，颈倒塑，不得为之决胜负"。清朝组建"善扑营"任务之一就是"凡大燕享皆呈其伎"，"与潘部之角抵者较优劣"，北京故宫博物院藏清画《塞宴四事图》，描绘了蒙古族摔跤手与善扑营摔跤手比赛的场面。此种摔跤形象，这种规则弓法，与近代国际摔跤颇为相似。蒙古族摔跤近千年兴盛不衰，至今那达慕大会举办的摔跤比赛，吸引上千名男、女摔跤手，比赛场面壮观、雄伟。蒙古族摔跤服装颇具民族特色，摔跤衣为布制或皮制，上缀闪亮铜钉或银钉，衣腰上系有"希方布格"（即围巾，用青、红、黄三色布制成，青象征天，红象征太阳，黄象征地），肥大摔跤裤是用白布缝制，外有一种无裆的"套裤"，上绣有各种民族形式的花纹，摔跤手颈上套五色绸穗制成的彩条"景嘎"，标志着所获得的名次，名次越多，彩条越多。

满族的摔跤称"布库"，俗称"撩脚"。宋代金统治者往往从角力活动中选拔武士以充侍卫。《金史·奔睹传》记载，金太祖完颜旻曾令数人两两角力，其宗弟完颜昂（奔睹），年仅15岁，在角力中"连仆六人"，太祖高兴地对他说："自今勿远古右。"居数日，赐昂以金牌"令佩以待"。《金史·蒲察世杰传》记载，金人蒲察世杰"为人多力，每与武士角力赌羊，辄胜之，能以拳击4岁牛，折胁死"。满族是女真人的后裔，满族摔跤习俗早在女真人时期就形成了。在清太宗时，王宫中就举行了摔跤表演。《清太宗实录》载："上御笃恭殿，召内外诸王、贝勒、贝子、文武群臣赐大宴，站阅力士角抵。"又："至演武场令每旗选善射者十人、善角觝者五人，左翼以和……多尔衮多罗贝勒……右翼……角觝时，右者亦多扑倒，与胜者羊七只，赐宴。"入主中原，前期宫廷仍保持着这种习俗，使布库得以广泛传播和开展，清世祖时，许多大臣都擅长布库之技，康熙皇帝曾利用布库计杀老奸巨猾的辅政大臣鳌拜，巩固了政权，实行了新政。此后，清王朝组建"善扑营"，为贵族训练卫士。清末，"善扑营"解体，身怀绝技的扑户星散各地，或从事保镖或江湖卖艺或任私跤教练，对民间摔跤活动起到了一定的推动作用，使摔跤技艺进一步发展。

藏族摔跤，藏语称为"北嘎"或"加哲"，四川康定叫"写泽"，白马藏（今四川平武县）叫"卡惹则"。藏族摔跤历史悠久，今西藏大昭寺、桑耶寺和布达拉宫的历史壁画中，都可以看到当年藏族摔跤手激烈拼搏、栩栩如生的竞争场面。藏族史诗《格萨尔王》就有比赛摔跤的记载，传说，格萨尔王与牧羊汉秦恩角力时说："我们作为朋友可以，但咱俩比比力量，摔一摔好吗？"藏族摔跤不分体重、不分年龄，无固定摔跤衣、摔前先互相抓好对方腰带，仅靠腰、臂的力量提起对手旋转摔倒，禁用脚绊，纯属斗力，多在藏族的节假日、祭祀、宗教活动或收获后的庆祝活动中盛行。

维吾尔族摔跤称"切里西"。经考古发现，早在7—10世纪时维吾尔族摔跤已相当普遍了，其技术动作达到了较高水平。著名学者马赫木德·喀什噶尔于11世纪完成的维吾尔古典巨著《突厥语大词典》收录的俗称："勿与姑娘摔跤，勿骑裸马奔跑。"《五代史·李存贤传》记载了出生于沙陀部的后唐庄宗就很喜欢摔跤，"尝与王都较，而屡胜，颇自矜"。元代在西域设立"校署"，统管各民族部落的摔跤等竞赛活动。清朝肖雄的诗《嬉乐》曰："嬉乐无非较艺时，输金相约争马驰。更看环抱交相跌，身手握谁好健儿。"并注："回部过年……有比较手段之事……每两人相互持抱，彼此掀掷，能推倒者为胜，谓之跌跤……"维吾尔族摔跤不分年龄、不分体重，一般由年龄小的选手开始，年龄大的、技术好的选手安排在后。摔跤手身着民族服装，系着腰带，双方选抓好对方腰带，不能用腿使绊和抱腿，以将对方摔倒背着地为胜。

朝鲜族摔跤，朝鲜语为"西鲁姆"，据文献记载，早在三国时期，朝鲜族人就十分盛行摔跤。在公元前1世纪高句丽时期的角抵家玄室的古墓壁画就有摔跤的场面。18世纪的朝鲜学者抑得慕在《京都杂志》中提到朝鲜族摔跤有内勾、外勾、箍脖等多种动作。随着民族文化的交流，朝鲜族摔跤流传到其他国家，被称为高丽技。

彝族是游牧民族的后裔，在长期的游牧生活中创造了摔跤，也称"跌跤"，彝语称为"格"。据考证，已有1000多年的历史。彝族传统的"火把节"，"格"是必不可少的比赛项目。在彝族先民的史诗里有"如角蹄交加、激烈地搏斗"的描述，年轻的德施与猛兽相搏："他敢斗敢搏，他能进能退，如角羊打架，稳稳地退去远远地冲来。"民间也传说，远古时有一家兄弟3人年复一年上山放牧牛羊，后来看到牛和羊打架，于是也学着样子摔起来，兄弟3人玩得高兴，以后便逐渐流传开来。彝族摔跤分绊脚和不绊脚两种，脚绊式比较接近国家自由式摔跤。

2. 冰嬉

滑冰古称"冰嬉"。冰嬉为满族传统体育，满族人一向以剽悍骁勇著称，早在入关之前，就把冰雪运动作为训练八旗兵的主要项目，已拥有善于滑冰并配有冰橇的作战部队。在《清语释抄·乌拉滑子注》中记载，"时有费古烈者，所部具皆着乌喇滑子，善滑行，一昼夜行七百里"，制伏了降而复叛的巴虎特部。努尔哈赤在后金国建立了政治、经济、军事相结合的八旗制度，为了发扬沿武习俗，努尔哈赤经常带领八旗的诸贝勒及福晋举行冰上运动会。[①] 乾隆年间，有专门滑冰的兵种，叫"技勇冰鞋营"，

---

① 据《满族老档秘录》记载，明朝熹宗三年，即金天明八年（1623）正月初二，努尔哈赤在今辽宁省左子河的天然冰场上，举行速度滑冰及冰球表演赛，比赛结束时，还在冰上举行车宴，以表庆祝。

并有相应的管理制度和训练方法,由专门机构"冰鞋"处掌管。现北京故宫博物院藏有乾隆时内廷供奉所绘的《冰嬉图》,从中可以看出,参加者均着戎装作各种项目的表演。当时冰嬉的项目有:速度滑冰、花样滑冰、滑冰转龙射球、冰上蹴鞠、冰床等。入关后,常在太液池(今北京北海)滑冰,有时也在中海进行。朱彝尊《日下旧闻考》(卷12)载:"太液池冬月表演冰嬉,习劳行赏,以阅武事,而修国俗。"说明此技是清朝风俗,是军事项目。

当时的冰嬉,又称为"走冰"。形式分两种:一种叫"官趟子"(类似今天速滑)。乾隆二十三年(1758)潘荣陛在《帝京岁时记胜》中写道:"冰上滑擦者,所着之履皆有铣齿,滑行冰上,如风驰电掣,争先夺标取胜。"

另一种滑冰,同时要表演各种花样和杂技,类似今天的花样滑冰。当时的花样和杂技表演,内容丰富,有各种名称:哪吒探海、大蝎子、金鸡独立、朝天揆、童子拜佛、双飞燕、卧睡春、千斤坠等。杂技滑冰有缘竿、盘杠(滑行者手托木杠)、飞叉、耍刀、弄幡等。还有在竿上、杠上、肩上、臂上、掌上、冰上表演等各种动作的。除此还有"射天球"(旗门上高悬带穗之"天球",滑行中张弓射球,以显其技)等表演。除此还有冰上蹴鞠、高台滑冰等。

民间则有"冰床"(又称"拖床")之戏。《帝京岁时记胜》记载有:"太液池五龙亭前,中海之水云谢前,寒冬冰冻,以木作床,可坐三四人,行冰如飞,名曰'拖床'。"

总之,清代冰嬉盛况空前,军中有专门编制,政府每年举行冰嬉盛典,即使是后来溜冰活动逐渐失去练兵习武之意,北方民间的冰嬉也不同程度地有所开展,冰嬉的内容、项目丰富多彩,应有尽有,技巧方面也日臻完善,大有可观。可以认为,中国的冰嬉,在清朝前期已初具冰上运动的规模了。

3. 跑步、举重

远古时代,人类为了生存与获取生活资料,经常出没于崇山峻岭、沼泽平原,不断重复跑、跳等动作。春秋战国时期,由于步兵的发展,对于士卒的体力体能以及适用于步兵作战的各种技能,都有新的要求。《吴子·图国》中记载:"能踰高、超远、轻足善走者聚为一卒……军之练锐也……"其中所说的超远、轻足善走、踰高,就是指奔跑、跳跃。《金史·章宗纪》中记载,金章宗完颜璟泰和六年(1206),初置急递铺"腰铃传递,日行三百里"。《元史·兵志》记载,元世祖时亦置"急递站铺",以便将各项公文迅速传递。其铺兵甚至"一昼夜行四百里",又:"凡铺卒皆腰系革带,悬铃,持枪,挟雨衣,赍文书以行。"急递站铺以10里或15里为一站,沿途更换铺兵,"辗转递去",实为一种长跑接力传递,这种长跑虽是为了军事需要,但客观上却促使长跑及长程武装竞走有了进一步的发展。"贵由赤"是至元二十四年(1287),一支禁卫军的称谓,禁卫军均由蒙古族人组成,是一支能跑善走的步兵。为了训练这支禁卫军,从这一年开始举行由"贵由赤"参加的赛跑。跑的距离,据元人陶宗仪《辍耕录》说:"在大都(今北京)则自河西务(河北武清县东北三十里北运河西岸)起程,若上都(今内蒙古正蓝旗东闪电河北岸),则自泥河儿(河北宣化县东十五里)起程。越三时,走一百八十里。"元代太史杨瑀在《山居新话》中说:"大都,自河西务起至内中;上都,自泥河儿起至内中。越三时,行一百八十里。"这比现代"马拉松"的距离长一倍以上。可看出,"贵由赤"作为训练和检阅禁卫军的身体素质和长跑能力有着重要作用,是我国体育史上的伟大创举和贡献。柯尔克孜族的"月下赛跑"、塔塔尔族的"跳跑赛"、高山族的"斗走"、普米族的赛跑等也都是各具特色的长跑比赛。

锻炼臂力举石担、舞大刀,在历代施行的武举制度中,历来是一项重要内容。无论岁试、乡试、会试均分三场。第一场叫处场,考骑射;第二场叫内场,考步射;第三场叫后场,考臂力,内容为开硬弓、舞刀(挥80~120斤大刀)、举石(举200~300斤大石于胸前)。《奉天通志》曰:"清制取士,分岁科两试……至武生,考试以弓、刀、石、马步前,复试步略一篇。"清王朝入关后,仍很重视军队的举重训练。《清稗类抄》第五册"兵型类"载:"雍正中,世宗召天下壮士,得数千人,其尤者,能开二十石弓。以鸣镝其胸。膛然而返,又能开铁胎弓举刀千斤者,号勇健军。"《清朝文献通考》卷五十三载:"雍正五年(1727),命视军护军等步射时八旗人士能开数石弓以技勇称最者统萃林立。"又载:"乾隆二十四年(1759),御史戈涛奏武闱应试之必先弓刀石,三项技勇有一项在头号、二号者可准合式令入内场。"回族的"拾石锁"也是进行体能训练的主要方法之一,石锁重10多斤,可做各种挥摆动作,技艺高超者甚至可进行形式多样的对抛。彝族的"杠木"是一种古朴的举重运动,民国《路南县志》卷一《卷理志·风俗》记载,彝族进行"杠木"比赛,"约期齐集村中旧台,植大木于此,有能独扛者,喝彩敬酒"。此外,藏族等民族也有自己传统的举重活动。

三、起源于民族风俗

民族风俗的产生、存在和发展，与各民族的生活有着多方面的联系，每个民族都有自己的风俗，而且都非常珍视，并把它视为神圣的财富。民族风俗是一种不可侵犯的文化，除环境和文明之外，不屈服于其他任何压力，它与少数民族传统体育融合，在漫长的人类社会发展长河中，具有顽强的传承力，是历史的佐证。

（一）节日庆典

节日庆典，自古以来，各民族民间传统节日就不是单一的民俗事项，在它情趣横生、奇妙浪漫、神秘莫测甚至离奇的帷幕之后，隐藏着极为丰富、复杂的内涵。

每年七八月牲畜肥壮的季节举行的"那达慕"大会，是蒙古族人民一年一度的盛大节日。"那达慕"蒙语为娱乐或游戏的意思，也是正当草原上水草丰美、牛羊膘肥的季节祭祀敖包时举行的。"那达慕"一词来源于蒙古族传统的摔跤、赛马、射箭三级技艺。据考证，大约在匈奴时代，摔跤、赛马、射箭就成为北方游牧民族娱乐和习武的手段，这是与北方古代游牧民族崇武善战、精骑善射和从事狩猎游牧分不开的。到辽时，三项技艺在民间广为传播，成为"那达慕"的主要内容。到金代，对获三项技艺优胜者有一定的奖赏制度。1206年，成吉思汗时代，随着社会经济的发展，蒙古族人民文化生活日趋丰富和活跃，在举行大呼拉尔、庆祝成功、祭旗点将、军民联欢和贵族子女婚娶时均进行"那达慕"大会。元代或更晚的15世纪中，开始出现"男儿三项游艺"一词。清代"那达慕"的范围扩大到从宫廷宴会到地方上的盟旗集会、敖包祭典、官员升迁、活佛呼图克图坐床等，都举行以"男儿三项游艺"为主要内容的"那达慕"，增加一些蒙古象棋、马球等表演比赛和民歌演唱、民族乐器演奏等，并且"男儿三项游艺"还成为王公贵族为公主选配驸马、良民百姓为闺女择偶定亲的机会和条件。"那达慕"作为蒙古族整个民族意志和情趣的产物，世代延传，从未间断，形成了历史悠久的传统节日，在蒙古族人民物质文化生活中占有重要地位，是适应蒙古族人民物质文化发展的需要。

火把节是云南、四川两省的彝、白、佤、布朗、纳西、拉祜等族人民的传统节日，时间是农历六月二十四或二十五日。就是同一节日，在不同的民族中，有着不同内容的美丽传说。例如，彝族的火把节。传说很久以前,天上有个凶神叫斯热阿比,奉天王安天古兹之命,经常到人间骚扰,激起彝族人民的反抗,于是大家推选了一位叫阿提拉巴的英雄与之作战,斗了九天九夜,终为民除害。天王大怒,就下"天虫"吃庄稼,意图把人们饿死,此时正值彝族"虎母"时节,铺天盖地的"天虫"吃了三天三夜,眼看庄稼就要毁于一旦。为保护庄稼,彝族男女老少,举火把三天三夜烧"天虫",大部分"天虫"被烧死,人们保护了庄稼,夺取了丰收。但还有少部分"天虫"躲进了庄稼地,为了预防它们再次祸害于民,每年"虎母"节彝族人民就高举火把,年复一年形成了今天的火把节,也是彝族人民最为隆重的节日。白族过火把节是为了纪念柏节夫人的贞节。纳西族是为了纪念抢救人民、保全人间的天将。普米族过火把节是为了庆祝粮食丰收,大摆宴席敬祭天神,又怕天神不知,于是在地面上点燃火把。傈僳族是为了庆祝民族间的和睦交往等。届时,彝族、白族等各民族在广场中央点燃树塔,大家围在火堆边,唱啊、跳啊,并进行摔跤、跳火神等传统体育活动。这些同一节日所具有的内容,散发着各民族传统文化的奇光异彩,反映着各民族传统文化的光辉灿烂。

(二)婚俗、丧葬

不论是跨地区、跨村寨,还是本村本族举行的体育活动,不少是以青年男女相互结识、交流感情为目的的。

每逢春节、三月三、中秋节等传统佳节举行的歌圩中,壮族青年男女邀集至村边,互相对歌抛绣球,互表敬意,互诉衷情。壮族投绣球,历史悠久,最早出现于两千年前绘制的花山壁画上,但当时是用青铜铸造的兵器,用于甩投,称为"飞砣",多在作战和狩猎中应用。后来人们将飞砣改制成绣花布囊,互相抛接娱乐。到了宋代,逐渐演变成为壮族男女青年表达爱情的媒介。宋代诗人朱辅的《溪蛮丛笑》载:"土俗岁极日,野外男女分两朋,各以五色彩囊豆粟往来抛接,打飞砣。"用古兵器飞砣命名的五色彩囊,便是后来的绣球了。宋人周去非在《岭外代答》中更为明显地记述:"男女目成,则女爱砣而男婚已定。"现"抛绣球"仍在广西百色、柳州、南宁、河池等地区流行。傣族的"丢包"、瑶族的"抛花包"、基诺族的"丢包择偶"等都是以寻觅爱慕之人为目的的活动,深受各族青年男女的喜爱。

"姑娘追"是哈萨克人节庆或集会时经常举行的娱乐活动之一。哈萨克族实行民族外婚制,各民族之间相距甚远,娱乐活动、各种集会所举行的"姑娘追"就是让各民族、部落青年男女相互认识和倾吐爱情的好机会。传说姑娘追源自古代哈萨克族一对情侣的打赌许诺。一位姑娘对向她求爱的小伙子提出许多要求,来考验胆识和智慧,小伙子都能完成,随后姑娘说:"若你能追上我,我就属于你。"说罢,她骑马向前跑,小伙子飞马紧追不舍。后来,小伙子追姑娘逐渐演变成姑娘追小伙子的群众性体育活动,通过这种活动,不少有情人终成眷属。

此外,彝族的摔跤、蒙古族的"男儿三项游艺"、苗族的"斗牛"、水族的"赛马"、景颇族的"爬滑杆"、藏族的"骑马射箭"、基诺族的"顶竹竿"等体育活动,既是力量的较量,又是智慧的竞赛,还是青年男女选择倾慕之人的最佳场所,这些独占鳌头的优胜者不仅受到人们的尊敬,也是姑娘们最爱慕的人,而且还是择偶定亲的机会和条件。

我国各少数民族有着情趣浓郁、妙趣横生的婚礼礼仪。在婚礼上,除有震耳欲聋的鞭炮声、喧闹喜悦的祝福声、热情洋溢的歌舞声交织成一首美丽动人的交响曲外,还有传统体育活动竞技表演相伴。比如,叼羊不仅是哈萨克族青年男子普遍参加的体育活动,也是婚礼时的一项活动内容。哈萨克族的婚礼,是在手鼓和鹰笛的伴奏下,在高原嘹亮的歌声中开始的,迎娶新娘的马队到来时,女方事先准备好一只活山羊,由几名剽悍的小伙子守护着,男方勇士们要与之争叼这只羊,把这只活羊抢到手,然后宰羊交主婚人。裕固族盛行在婚礼上进行跑马活动。大小凉山以及巍山、楚雄一带的彝族在婚礼上,一边围着火堆跳"达拉里"(芦笙舞),一边却摆开摔跤场,进行通宵达旦的摔跤。生活在迪庆藏族自治州中甸县大草原上的藏族在婚礼上要进行赛马迎亲,还要在马背上进行各种竞技表演。

少数民族在丧葬中的体育活动,形式古朴、庄重肃穆。如云南彝族、哈尼族的武术活动,主要表现在丧葬活动中,在这些地区,人死后,要请武艺队前来跳尸,送葬时,武艺队挥舞着小龙头、大刀、枪、钩镰、链铗(两节棍)、棍、绳标、流星、铊、匕首等走走打打,边打边走,据说是为了驱鬼,让死者平安到达"天国"。

(三)宗教、祭祀

宗教作为一种文化现象,又表现为人对自己创造的价值——神的两重态度,即希望与恐惧交织的两重心理。在原始社会中人们无从理解和控制自然现象,只有把满足人类最基本的生理和安全的需要寄托在神的身上,采取祭祀的方法,用体育活动顶礼膜拜,用来祭祀祖先,怀念英雄,驱逐鬼怪,就更显得神圣了。

纳西族的东巴跳是原始宗教东巴教文武二道场中武道场的跳神舞蹈,

东巴跳保留了较完整原始形态，以有益于身心健康的古典练操武功部分的耍刀跳、弓箭跳、磨刀跳等组成，表现纳西人出征前的操练祈祷和胜利后的祝捷，多在祭祀、婚丧或节日中由东巴师集体演练。

在壮族民间祭祀活动中的"面具舞"是一项祭祀性体育活动。"横人专信巫鬼……召所谓儿童者五六人，携楮造绘画面具，衣短红衫，执小旗或兵杖，周旋跳舞……"在广西左江岩画中也有此"面具舞"的场面，在一画面中心有一最高位置、身躯高大魁伟、腰间佩带环首刀、头戴兽形装饰的正面人像，其余人像皆举手蹲腿而舞，形如祈祷，其间夹以许多戴面具者，携带兵器，展现了隆重庄严的礼仪场面。流行在广西扶绥县一带的壮族民间的一项传统体育《行马舞》，是师公酬神、驱邪、赶鬼、祭祀性的一种表演形式。师公跳这种舞时，双臂屈而上举，五指张开，双腿曲蹲，整个形象酷似左江岩画上的人像。

维吾尔族的"达瓦孜"，亦称"达尔哈齐克西"，在维吾尔族史诗《白头巾女神》中说，早在维吾尔族人民信仰萨满教的时代，举行祭天仪式，旨在祈求风调雨顺、农牧丰收，人们架起绳索，弹奏琴弦，在高空的绳索上表演各种惊险动作。现在新疆维吾尔自治区博物馆保存的吐鲁番阿斯塔那古墓出土的佛像中，就有两尊手持平衡杆、腿向上翘起的佛像，酷似今天的达瓦孜动作。

诚然，少数民族传统体育与宗教相互联系，相互影响，是人类社会中普遍而悠久的历史现象。而原始宗教则是原始人类的宇宙观，它既是一种社会意识形态，又是一种文化现象，作为早期人类文化的载体对少数民族传统体育的形成和发展都产生过特殊影响，原始宗教观念的影响，决定了宗教与体育相互影响的客观必然性，而导致祭祀性体育活动的形成。

（四）游戏、风俗习惯

少数民族传统体育游戏，在各族人民心目中的地位，向来都是非常重要、非常神圣而深广的。

达斡尔族的"波依阔"，即为曲棍球游戏，达斡尔语称曲棍球为"波列"，称曲棍为"波依阔"或"贝阔"。据史载，我国古代辽王朝的契丹人最爱打曲棍球。达斡尔族的"波依阔"与唐代宫廷的"步打球"、北宋的"步击"游戏，同现代曲棍球极为相似。

回族的"木球"，又叫"打铆球"，是在"打栏子"游戏的基础上发展起来的。相传，在清朝期间，一群回族放羊娃在放牧时，在地上进行"打栏子"游戏，参加者手持2～3尺长的厚木条，以球击中目标为胜，后流行于民间,成为现今的"木球"运动。

藏族的"吉韧",即弹康乐球游戏,在西藏已久为流传,城镇开展尤为普遍,现已成立了该项目的单项协会,形成了统一的竞赛规则。

每个民族都有自己的习俗,而许多传统体育都是经过长期的历史风俗习惯演变而来的,它们直接反映了社会生活。藏族的"打瓦",历史悠久,据《太平御览·艺经》里所述:"以砖二枚,长七寸,相去三十步,立为标,各以砖一枚,方圆一尺,掷之。"《开鉴总录》曰:"宋世寒食有抛春之戏,为儿童飞瓦之戏。"十分明显,这些习俗与体育活动相互渗透在一起。

第三节 现代少数民族传统体育

一、现代少数民族传统体育的发展

1949年中华人民共和国的成立,标志着中国现代史的开始。中国现代民族传统体育也随之进入了一个新的发展时期。

(一)国家采取的措施

中华人民共和国成立后,党和政府把民族团结作为工作的基本出发点,坚持各民族团结与共同繁荣的方针,重视各民族的身心健康与体育事业的发展。党和国家领导人对发展民族传统体育做过多次重要指示。1949年10月朱德指出:"要广泛地采用民间原有的许多体育形式。"1961年,周恩来在云南西双版纳与傣族人民一同欢度"泼水节"时指出:"傣族人民的划龙船不仅是娱乐活动,而且也是体育活动,可以增强人民体质,练习保卫祖国的本领。"又说:"只有尊重少数民族的风俗习惯,才能和各族人民心连心。"1982年10月乌兰夫指出:"努力发展少数民族传统体育,繁荣各民族文化,增进民族大团结。"同年10月万里也指出:"开展传统体育活动,建立社会主义精神文明,开创民族体育新局面。"我国宪法第119条规定:"民族自治地方的自治机关自主管理本地方的教育、科学、文化、卫生、体育事业和整理民族文化遗产,发展和繁荣民族文化。"

1981年,国家体委、国家民委召开了全国少数民族传统体育工作座谈会,会上指明了发展少数民族传统体育的方针和任务。方针是积极提高、加强领导、改革提高、稳步发展。任务是贯彻落实党的民族政策,积极开展民族传统体育和近代体育活动,促进民族团结,建设社会主义精神文明,为社会主义现代化建设服务。

党和国家为了继承和发展少数民族传统体育活动，采取了一系列重大措施。

1. 把少数民族传统体育纳入到《全民健身计划》中，并定期举办少数民族传统体育运动会和单项运动会，并形成制度化

在《全民健身计划纲要》中已提出要积极发展民族传统体育，挖掘和整理民族传统体育宝贵遗产，从政策上肯定了民族体育在全民健身计划中的作用，也指明了发展方向。从1982年开始每4年举行一次全国少数民族运动会，现已举办了七届。有的各省、市、自治区为了推广、扶持少数民族传统体育，以2年或4年为一届分别举办了各自的少数民族传统体育运动会。如北京、河北在2002年举办六届少数民族运动会，广西举办了十届、湖南省举办了五届等。1987—1991年先后在广西、吉林、内蒙古、宁夏、四川等举办了抢花炮、秋千、民族式摔跤、木球等邀请赛。满族传统体育研究会1988—1992年先后在北京、河北、辽宁、吉林举办了五次全国珍珠球邀请赛。南方各省每年举办的"龙舟竞渡"，在北京甚至是西北地区已举办了好几届国际、国内的龙舟比赛，而且在2003年1月3—4日在冰天雪地的松花江上举办国际龙舟邀请赛，来自78个国内外的龙舟代表队进行角逐，真是冰天雪地创奇迹。

2. 各级民委、体育总局和民族院校，对少数民族传统体育的挖掘、整理、加工、提高做了大量工作

1984年至今，在挖掘、整理的基础上先后出版了《中国少数民族传统体育》、《民族体育集锦》、《中华民族游戏大全》、《中华民族传统体育志》、《民族传统体育教材》、《少数民族传统体育通论》等。《中华民族传统体育志》是近200名编写人员历时4年，收集150多万字，经过整理、修改，选辑60多万字成书，共收录977条词目，其中少数民族传统体育676条，汉民族传统体育301条。1991年4月12日，在北京人民大会堂召开的全国民族团结进步表彰大会上，国家民委授予《中华民族传统体育志》编辑组"全国民族团结进步先进集体"称号，这是对全体编写人员辛苦劳动的肯定与鼓励。

3. 各级民委、体育总局对挖掘、整理出来的优秀项目进行了改革、提高

1985年为了迎接第三届全国少数民族传统体育运动会，国家体委、国家民委先后在广西、云南、吉林、新疆组织专家学者对抢花炮、射弩、秋千、叼羊四项竞赛项目的规则进行了学术讨论。在此基础上国家体委于

1986年2月制订了《秋千、抢花炮、射弩、叼羊竞赛规则试行草案》。为了确保1991年全国第四届少数民族运动会顺利举行，国家体委、国家民委于1990年5月在河北承德举行了9项竞赛规则的编写审订会议。参加这次会议的有北京、河北、辽宁、吉林、新疆、四川、云南、湖南、内蒙古、宁夏、河南、广西等地专家和学者。1990年12月国家体委、国家民委制定了《秋千、抢花炮、射弩、木球、珍珠球、博克、且里西、北嘎、格竞赛规则试行草案》。1999年、2002年国家体育总局、国家民委分别再次组织专家对竞赛规则进行了修订，对场地器材、比赛方法、违反规则与判罚、名次排定等都作了详细规定，比以前更加规范化、科学化、竞技化。通过第六、第七届全国民运会试行，效果良好，为进一步普及推广这些项目打下了良好基础。由于许多运动项目的规则都有一个从不完善到逐渐完善的过程，而且需要不断地实践，不断地研究及改革，才能使这项运动成为体育运动中一道亮丽风景。因此，为了准备第八届全国少数民族传统体育运动会，国家体育总局、国家民委在第七届全国少数民族传统体育运动会结束后，于2004年6月再次组织有关专家、学者对少数民族传统体育规则进行修改。

4. 各级体育总局、民委及学术组织多次举办学术研讨会，探讨少数民族传统体育的发展、改革与提高

1981年国家体委、国家民委和《体育报》共同举办了少数民族传统体育摄影及其历史考证作品评选活动，这是有史以来少数民族传统体育进行第一次带有学术性的活动。1986年9月国家体委、国家民委在新疆乌鲁木齐举办了我国首届少数民族传统体育学术讨论会。1991年9月正值清朝"木兰围场"建成310周年，来自北京、四川、广州、福建、辽宁、吉林、河北以及中央有关单位的58位专家、学者、体育文史工作者，参加了由中国体育科学学会体育史学会、满族传统体育研究会联合举办的学术讨论会，会后中国体育科学学会体育史学会出版了论文集。1991年11月中国体育博物馆在湖北鄂西州举办了《中华民族传统体育志》采编总结暨民族传统体育学术研讨会，全国各省、自治区30多位论文作者在会上从各种角度，用各种研究方法对民族体育做了深入的研究和探讨，使挖掘、整理出来的原始材料在理论上得到升华。第十一届亚运会前夕，贵州省民委、体委汇编了本省18位学者的论文，出版了《民族传统体育》，献给亚运会。中国体育博物馆在亚运会期间专门举办了少数民族传统体育展览。1999年7月全国高校第四届民族传统体育科学论文报告会在广西民族学院举行，

并评出了 103 篇论文参加了这届报告会，出版了《中国民族传统体育研究》。2002 年 7 月全国民族院校体育工作研讨会在云南民族学院举行，来自全国 13 所民族院校的少数民族体育工作者就如何有计划、有目的地开展我国少数民族体育运动进行探讨。在 2003 年和 2007 年的第七、第八届全国少数民族传统体育运动会召开的同时，还举办了全国少数民族传统体育科学论文报告会。总之，各种学术研讨会对少数民族传统体育的理论研究，不论在广度和深度上都得到了提高。

5. 各体育院校、全国各高校大力推广少数民族传统体育教育，使少数民族传统体育逐渐得到了普及与开展

许多体育院校、体育系设立了民族传统体育专业这门新兴学科，这是我国体育院校、体育系专业改革，拓宽原设武术专业的口径，培养民族传统体育专门人才的一项重要改革举措。北京体育大学、首都体育学院、清华大学、中央民族大学、广西民族大学等把少数民族传统体育项目列入公共教学当中。例如，中央民族大学体育系的体育教育专业、民族传统体育专业培养方案，已明确把少数民族传统体育列入课程教育体系当中，并编写了《民族传统体育教材》、《少数民族传统体育通论》、《少数民族体育史》等教材，逐渐发展、完善了少数民族传统体育专业所需场地、器材，培养多能、一专的跨世纪复合型体育人才。

6. 随着少数民族传统体育的发展和国际友好往来，使中华民族传统体育逐渐走向世界

改革开放以来，为了招商引资，推动旅游事业的发展，各地相继举办了风筝、龙舟等国际邀请赛。在各地区举办的火把节、那达慕大会等也邀请国外客人参加。1987 年国家体委组队赴日本参加了毽球表演赛。1988 年国家民委组队，赴香港参加堆沙比赛。1985 年成立了中国龙舟协会，全国各省举办了多届国际比赛，现已成立了国际协会组织。广东顺德龙舟队先后代表我国参加中国香港、澳门、澳大利亚举办的国际龙舟邀请赛。1995 年中国毽球加盟德国体育运动协会，注册为该协会体育游戏类，目前，在德国成立了 30 个毽球俱乐部。2002 年在德国第三届世界体育文化节中，我国的武术《醉剑》、中国香港队的狮子舞被邀请参加表演。这些国际往来，加强了各国对中国少数民族及少数民族传统体育的了解，增强了友好感情，促进了经济的发展。我国少数民族许多居住在边境地区，许多风俗习惯、民族传统体育与邻国一脉相承。如秋千、跳板、朝鲜族摔跤等是我国朝鲜族与朝鲜、韩国人民共同具有的民族传统体育项目。射箭、

赛马、摔跤是我国蒙古族、塔吉克族、哈萨克族和蒙古、哈萨克斯坦等国人民共同喜爱的项目。我国傣族过泼水节、赛龙舟，黎族、京族跳竹竿，在东南亚一些国家也有这类活动。2002年春节，中国"高跷队"在日本札幌进行表演，得到了全世界各国游客的好评。1990年北京第十一届亚洲运动会武术比赛期间，成立了国际武术联合会，各洲及各国家成立了武术协会，目前已有86个成员组织。

（二）全国少数民族传统体育运动会

全国少数民族传统体育运动会，是在1953年举办的全国民族形式体育表演和竞赛大会的基础上发展而来的。在新的历史时期，为了深入贯彻落实民族政策，进一步继承和发展民族民间传统体育，增强各族人民体质，为改革开放和社会主义建设服务，经国务院批准，全国少数民族传统体育运动会由国家民族事务委员会和国家体育总局（原国家体委）联合主办、由地方承办，每4年举行一届。截至21世纪初期，已分别在天津、内蒙古、新疆、广西、云南、北京和西藏、宁夏、广州等省、区举办了八届少数民族传统体育运动会。

由于国家的支持和各省、区、市的共同努力，该项赛事以其民族性、广泛性和业余性等特色，已成为全国较有影响的大型综合性体育运动会之一，在发掘整理各民族民间传统体育形式，弘扬民族体育文化，发展民族体育事业和全民健身运动，增强各族人民身体素质，促进各民族团结等方面做出了积极的贡献。

1. 全国民族形式体育表演及竞赛大会——第一届全国少数民族传统体育运动会

新中国刚刚诞生，就对各民族民间传统体育活动十分重视。1953年11月8日至12日，国家在天津市举行了全国民族形式体育表演及竞赛大会。30年后，即1984年，国家体委、国家民委将这次体育运动会定为第一届全国少数民族传统体育运动会。从此，这项以少数民族传统体育为主的赛事活动便每4年一次地开展起来。参加民族形式体育表演及竞赛大会的，共有满族、蒙古族、回族、藏族、苗族、朝鲜族、纳西族、汉族等13个民族的395名运动员。他们分别来自华北区、东北区、西北区、中南区、西南区（包括西藏）和内蒙古自治区、解放军及铁路系统等9个单位。大会在天津民园体育场隆重举行，时任中央人民政府政务院副总理兼文化教育委员会主任郭沫若、卫生部部长李德全等出席了开幕式并讲话。体育项目分竞赛、表演和特邀表演三部分。竞赛项目有：举重、拳击、击剑、摔跤石锁和步射；表演项目有：武术、民间体育（分石担、石锁、弓箭术、弹丸、爬杆、跳板、木杠、皮条、沙袋、地围、跳桌、筋斗、叠罗汉、大武术、五虎棍、打术、跳术、跳绳、飞叉、中幡等 22 项）、骑术（各种马上技巧表演 9 项）三大类；特邀表演有：马球、蒙古式摔跤、狮舞、杂技等。其中维吾尔族的踩绳（即达瓦孜）、蒙古族的摔跤、朝鲜族的跳板、回族的武术以及内蒙古骑兵的马术等少数民族项目给人留下了深刻的印象。竞赛项目中有 10 名举重运动员创造了国家新纪录。来自全国各地及天津市的观众有 12 万人次。运动会闭幕后，又挑选了 90 名优秀运动员进京连续表演了 31 场，受到观众的热烈欢迎。这届运动会是在中国共产党和人民政府的关怀重视下召开的，它不仅是新中国成立以来的第一次民族形式的体育盛会，更是一次体现民族平等团结的体育盛会。历史上备受压迫和歧视的少数民族，第一次将自己的民间传统体育项目，与汉族体育项目一起平等地拿到全国体育运动会上展示，在中国体育史上具有划时代的意义，对贯彻党的民族政策，推动民族体育事业的发展，增强民族团结产生了重要影响。从此，少数民族传统体育进入了一个繁荣发展的新时期。

2. 第二届全国少数民族传统体育运动会

1982 年 9 月 2 日至 8 日，由国家体委、国家民委主办，内蒙古自治区人民政府承办，在呼和浩特市举行了第二届全国少数民族传统体育运动会。时任中共中央政治局委员、全国人大常委会副委员长乌兰夫，中共中央书记处书记、国务院副总理万里，全国人大常委会副委员长阿沛·阿旺晋美等出席了开幕式，并接见了与会的全体运动员、裁判员及工作人员。乌兰夫、万里还分别为运动会题词。乌兰夫的题词是："努力发展少数民族传统体育，繁荣各民族文化，增进民族团结。"万里的题词是："开展民族传统体育活动，建设社会主义精神文明，开创民族体育的新局面。"本届运动会历时 7 天，来自全国 29 个省、自治区、直辖市的 56 个民族的 863 名运动员和教练员参加，其中少数民族运动员 593 人。十几个省、区组织的少数民族参观团，内蒙古自治区各盟、市的参观团，中外记者，以及正在呼和浩特市学习、讲学、旅游的中外朋友和当地群众参加了开幕式并观看了比赛。体育活动分竞赛项目和表演项目两大类。竞赛项目有射箭邀请赛和中国式摔跤。来自内蒙古、新疆、西藏、青海 4 省区 5 个民族的 24 名运动员参加了射箭的角逐并取得了优异成绩。15 个省、自治区、直辖市 13 个民族的 56 名业余摔跤运动员参加了 4 个级别的中国式摔跤比赛，涌现出了一批优秀的摔跤人才。表演项目有 68 个，分别由 26 个省、自治区、直辖市的 46 个少数民族的 800 多名运动员进行表演，其中有傣族的孔雀拳、白族的霸王鞭、纳西族的东巴跳、彝族的阿细跳月、高山族的背篓球、回族的斗牛、藏族的"碧秀"、土族的轮子秋、朝鲜族的秋千、黎族的跳竹竿、壮族的高空舞狮、维吾尔族的"达瓦孜"、哈萨克族的马上拾银、塔吉克族的叼羊、蒙古族的赛骆驼和赛马、达斡尔族的"波依阔"等。这些传统的民族表演项目，是由各民族的生产、生活中产生和发展而来，各具特色，异彩纷呈，吸引了 80 多万观众前来观看。运动会期间，还举办了"全国少数民族传统体育活动图片展览"，举办了有 12000 人参加的盛大联欢晚会。在联欢晚会上，各民族运动员围着熊熊篝火，载歌载舞，尽情表达各民族平等团结友爱的深厚情谊。闭幕式上，国家民委、国家体委的领导向获得中国式摔跤的优胜者颁发奖牌；大会组委会向有表演项目的代表团颁发奖旗，向各代表团成员赠送了纪念奖杯；内蒙古自治区人民政府向各少数民族运动员赠送了纪念品。

3. 第三届全国少数民族传统体育运动会

由国家体委、国家民委主办，新疆维吾尔自治区人民政府承办的第三届全国少数民族传统体育运动会于 1986 年 8 月 10 日至 17 日在乌鲁木齐市隆重举行。时任中共中央政治局委员、国务院副总理万里，中共中央顾问委员会常务委员刘澜涛、江华，六届全国政协副主席杨静仁、包尔汉等出席了开幕式。国际奥委会执委、国家体委副主任何振梁代表国际奥委会向大会赠送了一尊铜质和平鸽以示祝贺。本届运动会首次启用了会徽、会旗、会标，这标志着少数民族传统体育运动会逐步走向正规化。由全国（除台湾省外）29 个省、自治区、直辖市的 55 个少数民族的运动员和各民族的教练员、工作人员共 1097 人参加了比赛和表演，另外还有 29 个省、自治区、直辖市组成的观摩团以及特邀代表、中外记者、港澳同胞和外国友人等共 2000 余人，总规模达 3704 人，大大超过了上届。本届运动会设 7 个竞赛项目和 115 个表演项目。竞赛项目除保留上届摔跤、射箭外，增设了赛马、叼羊、射弩、抢花炮、秋千 5 个项目。表演项目比上届增加了 47 项。由于本届运动会制订了较为科学的比赛规则，使参赛运动员的技术水平得到了较好发挥，各代表团都取得了较好的成绩。运动会期间，国家民委、国家体委联合表彰了一批民族地区体育先进单位和个人。大会期间，万里等党和国家领导人同运动员、教练员、裁判员、工作人员、中外来宾及各民族的代表在天山脚下的南山牧场一起联欢，歌声、笑声汇成一曲民族大团结的赞歌。闭幕式上，司马义·艾买提致闭幕词。铁木尔·达瓦买提代表自治区人民政府向国务院、国际奥委会、国家民委、国家体委和 29 个代表团赠送了纪念品，并向下届全国民族运动会承办单位广西壮族自治区代表团团长张声震移交了会旗。

4. 第四届全国少数民族传统体育运动会

由国家民委、国家体委主办，广西壮族自治区人民政府承办的第四届全国少数民族传统体育运动会，于 1991 年 11 月 10 日至 17 日在南宁市隆重举行。其中，赛马项目由内蒙古自治区人民政府承办，于 1991 年 8 月 4 日至 7 日在呼和浩特市举行。时任中共中央政治局委员、全国人大常委会委员长万里，中共中央政治局委员、国务委员李铁映，中共中央顾问委员会常务委员李德生，全国人大常委会副委员长阿沛·阿旺晋美、赛福鼎·艾则孜，国务委员、国家扶贫领导小组组长陈俊生，全国政协副主席杨静仁、程思远出席了开幕式。李鹏、李铁映、司马义·艾买提为大会题词。李鹏的题词是："加强民族团结，发展民族体育运动。"李铁映的题词是："发展民族体育，弘扬民族文化。"司马义·艾买提的题词是："发展民族体育，振奋民族精神，促进民族进步。"本届运动会的宗旨是：平等、团结、进步、繁荣。运动会历时 8 天，有来自全国 30 个省、自治区、直辖市 55 个少数民族的运动员和各民族的教练员、工作人员、观摩人员、少数民族体育先进地区和单位的代表及中外记者，共 3000 多人参加。台湾少数民族龙舟队和少数民族传统歌舞艺术团，第一次参加了全国民族运动会的比赛和表演。

第四届全国民族运动会设竞赛项目和表演项目两大类。竞赛项目共 9 项：龙舟、抢花炮、秋千、射弩、珍珠球、木球、摔跤、赛马和武术，设金牌 34 枚；表演项目 120 项，设奖 114 个。本届运动会不仅在竞赛项目和表演项目的数量上超过了历届，而且制订了较为科学、系统的总规程、竞赛项目规程和规则、表演项目评判办法，使本届运动会向着规范化的轨道迈进了一大步。大会还增设了"道德风尚奖"。运动会期间，召开了民族体育表彰会，国家民委、国家体委联合表彰了一批为发展少数民族地区体育事业做出贡献的先进地区、单位和个人。运动会间隙，56 个民族的运动员、教练员和工作人员欢聚于南宁市青秀山，举行了盛大的联欢会，各民族代表欢歌劲舞，共叙友情。大会期间还举办了"全国少数民族传统体育图片展览"；来自全国各地的 12 家艺术团体，为各族群众演出 30 场文艺节目。从本届运动会开始，承办单位举办了运动会歌曲征集活动，民族运动会第一次有了自己的会歌。由乔羽作词、徐沛东作曲、青年歌手韦唯（壮族）演唱的《爱我中华》，从广西南宁唱响全国，唱遍了祖国的大江南北。

5. 第五届全国少数民族传统体育运动会

由国家民委、国家体委联合主办，云南省人民政府承办的第五届全国少数民族传统体育运动会于 1995 年 11 月 5 日至 12 日在昆明市举行。时任中共中央政治局委员、国务院副总理吴邦国，全国人大常委会副委员长布赫，国务委员兼国家民委主任司马义·艾买提，全国政协副主席杨汝岱出席了开幕式。党和国家领导人为第五届全国民族运动会题了词。江泽民的题词是："发展民族体育运动，促进两个文明建设。"李鹏的题词是："发展民族体育，建设伟大祖国。"乔石的题词是："发展民族体育，建设锦绣中华。"李瑞环的题词是："展民族体育风采，促团结文明进步。"为运动会题词的领导人还有：李铁映、布赫、司马义·艾买提、阿沛·阿旺晋美、赛福鼎·艾则孜。本届运动会的宗旨是：发展民族体育，增强民族体质，加强民族团结，振奋民族精神，为社会主义物质文明和精神文明建设服务。本届运动会历时 8 天，其规模和设项均超过了历届。来自全国各省、自治区、直辖市 55 个少数民族的运动员和各民族的教练员、裁判员、工作人员、观摩人员、少数民族体育先进代表及新闻记者共 9000 人参加。中国人民解放军、新疆生产建设兵团首次组团参赛。台湾省少数民族组团参加了龙舟竞赛。大会还邀请了部分港、澳、台同胞前来观摩。本届运动会设竞赛项目和表演项目两大类。竞赛项目有：抢花炮、珍珠球、木球、毽球、摔跤、秋千、武术、射弩、龙舟、赛马、打陀螺 11 项，设金牌 65 枚；表演项目有 129 项，设一等奖、二等奖、三等奖。另设"体育道德风尚奖"。运动会期间，国家民委、国家体委联合召开表彰大会，表彰了一批为发展少数民族地区体育事业做出贡献的模范集体和模范工作者。为配合运动会的举行，还举办了"全国少数民族传统体育摄影艺术展"、"民族团结艺术灯展"、"焰火晚会"等活动，并在海埂民族村举行了民族大联欢。

6. 第六届全国少数民族传统体育运动会

在第五届全国民族运动会的闭幕式上，组委会庄严宣布：第六届全国少数民族传统体育运动会将于 1999 年在北京举行，同时在拉萨设分赛场。第六届全国民族运动会是 20 世纪我国举办的最后一次大型综合性体育运动会。本届运动会在举办时间和地点上都具有特殊的重要意义。1999 年是中华人民共和国成立 50 周年，是西藏自治区民主改革 40 周年，又是 20 世纪的最后一年。北京是祖国的首都，是各族人民向往的地方；西藏是"世界屋脊"，是我国典型的边疆民族自治地区，为全世界所关注。届时 56 个民族会聚一堂，向国内外展示我国各族人民团结奋进的精神风貌，展示民族政策和改革开放给民族地区带来的巨大变化，将在国内外产生重大影响。第六届全国少数民族传统体育运动会的宗旨是：发展民族体育，增强各族人民体质，加强民族团结，振奋民族精神，为社会主义物质文明和精神文明建设服务。第五届全国民族运动会后，国家民委、国家体委在总结历届民族运动会的基础上，征求各方面的意见，对下届运动会的总规程和各单项规程、规则进行了认真修改和完善，并于 1997 年 8 月在西藏自治区首府拉萨市召开了第六届全国民族运动会第一次筹备会议。经过协商确定，第六届全国少数民族传统体育运动会将于 1999 年 9 月 24 日至 30 日在北京隆重举行，分赛场的比赛将先期于 8 月 18 日至 28 日在拉萨进行。运动会设竞赛项目和表演项目两大类。竞赛项目有：抢花炮、珍珠球、木球、毽球、蹴球、秋千、武术、射弩、龙舟、打陀螺、"押加"、民族式摔跤、马上项目共 13 项，其中射弩、打陀螺、"押加"、部分马上项目和部分表演项目在拉萨分赛场进行。第六届全国民族运动会承办单位北京市和拉萨分赛场承办单位西藏自治区做了许多艰苦细致的筹备工作。北京市已对比赛场馆和接待设施进行了摸底调查，对比赛器材投入试制，完成了运动会的总体方案设计，征集确定了会徽和吉祥物。拉萨分赛场的赛马场建设已奠基开工，参赛马匹的挑选工作也已进行，吉祥物亦已确定。第一次筹备会后，各省、区、市也都在积极备战，各省、区的民族运动会大都在 1999 年相继召开，以选拔参加全国民族运动会的运动员。全国各族运动健儿秣马厉兵，期盼着六届全国民族运动会的拼搏。他们将乘着改革的春风，以团结勃发的活力，相聚在 1999 年，共同迎接 21 世纪的到来。

7. 第七届全国少数民族传统体育运动会

第七届全国少数民族传统体育运动会于 2003 年 9 月在宁夏回族自治区首府银川市和石嘴山市举行。这是宁夏首次承办国家级综合性运动会，也是 21 世纪之初举行的第一次民族体育盛会。时任中共中央政治局委员、国务院副总理回良玉和来自全国各地 34 个代表团的教练员、运动员以及当地群众共 1 万多人出席了开幕式，并观看了以中国各少数民族传统文化和西部大开发为主题的大型文体表演。回良玉希望"广大运动员赛出风格，赛出水平，展示各民族的文化和风采。祝愿运动会圆满成功，并以此为契机，推动体育事业发展和民族团结进步"。在历时 8 天的民运会期间，3799 名运动员、教练员本着"平等、团结、拼搏、奋进"的宗旨，参加花炮、珍珠球、木球、蹴球、民族式摔跤、秋千、毽球、武术、押加、龙舟、射弩、陀螺、高脚竞速、马术 14 项竞赛及 124 项表演。民运会期间，还举行了全国少数民族传统体育运动会科学论文报告会和首届民族体育之花风采展示活动。本届运动会的竞赛项目和参赛运动员人数均创历届民族运动会之最。

8. 第八届全国少数民族传统体育运动会

第八届全国少数民族传统体育运动会于 2007 年 11 月在广州成功举行。本届运动会历时 9 天，共设 15 个竞赛项目、150 项表演项目。34 个代表团的 55 个少数民族的 6381 名运动员，900 多名裁判员和 33 个观摩团成员以及工作人员少数民族体育工作先进代表、中外记者共 1.4 万多名参会代查齐聚广州，参加盛会。回良玉、张德江、司马义·艾买提、阿不来提·阿不都热西提等领导参加了开幕式。

至此，全国少数民族体育盛会已"走"遍五个民族自治区，充分展示了中国少数民族传统体育特色和运动水平，锻炼和培养了一批优秀民族体育人才，为弘扬民族文化，促进民族团结，进一步推动少数民族传统体育事业的发展做出了贡献。

二、发展少数民族传统体育的意义

（一）少数民族传统体育与民族自尊

体育竞赛最早所显示的是个体与个体的竞争。得胜者无疑会受到人们的崇仰和尊敬。随着体育活动的不断发展，竞争形式的变化与规模的不断扩大，体育竞赛逐渐成为团体间一种最公开、最直接的竞争形式之一。为此，比赛时，参赛的各方团体，总是派遣本团体内最优秀的运动员代表本团体前往参加。久而久之，人们从中形成了一种意识，运动员水平的高低所体现出的并非仅仅是个人的素质与能力，更重要的是他们展现着本团体的力量、心理、文明程度、道德风尚、团体精神等。运动员的胜利就是团体的胜利，运动员的自尊就是团体的自尊。民族团体间比赛，无疑是团体获得自尊的最好的手段之一。而少数民族传统体育项目又总是本民族最独特的体育技能的显现。如蒙古族、维吾尔族、藏族、满族的骑射、摔跤，朝鲜族的秋千、跳板，其技能与水平都远远超过其他民族。有些是本民族所独有的，如维吾尔族人的达瓦孜、蒙古族的打布鲁、搏克（蒙古式摔跤）、黎族的跳竹竿、藏族的格吞、怒族的溜索、高山族的竿球等。少数民族传统体育的这种独特性、得天独厚性，无疑会成为各民族为之骄傲、引以为荣的重要方面。它使每一个民族从中获得了极大的自尊。因此，每一民族都非常重视少数民族传统体育的竞赛与发展。因为，它是各民族文化与情感、需求与动机、风尚与精神面貌的具体体现。

少数民族传统体育大部分来源于生产劳动。因此，在体育比赛中的获胜者，往往既是体育技能和力量的强者，也是生产能手。尤其是地处科技文化不发达的地区的民族更是如此。于是，谁能在比赛中获胜，谁就会获得本民族人民的敬重。

如在我国甘肃甘南藏族自治州和天祝藏族自治县，每年农历三月和六月都要举行传统的赛马盛会。在比赛的日子里，藏族的男女老少，身着节日盛装，乘骑骏马，从四面八方涌向比赛场地。对比赛中的优胜者由有威望的老人高举青稞酒、酥油茶给以馈赠与鼓励。本村的人则将获胜者团团围住，载歌载舞，以抒发胜利者的喜悦和表达衷心的祝贺。

又如，锡伯族人喜欢射箭，村与村之间经常举行射箭比赛。比赛输了的村民。总是自愿带上大米、绸缎等礼品，浩浩荡荡地到获胜的村子中向他们表示祝贺，并要由两村的长老向优秀射手赠送长袍、靴子、弓箭等奖品。获得神射手称号的人不仅受到本村人的敬重，而且常常成为姑娘们优先择偶的目标。

再如，朝鲜族人每逢节日都要举行他们喜爱的朝鲜族式摔跤比赛。他们称摔跤冠军为大力士，并由当地负责人亲自颁发奖品。奖品一般是一条膘肥体壮的大黄牛（是朝鲜族农民种水稻的主要畜力），颁奖者亲自为胜利者牵牛，让其骑在牛背上绕场一周以示崇仰与鼓励。

少数民族在长期的历史发展中，创造出了许多丰富多彩的少数民族传统体育项目。如满族的珍珠球、摔跤（布库）、玩嘎拉哈、冰嬉、朝鲜族的秋千、跳板、蒙古族的搏克（蒙古式摔跤）、打布鲁、赛骆驼、赛马，回族的木球、武术，维吾尔族的且里西（维吾尔族式摔跤）、沙哈尔地，哈萨克族的姑娘追、叼羊，壮族的抛绣球、板鞋，侗族的抢花炮等。这些少数民族传统体育活动既是各民族灿烂文化的一部分，又是本民族生存发展的象征。因此，少数民族传统体育比赛的盛会，无疑是各民族历史文化的大检阅，也是各民族团体向本民族成员及其他民族成员展示自己各方面技能水平的最好机会和场所，亦是各民族团体以此获得荣誉的重要手段之一。

（二）少数民族传统体育活动是民族交往的重要形式

群集是人类的本能，因为只有群集人们之间才能交往、传递信息、疏通情感、增强了解。一个团体，其成员间只有经常相互交往，才能不断增强团体成员的相属感、安全感，从而清除孤独感，团体也能够获得一致及凝聚力，从而使民族团结总是千方百计地以各种形式举行集会。传统体育的表演与比赛，就是民族集会的形式之一。有的更将传统体育比赛与民族节日、民族歌舞演出、民族物资交流及招商引资融为一体。如蒙古族一年一度的那达慕大会，已有700多年的历史。从娱乐、三项竞技（射箭、赛马、摔跤）比赛的大会，演变成目前的传统体育比赛、文艺演出、物资交流成一体的大会，形成了一个定期的民族聚会。

许多民族传统体育盛会和民族节日融为一体。因为民族节日就是民族成员的聚会和交流的最佳时节。如云南大理白族的传统节日"三月街"，就是具有浓郁民族特点的地方色彩的物资交流集市，它也是民族歌舞表演和传统体育项目的比赛盛会。3月下旬，正是大理和滇西等地区秧苗插下，小麦尚未成熟的农闲时节。人们既需出售自己的农产品，又需购买生活用品，也需互相交流生产、生活信息，男女青年则需选择中意情侣。自改革开放以来，"三月街"的规模和内容都获得空前发展，参加贸易交往的人达数万人，贸易额年年增长，传统体育表演和比赛内容更加丰富多彩。

再如，广西三江侗族地区，每年都要举行一次"花炮节"。每逢节日，男女老幼身着整洁、漂亮的服装，姑娘们束围腰、挽发髻、佩戴耳环、项圈及银质饰品等，一群群相约沿着山间小道，欢歌笑语地聚集到一起。附近的苗、瑶、壮及汉等民族群众也纷纷赶来，与侗族人民一道欢度"花炮节"。

"花炮"系专门工匠制作，一般分两部分：一是用火药做成的圆筒花炮；二是用铁丝条制成的铁环，外用各色丝线扎成，它象征着吉祥与幸福，铁圈放在花炮上。比赛开始由裁判员点燃花炮，随着花炮一声巨响，上面的铁圈像离弦之箭崩到五六丈的高空。当铁圈下落时，参加抢花炮的双方选手一拥而上，首先抢到者要想方设法将其传递到炮台所在地方，以先传到的一方为优胜者。抢花炮时，运动员时而向东，时而向西，进行智慧和力量的较斗。观众群情奋起欢呼跳跃，围观的观众达上万人。谁夺得胜利意味着谁在新的一年里，幸福、安康、人财两旺。

每年抢完花炮，接着是唱侗戏、演彩调、赛芦笙等文娱活动与其他民族传统体育活动。青年男女借此集会对歌、对舞、选择爱侣，老年人则在树下"斗鸟"，或说古论今，交流生产、生活经验。

通过民族传统体育活动的集会，增加了民族之间及本民族之间的交往，传递了民族的情绪、情感，获得凝聚力，加强了民族团结，促进各民族奋发向上。

（三）发展少数民族传统体育，促进少数民族地区的经济发展

少数民族传统体育与发展少数民族地区经济相结合，在各少数民族地区都已有实践。民族传统体育利用经济市场的杠杆，为发展自己筹集资金，提高社会地位。如那达慕大会民族传统体育与国内外贸易交流相结合，数万人观看传统体育表演，传统体育比赛已由自治区发展到国际比赛的盛会。民族经济利用传统体育搭台唱戏，是组织物资交流和民族贸易、边境贸易的一种特殊的经营形式。

比如，云南腾冲一带，每年农历三月初八都要举行"刀杆节"。节日期间，以过火海、上刀山来表现傈僳族人民勇敢、顽强和战胜各种困难的勇气和决心。为了促进地方经济的发展，节日期间举办大型商品交易会、物资交易会、对外经济贸易洽谈会、医药交流会、旅游产品展销会等。仅 1988 年"刀杆节"共达成经济技术协作项目 14 项，物资成交额达 440 万元。

阳春三月，2 万多景颇族群众聚集在云南德宏傣族景颇族自治州首府芒市欢庆"目脑节"，女的拿着彩巾，男的手持景颇刀，纵歌跳舞持续两天两夜。节日期间各地客商云集芒市洽谈贸易，展销商品。1988 年目瑙节期间，与北京、成都、武汉、昆明等地区签订经济贸易技术协作项目 35 项。

此外，云南大理白族的"三月街"、丽江纳西族的"三月会"、贵州和湖南苗族的"四月八"、藏族的"望果节"、傣族的"泼水节"、彝族的"火把节"以及壮族的"歌圩"等，在节日里体育搭台、经济唱戏，对促进少数民族地区物资交流起了积极作用。

我国少数民族地区有着许多珍贵的历史文物和名胜古迹，丰富的物产资源，通过少数民族传统体育集会，促进旅游，推动民族经济的发展。

（四）发展少数民族传统体育，增强少数民族人民的身体健康

1995 年国家体委颁布了《全民健身计划纲要》。此纲要指出，旨在大力发展我国全民族的体育运动，增强人民体质，提高全民族的人口素质，这是一件关系到国家兴旺、民族强盛的大事。《全民健身计划纲要》提出："积极发展少数民族体育，在民族地区广泛开展以少数民族传统体育项目为主的体育健身活动。"这是从政策上充分肯定少数民族在全民健身计划活动中的作用与地位，也为少数民族传统体育的发展指明了方向。

我国作为一个统一的多民族组成的国家，民族传统体育活动绚丽多彩、千姿百态，利用我国各民族众多体育文化资源，开展大众健身活动，对推进我国全民健身计划的实施具有非常重要的现实意义。

1. 少数民族传统体育种类繁多，特征鲜明，便于选用

我国少数民族传统体育已经有了数千年历史，是中华民族文化宝库中的珍贵遗产。我国少数民族传统体育项目繁多，运动形式千姿百态，在我国各地聚居和散居的民族都流传有丰富多彩的传统体育活动。有些民族体育活动适合在山区、半山区环境开展，有的适合在坝区、河谷进行，有的则不受地理环境的限制，随时随地都可以开展。在纷繁多样的少数民族传统活动中，每个项目都有浓郁的个性特征与民族特色，有的偏重趣味，有的突出对抗，有的讲究技巧，有的强调力量，有的突出个性表现，有的要求发挥集体的配合与力量的凝聚。但无论哪类运动项目都具有强身健体、锻炼意志、愉悦身心的显著功效，是全民健身活动中灵活多样、便于选用的体育项目。

2. 能有效促进人体健康

少数民族体育项目对人体健康和身体素质的发展具有较强的实用性和针对性，例如藏族的登山、白族的泗水运动对人的耐力、心肺功能的锻炼效果明显；蒙古族和彝族的摔跤对人的力量和意志品质有着直接的锻炼价值；黎族的跳竹竿可以发展人的腿部力量和动作的协调性；彝族的爬油杆与苗族的爬滑杆可以提高人的上肢力量，射箭、打陀螺可以提高人的臂力。此外，土家族摆手舞、彝族的烟盒舞、藏族的跳锅庄以及各民族中流行的武术都具有刚柔相济、动静结合、自然流畅的特点，是艺术与体育、力与美的和谐交融。它能使人体全身上下协调运动，久练而不乏味，从而达到祛病健身、抗老益寿的目的。

3. 具有雄厚的社会基础，有利于推进体育社会化进程

由于少数民族传统体育在内容和形式上富于生活情趣，群众喜闻乐见、乐于参与，所以，具有广泛的社会基础与全民族性；另外，少数民族体育项目种类繁多，又具有广泛的适应性，有较大的选择余地，其中许多项目不受年龄、性别、体质与场地条件的限制，群众可根据自身的年龄、身体状况和爱好，选择适合自己的活动项目进行锻炼。一些民族体育项目因其竞技性、娱乐性较强成为超越地域空间和民族文化界域的全国性民族体育比赛项目，如龙舟、摔跤、抢花炮、秋千、赛马、射弩、珍珠球、木球、毽球、押加、高脚赛马、武术、蹴球、陀螺等。有些民族体育活动由

于简单易行，自娱性、健身性、审美性强，已逐步走出大山，走出民族村寨，步入城镇职工和城市居民的日常生活，成为人们休闲娱乐、强身健体的体育活动方式。这表明，民族体育以其独特的文化特征与价值作用，已经突破城乡的界域，已经超越民族地域与文化的界限，逐步被各民族广泛认同、接受和参与，成为民族地区和城镇职工与居民日常体育活动的内容，这对于壮大群众体育锻炼队伍、有效增加城乡体育人口具有重大意义。

4. 节约体育投资，推动全民体育活动的开展

目前，我国体育局经费严重短缺，体育活动场馆、器材严重不足，远远满足不了广大群众进行体育锻炼的需要。我国广大的民族地区，经济发展状况比较落后，体育投资严重不足，这种状况难以在短期内得以解决，这就要求我们在全民健身的推行中，要从实际出发，因地制宜、因陋就简地开展群众性体育锻炼活动。这样，民族体育就成为我国广大民族地区最经济实用、最易推广的群众性体育活动方式。众所周知，民族体育来源于各民族的生产、生活，具有淳朴自然、贴近生活、简单易行、群众喜闻乐见的特点。其运动技术难度不大，对场地器材要求不高，许多项目只需一块草坪、一块平地，在村前寨后都可以开展；而运动器材与日常的生产、生活工具密切联系，如船、马匹、扁担、石碾、刀、枪、箭、弩、矛等，以及来自身边的自然资源，如竹、木、藤、石等。少数民族传统体育项目的这些条件非常有利于其在少数民族地区的推广和开展，为少数民族群众体质健康作贡献。

思 考 题

1. 如何认识少数民族传统体育的概念？
2. 论述少数民族传统体育的特点和价值。
3. 论述少数民族传统体育的起源。
4. 论述全国少数民族传统体育运动会的发展。
5. 发展少数民族传统体育有什么意义？

第五章 少数民族传统体育文化

"当我们谈到少数民族传统体育时,马上就会想到赛马、射箭、珍珠球、抢花炮等一个个鲜活的事例,这时,它是一种客观的文化现象,是具体的、生动的物质文化实体。而当我们谈到少数民族传统体育文化时,就会感到它就在你的脑海中翻滚,你说不清,道不明,摸不着,看不见,可又无处不在"。[①] 这是因为当谈到少数民族传统体育时,我们是从这种文化的"固有属性"方面去探索其文化特征的,而当谈到少数民族传统体育文化时,我们是从整体的、宏观的、精神的、意识的、抽象的层面去探讨这种文化的本质内容的。少数民族传统体育文化的研究是通过透视少数民族传统体育的事物表象,去分析这种事物的组成要素、内部结构、层次构成和各因素之间的关联;去探寻少数民族在思想品质、道德标准、价值观念、信仰意识等深层文化领域的内涵;去辨析这种文化在整体文化中所起的作用和所处的地位;去阐释和处理这种文化在与其他文化发生冲突时所发生的现象和需要采取的措施;去概括少数民族传统体育产生和发展的一般规律。

第一节 少数民族传统体育文化的概念

一、文化

"文化"在中国出现较早,《周礼》中有"观乎人文以化天下",汉代刘向在《说苑》中说,"凡武之兴,谓不服也,文化不改,然后加诛",晋朝束晳《补亡诗》中说,"文化内楫,武功外悠",讲的都是文治教化的意思,与今天意义上的文化不完全相同。最早在现代意义上界定文化的是梁

[①] 方征:《我国少数民族体育科学研究之思考》,载《体育文化导刊》2008年第9期。

启超,他于1912年12月发表在《灯学》上的《什么是文化》一文中指出:"文化者,人类心能所开释出来之价值的共业也。"①"五四"运动以后,围绕着东西方文明比较研究的深入,什么是文化,如何看待文化和发展中国文化等问题,一时间成了学术界热烈讨论的重要议题。一般流行的看法中,多以文字、文学、教育、出版、学术、思想等为文化,或专以文学为文化,以教育为文化,以科学为文化,以伦理道德为文化,亦即主要指精神文化。

在社会科学领域中,文化的概念始终是个比较含糊的、争论不休而又歧义层出的问题。19世纪以来,民族学、人类学各种流派的代表都给文化下过各自的定义,并对文化的内涵与外延做了不同的界定。此外,历史学、考古学、语言学、哲学、心理学、宗教学、政治学等学科在涉及文化研究时也都各持己见,提出了各种各样的文化定义。1952年,美国人类学家A. 克鲁伯和K. 克拉洪合写的一部专门就文化一词作详尽探讨并加以评述的著作《文化——关于概念和定义的评论》,罗列了从1871—1951年80年间较为严格的定义就有161种。然而,这还仅限于西方世界,对当时的苏联、东欧以及中国等社会主义国家尚未统计在内。后来法国社会心理学家A. 莫尔继续此项统计,结果表明,到20世纪70年代,世界文献中的文化定义已达到250多种。这几乎成了有多少人研究文化,就能产生出多少文化概念。如果对如此众多的文化概念仔细审视,便不难发现,各种关于文化概念的界说都有其一定的理由,但又都不能说达到了无懈可击的完美境地。其实,文化作为一种历史现象、历史事物,是随着社会的发展而不断变化的,其内容和结构总是在日益丰富,其地位和作用也总在不断调整,因此,关于文化的概念也就必然随之发生变化。

文化概念是当代所有社会科学的重要基石。现代社会科学各个分支对文化概念都有涉及。但由于文化是民族学、人类学研究的核心对象,所以,这两门学科对文化概念的研究着力最多,成就也最显著。现代人类学奠基人泰勒在1871年的《原始文化》中提到:"文化就其广泛的民族学意义来说,是作为社会成员的人所习得的包括知识、信仰、艺术、道德、法律、习俗以及任何其他能力和习惯的复合体。"②泰勒的文化定义是学术界第一次给文化的一个整体性概念,其影响重大而深远。因为它为后来众多

---

① 易剑东:《体育文化学》,北京体育大学出版社,2006年版,第4页。
② 林耀华:《民族学通论》,中央民族大学出版社,1997年版,第382页。

的社会学家，尤其是民族学、人类文化学学家，表述文化现象、界定文化概念，勾画出一个基本的范围和轮廓。时至今日，国内外各种讨论文化定义的论著和世界主要百科全书中的"文化"条目，几乎无一例外地都提到这一定义。"虽然不同的人类学家对文化有着不同的界定，但是一般都认为文化具有如下特点：文化是共享的；文化是习得的；文化是整合的；文化是以象征符号为基础的；文化是适应性的；文化是变迁的"。① 在中国民族学界，对"文化"一词的解释与上述基本类似，只是表述更具体、更全面一些。认为"文化是人们在体力劳动和脑力劳动过程中所创造出来的一切财富，包括物质文化和精神文化，以及人们所具有的各种生产技能、社会经验、知识、风俗习惯等"。②

二、体育文化

体育文化作为一种现象伴随着人类走过了漫长的历史，而作为对体育文化这个概念的界定却远没有那么长的时间。体育文化的概念是集中地反映人们对体育生活和体育现象的概括认识。由于人类民族、种族的不同以及所处的时代、环境和观念的差异，对体育文化概念的理解亦不相同。"作为一种文化，体育文化的范畴要比体育大得多。在一般的书籍中，常有把体育与体育文化相提并论的事情。从文化学研究的角度，体育文化的概念不仅更为广泛，而且还更为深刻。体育的教育继承功能仅是其中的一部分，我们认为，凡涉及体育的意识、观念、习俗、行为方式、制度等，均属于体育文化。"③ 在人类的体育过程中，体育行为总是要受到体育文化的影响和制约。在体育生活中，体育文化不仅要满足人的自然本能的需要，还要满足人们对体育文化的社会心理需要。人们在体育的过程中寻找自我，实现自我，超越自我，正是因为体育文化能够满足人的生理、心理需要，才会使体育与人之间形成稳定的价值关系。

在对体育文化概念的界定方面的研究，西方要先于东方。德国学者G. A. 非特 1818 年出版的《体育史》中开始使用"体育文化"或"身体文化"（Physical Culture）这个词，他认为这个词是指斯拉夫民族的沐浴和按摩等保健养生活动，据此，《韦氏大词典》也称身体文化为"有关身体

---

① 庄孔韶：《人类学概论》，中国人民大学出版社，2006 年版，第 21 页。
② 林耀华：《民族学通论》，中央民族大学出版社，1997 年版，第 384 页。
③ 童昭岗、孙麒麟、周宁：《人文体育》，中国海关出版社，2002 年版，第 28 页。

系统的保养"。19世纪末,"身体文化"一词被广泛地加以解释和运用。20世纪,人们对身体文化的理解更加多元化。有人认为身体文化等同于身体锻炼;有人认为身体文化是促进健康和增强体力的身体运动体系;有人认为身体文化是用科学和美的规律、生命的规律来解释的文化表现体;有人认为身体文化是包含从身体涂油剂、颜料、营养摄取、入浴设施直到身体训练的运动器械在内的各种文化现象的总体。"身体文化"说明了身体活动以及与身体活动有关的一切物质设施以及属于精神文化部分的价值观、审美情趣、风俗人情、民族意识等,而"体育文化"的容量要小一些,指作为体育主体的人的身体活动、运动动作,即在体育运动过程中,身体练习作为人的生命运动和思维运动的外化形式,反映着人的本质力量。国际体育名词术语委员会主席古·阿莱克塞博士于1974年在罗马尼亚编撰出版了6种文字的《体育运动词汇》,其中对"体育文化"定义时,认为这个词属于"文化"类别,基本含义是"广义文化的一个组成部分(领域),它是各种利用身体练习来提高人的生物学和精神潜力、规律、制度和物质设施的总和"。[1] 日本学者认为"竞技运动文化"是"体育"的上位概念,他们的"体育文化"是"竞技运动文化"的子系统和下位概念。

中国学界对体育文化的界定并不多见,有人认为:"所谓体育文化,就是人类在所有的体育现象及促进体育发展的活动中,在价值观、精神状态、情感倾向等层面,在理论认识、方法手段、技能技术等层面表现出来的思维方式,与在有意识的实践活动中表现出来的行为方式的总和。"[2] 有人认为:"如果我们套用文化的概念,体育文化是人类在社会活动、体育生活中所形成的身体活动方式上、生活方式上,以及所创造的物质产品、精神产品上体现人类身体教育智慧和身体练习实践能力的总和。"[3] 还有人认为:"体育文化是一种利用身体活动以改善人类身体素质、追求精神自由的实践活动。"[4]

体育文化是一种社会现象,它是伴随着人类的活动而产生、发展和演变的,与自然界的物质产品和现象不同,它凝聚了人类的智慧,反映了人类的思想和意愿;体育文化是人类在社会活动中创造出来的产物,人的体

---

[1] 易剑东:《体育文化学》,北京体育大学出版社,2006年版,第9页。
[2] 冯胜刚:《对"文化"和"体育文化学"定义的求索》,载《贵州师范大学学报》2003年第6期。
[3] 童昭岗、孙麒麟、周宁:《人文体育》,中国海关出版社,2002年版,第29页。
[4] 易剑东:《体育文化学》,北京体育大学出版社,2006年版,第2页。

育行为也是通过社会活动而体现的。因此,体育文化体现在人类的社会活动中,反映了人类的政治观念、思想意识、道德标准、宗教信仰和价值取向等深层文化理念;体育文化从宏观的视野反映了人类体育行为的整体性观念,是文化各个层面的辩证统一,也是物质文化、制度文化和精神文化等不同层面文化的有机整合;体育文化是通过参与和感受其表层的物质文化现象,体现了作为社会主流文化的政治、经济、宗教、艺术、思想、价值观念等方面的意识形态,从而通过体育行为而成为一种精神象征。

三、少数民族传统体育文化

我国大部分少数民族长期生活在祖国的边陲地带,由于自然环境和社会环境等因素的影响,大部分少数民族长期处于相对封闭的生活环境中。在漫长的社会发展进程中,相对较少的外界干扰使得旧有的文化体系得到了延传,"原生态"的文化形态也得到了较完整的留存。造成旧有文化体系被打破,不断分化出新的文化体系以及在与外界文化大规模的接触中,自身文化体系受到外界文化的影响,从而被吸收、融化、调和而趋于一体化的整合过程还是近阶段的事情。我国少数民族社会发展相当不平衡,总体来看,文化分化进程相当缓慢,许多民族甚至连文字都没有形成,体育作为一种边缘文化更没有被列为一种单独的文化体系而体现在传统文化中。

少数民族传统体育是我们用"现代体育概念"的标准,去对少数民族传统文化中的"事物"和"现象"进行"套用"与"衡量"的产物。在这种"套用"和"衡量"的过程中,由于"比较"的单位的界限和层次问题,比较的单位间的历史关联问题,比较样本的片面性问题等原因,往往会出现方法论的错误运用。因此,在我们进行少数民族传统体育概念界定的时候往往出现很大的争端,就出现了什么是少数民族传统体育的多种说法,也就会出现如何界定舞蹈与体育,如何界定体育与民间娱乐活动,如何界定体育与民俗活动等文化属性归属的争论。

我国的鄂伦春族长期生活在大小兴安岭的茫茫林海中,"直至20世纪的50年代还一直从事着这种原始的活动,几乎世世代代反复重复着祖先所创造的劳作方式,并形成了独特的狩猎文化","他们'散处深山,迁徙靡定,以打牲为业,随兽之所在,踪迹之'。鄂伦春族男孩一般在五六岁即用弓箭和木枪做狩猎游戏,七八岁练习骑马,10岁以后练习射箭和射击。十二三岁就跟长辈到猎场进行初步实践,猎取一些小型食草动物,积累狩猎经验，到了十四五岁就开始单独狩猎了"。① 鄂伦春族只有语言没有文字，新中国成立初期还处于半原始的社会形态环境中，射箭、射击等活动是他们在长期的生活实践中形成的生存手段，是他们在所处的自然生态环境和社会环境下的必然选择，是他们赖以生存的必须方式，这些活动始终没有以"体育"这种独立的文化形态出现在他们的文化体系中。

纳西族的"东巴蹉"，它是一种纳西东巴教中的一种祭祀舞蹈，其中"有一部经书称为'蹉姆'，是东巴教徒用象形符号，把通过生产、生活斗争而逐渐形成的武功跳法、套路，以刀、枪、棍、棒等兵器及其武功动作、顺序和方位，用东巴象形文字记录下来，成为纳西族特有的'象形武谱'"。② "东巴蹉"既是一种宗教文化的体现，又属于舞蹈文化的范畴，也具有体育文化的特征，同时也与其他文化形式具有千丝万缕的联系。如果我们一定要确定它的文化属性，那就必然会犯"比较方法"的历史关联性不一致的"高尔顿氏"错误。又如苗族的"跳芦笙"、傈僳族的"刀杆节"、维吾尔族的"达瓦孜"、傣族的"象脚鼓"等，这些以肢体动作来表现传统文化的行为在本民族的文化体系中是以复合文化的形式来体现，如果我们完全按照"现代体育"的标准来衡量和界定，未免有些牵强。这也就使得我们在对"传统体育文化"进行界定时，很难有一个准确和清晰的标准。

通过以上分析我们可以看出，我国少数民族社会文化分化不够完善，体育没有以一种独立的文化形式出现在整体文化体系中，往往以一种复合的形式与宗教、艺术、民俗活动等文化形式相融合。同时它又以其独特的行为方式在少数民族社会文化的发展中起到重要的作用。在少数民族社会发展历程中，曾经出现过一场竞技决定一个族群的迁徙，一场比赛决定一个族群的去留等事件。"体育"远远超出了"育人"和"强健体魄"的功能，成为一种影响到民族政治、经济、法律、宗教、艺术、生产生活、道德观、价值观、思想意识和文化传承的重要方式和手段。所以，少数民族传统体育文化所承载的文化寓意是非常丰富的，它所赋予的文化内涵也是非常深厚的，它所体现的文化价值和功能也是非常广阔的。因此，我们说少数民族传统体育文化具有很强的"历空性"和"历时性"。一方面表现

---

① 方征：《生活方式的变迁对鄂伦春族猎民健康的影响》，载《体育文化导刊》2007年第11期。

② 杨津津、张雁飞、方征：《纳西族的东巴跳》，载《北京体育大学学报》2002年第2期。

为广阔的文化空间,能够涉及文化体系的各个角落;另一方面具有深厚的历史底蕴,具有超强的传统性,即使在自然环境和社会环境的变迁下,即使遇到外来文化的强烈冲击,仍能够保持其传统的文化精髓。

袁华亭认为:"所谓中国少数民族传统体育文化,是指中国55个少数民族在其民族发展历程中所形成的具有地域性特色,能体现本民族生活态度和生活方式的,通过身体活动以追求身心与精神全面健康的思维方式和行为方式的总和。"[①] 这种说法用"地域性特色"、"生活态度和生活方式"对少数民族传统体育文化的概念进行了限定,用"身体活动"对其行为方式进行了界定。这种"限定"和"界定"是否准确,有待商榷,许多少数民族的传统体育项目的形成与"地域性"没有关联,也并不是"生活态度"和"生活方式"的体现,如武术中的一些搏击方法,外来宗教中的一些仪式活动,舞蹈中的一些技术动作等,很多体育活动是由于与外族的交往中通过"文化传播"和"文化辐射"而来的,并不是某一民族单独具有和"单线进化的"。

冯胜刚认为:"所谓中国少数民族传统体育文化,就是中国55个少数民族在漫长的民族发展历程中,本民族原创或虽然从其他民族文化中引入,但已经经历了明显的文化改造,已与本民族文化充分融合并流传已久,以身体活动为形式,以追求身心与精神健康为目的的活动中,表现出来的主观意识、客观意识和有意识的行为方式。"[②] 这种说法说明了文化通过进化与传播渠道,具有显著特色的民族传统体育文化的形成方式,用身体活动的方式来体现"意识"的过程。

我们认为,少数民族传统体育文化是指我国55个少数民族在漫长的社会发展历程中,所创造出来的具有育人和健身特征的,通过肢体行为表现出来的物质、制度和精神文化领域的实物、行为和意识等所有文化产品的总和。

这里所说的"漫长的社会发展历程",是指我国55个少数民族的传统文化,产生、进化、传播、变异、整合、消亡的发展和变迁过程;"育人和强健体魄",是指体育的文化特征;"肢体行为",是指表现方式,只有通过肢体表现才能成为"体育";"物质、制度和精神等所有文化产品",包括自然科学、技术、知识以及由此创造出来的工具、房屋、服饰、食

[①] 袁华亭:《对少数民族传统体育文化基本概念的探讨》,载《武汉科技学院学报》2006年第12期。

[②] 冯胜刚:《关于正确定义中国少数民族传统体育文化的研究》,载《贵州民族研究》2004年第4期。

物、器皿等物质产品，社会的经济、政治、法律体制、婚姻、宗教等各种社会制度和运作方式以及政治思想、法律、道德、伦理、哲学、艺术、宗教等意识形态方面的内容；"实物、行为和意识"，是体育文化表现的载体。我们可以通俗地理解为：少数民族传统体育文化是少数民族传统文化中具有体育特征的一类文化体系，是一种"文化符号"，它存在于各种类型的文化体系中，是我们用一种"模式"从各种文化体系中提炼出来的产物。

第二节 少数民族传统体育文化的结构

一、文化要素

文化的要素构成，文化的结构划分，文化的形态存在，是我们认识文化特征的核心内容。民族学、人类学专家们因所持的标准不同，观点也不尽一致。功能学派创始人，英国民族学、人类学学家马林诺斯基在其《文化论》一书中，根据文化功能，将文化分为四个方面：（1）物质设备；（2）精神文化；（3）语言；（4）社会组织。[①] 美国社会学学家 W. F. 奥格本在他的《社会变迁》一书中，从文化功能与文化起源相结合的角度，把文化划分为物质文化和非物质文化，然后将非物质文化又分为宗教、艺术一类的精神文化和规范人类行为的制度、习惯一类调适文化。[②] 在 20 世纪 70 年代以前，苏联学术界从马克思主义的唯物史观出发，普遍采用将文化分为物质文化和精神文化两分法。学术界种种观点，在不同时期有着不同的社会影响，归纳起来有二元结构说、三元结构说、四元结构说乃至多要素说等。

（一）二元结构说

通常指文化是由物质文化和精神文化两大部分构成的。这里所说的物质文化，是指人类创造的物质财富及其创造方式，它包括劳动工具和人类为满足衣、食、住、行等多种需要而创造出来的一切物质产品。精神文化是指人类脑力劳动所创造出来的一切成果，它包括思维、语言、知识，以及属于上层建筑中的哲学、科学、伦理、道德、教育、法律、制度、风

---

① 马林诺斯基：《文化论》，中国民间文艺出版社，1987年版，第1页。
② W. F. 奥格本：《社会变迁》，浙江人民出版社，1989年。

俗、习惯、宗教、文学艺术等。

物质文化、精神文化二元结构说的理论基础是马克思主义的唯物史观。马克思主义创始人把历史科学分为自然史和人类史两个相互联系、相互制约的方面来考虑，不仅规定了历史科学应该研究的一切方面及相互联系，而且揭示了人类各种文化现象的内在联系，为人们进行各种文化现象分类提供了科学依据。马克思主义的自然史，即所谓自然科学，是人类在认识、适应自然界过程中所取得的成果，表现为自然科学、技术、知识以及由此创造出来的工具、房屋、服饰、食物、器皿等物质文化，是人类生存的基础，为人类生活提供了最基本的条件。人类史，即所谓社会科学，是人类在物质文化创造过程中认识、改造、适应和控制社会环境所取得的成果，表现为社会组织、制度、政治、法律、风俗、习惯、伦理、道德、语言、教育以及宗教信仰、审美意识、文学、艺术等精神文化，是人类生存的样式和自我完善的方式。所谓自然史与人类史的密切联系与相互制约，表现为物质文化与精神文化的密切联系与制约。自然科学、技术知识以及由此创造出来的物质产品决定和推动着社会结构、社会组织、社会制度、伦理、道德、法律、风俗、习惯、语言、教育等规范体系以及宗教、信仰、文学、艺术等观念体系的精神文化发展。同样，精神文化诸因素也相互作用并共同反作用于物质文化的发展与进步。

（二）三元结构说

通常是指把文化区分为"物质文化、制度文化、精神文化"或"实物文化、行为文化、观念文化"的三层面。

持"物质文化、制度文化、精神文化"三分法者认为，在文化的结构上，物质文化属于表层，精神文化属于深层，在它们之间，还应分出一个属于中层的制度文化。在内容的划分上，物质文化与二元说法相同。精神文化仅包括人们的文化心理以及诸如政治思想、法律、道德、伦理、哲学、艺术、宗教等意识形态的各方面。制度文化则包括社会的经济、政治、法律体制及其运作方式，也包括婚姻、宗教等各种制度。它反映着个人对社会的参与形式，具有规范性和鲜明的时代性。这三个层面之间有机结合，存在着相互作用和制约的关系。

持"实物文化、行为文化、观念文化"的三分法者认为，三者也是文化的三个层面。作为第一层面的实物文化，除人类创造的一切物质产品外，还应包括在某种特定文化圈内被赋予象征性文化含义的自然物。属于第二层面的行为文化，包括了生产即技术行为、语言即符号行为、伦理即政治行为三大方面。构成第三层面的观念文化,也由"事实如此"观念(证实性知识)、"应当如此"观念(价值性观念)和思维模式三部分组成。这三者的关系,一般地说,有什么样的思维模式,就会产生怎样的证实知识模式和价值观念模式,反之亦然。

(三) 四元结构说

持"精神、行为、制度、物质"四分类法者认为:精神文化包括宗教信仰、价值观念、审美意识、伦理道德、文化心理、经验等;行为文化包括人的行为模式、生活方式、生产方式、婚姻与家庭方式及各种风尚习俗、节日等;制度文化包括政治与经济制度、体制、法律、典章等;物质文化包括衣食住行用及劳动工具等物化的文化现象。这四方面依次构成文化的从内到外的不同层次。精神文化是核心,也最稳定;然后由里到外是行为文化、制度文化;物质文化为最外层,也最不稳定。在整个文化体系中,物质文化、制度文化都易于改变,但精神文化中的很多要素却会超越客观而存在,进而支配人的思维、行为与创造。

持"智能、物质、规范、精神"四分法者认为:智能文化包括科学、技术、知识等;物质文化包括房屋、器皿、机械等;规范文化包括社会组织、制度、政治和法律形式、伦理、道德、风俗、习惯、语言、教育等;精神文化包括宗教、信仰、审美意识、文学、艺术等。其中,智能文化和物质文化表现为人类在认识、改造和控制自然界过程中所取得的成果,可归为第一类文化。规范文化和精神文化则表现为人类在物质文化和智能文化创造过程中,认识、改造、适应、控制社会环境所取得的成果,可归为第二类文化。第一类文化所形成的合作用力推动第二类文化的发展。同样,第二类文化诸因素也会相互作用并作用于第一类文化。

此外,还有文化的"多要素论"或多结构说。如认为构成文化的要素主要包括精神文化、语言符号、规范体系、社会关系和社会组织以及物质产品等。

二、少数民族传统体育文化的基本构成

少数民族传统体育文化是我们结合体育文化的属性从其各种文化体系中提炼出来的"文化符号",是我们用体育的文化特征从整体文化中"套用"、"衡量"和"比较"的产物。"体育文化要素的三个层面的形成过程就像一个发育的桃子,先发育外层的桃皮、桃白,桃核最后成熟,成为一个成熟的桃子。体育文化也是从外层要素即物质文化、行为制度文化首先发展的，在体育文化的一般结构要素的生长过程中逐步向行为制度文化和精神文化过渡，形成成熟的体育文化"。① 少数民族传统体育文化同样符合这种结构，我们运用文化三元结构论来分析和讨论。

（一）少数民族传统体育物质文化

这主要指少数民族传统体育文化中的物质创造部分，是通过劳动智慧创造出来的物质表象。如弓箭、弩、火药枪、刀、矛、剑、棍、叉、斧、钩、龙舟、竹筏、牛皮筏、马匹、牛、秋千、轮秋、磨秋、长鼓、陀螺、花棍、霸王鞭、高跷、中幡、棕球、藤球、毽子等。在少数民族体育的许多用具中，许多自然物质本身不属于文化的范畴，如树木、藤条、河流、高山等自然物质以及牛、马、羊、骆驼等动物，但是当它们一旦与民族体育活动结合，就成为少数民族传统体育活动的用具或参与对象了，也就被赋予了文化的内容。一般情况下，这些内容是一种处于文化结构表层的物质和表象，是一种反映人们智慧和才能的载体，是人们思想观念、价值功能和道德标准在这种文化体系中具体的客观的物质反映。

（二）少数民族传统体育的制度文化

这主要指人们从事少数民族传统体育活动的各种社会风俗习惯、传统礼仪、社会组织形式、禁忌、民间体育活动规范、民间体育开展形式、民间体育竞赛制度、竞赛规则与奖励办法以及各民族特定的开展传统体育活动的时间、节日等，如那达慕大会、龙舟节、赛马节、射箭节、三月三、火把节、花山街、刀杆节、目瑙纵歌节、泼水节、三月街、旺果节、达努节、开斋节、古尔邦节、阿肯弹唱会、花炮节、斗牛节等。

另一个层面是指少数民族传统体育活动中的习惯性行为，包括民间体育组织形式、民间体育技能、民间体育技术、民间体育内容以及从事少数民族传统体育活动的教学、训练方法、练习体育技能的各种手段与方式等。例如，我国少数民族的赛马、射箭、摔跤、龙舟、武术、打陀螺、叼羊、骑技、珍珠球、抢花炮、蹴球、毽球、木球、秋千、轮球、磨秋、跳板和跑、跳、投、攀爬活动的技能和技术等。

（三）少数民族传统体育的精神文化

这主要指少数民族传统体育文化中的精神创造部分，其中包含少数民族的体育习俗、体育价值取向、体育情感、体育精神、体育伦理以及融会于少数民族传统体育文化中的哲学、宗教、神话、传说、文学、艺术、民

---

① 童昭岗、孙麒麟、周宁：《人文体育》，中国海关出版社，2002年版，第96页。

谚、史籍等。①

在少数民族传统体育文化的结构图中，物质文化处于文化表层，是一种可以看得到、摸得着和可以感受到的文化实体，是其他文化形式的形式表征。少数民族传统体育精神文化是这一文化体系的核心，是民族精神、道德标准和价值规范的范式体现。制度文化处于这个文化体系的中层，是行为规范和体育行为标准的规定。少数民族传统体育的物质、制度和精神三层文化结构并不是一成不变的，这种划分是一个理论上的相对划分，它们之间的关系是一种相互紧密的联系和融合，在一定的条件下是可以相互转换的。

第三节 少数民族传统体育文化的特征

一、文化的特征

一般认为，文化有五个方面的特征，即文化的普遍性与特殊性、文化的后得性、文化的适应性、文化的分化与整合、文化的变异与涵化。

（一）文化的普遍性与特殊性

文化是人类特有的，是人类所创造的有形的和无形的财富，一切文化都是人的文化。文化作为人的创造物，集中体现了人的本质和力量，故有人说："文化的本质就是人化。"由此就可以认为，文化的普遍性表现在：文化是人类、人类群体以及个人所特有的，是人类社会、民族社会以及每个人所普遍具有的。然而，由于地理、生态条件等生存环境的差异性，人类不可能创造同一模式的文化。如生活在兴安岭地区的鄂伦春族，创造了具有狍皮御寒、逐兽迁徙特色的狩猎文化；生活在草原上的蒙古族，创造了具有骑马射雕、粗犷豪爽的游牧文化；生活在"坝子"上的傣族，以种植水稻为重要生产方式，创造了轻歌曼舞、柔情蜜意的"水"文化等。即便是在相似的生态环境下，若地域不同，人们创造的文化形式仍然具有很大的不同。因此，文化又具有多样性和特殊性。这就是说，一方面，人类具有创造文化、享有文化的普遍性本领；另一方面，人们又生活在不同的文化环境中，都在特定的文化单位中成长，通过他们又使这种文化世代相传。

---

① 饶远、陈斌等：《体育人类学》，云南大学出版社，2005年12月。

(二) 文化的后得性

所谓后得，是指后天的学习所得，而不是先天就有的。就是说，文化是人类的"社会遗传"，而不是通过生物遗传基因遗传产生的。猎物是在长期的生物进化和适应发展的过程中繁衍下来的，不是人类所创造的，在这一层面它不属于人类文化的范畴，但是当不同的民族采用什么样的方法去狩猎的时候，就被赋予了文化的含义。树木本身也不属于人类文化的范畴，但是当人们采用什么样的方式去攀爬采摘果实或制造成工具进行劳动和娱乐时就被赋予了文化的含义。马本身也不是文化，但当不同的民族用不同方式去养殖和骑练时，就赋予了文化的内涵，历史上我国就有北方游牧民族依靠骑射一统中华，从而改变了汉族独霸"天下"的局面。不同的民族在长期的生产，生活斗争中，形成了具有浓郁地方特色的民族文化，这种文化是通过后天习得的，是社会因素一代又一代通过各种方式延传下来的，而不是一出生就有的，因此，我们说文化是后得的。

(三) 文化的适应性

一般来说，文化是具有适应性的，这主要是指对特定自然环境的适应性和对社会环境的适应性两个方面。一方面，文化代表着对自然环境和生物需要的适应。例如，我国鄂伦春族在长期的狩猎生活中，其狩猎行为就具有强烈的保护意识，"俄伦春，俗重鲜食，射生为业，然得一兽，即还家，使妇取之，不贪多"。[1] 鄂伦春族有幼兽不打、怀孕的母兽不打的规矩。鄂伦春族用火也有非常严格的规定，火种必须完全熄灭并深埋，从未有过关于鄂伦春族用火引起火灾的事件发生。鄂伦春族人将自己与大自然融为一体，对森林具有浓厚的感情，形成了爱护自然、适应自然、遵循大自然规律生存的生活方式。因此，鄂伦春族的生产和生活方式、经济形式、宗教信仰、艺术表现、风俗习惯等文化元素都具有与自然环境和生态环境相适应的特征。另一方面，文化还表现在对社会环境的适应，亦即对邻近民族等不同文化群体的适应。这种适应往往是在社会压力下被迫进行的。如生活在东方大峡谷的怒江、澜沧江、金沙江三江流域的傈僳族，曾经以狩猎为重要生活手段，在用猎物与外族进行物物交换时，将猎物放在道路旁边，自己躲在树林中，对方将带来的食盐、稻谷等物留下，取走猎物。如果傈僳族人认为交换不公平时，就用弓箭射对方，从而达到物物交

---

[1] 白兰：《鄂伦春族狩猎文化对今天中国社会的启示》，载《保护与传承——鄂伦春民族文化研讨会论文集》，第66页。

换的相对公平。躲在树丛中，在交换不公平的情况下用弓箭射对方，显然是一种防御和生活需要的举措，是与外界群体或民族交往中受到较大压力有关，就是说，它代表着对周围特殊社会环境的一种适应性反映。

从生态人类学的理论来讲，文化与环境的理论分为两类："决定论"和"互动论"，决定论有两种极端的观点，即"环境决定论"和"文化决定论"，前者认为地理环境决定性地造就了人类及其文化，后者的观点则完全相反。"互动论"认为文化与环境之间是一种对话关系，文化和环境的重要程度因时因地而有所不同。有时文化显得重要，有时环境显得重要。[①] 由于文化体系的不同，不同的民族面对相同的生活环境（包括自然环境和社会环境），可能会采取不同的适应方式，从而形成了人类文化的多样性发展。不论哪种理论，都是从不同的观点去阐释人类文化必须与环境相适应而发展的关系。

（四）文化的分化与整合

所谓文化分化，是指从旧文化体系中分化出新文化体系的过程。旧文化体系可以是民族的、国家的或整个社会的，也可以是社区的、群体的。文化在一定程度上都是由许多文化要素彼此联结、互相依存结成的综合体，都可以构成相对独立的体系。在社会发生变化时，不论其变化的原因是政治的、经济的，还是其他社会因素，在旧体系中就会产生新的需要，新的价值取向，并与旧的文化发生矛盾冲突。当这种矛盾突破临界点时，原来的文化体系就被打破，发生文化的分化现象，衍生出新的文化体系或系统，对这种现象，称之为文化分化。我国许多少数民族的文化发展都出现过文化分化现象，如北方草原地区的蒙古族，由游牧文化体系中分化出了农耕文化体系；大兴安岭中的鄂温克族，由森林文化分化出畜牧、农耕文化体系等。由于每一次文化分化都会外化出一些新文化，所以文化也就越来越丰富，越多样，越复杂。

文化在变化过程中不仅有分化，同时也发生整合。所谓文化整合，即指不同文化互相影响、吸收、融化、调和而趋于一体化的过程。文化有排他性，但同时也有融合性。特别是当不同的文化杂处于一起时，他们必然会互相吸收、融化、调和，发生内容和形式上的变化，最后逐渐整合成为一种新的文化体系。通常认为，一个国家或一个民族，其文化体系越是整合了不同的文化要素，那么它的文化体系越丰富，越有生命力，它的整合

---

① 罗康隆著：《文化适应与文化制衡》序，民族出版社，2007年8月。

能力越强。

(五) 文化的变异与涵化

文化的变异,又称为文化变迁。简单地说是指,或由于民族社会内部的发展,或由于不同民族间的接触而引起的一个民族文化体系,从内容到结构、模式、风格的变化。这个定义中,先指出了引起文化变迁的两大动因,一是内部的,是由于该民族社会自身的发展,即进化、发明、发现而引起文化变迁;二是外部的,是在与不同民族的接触中,受到他民族文化的传播影响,出现借用或创新而导致的文化变迁。

涵化是文化变迁理论中的一个重要概念。它是指由两个或两个以上不同文化体系间持续接触、影响而造成的一方或双方发生的大规模文化变异。产生文化涵化的前提有两个条件:一是文化接触;二是文化传播。作为条件之一的文化接触,是指相互、持续地接触。文化各异的民族群体之间接触时间越长,面越广,交往越深,相互借鉴的东西就会越多,他们的文化相似性就会越大。涵化的另一个前提就是文化传播,它是指由一种文化向其范围之外转移或扩散,引起他们的文化互动、采借及整合过程。在不同文化的持续接触中,文化传播是不可避免的,而且也只有通过大量的相互传播,涵化才能最后实现。在涵化过程中,由于互相接触的各方文化差异程度的不同以及变迁一方文化内部选择的不同,都有可能呈现不同的过程和出现不同结果。文化的涵化可能出现以下几种情况:一是接受,即通过接触、选择、借鉴,接受了某些文化成分。有些接受是被迫的,称为"逆涵化";有些是自愿的,称为"顺涵化"。二是适应,即把接受过来的各种文化成分同自己传统文化体系的部分或全部协调起来的过程。由于协调的方向不同,其结果或是接受其他文化的影响,逐渐失去本文化的特点而成为其他文化一部分的过程,它反映在民族文化上就是民族同化;或者是在两种文化的接触交往中,发生双向的调适,产生与各自原有文化特征均不相同的新特征。从而形成一个新的单一的文化,它反映在民族问题上,就是所谓的民族融合。三是抗拒,即在涵化过程中,由于政治上处于支配地位的文化压力太大,变迁发生过猛,致使许多人不能接受,从而导致排斥、拒绝、抵制或反抗现象。[1]

---

[1] 林耀华:《民族学通论》,中央民族大学出版社,1997年版,第397页。

二、少数民族传统体育文化的特征

少数民族传统体育文化是少数民族传统文化的一个体系，是文化符号的具象反映，它不仅具备文化具有的一般性特征，同时还具其独特的文化特征。

（一）融合性

相对于汉族和西方民族来说，我国少数民族社会文化分化程度不高，许多文化现象没有形成一种单独的文化体系，而以一种综合的、交融状态呈现。我们冠之以"少数民族传统体育文化"的这种文化"符号"，是我们用"现代体育"的标准进行"衡量"和"套用"的产物，在许多民族的语言当中根本就没有"体育"这个词汇。为了应用和研究的需要，人为地将各种文化体系中符合"体育文化"的"事物"进行分类和罗列，便形成了现在所说的"少数民族传统体育文化"的体系。

少数民族传统体育与舞蹈、宗教、民俗、军事、生产活动等密切相关，有很多现象我们很难将它们的文化属性进行合理的区分。如苗族的"跳芦笙"是舞蹈还是体育；纳西族的"东巴蹉"是武术还是宗教表演；壮族的"抛绣球"是民俗还是体育表演；流行于哈萨克等民族的"姑娘追"是婚俗还是体育活动；傣族的"堆沙"是佛事活动还是体育创意等。虽然我们将少数民族传统体育作为一个单独的文化体系进行分类和研究，但是它与其他文化形式相互交融，形成你中有我、我中有你的局面，孤立地看待和人为地界线划分是行不通的。因此，通过对少数民族传统体育文化的研究，我们透视的不仅是体育自身的文化内涵，同时也是对少数民族整体文化的探讨。从整体和宏观的高度去看待问题是我们研究少数民族传统体育文化的视野。

（二）传承性

虽然在少数民族社会文化中，传统体育处于文化的边缘位置，作为一个独立的文化体系，其理论体系也没有得到充分的发展。但是作为一类客观存在的社会事物，少数民族传统体育以其独特的文化特征在少数民族历史发展中扮演着重要角色。

在我国 55 个少数民族中，各民族的社会发展很不平衡，甚至在同一民族内部的不同地区之间也不平衡。"解放前，只有 21 个少数民族有自己的文字，有 53 个民族使用本民族的语言"，"解放前，我国少数民族地区的社会经济结构是复杂的。许多少数民族的社会经济结构和汉族相同或大体相同，即封建地主经济占了统治地位。而有的一些少数民族的社会经济结构和汉族地区则大不相同，有的是封建农奴制，有的是奴隶制，有的甚至还保有原始公社制残余。概括起来，可以说是一部四种社会经济形态并存的活的社会发展史"。① 在这种社会环境下，肢体行为就成为许多民族传授技艺、讲述历史传承文明的重要手段。我们现在所看到的许多少数民族传统体育比赛和表演就是由他们的祖先世世代代延传下来的。

节日是展现少数民族传统体育的重要场所，傈僳族的"刀杆节"中表演的"上刀山、下火海"是为了纪念抗击外寇而英勇献身的王骥将军。巫师在表演前，要进行一系列的宗教仪式，通过这种仪式和表演教育后代、祭祀先人，传承了傈僳族不畏强暴、勇于抗争的民族品质。白族的龙船竞渡也称为"捞尸会"，是为了纪念忠贞不渝的柏节夫人不屈服于强势而投海自尽的英勇行为，传承了白族人民英勇不屈的崇高品质。鄂伦春族的"迁徙"游戏，表现了鄂伦春族人民崇尚自由、不畏艰辛的生存理念。

少数民族传统体育作为一种载体，被赋予了民族精神的烙印，它反映了一个民族的心理品质、价值观念、行为准则和道德标准，通过这种形式教育后代、传承文化。它不仅是一种行为方式的继承，更是一种民族精神的延传。

（三）稳定性

历史上，我国曾经出现过多次民族大迁徙，由于种种原因，许多民族分成若干个支系，并走上了迁徙之路。体育作为一种肢体文化符号与语言、宗教仪式和艺术等文化形式一样，将承载文化主体的人作为载体而世代延传着。尽管许多民族在历史发展中形成了不同的支系，各自走向了不同的发展之路，但是通过横向的对比可以看出，其体育文化的表演特征和民族意识却表现出高度的一致性。纵观我国一些少数民族的发展史，可以说是一部血泪史，在民族压迫和民族冲突中许多民族不得不迁徙游离，从地肥水美的平原上搬迁到高山峡谷、深山密林等生存环境恶劣的环境中。但是，不管他们经历了怎样的苦难，只要他们人在，其体育文化所表现出来的民族精神就会得到继承。芦笙舞是我国西南地区少数民族喜爱的一项活动，特别是苗族每年都要举办"芦笙会"，人们利用各种方式进行竞赛和表演，体现了苗族的文化风情。在历史的发展进程中，苗族分成了若干

---

① 国家民委民族问题五种丛书编辑委员会《中国少数民族》编写组：《中国少数民族》，人民出版社，1981年版，第3页。

个支系,但是跳芦笙的活动却在有苗族人的地方就广泛流行着。因此,少数民族传统体育文化具有很强的稳定性。

（四）制约性

按照经济文化类型的分类,可以把我国各民族的经济文化状况分成采集渔猎型经济文化类型、畜牧经济文化类型和农耕经济文化类型等。不同的自然环境、不同的生产和生活方式、不同的民族发展历程和不同的思想价值观念形成了不同形式、不同标准、不同类型的体育文化形式。同时,体育文化的形成和发展也受人们所处的自然环境、社会环境等因素的制约。

傣族生活在"坝子"上,以稻耕经济活动为主,优越的自然环境使他们体育文化特征表现为柔美的特点；傈僳族生活在高山峡谷的怒江江畔,险恶的自然环境使他们以射猎为生,射弩、吹枪、毒针等射猎形式是他们主要的体育文化特征；鄂伦春族生活在茫茫林海,骑马打猎是他们重要的活动方式,其体育文化就表现为骑射的文化特点。因此可以说,与生产活动相适应的体育文化形式受自然环境的制约。

不同的社会发展历程,不同的宗教信仰和不同的价值标准限定了不同民族的体育文化特征。形式相同的体育形式在不同的民族具有不同的行为规范,一些活动方式在某些民族中具有严格的"禁忌"。例如打陀螺项目已经被列入全国少数民族传统体育运动会的比赛,一些代表队根据规则发明了"吊球"、"抛球"的打法,并在运动会上取得了好的成绩。但是在云南省思茅地区景谷县这个少数民族聚集的陀螺之乡,人们却坚决反对这种打法,认为打陀螺必须用全力去击打,其他的打法是与他们传统的理念相违背的。因此,少数民族传统体育文化也是受社会环境和其他因素制约的,其文化形式表现为制约性。

（五）传播性

少数民族传统体育文化是通过各种形式的竞赛和表演而体现出来的,具有表演性强、观赏性强、趣味性强、模仿性强和人们喜闻乐见等特点,这些特点为文化的传播创造了条件。在少数民族传统体育的研究中,我们经常可以看到一项体育活动往往呈现出多个民族共同拥有的情况,而且关于项目的文化特征和寓意还趋于一致性。这一方面是由于民族迁徙和民族发展的影响；另一方面也反映出各民族接触中,体育作为一种具有肢体语言特点的文化体系,在民族交往和接触中易于传播。

"体育是一种无声的语言",全国少数民族传统体育运动会已经举办过

8届了，通过这个舞台许多项目在全国被广泛地开展，民族文化也得到了弘扬。运动会竞赛的项目是由一个或几个民族拥有的，但在这个大舞台上，这些民族的文化通过这些项目被迅速传播，运动会也成为弘扬和传播民族文化的大舞台。

（六）变迁性

尽管少数民族传统体育具有顽强的生命力，但是在文化接触和文化整合的过程中，少数民族不断适应新的社会文化观念，从而遗弃自己传统的文化。当少数民族社会内部和外部条件被改变时，当它赖以生存的空间被改变时，体育文化就会走向变迁、衰弱甚至消亡的道路。

进入20世纪80年代以来，随着我国改革开放和经济体制改革的迅猛发展，在经济全球化和文化一体化浪潮的推动下，原本较封闭和保守的我国少数民族社会发生了翻天覆地的变化。少数民族原有的社会体制被彻底打破，传统的道德准则和价值观被改变，经济大潮改变人们的生活方式，原本人们喜闻乐见和积极参与的体育活动无人顾及，传统的文化被遗弃。

当今，在经济全球化、文化一体化和信息技术高度发达的冲击下，少数民族社会正在发生着剧烈的变化。文化转型、环境变迁、生活方式的改变、人口迁徙、道德价值观念的再认识、商品经济的无情洗礼等因素无情地冲刷着人们的头脑，现代的生活方式和标准成为少数民族年轻一代追逐的目标，传统的文化往往被人们视为原始的、落后的，在这种"现代化"的浪潮中，具有"神秘性、延续性和不可再创性"的少数民族传统体育文化正在快速消亡。这种文化反映了民族历史的进程，记载了人类文明发展的足迹，承载了文化的传承，不仅是少数民族，同时也是全人类的文化遗产，抢救和保护这些宝贵的文化财富迫在眉睫。

思 考 题

1. 怎样理解文化的概念？
2. 怎样理解体育文化和少数民族传统体育文化的概念？
3. 用三元结构的理论阐释少数民族传统体育文化的内涵。
4. 论述少数民族传统体育文化的特征。

第六章　少数民族传统体育的文化视野

中国少数民族文化千姿百态，包罗的文化现象纷纭复杂。各民族在其历史发展过程中创造和发展起来的具有本民族特点的文化，包括物质文化和精神文化。饮食、衣着、住宅、生产工具属于物质文化的内容，语言、文字、科学、艺术、哲学、宗教、节日和传统等属于精神文化的内容。[①] 中国少数民族传统文化主要包括：衣食住行方面的生活文化；婚姻家庭和人生礼仪文化；民间传承文化，包括民间文学艺术、民间歌舞、民间游乐等；科技工艺文化；信仰、巫术文化；节日文化等。[②] 少数民族传统体育是少数民族传统文化的一种形式，它与其他文化形式有着千丝万缕的联系，往往以复合形式融于其他文化形式中，探讨它与其他文化形式的关系是研究少数民族传统体育的重要内容。

第一节　少数民族民俗与传统体育

民俗包括的范围非常广泛，有社会、家庭、生产、交通、居住、饮食、服饰、工艺、宗教信仰、祭祀、禁忌、道德、礼俗、节日、人生礼俗、婚姻、葬礼、文化娱乐等众多方面的内容。我国少数民族分布的地域广阔，生产生活方式多种多样，风俗习惯也有很大的不同。少数民族风俗来源于生活实践，是在漫长的生产、生活实践中逐步形成的，具有很强的稳定性、传承性，即使遇到很强的干扰也很难改变，因此，研究少数民族风俗是了解少数民族历史、文化的重要手段。少数民族传统体育活动体现在各种民俗活动中，是各种民间活动的重要内容。

---

① 《中国大百科全书·民族卷》，第313页。
② 徐万邦、祁庆富：《中国少数民族文化通论》，中央民族大学出版社，2006年版，第24—25页。

一、生产劳动习俗形成的少数民族传统体育

生产劳动是人类赖以生存、发展的基本条件,也是孕育体育活动的源泉。从民族体育产生、发展和形成的历史过程不难看出,具有民族特色的民族体育活动,几乎是在生产劳动中产生、发展、演变而成为深受各民族喜爱的传统项目或竞技项目的。它根源于生产劳动的实践活动。

生活在高山峡谷、崇山峻岭、密林深处,以农业为主的各民族人民,在长期的农业生产劳动中,为了保护庄稼、防身、狩猎、丰富生活内容、增添生活色彩,在漫长的适应自然和征服野兽的斗争中逐渐形成了与生产劳动密切相关的,具有山地民族特色的各类体育活动。如被誉为"高山峡谷主人"的傈僳族和独龙族,信奉"山有多高、水有多高"的哈尼族,具有精通武术传奇人物的德昂族以及怒江两岸的怒族、滇西北高原的普米族、滇西南哀牢山旁的拉祜族等民族,射弩、射箭、摔跤、武术、打磨秋等都是他们的传统体育活动。

由于这些体育活动产生于生产劳动,所以在生活中也就必然占有重要的地位。其中尤以狩猎逐渐演变而来的射弩,在这些民族中所占的重要地位,可通过傈僳族的一句俗话"拉不开弓的就不算男子"而见一斑。因此,弓和箭是傈僳族、拉祜族、普米族、独龙族、怒族等民族男子的标志和随身之物(怒族妇女也有射弩的习俗)。在拉祜语中称虎为"拉",用火烤食为"祜","拉祜"即用火烤虎肉吃的意思。拉祜族的神箭手,可用箭射刀刃,一箭射出,把箭杆和箭花都劈成两半。明景泰《云南日经书志》记载:"傈僳人,居山林……常带药箭弓弩,猎取禽兽,其妇人则取草木之根以给日食。"因而,他们射弩技艺精湛。傈僳族在历史上也有"尤善弩,每令其妇负小盾前行,自后射之,中盾而不伤妇"的称颂。怒族的神箭手,有的也把箭射到锋利的刀口上,刀口把箭头整齐地剖成两半,有的能把箭射进很小的铜钱眼里。这些民族中的男子生前与弩弓、箭包结伴,死后弩弓和箭包也就成为随葬品。

生活在高原和草原的民族,在漫长的牧业生活中,使他们练就了一身过硬的马上技艺,他们的传统体育活动,几乎在马背上进行。如被誉为"草原骄子"的蒙古族,有"马是哈萨克的翅膀"之骄傲的哈萨克族,有"帕米尔之鹰"之称的塔吉克族,生活在青藏高原牧场的藏族以及以牧业为主、逐水草而居的柯尔克孜族等民族,在马背上进行的传统体育活动,就有赛马、马上射箭、摔跤、叼羊、追姑娘、马上角力、跑马拾银、马上

击球等。这些象征着他们机智、勇敢、技艺超凡的体育活动，无一不是来源于生产劳动，并在生产劳动中发展、演变成为具有广泛群众基础，深受各民族酷爱的体育活动。

生活在依山傍水、风光秀丽、景色迷人地区的民族，在靠山吃山、靠水吃水的漫长生产劳动中，经过世代相传、承袭，积累了有益于身心健康，具有浓郁民族特色的各种类型的体育活动。在祖国西南边疆有"绿色宝石"之称的德宏和西双版纳傣族，素有"风花雪月"四绝之美的大理白族，好斗龙舟的苗族以及土家族和侗族等，他们广泛开展的体育活动有划龙舟、游泳、武术等。而傣族武术的产生，具有广泛的综合性。也就是说，傣族武术是其祖先在和大自然长期的生产、生活实践中，模仿生产劳动、动物和植物的形态创造出来的，并在实践中不断地丰富和发展，在与其他民族的交流中更加充实完善。如妇女纺线、猪摇尾巴、斗鸡、猴子耍戏以及风吹芭蕉叶时的摆动，都可形成武术的基本动作。象形拳如象牙拳、马鹿拳、虎拳、抓获拳，就是模仿兽类和生产动作而形成的。1979年在南宁获全国武术观摩大会一等奖的瑞丽县傣族青年罕约表演的刀术，就是模拟在深山老林中与蟒蛇搏斗的情景。1982年在全国第二届少数民族传统体育运动会上，来自孔雀之乡的傣族妹恩、吞劲表演的孔雀拳，就是模仿在密林中孔雀嬉斗的动作，形象逼真，给人留下深刻的印象。

二、婚俗丧葬与少数民族传统体育

中国少数民族古往今来传承保留的婚俗、丧葬礼仪，民族风格古朴，色彩浓郁，别具一格。各种形式的民族体育活动与恋爱、婚俗礼仪密不可分。青年男女在各种体育活动中寻觅倾慕之人，在婚礼中进行体育活动，以示庆贺、祝福。在丧葬礼俗中，有些民族也用体育活动来祭祀亡者的灵魂。

（一）少数民族传统体育活动是少数民族青年男女寻找恋人的重要方式

我国少数民族分布广阔，南北风俗、文化有很大的差异。就择偶方式来讲，南方民族和北方民族也有所不同。就绝大多数民族的情况来看，过去青年男女结婚，都必须经过父母或舅舅的同意。有些青年男女，因不能与自己的意中人相结合，而不得不进行艰苦的斗争，几乎各民族都有真实的爱情悲剧故事或歌颂为纯真爱情献身的故事。

南方许多民族都有传统的娱乐、社交节日。节日活动的一项重要任务就是为青年男女寻找伴侣。而各种形式的体育娱乐活动就是青年男女相互了解的重要方式。青年男女在一起舞蹈、对歌、交游、竞赛、择偶，为青年男女美好的婚姻创造了条件。如贵州省凯里所属的舟溪苗族村寨，每年农历正月十六至二十，是聚居在这一带苗族人民的传统节日——芦笙会。芦笙会就是为青年男女提供寻觅佳偶的重要活动。这里的芦笙堂一侧的碑文刻有："吹笙跳月乃我苗族数千年来盛传之正当娱乐。每当新年正月，各地纷纷循序渐举以资娱乐而贺新年，更为我苗族自由婚配佳期。其意义之大，良有此也。"芦笙会期间，各种形式的吹芦笙、跳月活动就成为人们节日活动的重要内容。青年男女也借机互相了解，寻觅自己的恋人。

位于贵阳南郊50公里高坡处居住的苗族，每逢农历十二月至第二年"四月八"期间，就在高坡处举行射背牌活动。射背牌是男青年们选用优质木材制作长弓，女青年们精心绣制作为靶子用的背牌。射背牌时，一般都有四五对以上青年男女参加，趁此进行社交活动。苗族男女老少身穿节日盛装，像潮水一样涌向活动场地。姑娘们背着自己精心绣了一年的美丽的背牌，含情脉脉地站在高坡上，小伙子们扛着彩旗，手挽强弓利箭，跃跃欲试地站在坡下。中午时分，铜锣一响，射背牌开始。一支支利箭飞向预定的背牌，男女双方都为竹箭射穿背牌而狂欢跳跃。背牌未被射中，表示双方感情不够深。背牌被射中，表示双方有缘分，可以确立恋爱关系，双方父母都积极支持。射中背牌后，不能成为夫妻，男女双方为了表达心意，女方把背牌送给男方，男方把自己拴在腰间的红腰带送给女方作纪念，并表示今后作兄妹来往。男方赠送的纪念品，以后收入死者棺葬，把腰带当做衣裙，把背牌当做枕头。

标鼠，是苦聪青年求得佳偶的媒介。它生活在原始老林、藤子里，食液果，也吃包谷。清晨和黄昏才出来活动，身轻灵巧，能跳两米多高，十几米远，很难捕获。苦聪人有句话："虎熊豺狼不难捕，小小标鼠难于捕。"有的小伙子到了结婚年龄还找不到对象，就是因为没有猎过一只标鼠。苦聪人说亲的首要条件，就是要以亲手射来的标鼠献给姑娘家的父母，能否射得标鼠是作为是否勤劳勇敢的标志。因此，射箭、射弩、吹枪等活动就成为苦聪人经常练习的活动，每一个男子都有一手过硬的射箭本领。

青年男女的社交活动寓于民族体育活动之中。不论是跨地区、跨村寨，还是本村本族举行的体育活动，不少是以青年男女互相结识、交流感情为目的。如云南的哈尼、彝、拉祜、纳西、白、阿昌、布朗等民族的秋千类活动，苗族的"花山节"登山、景颇族的"恩鲜鲜"（采花节）、基诺族的"丢包择偶"、布依族的"跳月"（布依族称为"逛场"）、壮族的"抛绣球"、瑶族的"抛花包"、傣族的"丢包"（傣语叫"端芒管"）等。这些活动，由于是以寻觅爱慕之人为目的，所以深受各民族青年男女喜爱。

此外，彝族的"摔跤"、苗族的"斗牛"、基诺族的"顶竹竿"、怒族的"乍螂抛"、水族的赛马、景颇族的"爬滑杆"、藏族的"骑马射箭"、哈萨克族的"马上摔跤"等体育活动，既是力量的较量，又是智慧的竞赛；既比勇敢，又赛技能。所以这些活动，不仅是竞技活动，还是男女青年选择倾慕之人的最佳场所。因为在这些活动中，独占鳌头的胜利者不仅是受人们尊敬的人，而且还是姑娘们最爱慕的人。如小凉山的彝族，摔跤的"大力士"夺冠后，将在仲裁的陪伴下，威风显赫地绕村三周，备受全村男女老少的尊敬。倘若他是未婚小伙子，将得到姑娘们的青睐，哪怕他一贫如洗，没有聘礼，村里最美丽、最富有的姑娘都愿意嫁给他。相反，要是哪个小伙子不会摔跤或摔得不好，在当地便被人视为"胆小鬼"，"无用之辈"。

"抛花包"是瑶族男女青年的一种娱乐形式，瑶语叫"武多"。瑶族的花包是用红、黄、蓝、白四种颜色的布拼缝而成，内装玉米。参加抛花包活动的人数不限，男女各为一方，每人都握两个花包，距离约一丈远，左手接右手抛，男女对掷，往复循环，一时满场彩花飞舞。关于抛花包的来历，传说是从前有对男女青年相爱，男的叫盘阿思，女的叫刘三娘。瑶头想讨三娘为妾，被三娘拒绝，转而逼盘阿思，要盘阿思三天内制成一件五色凤凰衣，否则不许与三娘结亲。盘阿思历尽艰辛，连一只鸟儿也没有猎获。后来，一位仙女为阿思的精神所感动，送给阿思一件凤凰衣。阿思和三娘在乡亲们的帮助下，打死了瑶头，结成了夫妻。为了纪念这件事，三娘按照凤凰衣的颜色，绣了四个荷包，保留了红、黄、蓝、白四色，舍弃了黑色，以表示冲破黑暗，走向光明。自此以后，便有了抛花包的活动。

我国很多民族同宗族甚至同姓的人不许通婚，而每个少数民族村寨的居民几乎是同宗同姓的。各个村寨间由于交通等原因，平时较少来往，只有通过农闲季节的各种节日才能打破村寨之间界线进行社交活动。也才能给年轻人提供相识择偶的机会。

（二）婚礼中的民族体育活动

我国各少数民族有着情趣浓郁、妙趣横生的婚礼礼仪。在婚礼上，除有震耳欲聋的鞭炮声、喧闹喜悦的祝福声、热情洋溢的歌舞声交织成一首美丽动人的交响乐外，还以传统体育活动竞技表演相伴。如裕固族盛行在婚礼上进行跑马活动；塔吉克族在婚礼上举行叼羊活动；大小凉山以及巍山、楚雄一带的彝族，在婚礼上，一边围着火塘跳"达拉里"（芦笙舞），一边却摆开摔跤场，而且要摔个通宵达旦。生活在迪庆藏族自治州中甸县大草原上的藏族，在婚礼上要进行赛马迎亲，还要在马背上进行各种竞技表演；而云南墨江哈尼族的卡多人支系，在婚礼上要进行独具一格的"橄榄迎新郎"活动。即当新郎去接新娘时，新娘家要用鲜橄榄抛击新郎。其意为一是让新郎先吃苦头，经受住如冰雹般橄榄袭击的考验，以示对爱情的忠贞。二是橄榄回味甘甜，果实累累。用橄榄抛打新郎，象征着婚后家庭幸福美满，子孙满堂，人丁兴旺。

新中国成立前，"抢亲"在我国许多少数民族中都曾流行。陈鼎在《滇黔土司婚礼记》中插述苗、布依、仡佬、白彝和黑彝等以"跳月为婚者皆不……跳月为姻者，元夕立标于野，大会男女，男吹芦笙于前，女振金于后，盘旋跳舞，各有行列，讴歌互答，有洽于心则奔之，越日送归母家，然后遣媒邀请聘焉。既成则男就于女，必生子，然后归夫家"。在苗族聚居的贵州省清水江流域，苗族男女青年缔结婚姻的形式，多半是通过"游方"，男女双方情投意合，愿结为夫妻便可商定结婚日期，事先对父母要保密。在自行商定的结婚日期，男子在几个青年友伴陪同下到女方村寨，半夜或黎明前将姑娘偷到男家。姑娘来时仅带几件衣服，新娘接到家后便与姑嫂做伴。男方父母同意，在第二天便派1~2个善于辞令的中年男子为媒人，带鸭一只，酒一壶，赴女方报信并求婚。女方若同意，不仅收下礼物，还设宴招待。

从江县等地的苗族过去也有自己的抢婚形式。当苗族男女青年双方产生感情，不经父母同意即可将女的领到家里结婚。这种结婚的形式，苗族称为泥娘，多发生在踩秧堂。踩秧堂多在春耕举行，是以村寨为单位举行的集体庆祝活动。秧堂是一块位于村寨中心的空地，踩秧堂的日期由各村寨自行选择，一般在正月或二月举行，具体活动期限为三至五日，是当地苗族一年一度的盛会，未婚少女和未生育的少妇要装饰打扮。男女利用踩秧堂的机会选择对象，即使已婚亦可重叙旧好，同异性畅谈爱情。当男子将女子偷到家后，进门前要先请一个人去报喜。男家得到喜讯后，要请少妇1~2人，各持酒、鱼、麻立于门内，待女子走到门口，将酒和酸鱼由门内递给新娘和伴娘。其用意是祝她命大如鱼，寿长如麻。新娘入门后，要杀鸡看眼、占卜吉凶，如有不祥之兆，即送给女方白银一两，并由男方父母亲自送姑娘回家。如无不祥之兆，便请一个媒人，到女方家登门道歉。

女方父母若不同意，即可亲往男家将女儿领回，如女儿不回来，女方父母甚至再送给男方一头牛或银币六十六毛赎回。若男方父母不同意儿子偷来的女子为妻，退回女子要送给对方一头牛。只有双方父母都无异议的情况下，才能选期举行回门礼。

金平县苗族中的黑苗，过去十分盛行抢婚。抢婚中虽然有男方强行劫持女方的现象，但多数是在男女双方同意的基础上，由男方派青年伙伴数人到女方村旁将女方抢到男家。他们认为，这样女方便丧失了回家的权利。

新中国成立前，凉山彝族仍然部分地保留着抢亲的习俗，即在彝族内部"门当户对"的原则下，不经过媒聘的手续，男方径自带人到女方抢亲。抢亲以后有通过双方说和谅解而正式成婚的，但也有因此结怨，造成男女双方长期成冤家的。因此，暴力抢亲并不普遍，而更多情况是男女双方通过媒聘等形式，只在娶亲的阶段，扮演一场"抢亲"的闹剧，它不过是表示新娘并不愿意离开自己的父母，离开自己可爱的家乡，出嫁只是"被迫而已"。结婚仪式有简有繁，在娶亲时要突出表现出喧闹的"抢亲"的壮观场面。结婚前三日，男方在亲友中挑选壮汉数人，以新郎的兄弟领头，赶一头猪，抬一桶酒往女方家迎亲。女方闻男方将来迎亲，便储水于门，待迎亲者至，即没头没脑地向迎亲者乱泼。迎亲者这时要表现得十分勇武，头蒙"擦尔瓦"，冒着"暴雨"，猛冲进屋，虽周身尽湿亦十分快意。屋内则烧一盆熊熊大火，任其烘烤。《盐井志》说："白彝泼水为媒。"此俗则黑白彝相同。当迎亲者和女家长辈闲谈之时，女友们又乘其不防，用锅烟灰抹在他们脸上，使迎亲者个个成花脸黑脸。而迎亲者又必须宽宏大量，任女家泼水、戏弄、抹黑而又不生气，不发火。这天午后，女家于房外搭一草棚，由男家来人将新娘背入棚内，由女伴为其梳妆打扮，更换新衣。将新娘梳妆好后女家即在草棚侧备肉酒款待男家客人。食毕，男女两家来客又各站一排，预备角力。若一方负，对方之人必拍手欢呼，庆贺胜利。比赛结束，由女家令人将新搭草棚拆去，此时新娘开始哭泣，词句哀怨。大意是马上要离开可爱的家庭、慈祥的父母，到远方去了。歌词洋溢了惜别之情。哭后由迎亲人将新娘背入屋内，这晚人人饮酒食肉，且以歌舞助兴，狂欢达旦。次夜，两家身强力壮的大汉又相扑戏，男方于混乱中把新娘抢抱背负而奔，新娘大哭，似不愿前往。女家率众尾追，表示要把姑娘夺回。新娘抵男家也置于小草屋内，男家也杀猪备酒招待亲友四邻。不识的过路人也盛情接待。当晚新娘与陪伴女友等宿，新郎睡于他处。第三天，新夫妇共赴女家，叫"回门"。并牵羊一只、带酒一桶为礼。途中不交谈嬉笑。抵女家后即用新婿背来的肉、酒款待。午后新郎独归属，新娘仍留娘家。待女家献神时，才正式娶亲。在男家正式娶亲的时候，新娘头上蒙一块披毡，由房内哭出门来，女嫔替新娘重理头，裙挂银牌，戴耳环，由两个女嫔扶着，徐徐哭行。走一段路后，对面迎亲的男子来了，女嫔们把新娘留在岩石上坐着，向前来的男子破口大骂，并捡石块向他们乱掷，顿时瓦石纷飞使他们不敢近前。在男女双方一场战斗中，男方的勇士伺机突入，把新娘从岩石上抢走，抱驮上马，无马时便由迎亲男子交换背负，胜利而归。在婚后的一段时间内，新郎要求与新娘同宿时新娘必须拒绝新郎的要求，据说，这是显示妇女的高贵和不可侵犯的贞操；以至尽管新郎多方努力，在短时间内尚达不到目的。新郎、新娘在互不让步的情况下，新郎的脸上、手上往往出现有齿印和轻微的伤痕，这便证明是一对美满的姻缘，而且以后所生的孩子必定非常聪明和勇敢。

我国少数民族大多能歌善舞，在欢庆的结婚仪式上各种形式的文体活动层出不穷，也充分反映了丰富多彩的少数民族传统体育文化。

(三) 丧葬中的民族体育

少数民族在丧葬中的体育活动，形式古朴、庄重肃穆，且色彩扑朔迷离。如云南的彝族、哈尼族的武术活动，主要表现在丧葬活动中。在一些彝族、哈尼族地区，人死后，要请武艺队前来跳尸。在送葬时，武艺队挥舞着小龙头、大刀、枪、钩镰、链铗（两节棍）、棍、绳标、流星、跎、匕首等走走打打，边打边走，威风凛凛。据说，是为了驱鬼，让死者平安到达"天国"。景颇族在长者去世后，舞艺队要围着亡者绕圈跳丧葬舞（景颇语叫"各蚌"），领舞人手持短棒模仿各种生产劳动动作边跳边舞，其余的人敲着大小铓锣随领舞者跳，从人去世的那一天开始，每晚通宵达旦，直到安葬为止。一是表示对亡者的悼念和敬仰；二是表示对死者家人的安慰。在普米族中，如果亡者是妇女，其娘家的兄弟就要身披白毡率亲友持刀奔向婆家，婆家亲友要赶到村口迎候，当双方见面后，要各出12名壮小伙子，身着皮甲合跳厮杀舞。纳西族在葬礼上要进行四方射箭，以示驱邪。傈僳族在丧葬礼中，也要跳"祭祖舞"，唱"安魂歌"。

第二节　少数民族艺术与传统体育

我国55个少数民族在数千年的历史长河中，创造了种类繁多、风格各异的民族艺术。如少数民族音乐、舞蹈、戏剧、曲艺、文学、岩画、绘画、雕塑、工艺美术等。他们直接扎根于各族人民生活土壤中的民族艺术，是由各族群众集体创作、集体传承的。通过各种民间形式，反映他们的民族历史、宗教信仰、风俗习惯、生产劳动、审美情趣等，抒发他们的思想情感，表达对生活的向往。因此，少数民族的艺术是人民大众的艺术。

少数民族艺术具有悠久的传统。引人注目的青海大通县出土的舞蹈纹彩陶盆，距今约有5000多年的历史，它是原始社会后期分布于河湟流域的古羌人的原始文化遗物。写实的三组图案中，舞者正携手迈步，头饰和尾饰朝同一方向倾垂，这种"联臂踏歌"的古舞形式，至今保留在藏缅语各族的民间歌舞中。岩画是先民们在岩石上刻画、图绘人类全身的生活以及他们的想象、愿望的史前艺术。我国的岩画几乎遍及全国，但目前大多数发现在少数民族地区，如北方地区的岩画，主要分布在内蒙古、新疆、宁夏、甘肃、青海；西南地区的岩画，主要分布在云南、贵州、四川、广西、福建。这些岩画，大都是古代民族艺术家们的创作，岩画中的图像，构成了文字发明以前，原始人类最初的"文献"。舞蹈是非语言文字的艺术，它是通过人类自身的形体动作来抒情达意的人体文化。少数民族民间舞蹈，多保留着原始舞蹈遗存，如《黑熊搏斗舞》等狩猎舞蹈，至今仍流传在鄂伦春、鄂温克、赫哲等民族中。原始宗教、祭祀舞蹈是原始巫舞文化的遗存，反映了少数民族先民的自然崇拜、图腾崇拜和祖先崇拜。风格粗犷淳朴的原始文化遗存，是人类历史的活化石，它具有珍贵的研究价值。民间歌曲是少数民族人民的心声，它伴随着各族人民的劳动与生活应运而生。民歌中的劳动歌曲，如狩猎歌、牧歌、收麦歌、打场歌、挖渠歌、纺车歌等，都是真实地反映了少数民族人民的劳动状况和生产者的精神面貌。

少数民族艺术，在长期的历史发展过程中，基本形成各自俗成的分类方法和类别，通过这些类别，可以比较清晰地看出少数民族艺术的发展体系和特色。少数民族艺术是中华民族文化的组成部分，它既有独特的民族特色和地区特色，在与汉民族经济文化的长期交往中，特别是靠近中原地区、交通便利的一些少数民族，又不同程度地受汉族文化的影响。同样，在少数民族聚居区的汉族传统艺术，或吸收或融合了少数民族艺术形式亦是很明显的。另外，由于少数民族大杂居、小聚居的分布特点，在同一地区的不同民族中，或在不同地区的不同民族中，同跳一种舞，同唱一首歌，同用一种乐器，同用一种图案，共同拥有一种体育项目，是极为普遍的。你中有我，我中有你，各民族艺术、体育相互交融，这是文化、艺术、体育发展的客观规律。

少数民族艺术和体育同根同源，都来自生产、生活，在长期的实践中逐渐形成的，具有悠久的历史和传统。从许多艺术作品中，我们可以看到描述早期少数民族体育活动的"雏形"。同时，人们劳动生产、娱乐游戏等多彩的生活，又为民族艺术的发展提供了丰富的内容。

一、少数民族音乐与传统体育

（一）少数民族音乐的形式和内容

我国的少数民族音乐有着悠久的历史传统，各民族都创造了优秀而独特的音乐文化，无论在音乐体裁和形式上以及音乐的音调和风格上，都呈现出多彩的风貌。少数民族音乐在长期的历史发展过程中，形成了六大类：民间歌曲、乐器和民间器乐、歌舞音乐、说唱音乐、戏曲音乐和宗教音乐。每一类音乐，其体裁和形式不仅多种多样，又具有鲜明的地区、民族和流派的风格。这些特点是各民族的心理素质、文化背景、审美观念在音乐上的反映。中华人民共和国成立后，少数民族音乐事业有了长足的发展。少数民族能歌善舞，每个民族，不论人口多少，都有本民族创造和传承下来的优秀而独特的音乐文化。由于历史长，民族多，各自的文化背景不同，使我国的少数民族音乐体裁品种多种多样。在这里，我们简单地将它们分为声乐和器乐。

1. 少数民族声乐、歌曲

我国少数民族音乐文化的内容非常丰富，1991年民族出版社出版的《中国少数民族艺术词典》，共收录词目9000多条，其中5000条是属于音乐类的。声乐歌曲包括劳动歌曲、山歌小调、礼俗歌曲、摇篮儿歌、叙事歌曲、多声部民歌、舞蹈歌曲和宗教歌曲等。

劳动歌曲是指在劳动中产生，并在劳动中演唱和流传的民歌。山歌是各族人民十分喜爱的一种普遍的民歌形式，它内容非常广泛，一般指人们为抒发感情，消除疲劳或遥远对答、传递轻易而编唱的民歌。礼俗歌曲又称"风俗歌"。它是指在特定的风俗活动中传唱，并直接反映该风俗活动基本内容和特征的一类民间歌曲。叙事歌曲的主要内容是历史传说故事，民族迁徙故事、婚姻家庭故事等。多声部民歌是结合两行以上的旋律或两个以上的音同时进行的音乐。舞蹈歌曲是指与舞者紧密结合在一起的歌曲，歌声起，便会舞蹈起；舞起来，自然就会唱起来。

原始人类在劳动中最先创造的是声乐，是民间歌谣、劳动号子，是人们对自然和动物声音的模仿，而后才发明制造了乐器，以器乐来伴奏声乐，来表达自己的欲望和情感。

2. 少数民族器乐

每个少数民族都有乐器，有的很独特，有的是多民族共同的，有的是向周边民族学习引入的。若按民族分别统计，各种乐器有上千种。

（1）体鸣乐器。体鸣乐器主要包括打击器乐类中除鼓以外的其他乐器。本类乐器声源体的物质种类较多，如金、石、土、草、木、竹，还有动物骨、角等。因声源体的物质种类和形状不同，所发出的声音各具特色。主要的器乐有：腰铃、脚铃、铜铃拍、拍板、木鼓、三叉、锡杖、八宝铜铃、肩铃、盘铃、铜片铃、响铃、水盏、龙船锣、马锣、狮子锣、勾锣、蛙锣、云锣、铓锣、口弦、竹口琴、铜鼓等。

（2）膜鸣乐器。膜鸣器乐包括所有的击奏鼓（铜鼓除外）。鼓，通常以弹性皮膜张紧于筒体口上构成。有单面鼓和双面鼓。一般为圆形，少数鼓有方行和八角行。主要有：八角鼓、太平鼓、萨满鼓、手鼓、铁鼓、羌铃鼓、单皮鼓、盆鼓、腰鼓、双面环鼓、彝族大扁鼓、蜂桶鼓、黄泥鼓、抬鼓、水鼓、杖鼓、龙鼓、棋子鼓、筒捅鼓、象脚鼓、猴鼓等。

（3）气鸣乐器。气鸣乐器发声都以空气为激振动力。少数民族的气鸣乐器，大部分是木管乐器的性质。它们绝大多数都能演奏流畅的旋律，声音响亮，音乐鲜明，在许多合奏形式中都占有重要的地位。主要有：牛角口哨、大铜角、贝、长号、角、牛角号、竹号、横笛、龙笛、胡笳、鹿笛、鹰骨笛、雁骨笛、其篥、牧角、夜箫、鼻箫、狍哨、羌笛、巴乌、葫芦笙、葫芦丝、芒筒、芦笙、姊妹箫、稻秆排箫、各种唢呐、无孔笛、木叶、鸭嘴箫等，其中，芦笙是南方少数民族中最具代表性的一种吹管乐器，主要流行于苗、侗、水、瑶等民族中，是人们举行各种活动和生活娱乐的主要乐器。由它而形成的"跳芦笙"就是民族传统体育活动，而且在不断地发展。

（4）弦鸣乐器。这类乐器多数为旋律乐器，大多能兼奏和弦，即能在同一乐器上兼奏旋律和伴奏。主要有：竹筒琴、大三弦、玄琴、冬不拉、火不思、七十二弦琴、独塔尔、热瓦普、曼多林、扎木聂、月琴、牛腿琴、五弦琴、牙筝、大四胡、七弦琴、角胡、独弦琴、骨胡、马头琴等。

(二) 少数民族音乐与少数民族传统体育的文化渊源

音乐与体育娱乐往往呈现为一体的形式，广泛流传于少数民族地区，具有悠久的历史和独特的风格，并深受广大人民的喜爱。原始的音乐和体育活动起源于原始氏族的社会生活，是人们进行娱乐的一种形式。普列汉诺夫说："原始人在劳动中总是伴随着歌唱，音调和歌词完全是次要的。主要是节奏。歌的节奏恰恰再现着工作的节奏——音乐起源于劳动。"我国各民族的先民都经历了漫长的原始狩猎生活阶段，原始的狩猎歌舞可以说是最早的体育娱乐活动了。

由于原始民族歌曲的歌词和曲调，以口相授，世代相传，已经无法直接了解其真实面貌。但新中国成立初期仍处在原始社会残余阶段的东北鄂伦春族、鄂温克族、赫哲族，南方傈僳族、独龙族、普米族等民族中，仍保留着大量反映原始狩猎生活的歌曲和歌谣。如鄂伦春族的狩猎歌、赫哲族的渔歌，反映出他们世世代代从事的生产、生活，表现了他们对大自然的赞美和豪放自由的感情。

为了增强歌舞娱乐的节奏和旋律，人们很早就发明了伴奏的乐器，从原始民族乐器来看，也是直接源于当时的生产劳动。《大金国志·初兴风土》中曾记载：女真人"以桦皮为角，吹作呦呦之声，呼麋鹿而射之"。宋人张舜民的《使北记》也记载："胡人吹叶成曲，以番相和，音韵甚和。"由此可以看出，原始乐器的产生是与狩猎经济密不可分的。

我国少数民族在各种体育娱乐和竞赛活动中，音乐是不可缺少的重要内容。许多节日就是以体育和音乐活动为主要内容的。如苗族的"芦笙会"、"斗牛节"、"龙船节"，布依族的"麻坡歌节"、"跳花场"、"玩山节"、"投石节"、"歌节"，侗族的"赛芦笙与赶歌场"、"摔跤节"，彝族的"歌场"、"赛马节"、"花炮节"，傈僳族的"射弩节"、"刀杆节"等。在这些活动中，音乐与体育竞赛或体育娱乐融为一体，表现出和谐、统一的景象。

"跳芦笙"是苗族人民节日活动的重要内容。每逢农历正月十六至二十，贵州省离凯里17公里处的舟溪苗族村寨的人们开始庆祝他们的传统节日——"芦笙会"。在这之前，附近郊县的各寨轮流举办"芦笙节"，轮到舟溪是最后的总会。芦笙会是人们喜庆新春，预祝丰收的年会，同时，也是青年男女乘此良机"游方"结友，寻觅佳偶的时机。芦笙节中，人们不仅要在芦笙的伴奏下进行各种形式的歌舞活动，而且，小伙子们往往要进行"赛芦笙"比赛。比赛方法是一边吹奏芦笙，一边进行武术比赛，有

"芦笙刀"和"芦笙拳"等。"芦笙刀"是两人吹着芦笙，以雄健的步法和娴熟的动作冲在最前面，其他人成双数排列，手握双刀，面对面相互拼杀，不时发出有节奏的呐喊。刀击有声，笙声不断。"芦笙刀"的练法，多从实战出发，动作朴实、粗犷。练刀时常见的技击方法有劈、砍、斩、抹等。刀背可做挑、挽、推等动作；刀尖可做扎、刺、撩、崩等技法。从苗族的芦笙表演中，我们可以看到少数民族音乐与体育娱乐活动的重要意义和作用。

二、少数民族舞蹈与传统体育

(一) 少数民族舞蹈的形式和内容

我国少数民族的民间舞蹈历史悠久，内容丰富，千姿百态，色彩纷呈，在国内外享有盛誉。少数民族舞蹈扎根于各民族人民生活土壤中，涉及民族历史、生产、习俗、宗教、道德、伦理、民情等各个方面，既有横向的社会宽度，又有纵向的历史深度，它是少数民族人民生活的缩影，是少数民族社会发展的文化沉淀。民间舞蹈种类繁多，据不完全统计，全国民间舞蹈约有上千种，而人口只占不足全国10%的少数民族，他们的民间舞蹈却占50%左右，可见少数民族地区多被誉为"歌舞的海洋"，是名副其实、当之无愧的。

迄今为止，我国舞蹈界尚未形成一种约定俗成的、科学的民间舞蹈分类法。民间舞蹈文化类型不是单纯的民间舞蹈类型，而是民间舞蹈和文化相互联系的特点的综合体。民间舞蹈的产生和发展首先是与每个民族居住地区的自然环境紧密相连的，因为自然地理条件决定了该民族的生计方式，而他们的生产方式直接影响着民间舞蹈的形式、风格、节奏等。其次，社会文化环境是民间舞蹈底蕴形成的重要背景和土壤，该民族的历史、语言、宗教、习俗、道德等，赋予民间舞蹈以丰富的文化内涵。同时，民间舞蹈文化类型是历史过程的产物，各自可以追溯到原始社会末期的狩猎舞蹈遗存。由于少数民族社会发展的不平衡和民族文化的延续性特点，一个民族中同时并存不同时期的民间舞蹈文化的现象是较为普遍的。

少数民族民间舞蹈大致可以划分为五大类型，即原始狩猎舞蹈文化、草原舞蹈文化、农耕舞蹈文化、海洋舞蹈文化、宗教舞蹈文化。

(二) 少数民族舞蹈与传统体育文化的相互交融

我国是一个多民族的国家，由于历史进程的不同，各民族的社会发展状况极不一致。其中有部分少数民族在新中国成立前还处于原始社会的发展状态。这种滞后的社会发展状况,制约了舞蹈与体育的演进速度。于是,在这些少数民族中舞蹈和体育往往相互交融在一起。

"目瑙"是景颇族的祭祀舞蹈盛会,一般在农历正月举行。届时,景颇族男女老少身穿节日盛装,男的手拿长刀,女的手拿花扇或彩巾,在巫师"瑙双(领舞者)"的带领下起舞。"瑙双"身穿长袍,头上插着美丽的羽毛及其他鸟类的羽毛,手拿长刀,在激昂的鼓锣声的伴奏下边唱边舞。舞蹈动作虽不复杂,但腕、肘、肩、髋等关节部位的运动量极大。在1994年举行的云南省第五届少数民族传统体育运动会上,景颇刀作为传统体育项目参加了表演项目的竞赛。

纳西族的"东巴跳"多在本民族的节日、婚礼、祭祀活动时举行。新中国成立后经过体育工作者的提炼、整理,摈弃带有封建迷信色彩的内容,发掘了有健身价值的"东巴跳",并被定为云南省的一项民族体育运动,在1982年内蒙古呼和浩特举行的全国少数民族传统体育运动会上表演并受到好评。"东巴跳"的动作形象逼真,形式多样,有磨刀跳、弓箭跳、大神练刀跳、孔雀跳、白鹤跳等,很明显是从东巴舞中的动作提炼而成,甚至可以说是东巴舞的再现。在表演中,还杂以拳法、腿法、棍棒法,面部表情以及银铃声,十分引人注目,富有浓厚的民族特色,在一阵激烈的鼓点声中,手持钢刀、头戴战盔的四名武士在一张张方桌上跳上跳下,忽横劈直刺,钢刀刷刷,忽左推右挡,奔腾跳跃,一幅威武感人的场面出现在观众面前。

属于同样性质的还有傣族的象脚步鼓舞。象脚鼓是傣族中流行最广的一种伴奏乐器。大者长160厘米,小者长80厘米,秋收后,傣族人民一般都要举行赛鼓会。届时,傣族男子身背象脚鼓,鼓尾插上孔雀毛,几十人围成圆圈,用指、拳、掌、脚、头等部位打击鼓面,舞蹈动作不多,以打法变化、鼓点丰富见长。鼓声震天动地,胜者得挂银牌,视为全村的骄傲。在西双版纳地区,象脚鼓舞还常以斗鼓、赛鼓为特点。斗和赛中表现出灵活机智的戢、退让,最后以抓住对方的帽子或包头为胜。在云南省第五届少数民族传统体育运动会上,象脚鼓也是傣族人民选定的参赛的表演项目。

类似的情形还有昆明附近彝族的"跳月琴"、红河哈尼族的"木履舞"、思茅哈尼族的"竹筒舞"等。这些少数民族舞蹈大多具有奔跑频繁、运动量大的特点,对强身健体具有相当的好处。故而这些少数民族在把它作为舞蹈表演的同时，也把它作为一种增强体质的体育运动。姑且把这类舞蹈叫做体育健身舞蹈。

除了以舞蹈形式代替锻炼之外，各少数民族的舞蹈形式中还有一类直接源于早期强身健体、征战拼搏的舞蹈。在云南省第五届少数民族传统体育运动会上，西盟佤族表演的"剽牛舞"与"射日舞"可以作为这类舞蹈的代表。这两个舞蹈是佤族人民剽牛和射猎的真实生活，只是在真实再现的同时进行了舞蹈化的处理而已。居住于云南边境一带的布依族，流行一种叫"把式舞"的舞蹈。表演者全是男子，黑衣黑裤黑包头，腰扎大红带子，带头下垂，每人手持一把朴刀，在雄浑的鼓乐声中挥刀纵跳，仿佛迎敌对阵，口中"嗨嗨"吼叫，时而晃刀、排刀、拖刀，时而架刺、缠头、抢劈，刀花圆润，技艺娴熟，表现出很高的竞技水平。与此类似的还有傣族的传统舞蹈。表演时，有单刀、双刀甚至三刀。舞步有"十字跳"、"七步跳"、"五步跳"和"三步砍豹"等，动作以砍、劈、刺等为主，刚健有力，舒展大方，搏击性强。这些明显带有征战搏击色彩的舞蹈，其实都可以纳入武术的范畴。与前一类舞蹈不同，这一类舞蹈更多的是重武术技能的传递。通过表演这类舞蹈，表演者在体能和技能上都要有所增进。我们把它称之为"武术舞蹈"。

体育与舞蹈密切相关，大多数舞蹈含有很浓的体育竞技成分，没有相当的训练基础是绝对无法表演的。广泛流行于红河地区的"高跷烟盒"，表演者踩于高跷之上，双手分持烟盒，表演各种难度很大的舞蹈动作，单是手与脚的动作、步伐的协调就需要一定的基本功。普遍盛行于苗族中的"芦笙舞"，舞者边吹边舞，舞步跳跃旋转，以芦笙穿过腿下、翻个筋斗，再穿越腹前，翻数次筋斗。表演者手脚敏捷，动作干净利落。又在跑跳行进中，一人跳在另一人的背上横伏着，陡而头脚相倒，横伏于背，背者仍轻松愉快地跑跳不止，表示他们斗争胜利、骑马而归的喜悦。其他人随舞者而舞。也有的是数十人组成的两个芦笙舞队轮流作集体表演，边吹笙边作快速旋转、矮步、倒立、翻滚、托举等技巧动作，带有竞争性质，没有一定的训练基础是无法表演的。而流行于大理白族地区的霸王鞭，表演时，人们手拿霸王鞭作各种动作，时而鞭体磕肩、腿，时而击胸、敲地，时而前进，时而穿花，步伐多种多样，有进有退，下蹲转身，跳跃翻滚等，还有二龙抢宝、双凤朝阳、金鸡打架、凤穿花、五梅花等数十种花样，并辅以托举、骑行等动作，鞭体不断在手中变化，表现出一定的表演难度。而这类舞蹈表演水平的高低，往往正是取决于表演者对这些高难度动作的把握与熟练程度。所以,把这些舞蹈视为体育活动。在云南省第五届少数民族传统体育运动会上,这些体育竞技舞蹈均参加了表演项目的比赛。

在这些少数民族中,舞蹈与体育并没有本质的不同,舞蹈可以视为一种强身健体的形式,体育也可以视为一种表演观赏的形式。强行地为它们做出现代意义上的判别是没有意义的。当然,少数民族的许多舞蹈本身就可以视为一种体育活动,并不等于说少数民族就没有纯粹的体育活动。事实上,即使按照现代体育概念,少数民族中也有纯粹的体育项目存在。普遍存在于各少数民族中的赛马、马术、射箭、射弩、摔跤、打秋千、上刀竿、叼羊、打贝阔、打尺寸、托高会等活动,我们就很难把他们说成是一种舞蹈表演。那么,这是否就暗示了这些纯粹的体育项目已经与舞蹈脱离关系了呢?事实并非如此。在许多少数民族中,它们的开展却仍然是与舞蹈密不可分的。

流行于布朗族中的"藤操",表演时四男四女,每人手持一条青藤,时而对舞,时而穿插,并不断地挥动青藤跳动,犹如盛行的跳绳。黎族、水族、基诺族等民族中极为盛行"跳竹竿"。跳时竹竿成对,富有节奏地磕碰开合,要求跳者分别从每对竹竿中跨过,稍有不慎,即被竹竿夹住。竹竿磕碰开合的节奏不断变化,也就要求跳者调整自己,以免被竹竿夹住。尤其是黎族的跳竹竿,难度更大,青年男女轮流作击竿和跳竿,击竿者,四人一排,互相对立,其间八根长竿平均放成四行,每人双手各握竹竿的顶端,在音乐、锣鼓的伴奏下,合着音乐鼓点的节奏不断将手中竹竿一分一合一高一低,在八根竹竿的两端各方都有一根枕竿,竹竿在枕竿上划动分合,分合时均击打枕竿,发出有节奏的响声。跳竿者4~8名,随着竹竿的分合、高低,灵巧地跳跃其间,并做出各种姿势,如磨刀、筛米、交叉、小憩、穿门、鹿跳等,随着节奏的加快,难度越来越大。参加跳竿的人,不仅要有良好的身体素质,还必须具备良好的音乐素养和舞蹈技巧,没有一定舞蹈技巧要跳竹竿是不可能的。盛行于红河彝族中的"跳响把",表演时男子手抱冬瓜道具,女子手持响把奔跑跳跃。男子时而抱瓜翻滚,时而穿插跑动;女子时而以响把击地,时而以响把拍肩;男女忽又追逐嬉戏,场面极其欢快热闹。"穿花衣"是楚雄彝族中流行的一种游戏。表演时,一群年轻姑娘载歌载舞,参加比赛的姑娘则在众人的载歌载舞中绕着圆圈跑动,每跑一圈便拾起地上的一件衣服穿上,直到把地上的衣服穿完,最先穿完的就是胜者。与我们前面提到的体育竞技舞蹈重在表演不同，这一类少数民族的民俗活动，主要表现出来的是游戏娱乐，通过游戏娱乐达到强身健体的目的。因此，就其最终目的而言，这些游戏娱乐活动都是体育活动。由于我国少数民族（尤其是南方民族）大多分布在地理环境较为恶劣、自然条件较差的山区、半山区，由于受场地的限制，许多大型的体育项目无法开展，他们的体育活动更多地采取了游戏娱乐的方式。不充分认识到这点，我们就不能正确认识我国各少数民族的体育活动。从上面的例子可以看出，这些明显属于体育活动的各少数民族的游戏娱乐，尽管重心已经彻底转到了强身健体方面，却自始至终都与舞蹈形影不离。如果把这些游戏娱乐比为一粒粒珠子，舞蹈恰恰是把它们串缀起来的线索。也就是说，这些游戏娱乐是通过舞蹈形式把它们有机地联系起来的。离开了舞蹈，这些游戏娱乐的趣味也就丧失近半了。

在云南回族中，跳桌子、扭扁担等体育活动颇为流行。劳动之余、婚礼节庆，青年男女常常相聚表演此类项目。在表演中，围观男女常常载歌载舞，相伴始终，既为比赛增添气氛，又为胜者欢呼喝彩，气氛相当融洽热烈。蒙古族的摔跤比赛，参演选手在交手前，双方都有一段带有舞蹈性质的绕场表演，以为交手渲染气氛。类似情形我们可以举出很多。

苗族跳鼓在明清以前就十分盛行。如《保靖概要》中写道："其始也，集男女于庭，代鼓鸣锣，通宵达旦，名'打猴儿鼓'。"历史上的跳鼓随着敬祖祭神的公祀活动进行，随着时间的推移已演变为两种形式：一种是古代歌舞式；一种是民间体育式。歌舞式多出现在舞台，民间体育则在传统节日、隆重集会的群众活动中进行。如"跳年会"、"四月八"、"赶秋"等节日期间，人们从方圆百里的各个不同村寨赶到集会地点，舞狮、舞龙、赛马、比武术、跳鼓等。跳鼓的打法有男女单打、对打、混合打和多人打。由生产、生活等动作组成不同的类型和套路，通过不同的鼓点和各种完美的配合抒发感情。男女老少打的人多了，就自然形成赛鼓。这样，跳鼓就成为增进友谊、交流经验、锻炼身体的体育形式。虽然在这些节日活动中，舞蹈表演不是很多，但从其演变过程和现在的遗存，不难看出相互的联系及影响。

"射弩"是傈僳族的传统体育活动。每当一年一度的"阔时节"（过年）时，傈僳族就要开展"射弩"、"射击"（筒炮枪）、上刀杆、转秋千、泥弹弓、游泳等各项活动。节日的第一天，全村老少列队入场，领队三人，一人双手举着两色旗，一人肩上扛着弩弓，包头上斜插着一支箭，另一人是妇女。在唱《过年调》跳舞中，领舞的是一位老人，接着就是三个有威望、肩扛弩弓的男子，然后才是盛装的群众。第二天上午"跳戛"（大型传统歌舞），下午进行射弩、打泥弹弓、筒炮枪射击以及刀杆、转秋千等体育比赛和表演。

"爬油杆"是云南楚雄彝族的重大民俗活动"火把节"中的主要项目之一。火把节里举行爬油杆表演时，要在场中立一根10多米长的木杆（有的用铁杆），杆上每隔一米左右，用菜油浸过的油纸包扎在杆上，杆上比较光滑，手脚比较难爬稳。表演开始时，民族乐器声响起，青年男女围着油杆跳起优美的民族舞蹈以示鼓励。接着光着脚的小伙子纵身一跳，双手抓住油杆，双脚夹住油杆，身子避开油纸，一步一步爬到杆顶。在此，舞蹈成为体育活动的一个有机组成部分。

"划龙舟"是傣族泼水节中的一项重要体育活动。泼水节的第一天"桑刊日"即送旧，一年的除夕。这天上午，傣族群众都身着盛装涌向江边，江两岸人山人海，江面上游动着10多条"彩龙"。龙头、龙尾在水面上尖尖地翘起，舷上绘满了美丽的"彩纹"，只听三声炮响，一条条龙舟如箭离弦，你追我赶，十分热烈。一到达终点，运动员便弃船上岸，唱起傣歌，跳起"依拉贺"（傣族的一种集体舞蹈），在象脚鼓、铓锣的伴奏下尽情欢呼、跳跃。

朝鲜族摔跤在三国时期就十分盛行。高句丽时期的古墓群中即有角抵的场面。最早的文献记载是1330年的高丽史。18世纪柳得恭《京都杂志》中记载了朝鲜族摔跤有内勾、外勾、箍脖等多种套路。按传统习惯，在盛大的比赛中，获得冠军的奖给一头大黄牛，还要为其载歌载舞，以示祝贺。

抢花炮在广西、贵州、湖南边界的侗族中较为盛行。抢花炮传说有几百年的历史，一般在农历三月初举行。抢完花炮，就接着唱侗戏、演彩调、赛芦笙，青年男女在鼓楼坪上弹琵琶、唱歌，周围跳"多耶"（舞蹈）。舞蹈在体育活动中的辅助作用显而易见。

综上所述，原始舞蹈都与体育活动结缘很近，由于少数民族社会发展状况与生存环境条件的制约，他们的体育活动和舞蹈还保持着一种早期的亲密关系，或者把舞蹈直接作为体育活动，或者让舞蹈大幅度地介入体育活动。依赖这种亲密关系的存在，少数民族的体育比赛比正规的体育比赛有了更多的观赏价值。

三、少数民族美术与传统体育

我国的少数民族美术有着久远的历史，这从近几十年来对少数民族地区岩画的发现和研究中以及边疆地区的考古文物中，进一步得到证实。在少数民族现代生活中，他们的工艺美术品更是比比皆是，随处可见。这些民族工艺世代相传，具有鲜明的民族特色和地区特色，并赋予了时代的精神风貌，许多传世佳作无不展示了少数民族人民的聪明与智慧。其中，有许多是以体育娱乐活动为素材进行制作的。对这些艺术品的研究不仅反映古代体育萌芽活动的方式方法，而且直接揭示了人们的生产、生活等民风民俗。

（一）岩画中的少数民族体育文化

目前，我国已经有12个省（区）40个以上的县（旗）发现了岩画。从其地域分布，可划分为北方地区岩画和南方地区岩画。分布在黑龙江、内蒙古、宁夏、青海、甘肃和新疆的岩画为北方地区岩画。其中，内蒙古阴山山脉、宁夏贺兰山等地的岩画，比较全面地反映了古代北方各狩猎游牧民族的经济、宗教信仰、意识形态、审美观念等方面的情况。作品多达数万幅，是北方草原上规模宏大的岩画群。作品年代以新石器时代晚期至青铜器时代最多。新疆岩画几乎遍布天山南北，大多刻画在黑砂岩、花岗岩和板岩上，画面有动物、行猎、放牧、舞蹈、车辆、器物、原始文字和族徽符号等；南方岩画包括福建、广西、云南、四川、贵州等地。其中，最有代表性的是云南沧源和广西左江两地的岩画。云南沧源岩画在阿佤山区，靠近中缅边境，已经发现10余处，刻画在天然生成的悬崖上。岩画的内容比较复杂，就能辨认的部分来讲，大多是反映当时人们生产劳动中的狩猎场面，如人们持弓箭射击野兽，围猎野生大动物。有手持牛角的人物，这是他们用牛角当号，惊吓野兽、躯赶猎物的场面。还有一部分是表现当时的舞蹈动作。这些舞蹈动作，可能就是以他们的舞蹈形式，重复他们在生产劳动时的写实画面，以此作为自己劳动之余的生活场面和文化娱乐方式；也有可能是进行带有宗教性的一种祈祷活动，以祝愿他们在每一次捕猎都有丰盛的猎获物。这些舞蹈有单人舞、双人舞、多人舞、拉手舞、环形舞、戴面具人舞、链盾舞、抢盾舞、弓箭舞、舞锤、舞刀、舞短戟、舞叉、舞棒等。有趣的是这些舞蹈中，常常夹杂着一些类似表演杂技的场面，如叠罗汉、舞流星、丢弹丸等。

就沧源岩画，从体育的角度去观察，基本上可以从狩猎与舞蹈这两方面来寻找他们的表现。狩猎就必须有跑、跳、弓弩、射击、投掷、持刀搏杀等场面。从岩画上可以生动地表现出人们的这些狩猎行为。这些人类早期的生存行为就是今天竞技体育的雏形。岩画上的舞蹈画面表现为人们取乐于神灵，祭祀祖先，祈求狩猎安全，获猎丰盛和人们自娱自乐、向往美好生活的愿望。

（二）青铜文化反映出的少数民族传统体育文化

古代少数民族的青铜艺术主要指古代北方草原民族铜牌艺术和滇人青铜艺术。铜牌艺术，是古代北方草原民族的青铜装饰品。由于流动的游牧生活，他们的青铜器以带扣、铜环、仪仗头或轴头、动物纹等小型青铜饰件最具特色。滇人青铜塑雕，是指从云南滇池一带的古代滇人墓葬中出土的青铜雕塑品。

云南晋宁县石寨山出土的青铜器器物里，有一西汉时期的铜鼓腰部，显示了当时滇池里龙舟竞渡的场面。这是一条正在进行竞渡的龙舟，舟上共有15人，其中14人分为左右两侧，置于两侧的舟舷，每人手里各持一桨，作划船状。显然，这是在作划船比赛的场面，而不是进行捕捞鱼虾的劳动场面。从侍于船头的人的动作来看，他是在大喊大叫地指挥全船桨手，保持动作的协调一致。从桨手的发型上来看，可以知道桨手们都是滇池周围"滇"人中的妇女。另外云南广南县的西汉时期铜鼓上，有12人的竞渡场面。其中10人手持木桨划水，分坐船的左右两侧船舷。另两人的形态不同，一人手持木棒在空中作上下、左右的晃动，显然是在大喊大叫地指挥船行方向和加快速度的鼓动，他是全船的指挥者。另一人坐在船上设置的高台上，台上放有装食物的盒子，显然，他是一名巫师，在为全船的安全和竞赛胜利作宗教性祈祷。

云南江川县李家山古墓中，考古工作者对它进行考古发掘时，在一面铜鼓的腰部，有一幅4人玩的秋千刻纹图画。图形为：中立一柱，柱顶有一可转动360度的中轴，中系4绳，绳端各有一环，4个"滇"人上身裸露，下系有史书上说的"衣着尾"之裙，头戴羽毛装饰冠，环绕柱作360度的放置荡秋千活动。这一幅秋千刻纹图画，是目前我国所能见到的最早的秋千图像资料。从这个图像来看，说明云南最迟于两千年前，就把秋千作为一项游戏娱乐项目在普及了。古时"滇"人所玩的秋千，与今天云南境内少数民族的秋千，从形制上有所不同。青铜器上的秋千是供4人玩的，而今云南境内少数民族供4人玩的秋千叫"轮秋"。顾名思义，所谓"轮秋"，形如轮胎转动一样作360度旋转。但是，青铜器上的4人秋千又不是作如轮胎转动状的"轮秋",而是如今天云南少数民族所玩的"扁担秋"形式的秋千。江川李家山出土的青铜器上的秋千图案是云南所独有的。现在云南境内各少数民族地区很普及的"扁担秋"、"轮秋"等,这些秋千类型也是其他地域和民族几乎没有的。"荡秋"是我国少数民族普遍具有的,"荡秋"的产生应当是远古原始社会人们为了生存,在生产劳动和生活需要自然而然地产生出来的。如过山涧、上悬崖、上树采集果实等这些生产生活中会时时处处都遇得到的事,而荡秋千用一根植物藤条就可以荡过山涧,荡上悬崖,荡上树。原始人类也就在生产生活中使用荡秋千的原理,不仅解决了生产、生活中的困难,而且还享受到其中的乐趣,久而久之,也就成为他们的一种调节生活不可缺少的娱乐项目。生产劳动是"荡秋"产生的真正原因。"荡秋"不是由某一个民族先创造出来,再被某人推广开来,而是远古的人类早在生产、生活中就自然而然地使用这种方式,作为谋生中必不可少的一种必要手段,以获得食物。

云南晋宁县石寨山出土了青铜储备器,这件器物的器盖上反映出来的场面就是一场血淋淋的战争场面。器盖上有几十个立体的青铜雕塑人像,这些人物的动态:有的骑在马上,手持长剑;有的射弩;有的把长剑刺入敌方的胸膛等。这些骑马、射弩等当初的军事活动,就是今天少数民族传统体育的雏形。还有一套跳芦笙舞的立体青铜雕塑文物,共有四个站立的立体人物雕塑,1人吹芦笙,3人手足舞蹈跳芦笙舞。另外,还有一件也同样异常珍贵的镏金青铜器——"八人乐舞俑",为高浮雕的表现形式,表现了当时的"滇"人在铜鼓击打和芦笙的吹奏下亦歌亦舞的情景。

我国少数民族艺术五彩缤纷,各种形式的艺术品表现了少数民族传统体育文化的起源、发展过程,同时各种形式的体育活动也为民族艺术的发展提供了丰富的素材。表现出相互交融,相互拥有的形式。

少数民族体育作为一种特殊的文化形式,它一出现就与周围环境的其他文化体系相互依存,相互作用,成为一种与外界自由地进行物质和信息交换的文化开放系统。所以,在各少数民族传统社会中,体育活动处处充当着复合文化的角色。诸多体育项目的表现形式,包括隐含于内的民族性和显形于外的身体运动,无不包含有各个民族的宗教信仰、传统风格、历史渊源、舞蹈艺术、神话传说、伦理道德、民族情感等多种含义。通过对少数民族传统体育活动的研究,我们可以了解少数民族各种文化领域的概况,在鉴赏和审视这种文化的今天,要充分利用这些文化资源,为少数民族地区建设服务。

第三节 宗教文化与少数民族传统体育

中国是一个多民族、多宗教的国家，宗教在民族形成的过程中，曾发挥过巨大的作用，是构成民族文化的重要内容。

一、宗教与少数民族传统体育的关系

我国是一个多宗教的国家，各种宗教源远流长，既有古代流传下来的宗法性宗教和后来产生的道教，又有长期存在于民间的秘密宗教，还有从国外输入并逐渐中国化的佛教、基督教、伊斯兰教。我国又是一个多民族的国家，除汉族外，还有55个少数民族，不同民族的信仰不同，而且，信徒众多，在群众中有着一定的影响，特别是我国少数民族，大都信仰宗教，甚至有些民族是全民族信仰某一宗教。汉族主要信仰道教、佛教、天主教、基督教等；信仰伊斯兰教的有维吾尔、回、哈萨克、柯尔克孜、塔塔尔、乌孜别克、塔吉克、东乡、撒拉、保安等民族；藏、蒙古、土、裕固等民族主要信仰喇嘛教；傣、布朗、德昂、阿昌、景颇、拉祜等民族主要信仰小乘佛教；朝鲜、羌、彝、苗、瑶以及滇西各少数民族主要信仰基督教、天主教；俄罗斯、鄂温克等民族主要信仰东正教；满、达斡尔、鄂伦春和鄂温克等民族的一部分信仰萨满教；壮、瑶、白、彝、京、仫佬等民族中的一部分信仰道教，此外，有些民族还保留着一部分原始宗教。

宗教在一些民族的生产、生活、思想意识、文学艺术和风俗习惯等诸多方面，留存着深刻烙印。有时，民族文化与宗教交织在一起，呈现出错综复杂的关系。因此，我们要研究少数民族传统体育文化与宗教的关系，就要利用马克思主义关于宗教的基本理论，认识宗教的发展规律，正确贯彻党的宗教政策，对于国家的安定、民族的团结、少数民族传统体育文化的发展都有极其重要的意义。

（一）什么是宗教

宗教是人类社会发展到一定阶段的历史现象，是人的社会意识的一种观念形态，是感到不能掌握自己命运的人们，面对自然、社会与人生时的自我意识或自我感觉①。这种自我意识或自我感觉是以相信在现实世界之

---

① 图道多吉：《中国民族理论与实践》，山西教育出版社，2003年版，第329页。

外，还有超自然力量（神或某种神秘力量和境界）的存在，能够影响人们的命运，因而产生敬畏和崇拜的思想感情，并祈求作为命运的依托和精神归宿。宗教在一定的历史条件下产生，也在一定的历史条件下消亡。

宗教作为一种社会历史现象，它具有构成宗教所特有的基本要素，大体分为两部分：一是宗教的内在因素，包括宗教的观念或思想，宗教的感情或体验。宗教的观念与思想包括灵魂、神灵等观念等，是基础或核心，它反映了宗教的本质，是决定宗教之所以是宗教的基本要素。二是宗教的外在因素，即宗教的行为和活动（包括少数民族传统体育文化的巫术、祭祀等活动），宗教的组织和制度。宗教的组织、制度则是宗教观念信条化、宗教行为规范化和制度化的表现，它对宗教信仰者起凝聚、团结作用。有了宗教观念，才会产生信仰者的心理感受或体验，随之产生祭祀、祈祷等宗教崇拜和外在行为。因此，宗教是内在和外在要素的综合，也可以说宗教是一个由本质现象构成的社会体系，它们相互影响，相互制约。宗教的本质是相对稳定的，而宗教信仰者、宗教活动和宗教组织等外在因素则在不同的社会历史条件下会发生不同变化。

（二）宗教对少数民族传统体育文化发展的影响

宗教作为一种社会现象，表现出了人对变幻的、神秘莫测的客观世界的不了解，对周围的自然现象和人体的生理现象的一切变化，既不认识也不能驾驭，从而产生恐慌、惊慌和神秘感觉。认为这一切是由一种无形的巨大力量有意识地支配，这种力量超于人类社会之上，是一切自然现象的主宰者。于是，便将支配自己生活的自然力量加以人格化，变成超自然的神来崇拜。原始人的宗教信仰，是根源于自然力的压迫，而感到自己力量的渺小，生命的脆弱，对自然力量的无能为力，因而希望自己能像他们创造的神一样强大，或在它的庇护下平安地生存下去。为了免灾降福，逢凶化吉，便以祈祷、献祭等方式对它们施加影响，构成了宗教仪式。这些宗教仪式中有许多身体活动内容，发展至今日，对少数民族传统体育文化的发展有一定的影响。

1. 宗教对少数民族传统体育文化的促进作用

（1）宗教为少数民族传统体育提供一定的物质与精神条件

在原始氏族社会时期，各种文化要素，诸如舞蹈、体育、音乐、绘画等都与宗教有密切联系。在少数民族传统体育的发展中，原始宗教意识几乎占据人类的所有精神领域，并为其创造了一定的物质和精神条件。在宗教观念支配下，祭祀仪式曾渗透人们的各项生产、生活活动中。战争、生产、生活都要举行一定的祭祀，每遇重大祭日，其祭仪就更为盛大，而舞蹈和竞技是一切宗教祭典的主要组成部分，贯穿于宗教仪式的始终，从而促使少数民族传统体育的长期流传与发展。

(2) 宗教促进部分少数民族传统体育项目普及化、民族化

原始宗教以其特有的威慑力，统一着人们的信仰、意志和行动。为祈求氏族、部落的五谷丰登、安居乐业和人丁兴旺，从而举行各种祭祀活动，从事各种祭祀活动和祭祀性体育便成为部族成员的共同义务，从而使这些活动都带有全民族性质。出于寄托精神、表达意愿的目的，人们必须以特殊的情感方式去进行各种祭祀性的体育活动，至使这类活动在本民族间推广、普及，并最终成为本民族世代相传的传统体育活动。

(3) 促使部分少数民族传统体育提高技艺难度

在生产力低下的人类原始时代，原始宗教驱使人们笃信和崇拜超自然力量，利用巫术、祭祀来实现某种愿望，也为了扩大宗教的影响，赋予了原始宗教具有影响或支配客观事物的能力。同样，作为动态感染力的祭祀性体育活动，便成为宗教活动中最为适宜的一种表现形式。因此，原始宗教中的一些祭祀性活动极大地推动了体育和艺术的发展。原始宗教在借助体育、艺术等魅力渲染其气势的同时，又对传统体育不断提出新的难度、新的要求。例如，南方少数民族的传统体育"上刀山"就有一定的难度要求。从而，推动着少数民族传统体育向着更活跃、更庞大的方向发展。

(4) 宗教信仰的基本特点对开展少数民族传统体育有很大的促进作用

宗教信仰问题的一些基本特点极大地促进了少数民族传统体育文化的发展。第一，宗教信仰的群众性。宗教存在的社会基础是信教群众。我国大多数少数民族群众是信教的，一些少数民族基本上是全民族信教。对于世代相传的祭神观念，诸如祖先神、图腾神等，这些观念深入民心，使广大信徒笃信不疑，往往被视为全部族或全村寨全民族的大事，人们必须全心全意地参与。这种现象决定了群众参加带有宗教色彩的祭祀性传统体育活动的自愿性。第二，宗教活动的民族性。我国少数民族大都信仰宗教，特别是藏传佛教、小乘佛教和道教在许多少数民族中有广泛和更为深入的信仰，宗教对这些民族的风俗习惯、文化艺术、生活习惯、道德规范、心理素质以至人们的生产、生活等社会活动的各个方面，都有着广泛深刻的影响。各民族原始宗教的祭神逐鬼一类的活动仪式，也决定了带有宗教色彩的民族传统体育的民族性。第三，宗教活动的长期性。宗教是人类社会发展到一定阶段的历史现象，有其产生、发展和消亡的规律。宗教作为一

种远离其经济基础的意识形态,有着较强的适应性,这是决定宗教活动长期性的内在因素;作为一种社会现象,宗教有着赖以存在的社会根源和认识根源,这是决定宗教活动长期性的外在条件。由祖先传下来的宗教祭祀性体育活动,在各少数民族中长期流传,决定了这些少数民族传统体育能够长期地发展。第四,宗教制度与战争、生产、生活的紧密性。大多数宗教礼仪、祭祀时间、法事内容等,均与该民族人们的战争、生产方式、生活方式相关联。如祭铜鼓与战争、祭山神与狩猎、祭谷神与农业生产等。这些节令迎合了大多数民族心理,从而极大地调动了人们参与活动的积极性。宗教本身具有的这些基本特点,对促使全民族与健身活动的发展有极大的吸引力和促进作用。

2. 宗教对少数民族传统体育文化的阻碍作用

首先,部分少数民族传统体育偏离了娱人和健康的轨道。随着原始宗教观念的产生,原始体育活动就逐步远离人们的现实生活,蜕变为娱神的活动,变得扑朔迷离,带有强烈的巫术气息。这阻碍着它向民俗性娱人、健身的方向发展,阻碍着民族传统体育向着科学的、现代化的方向发展。如我国举办全国少数民族传统体育运动会初期,一些少数民族不愿参赛,他们认为用于祭祀性的一些宗教活动不能参与体育比赛,思想上囿于宗教意识的影响和束缚。因此,在人类社会的文明进化中,原始宗教已成为一些边远落后地区体育发展的桎梏。

其次,可能会引起民族纠纷,影响民族团结。原始宗教的产生,形成了以部族集团为对立的祭祀活动,并给这些祭祀性传统体育活动罩上了阴影,如比武场上的输赢预卜吉凶。因此,使比赛场上的气氛格外玄秘、紧张。常常是一方手执木棒,另一方手拿石块为本方斗士助威,会引发民族间的矛盾,可能会影响了民族的团结和体育文化的交流。

(三) 宗教与少数民族传统体育文化的关系

宗教与少数民族传统体育,都是一种古老又普通的社会文化现象,在社会和生活的各个方面都发挥着重大影响。从挖掘、整理出来的大批少数民族传统体育项目来看,如傣族的堆沙、藏族的登山、游泳,满族的射柳等项目,它们不仅呈现在从原始宗教到现代宗教的种种礼仪过程之中,而且成为宗教节日中的重要活动内容,成为宗教史中的重要现象。

宗教与少数民族传统体育文化的关系密不可分。首先从少数民族体育项目来看,许多少数民族传统体育项目,尤其是载歌载舞的项目,它们是以生动的具体形象来反映社会生活和对自然界的理解、情感、愿望和意志。在数千年的历史时期内，宗教生活曾经是各民族社会生活的重要组成部分，它对政治、经济、道德观念、婚丧嫁娶、节日禁忌、风俗人情等有着强烈的影响，尤其使各民族的精神生活带有浓厚的宗教色彩。因此，宗教生活构成各民族传统体育内容是必然的。其次，从宗教方面来看，各种宗教都注意培养教徒的宗教感情和宗教体验，有一套获得宗教经验的修习方式。如道教就追求天人合一，返璞归真，人与道教一体化，气功养生术成为道教的修持术和行为模式。各种宗教都有自己的法术、禁忌和宗教礼仪，而许多少数民族传统体育项目，如傣族堆沙，过去就是从宗教礼仪活动演变而来的。另外，宗教的观念需要宣扬，宗教的情感需要宣泄。这些宗教的基本要术需要各种形式，其中包括以少数民族传统体育形式作为自己的表现形式。如举办敖包节、庙会等宗教节日时，摔跤、赛马、射箭、叼羊等少数民族传统体育项目成为节日中的重要文化活动内容。

总之，宗教与少数民族传统体育文化密不可分，相互作用，互相影响。有了宗教活动，也产生了一大批少数民族传统体育项目，并促使这些项目得以延续和发展，而少数民族传统体育的开展也宣传了宗教，为宗教的发展起了促进作用。

二、宗教与少数民族传统体育

我国的少数民族传统体育文化是中华民族文化的一部分，具有悠久的历史，也是现代体育的根和源。许多少数民族传统体育产生于原始宗教的心理环境和文化氛围之中，具有一定的宗教色彩和实用功利性。少数民族传统体育与原始宗教关系较为密切，它从不同的角度和侧面，在一定程度上反映了我国少数民族的社会、历史、政治、经济、文化、宗教、风俗及心理等，是中华民族传统体育灿烂文化中的一块瑰宝。少数民族传统体育自产生后，便混合于生存斗争、民族文化的统一体中，并依附于生产方式、传统文化、传统习俗、庆典节日、舞蹈、军事等，还同祭祀、供奉、敬神等宗教活动相结合，既是心理的满足，又是社交的手段，同一形式却具有综合性的多种社会功能。所以，宗教活动对少数民族传统体育的形成和发展起到了积极的促进作用。

（一）原始宗教与少数民族传统体育

在原始社会，人类由于对许多自然现象不理解和恐惧，因而产生了万物都是受神灵主宰的观念，由此宗教活动产生了。宗教是现实生活在人们头脑中的歪曲的反映，是人们对现实生活的幻想和想象。出于迷信，原始人类常用种种形式以图感动自然力量,在祭祀活动中,逐渐用舞蹈、竞技、角力来进行祈祷,娱乐神祇祈求庇护,于是原来用于娱人的歌、舞等,又用来娱神。这种兼有体育和艺术双重性质的舞蹈,就和宗教祭祀活动结下了不解之缘。因此,原始宗教活动对体育的发展与丰富有一定的影响,虽然原始宗教不是产生体育的一个"源",但却是发展成为体育的一个"流"。

在原始社会中,人们的社会物质生活条件很差,处处受到自然界的威胁和逼迫。当人们认识到自然现象与人的经济生活密切相关时,便产生了对许多自然现象的希冀,希望能得到它的帮助、庇护,并能通过某种方式来控制自然,以便达到改善生活的目的。恩格斯说:史前时期的"这种关于自然界、关于人本身的性质、关于精灵、关于魔力等虚假的表象,大抵是以消极的经济因素为基础:史前时期低级的经济发展把关于自然界的虚假表象作为补充,有时也当作了条件,甚至当作原因"。这里所说的"虚假的表象"是指人们对自然现象的神话,他们把给人带来好处的自然物和自然现象当作善神;把不利于人的自然物和自然现象当作恶魔,这就是当时人们在这些自然物和自然现象面前显得软弱无力,并且感到恐惧的反映,是人们在自然力面前不知所措,抱着依赖和侥幸心理的表现。

原始的宗教主要包括自然崇拜、图腾崇拜和祖先崇拜三种形式,这是三个相对独立的发展阶段。人们为了生存,在适应自然,向大自然索取的时候创造了原始的体育活动,同时对大自然的一些现象和自然法则不理解产生的恐惧导致了对自然的崇拜。对图腾和祖先的崇拜,人们都怀着一种淳朴、神圣的感情,对鸟、虎、熊这些猛兽的图腾崇拜反映出少数民族先民勇敢顽强、敢于拼搏的民族心理。出于宗教崇拜,每年到了一定的季节、日期,就要举行相应的祭祀活动,后来随着社会的发展,原始宗教信仰作为全民性的活动消失了,但成为一种具有宗教色彩的节日作为民间习俗传承了下来。宗教活动的许多内容被剥去了神秘的外衣,变成一种体育形式而成为节日的重要内容。

傈僳族的"刀杆节"就是一种原始的宗教活动流传下来的。表演上刀山、下火海的勇士们在以前的"刀杆节"上,都得听命于巫师的摆布。上刀山、下火海之前,有一套宗教祭祀仪式,而且每个上刀山、下火海的勇士身上都要挂上几十条巫师画的符咒,使这一活动蒙上了浓厚的色彩。每逢农历二月初八,要举行隆重的爬刀杆体育表演,刀杆架立在刀杆场中间,一把把长刀闪闪发光,像一架直入云天的银梯。表演者爬刀杆如登木梯，赤手攀刀，光脚踩刀，爬到顶端还要做各种惊险的动作。爬刀杆结束后，还要"下火海"，表演者赤脚在篝火上行走、翻滚，还要用火"洗脸"。这些体现了傈僳族人民勇敢无畏、敢于战胜一切的性格。

"剽牛祭天"，是独龙族对大自然崇拜的一种原始宗教形式。"卡雀哇"节清晨，铓锣响起时，一群婀娜多姿的少女背起竹筒到清溪边清洗后收回圣水，全寨人齐聚祭场，族长将一头黄牛拴在祭场中间的木桩上，然后由一个被挑选出来的年轻妇女，把一串串珠链挂在牛角上，牛背上披着麻布毯子，摆好祭品，手持长刀的群众以牛为中心，围成一圈，然后由选好的小伙子"卜生"举起一根锋利的竹矛，向牛的腋下猛刺，直到将牛刺倒。接着，大家耍起刀，合着铓锣声，跳起"牛锅舞"，唱起祭祀歌。祭天毕，按规矩：牛头由刺牛者所得，牛肉平均分配，凡参加庆典的男女老少均可获得一份。独龙族人民过去用"剽牛祭天"的形式，祈求上天保佑来年兴旺，五谷丰登。现在，在独龙江地方或自治县城，凡有民族盛会或欢庆活动，都能看到这一传统的，集文体于一体的，具有浓郁原始宗教色彩的"独龙刀舞"。

（二）宗教节日与少数民族传统体育

中国少数民族的风俗与民族传统体育融合，历史久远，源远流长。但是，由于各民族的地域、语言、心理素质等不同以及风俗习惯的差异，构成了节庆传说的多样性以及节庆时间的不统一性。而在传统节庆中，象征各民族精神、增添节庆气氛的民族体育活动，其传说也各不相同，古朴的活动形式也不尽相同。

宗教节日包括宗教的多种祭祀活动，这类节日形成的时间较早，大约在远古时代就有，那时自然科学尚不发达，人们对一些自然现象还不能用科学道理加以深刻的解释，于是就通过舞蹈，模仿自然界、动物等形态、动作来表达对图腾的崇拜，以示对祖先的崇拜，对万物之神的敬仰，以此来取悦神灵，祛除人世间的灾难，保佑人畜平安、五谷丰登。这种原始信仰的祭祀活动，逐渐演变为节日活动而固定下来，代代相传直到今天。我国南方的许多少数民族，过去有多神信仰和祖先崇拜，其祭祀节日在民间广为流传，约占民族节日总数的三分之一以上。自古以来，世界各民族民间传统节日就不是单一的民俗事项，在它情趣横生、奇妙浪漫、神秘莫测的帷幕之后，隐藏着极为丰富、复杂的内涵。我国著名民俗学家钟敬文教授曾指出："民间流行的节日，是各民族所同具的、必然要有的文化。"他还进一步强调指出,民间节日是"一种文化事象",① "是民族传统文化中不可缺少的部分"。② 中央民族大学民族学家陈永龄教授说:"节日文化特别凝聚着多方面的民族传统,许多民族习俗的精华、多彩的文化传统都在民族节日活动中展现出来,特别是缺少文字的民族,更要利用节日活动作为传统文化的学习机会。"③ 中国少数民族古朴的传统节日,内容丰富多彩,传说惟妙惟肖,同一节日,在不同的民族中,也有着不同内容的美丽传说。以云南的火把节为例,彝族的撒尼人支系过火把节是为了纪念战胜暴虐魔王的胜利,阿细人支系是为了纪念英雄阿真烧死奴隶主的壮举;白族过火把节是为了纪念柏节夫人的贞节;纳西族过火把节是为了纪念抢救人民、保全人间的天将;普米族过火把节,是为了庆祝粮食丰收,大摆宴席敬祭天神,又怕天神不知,所以在地面上都点燃火把;而傈僳族是为了庆祝民族间的和睦交往等。这些同一节日所具有的不同内容,散发着各民族传统文化的奇光异彩,反映着各民族传统文化的光辉灿烂,是我国传统文化中不可缺少的瑰宝。

传统节日中的民族体育,也同传统节日一样,即使是同一体育项目,在不同民族中也具有不同的美丽传说,也可交织出一幅美丽动人、栩栩如生的图画。如在节日中举办的规模宏大的划龙舟。白族划龙舟,是为了纪念在洱海中除害献身的勇士;傣族则是为了纪念为民清除凶残国王的英雄岩洪娥;苗族划龙舟是为了向天神求雨。又如荡秋千,彝族在二月八日荡秋千,是为了祭祀星神;阿昌族每逢大年初一到十五举行的荡秋千,是为了怀念渴望自由的龙女;哈尼族在苦扎扎节时打磨秋(秋千中的一种),是为了纪念给哈尼人民带来太阳、月亮的有序轮转的英雄阿朗和阿昂兄妹;苗族在赶秋节举办八人秋,是为了纪念英俊健壮的青年巴贵达惹终于找到聪明美丽、贤惠的绣鞋姑娘,结为终身伴侣;纳西族在春节除夕到正月二十日举行的荡秋千,是为了全村大吉大利、繁荣昌盛;白族在秋千会时举行荡秋千,是为了来年平平安安,素有"春节打一回秋千,一年平安三百六十六天"之说,这些同一体育所具有的不同内容的传说,充分反映了各少数民族传统体育活动在维系民族感情、民族团结等方面的重要历史地位和作用。在民族节日中举行的民族体育活动方式,也同它们的传说一

---

① 钟敬文:《节日与文化》,1988年3月11日《人民日报》第八版。
② 钟敬文:《中国民族节日大全》,知识出版社,1993年版,第10页。
③ 陈永龄:《贵州节日文化》,中央民族学院出版社,1988年版,第43页。

样,交织成的图案也同样丰富多彩、色彩斑斓,且独具民族体育古朴特色居住在山区的彝族荡秋千,地点往往选择在两山之间,用山上的藤子当绳,由一座山荡到另一座山,飞越深涧;哈尼族打磨秋,是用一根较坚硬的木头,树在寨边的草坪上,两米左右高,顶部削得细一些,当作轴心,再挑一根横木杆,中间凿凹,架在轴上,打磨秋时,横木两端分别伏上一二人,可以伏在杆上,也可以骑坐在轴上。先是低杆来回旋转,继而一头升起,一头落地,此起彼落,上上下下,悠悠荡荡,颇有乐趣。阿昌族的车秋,也叫纺车秋千,阿昌族称"风车秋千",因其形似风车而名。它以四根木桩分立,两边作为支架,中间横担着秋辊,左右各用两根木桩交叉镶在秋辊上,类似车的辐条,在顶端左右相连,挂着秋千绳。每架车秋同时坐四人,也有坐八人的。由着地的人轮流用脚蹬地,车秋像车轮一样飞快地转动,饶有情趣。还有贵州苗族的"八人秋"、新疆柯尔克孜族的"二人秋"、云南怒族的"转秋"等,虽都属秋千类,但活动方式各异,各具特色,各具情趣,深受本族人民的喜爱。

(三)小乘佛教与民族传统体育

在小乘佛教的思想影响下,傣族的科学技术、体育、文学艺术和生活习惯往往带有强烈的宗教色彩。如天文历被僧侣作为占卜工具,许多文学作品里大力宣传佛教故事,绘画、雕像反映的题材多半是宗教的内容。而堆沙本身就是小乘佛教的宗教礼仪。

堆沙是以沙作材料,在规定的时间内雕塑出各种造型的一种传统体育活动。它既能锻炼身体,发挥人的智慧,又能陶冶情操,给人一种美的享受。中国香港、日本等地曾多次举办过国际堆沙比赛。1988年我国以傣族运动员组成的中国少数民族堆沙队,首次参加了在香港举行的堆沙国际比赛,并以佛塔造型获得好评。傣族堆沙据说有上千年的历史。它的产生、兴起和发展与小乘佛教传播、兴盛和发展有着十分密切的关系。

傣族堆沙本身就是祭佛的一种礼仪。傣族堆沙在傣族的"关门节"、"开门节"和赕坦的时候举行。堆沙的仪式是:在关、开门节和赕坦的早上,各家都用一个小竹篓装上半干半湿的细沙子,由妇女或老人背到佛寺里。先是在佛像前履行"受福仪式",即滴水、祈祷和磕头之后,背起沙篓有秩序地从佛堂的后门走出。距佛堂后门约十几步远的草地上有个堆沙场,人们把沙子倒出,开始堆沙。方法是:用笋叶、芭蕉叶等空卷成塔粽模型,撒几根细木棍穿别住,装满湿沙子,将口倒立在平地上。然后再把叶模型轻轻拔起来,这样一个个沙塔和沙粽子就砌成功了。然后,用挟着三角形长条纸旗和纸花的细竹棍插在沙的造型上，点亮几根腊火，又绕着沙的造型滴洒一圈清水，面对沙的造型合掌默默地祈祷几句，然后起身离开那里。至此堆沙礼仪全部完毕。

（四）道教、佛教与少数民族传统体育

道教自东汉时期产生，已有1800多年历史，在汉族地区较为流行，随着少数民族与汉族的交往，在壮、土家、布依、黎、苗、侗、毛南、仫佬等民族地区都有道教的传播和影响。白、彝、瑶族都把道教崇拜的神灵纳入本民族的神灵中，使道教"民族化"。例如，道教在壮族地区流传较广，道教主要法事之一"上刀山"，实际上就是瑶族传统体育的宗教活动。上刀山是需要些真功夫的，据清代《坦园日记》载：其法"植二大竹于空，缚薄刃如梯，老巫戟手指画，按级而登，足趾不少损。老巫下，众人（孝男）随而上，皆若升梯状"。上刀山是在空地上，埋一根不高的木桩，上端有横木。木桩两侧绑几把刀，刀口向上。道公喃摩后，在刃口贴一道符。孝子只穿鞋试一下，由道公代替爬上去。道公虽然赤脚，但两手抓住横木引体向上，脚板只是接触一下刃口，一般不会受伤。

佛教是世界三大宗教之一，创建于公元前6世纪至公元前5世纪的古印度，创始人为释迦牟尼。佛教自公元1世纪开始传入我国，魏晋南北朝时得到发展，隋唐达到鼎盛。佛教在中华民族的传播，既保持了佛教的基本特点，又吸收了中华民族的传统文化。我国民族传统体育项目舞狮运动，就是集印度的佛教思想和中华民族传统文化两者于一身的结合体。舞狮活动就是从佛教传入中国才兴起的。佛教传入后，舞狮活动得到进一步发展。

第四节 地理环境与少数民族传统体育

我国是由56个民族组成的统一的多民族国家，在960多万平方公里的土地上，全国民族自治地方国土面积达616.29万平方公里。民族自治地方的地理特点大致可分为山地、高原、盆地、平原、丘陵五个类型。其中山地面积约250万平方公里。高原面积占200多万平方公里，盆地面积约100多万平方公里，平原面积13万多平方公里。民族地区由于地域辽阔，跨越了寒温带、温带、北亚热带、南亚热带及青藏高原高原气候带。南方、东南、西南民族地区，如广西，年平均气温高达17℃～23℃，降水量在1000～2000毫米以上。而东北地区所平均气温只有－1℃～10℃，平均积雪深度 20～30 厘米，无霜期只有 60～160 天。由于自然环境的不同，形成了具有地方和民族特色的色彩纷呈的传统体育活动。有的激扬着冰天雪地的北国情怀，有的散发着草原的芳香，有的带着深山峡谷的惊险、奥秘，有的荡漾着南国水乡的欢畅。

一、山地民族传统体育

我国大部分高山、高原、冰川都集中在少数民族聚居地区，5000 米以上的山脉就有喜马拉雅山、昆仑山、横断山、天山、念青唐古拉山、冈底斯山、阿尼玛卿山、邛崃山、祁连山、疏勒南山、柴达木山、巴颜喀拉山、无量山、梅里雪山。世界上第一高峰——珠穆朗玛峰，第二高峰乔戈里峰及 3500 米以上山峰都集中在少数民族地区。高山与高山之间形成峡谷，深度可达 3000 米以上。在云南、四川西部、西藏、青海等地区都有许多峡谷。世代居住在高山峡谷的藏族、蒙古族、维吾尔族、苗族、彝族、怒族、傈僳族、独龙族、瑶族等勤劳、朴实、勇敢的人民，千百年来在这里开山、伐木、放牧、采药、狩猎、战争、通商、迁徙等。在各种活动中，穿山越岭过峡谷，登山溜索等逐渐成为日常生活中的重要组成部分。

主要居住在青藏高原的藏族人，在每年六月香浪节时，大地披上绿装，山清水秀，鸟语花香，上万人成群结队，带着食品、帐篷举行登山活动，谁在太阳没有升起之前登到山顶，预示此人来年平安、万事如意。1960 年西藏成立了登山队，当年屈银华、王富洲、贡布（藏族）成功地登上了珠穆朗玛峰。从 1960—1999 年近 40 年中，登上珠穆朗玛峰的共有 34 名中国人，其中藏族就有 30 人。

位于古丝绸之路的新疆维吾尔自治区，有许多名山大川，现今对外旅游开放的有乔戈里峰（海拔 8611 米）、迦雪布隆峰Ⅰ峰（海拔 8064 米）、迦雪布隆峰Ⅱ峰（海拔 8034 米）、布洛德峰（海拔 8040 米）、慕士塔格峰（海拔 7546 米）、公格尔峰（海拔 7719 米）、公格九别峰（海拔 7595 米）、博格达峰（海拔 5445 米）、托木尔峰（海拔 7435 米）、慕士山（海拔 6282 米）、木孜塔格峰（海拔 6973 米）。

《突厥语大词典》对古代新疆民族地区登山有这样的记载："爬山，进行了爬山比赛，下山了，比赛下山。"登山运动一直是维吾尔、哈萨克、蒙古、塔吉克、柯尔克孜等从事畜牧业民族的传统体育活动。1965 年自治区成立了多民族组成的 15 人登山队。1980 年成立了新疆维吾尔自治区登山协会。新疆登山队于 1985 年 10 月与美国人联合组队，成功地登上了木孜塔格峰（6973 米），1988 年美国与中国登山队联合组队，攀登了珠穆朗玛峰。

生活在云南碧江、福贡和贡山兰坪地区的怒族，居住在怒江大峡谷两岸，峡谷与两岸相对高度相差 3000 米，水流湍急，落差极大，难以行船摆渡，过去唯一的交通工具是溜索。新中国成立后，怒江两岸架起多座吊桥，还架设了数十条钢丝溜索，但怒族人们仍然喜欢溜索这项能锻炼自己胆量和勇气的传统活动，每逢赶街和节日，都要举行溜索比赛。

二、草原体育

据国家民委统计资料，全国民族自治地方，1992 年牧区、半农半牧草原面积为 3 亿公顷。草原主要集中在内蒙古、新疆、青海、西藏、四川等省区。内蒙古自治区有呼伦贝尔草原、锡林郭勒草原、乌兰察布草原等。新疆维吾尔自治区有阿尔泰山东南草场、准噶尔盆地西部山地草场、准噶尔盆地草场、天山北坡草场、天山南坡草场、昆仑山北坡草场、塔里木盆地草场等著名草场。青海有柴达木盆地草场、青海湖环湖、玉树、果洛地区草场。西藏自治区有羌塘、冈底斯山、藏南等草场。四川有甘孜、阿坝、凉山草场，甘肃有甘南、天祝、祁连山、河西走廊等草场。云南有迪庆草场。

在这水草丰美的辽阔草原上，蒙古、维吾尔、藏、哈萨克、柯尔克孜、塔吉克等民族，以游牧为主，素称马背上的民族。他们自古以来，逐水草而居，以放牧、狩猎为业。马匹、骆驼、牦牛成为他们日常生活中必不可缺少的生产、交通、生活的工具。在世代放牧、战争中，养成了剽悍勇猛、开朗豪放的民族性格，骑术成了他们不可缺少的基本技能。同时在这种特殊的地理环境里创造了带有浓郁游牧民族特色的各种传统体育活动。

（一）马上传统体育项目

游牧民族不但爱马，珍视马，也是育马、驭马的能手。草原上马上传统项目有赛马、马球、马术、叼羊、姑娘追等。

1. **赛马运动**

赛马是蒙古、藏、维、哈、柯等游牧民族十分喜爱的世代相传的体育活动。赛马不仅是农牧闲暇之余集会、民俗节日、婚庆、大型宗教活动必不可少的活动，并有悠久的历史。

藏族赛马相传始于藏王赤松德赞时期。距今有 1000 多年历史，到了 17 世纪中叶，五世达赖时期，赛马活动得到快速开展。开始是在江孜达玛节举行为期三天的大规模跑马射箭比赛,从此以后,逐渐从江孜传到拉萨、羌塘、工布以及其他藏区。以至后来有了"藏北赛马会"、"当雄赛马会"、"定日赛马节"、"康定跑马节"等。赛马活动由于西藏地区幅员辽阔,有的在藏历五六月,有的在藏历七八月。西藏拉萨赛马会时,藏、青、川、甘、滇等地藏族选手云集拉萨,颇为壮观。藏族赛马活动一般以一家一户为单位,谁家获胜会得到护法神的保护,当年会风调雨顺、人畜安康。因此,家家户户都把赛马看得很神圣。全家男女老少全力以赴,投入赛前准备工作,并为骑手敬酒壮胆送行。骑手跨上精心打扮的骏马,去参加比赛。赛马距离一般在5~10公里不等。

近年来,随着旅游与经济的发展,每年到夏秋之交或气候宜人的旅游黄金季节都举行规模宏大的传统赛马活动,同时,举办艺术节、物资交流大会来促进民族经济、文化的繁荣发展,给昔日的传统赛马活动赋予了新的内容。

历史上赛马活动,多由部族或头领负责,规模一般小至十余骑,大至二三百骑不等。获胜者可得到牛羊的奖励。

蒙古族起朔方,善骑射,曾以万马之利取天下,建立元朝帝国。蒙古先民赛马运动可追溯到2000多年以前。现在,每年七月、八月、九月,是草原上鲜花遍野、绿草如茵、牛马肥壮的黄金时节。广大牧民穿着节日盛装,骑着骏马,载着蒙古包,从四面八方聚集到一起,参加自从元代开始形成的那达慕大会。大会重要的一项内容就是赛马。蒙古族赛马分走马、跑马、颠马。走马,主要比赛稳健、快速、美观。跑马,主要比赛速度、耐力。参赛者不分年龄性别,少则几十人,多则上百人。草原上赛马距离有20~40公里不等。

2. 马球运动

马球运动是马术与高超的球艺相结合的体育活动。古代马球运动,在藏、蒙古、维、满族中开展较普遍。藏族马球对中原汉族马球及邻国朝鲜、日本马球运动的传播有着很大的影响。

马球的起源有波斯说和吐蕃说。以阴法曾等学者认为,马球是藏族发明的。理由是马球一词外语叫"波罗",古阿拉伯语没有这个词,俄语、日语等也都是借用英语polo,而英语polo一词又源于藏语。两种起源,虽无定论,但吐蕃时期,藏族的马球技艺已达到很高水平。自从文成公主嫁到吐蕃后,汉藏两族体育交流频繁,马球运动东传内地,吐蕃马球队与唐朝马球队经常比赛,成为外事交往、大型家庭活动的内容之一。

马球历经唐、宋、辽、金、元、明、清各朝，草原上的少数民族不断将这项运动完善规则，改进器材，使马球运动得以延续和发展。

3. 马术运动

马术运动不仅造就了牧民机智、勇敢、顽强的优秀品质，而且由于技艺惊险，可观性、娱乐性强，深受草原牧民欢迎。

蒙古族马术运动项目有：马上技能、乘马斩劈、乘马射箭、超越障碍等。

藏族马术运动项目有：飞马拾银、飞马拾哈达、镫里藏身、奔马射击、跑马射箭、飞马跨障等。

除赛马、马球、马术运动外，叼羊、姑娘追、马上摔跤、马上较力、马上拔河、挤马出圈、骑马追兔等项目也是草原人民非常喜欢的项目。像叼羊运动，就是一件争夺激烈、对抗性强的骑术运动，它是力、勇、技的较量，被誉为"剽悍者运动"。叼羊的方法是将羊割去头和后小腿，束紧食道口，双方骑手在规定的时间内，在马背上展开争夺，最后谁能携羊不被别人追上，将羊投放到规定地方，便为获胜。羊亦归本人所有。

"姑娘追"则是哈萨克族青年男女互相结识和表达爱情的一种方式。随着时代的变迁，现已演变成一种传统的体育活动。"姑娘追"的方法是：开始之前，首先由男方或女方发出邀请，规定好折返点（一般为2～3公里），小伙子与姑娘一齐出发，小伙子不论怎样向姑娘开玩笑或表达爱慕之情，姑娘都不能表示任何反对。但回来的路上，姑娘一旦追上小伙子，对那些出口不逊开玩笑过分的小伙子，肩背上会留下姑娘愤怒的鞭痕，但姑娘看上的小伙子，姑娘会用鞭子只在小伙子头顶上飞舞，而不抽打，有时还会用马鞭抽打小伙子坐骑的马臀，暗中帮助他不被追上。

（二）摔跤

摔跤也是草原牧民非常喜爱的运动，不论是节日、办喜事还是宗教仪式上，都要举行摔跤比赛。

蒙古族摔跤叫"搏克"，是那达慕三项竞技之一。参加人数多达上千人，比赛场面十分壮观。藏族摔跤叫"北嘎"。比赛时，先互相抓好对方腰带，仅靠腰臂力提起对方并摔倒，严禁用勾脚、绊脚。一般在祭祀、宗教大会上举行比赛。维吾尔族摔跤叫"且力西"，多在节日、婚礼时举行比赛，比赛时，双方先抓好对方腰带，互相拥抱，不能用脚使绊和抱腰，二人将对方摔倒以背着地为胜。

辽阔的草原，恰似一块绿色的地毯，为摔跤提供了天然的场地。不论是新疆维吾尔自治区或是内蒙古自治区，大草原孕育了许多优秀少数民族运动员。这些优秀运动员在国内和国际重大比赛上取得了优异成绩，不少人成为运动健将，获得全国和奥运会冠军。

三、北国冰雪体育

满族、达斡尔、鄂伦春、鄂温克等少数民族及其先民，长期生活在东北白山黑水之间，冰冻期长达半年。在他们长年与冰雪接触过程中，为了适应生活、生产、军事上的需要，发明了冰鞋、爬犁、拖床等冰上行走用具，还创造了各种滑冰技术。

冰嬉是我国古代冰上溜冰之戏的代表，是古代冬季冰上运动会。满族入关前，每年正月初二在辽宁太子河天然冰场上举行冰上蹴鞠表演赛。入关以后冰嬉定为国俗，每年农历十月举行冰嬉大典。在清朝鼎盛时期，清政府有一支5000人的溜冰特种部队。从中选出1600名优秀溜冰者，组成"技勇冰鞋营"集中训练，参加冰嬉表演，接受皇帝校阅。

如今，冰雪运动已经成为人们在冬季进行娱乐健身的很好方式，而且越来越受到大家的喜爱。在白雪皑皑的世界里，滑雪不但可以尽情饱览大自然的秀丽风光，而且能锻炼人们战胜困难的意志。随着人们生活水平的提高，参加滑雪旅游的人成倍增长，一大批滑雪场也应运而生，近几年先后建成的大的滑雪场有：黑龙江的亚布力滑雪场、吉林省北大湖滑雪场、吉林市松花湖滑冰场、沈阳大军山冰雪世界、吉林长白山滑雪场、张家口塞北滑雪场、新疆乌鲁木齐南山滑冰场。溜冰、滑雪已成为我国北方冬季最有魅力的传统体育项目。

四、南国水乡体育

生活在沿海和江、河、湖泊岸边的少数民族，如海南的黎族，广西的壮族、京族，云南的傣族、白族，贵州的布依族、苗族，湖南的土家族、侗族、瑶族等，无论是在生产劳动，还是在他们衣、食、住、行中，处处与水打交道。这些地区的少数民族所进行的大多数传统体育活动，如赛龙舟、游泳、跳水等，都是在水上进行的。

在水乡开展最普遍、历史最悠久、规模最大的要数龙舟竞渡。像广西壮族地区，山清水秀，河流众多。广西壮族先民居山行水，以船为车、以楫为马。广西左江花山崖壁画上，绘制有"岩怀山赛船图"。画面上展现三条赛船，每船3～4人，旁有观者助兴，场面活跃。先秦时期，左江流域的广西壮族先民就有了龙舟竞渡活动。到唐宋时期,赛龙舟在广西已相当流行。

土家族主要生活在鄂西地区,这里有清江、马水河、五家河、野三河等。河宽水大,水资源丰富。每年阴历五月举行龙舟比赛。因鄂西地区河道险、水流急,龙舟参赛者都有较高的技术。

贵州苗族居住在清江沿岸。苗族龙舟别具一格,以大树挖槽为舟,两树并合而成,龙舟长约四五丈,可载三四十人。

白族主要聚居在大理。这里有碧波万顷、湖水清澈的洱海。白族赛龙舟从南诏时期沿袭至今,已有 1000 多年。每年六月二十五日火把节举行时,沿岸数十个村寨的白族人民前往观看、助威。随着旅游业的蓬勃发展,大理的赛龙舟不仅仅局限于当地白族群众参加,而且还吸引了来自海内外的宾客来参与这项活动。

除赛龙舟外,南国水乡传统体育还有瑶族、土家族的"踩独木滑水",京族的"驳脚",侗族的"多能达"(踢水比赛),广西融水苗族的"闹鱼"等。水哺育了南国水乡的人民,聚居在水乡的少数民族创造了具有水乡特色的各种各样的传统体育项目。

第五节 民族经济与少数民族传统体育

一、少数民族地区经济发展概况

我国少数民族地区,一般人口稀少,地域辽阔,大都处于边疆,少数民族地区由于地理位置、气候、地形和地质构造等自然条件不同,因而有着非常丰富的物产资源。在矿产方面,有煤、铁、石油、有色金属和其他稀有元素矿藏,有发展工业的有利条件。在农业方面,由于有许多富饶的河谷、盆地和平原,有多种多样的气候条件,因而,对发展粮、棉、油及其他各种经济作物极为有利。不少少数民族地区,素来就是我国许多农产品,尤其是土特产品的重要基地。同时,还有大约 40 多亿亩的草原,为大规模地发展畜牧业提供了良好的条件和广阔的前景。此外,少数民族地区还有巨大的原始森林和众多江河湖泊,也为发展林、渔业提供了有利条件。这些优越的自然条件,是各少数民族发展经济文化的物质基础。当然,少数民族地区也有各种不利条件,如地处高寒地带,雨量少,有的地区沙漠多,交通不便等。

中华人民共和国成立前,我国少数民族受帝国主义和国内反动封建势力的压迫以及本民族内部剥削制度的严重束缚，优越的自然条件未能充分利用，社会发展缓慢，经济文化也落后。我国少数民族经济制度都处于资本主义以前的各个社会发展阶段上，即原始社会末期、奴隶制社会、封建主义社会，某些民族地区刚刚出现资本主义经济萌芽。多种经济制度并存和相互交错，这就是新中国成立前我国少数民族地区经济发展的基本状况。

新中国成立后，在共产党和人民政府的领导下，通过民主改革和社会主义改造，我国民族地区不仅彻底废除了各种剥削制度和落后的生产关系，走上了社会主义发展道路，而且各项经济建设事业也取得了很大的成就。十一届三中全会以后，中国共产党本着实事求是、一切从实际出发的原则，提出了我国正处在社会主义初级阶段的基本理论。

1999年，随着西部开发号角的吹响，全国的经济重点逐步向西部转移。2001年我国又成功地加入了世界贸易组织"WTO"。这一切给我国少数民族的主要集居的西部地区带来了机遇。大力发展西部地区，提高西部地区的经济水平，缩小东西部地区的经济发展差距，实现各民族人民的共同富裕，是实现西部大开发的战略目标。近两年来，国家对西部地区采取了税收减免、投资优惠等吸引内外资的优惠政策。如何利用各种条件，促进西部特别是少数民族地区的经济发展成为摆在我们面前的现实问题。

西部地区是我国少数民族的主要聚集地。这一地区不仅矿藏丰富，能源、旅游、土地资源亦极具优势。同时，具有悠久历史和光辉灿烂的少数民族文化也是我国民族文化中的宝贵财富，少数民族传统体育就是一颗璀璨夺目的明珠。随着我国西部大开发战略的不断深入，如何改变和提高西部少数民族地区长期落后的经济、文化状况已经成为一个重要的问题。少数民族传统体育作为少数民族文化的重要组成部分，国家已经将其列入社会主义体育事业的范畴，并将其作为发展社会主义精神文明建设、弘扬民族文化的任务来抓。其中央制定了"积极倡导、加强领导、改革提高、稳步发展"的方针来发展少数民族传统体育。那么，怎样使少数民族传统体育由一种文化形式变为一种物质资源来促进西部民族地区经济的发展，是我们值得探讨的问题。

二、少数民族传统体育与民族地区经济的发展

（一）利用少数民族传统体育的交流促进人们思想的解放、科学文化知识的传播

我国西部民族众多、地域辽阔，随着改革开放及西部大开发的不断深

入,我国少数民族地区的政治、经济、文化水平得到了长足的发展,人们的物质、文化生活水平也得到了很大提高,但仍有一些民族地区的人们住地闭塞和交通不便的地区,再加上民族之间语言、风俗习惯、宗教信仰等因素的差异,许多少数民族地区的人们固守一地,民族内部一个模式,跟外部联系十分薄弱,从而带来了经济、文化、信息、科技乃至人与人之间、民族与民族之间交往甚少,造成了思想意识观念的落后。长期以来以固有的生活、生产方式繁衍生息着,虽然具有资源的优势,但缺少有效利用的机会和手段,缺乏先进的科学技术做指导,不能将资源优势转变为经济优势,捧着"金饭碗"仍然是乞丐。造成这种现象的原因就是人们思想意识的落后和对科技教育的相对的不重视。如果长期这样下去,这些地区将与社会的差距越来越大。

少数民族传统体育是各族人民为了适应生产和生存的需要,在长期的历史发展中创造出来的是宝贵的文化财富,蕴涵着各族人民的聪明才智和无畏的顽强精神。一些项目呈多个民族共有的形式,多个少数民族共同喜爱同一种传统体育,这一现象本身就蕴涵着各民族之间的促进团结进步和思想交流的契机。因此,一些体育集会和比赛往往会吸引众多少数民族人们参加,增进了民族间的交流;我国少数民族传统体育活动往往是跨省、跨地区、跨民族,甚至是跨国的,有许多比赛和活动是多边轮流举办的,参加人数成千上万,这也必然要加强民族之间的思想交流和促进民族团结;尽管我国各少数民族在语言文字、风俗习惯、生产生活方式等方面有所不同,但这一切都不能阻碍他们在体育文化上的交流,这是历史和今天我国56个民族丰富多彩的民族传统体育所证明了的。

充分利用和开展这些人们喜闻乐见、参与性强的民族体育比赛和集会进行党的方针政策的宣传;开展各种各样的科学文化知识的普及、科学的生产技术的推广活动,促进先进的科学技术的传播;增进交流、教育群众、解放思想,解开长期以来束缚在人们思想上的闭关自守的枷锁,对促进少数民族地区物质和精神文明建设具有重要意义。

(二)利用传统的民间体育集会,促进民族地区经济贸易活动

我国许多少数民族的传统体育盛会,都要开展丰富多彩的民族民间体育活动,并进行盛大的民族经济贸易活动。这些活动的开展,有效地促进各民族人民的商业贸易交往,推动民族地区贸易事业的发展。

例如"三月街"是白族人民具有悠久历史的传统节日,这一活动在现在已经逐渐演变为融民族体育、文艺、娱乐与贸易活动于一体的民间传统

集会。"三月街"期间，来自祖国各地的宾客及来自世界各地的朋友一道观赏精彩的赛马、霸王鞭、歌舞等民族传统体育文艺表演、比赛。与此同时，"三月街"还举办各种大型的商业贸易活动与牲畜交易活动，有力地推动了大理及周边地区民族经济的发展。因此，"三月街"已被人们誉为"洱海边上的广交会"。

流行于彝族民间的"火把节"，是彝族人民进行体育竞技和节日庆典的民族传统盛会。精彩激烈的摔跤比赛与民间歌舞吸引着来自四面八方的宾客。与此同时举办的各种经贸活动，更是热闹非凡，欢乐的体育文化氛围为民族经贸活动的开展提供了有利条件。

地处西南门户的畹町、瑞丽等已成为国家级口岸。居住在这里的傣、景颇、德昂等民族与东南亚国家的一些民族属同一民族，或族源相近，因而在生活方式、文化习俗上存在着共同的特征。每逢傣历新年，傣族人民都要举行盛大的泼水活动。节日期间，来自国内外的宾客、同胞一道尽情互相泼水祝福，观赏丢包、赛龙舟、放高升、歌舞等热烈壮观的民族体育文化活动。同时举办的盛大的经贸活动，有效地推动着我国与周边邻国友好关系的发展。

我国少数民族集聚地区大多与其他国家相邻，由于历史原因，同一个民族的人们生活在国境线两侧，他们同根同祖，语言文化、宗教信仰、生活习惯相同，更具有相同的节日和民族传统体育项目。我们利用民族传统体育文化影响大、传播快、没有国界等特点，举行各种规模的体育集会，吸引邻国人民参加，促进国际贸易的开展。同时，吸引内地广大企业和商户的参与，扩大对外贸易，为繁荣地区经济做贡献。

（三）以国内外民族体育活动为契机加速民族经济的腾飞

在人类诸多文化现象中，体育是一种最易沟通人们思想、促进相互认同的社会文化形式。因此，在现代社会中，体育越来越受到国际上的重视，奥运会已经成为规模最大、影响最广的世界各民族的盛大集会。随着民族体育国际化的日趋发展，国际上民族体育活动往往与经贸活动相结合，为区域经济的发展搭建了舞台。

"体育搭台、经济唱戏"，借助民族体育竞赛活动，推动地区经济发展，在我国已被广泛采用。例如，山东潍坊市自1984年以来，每年都举办富有特色的国际风筝比赛，数十个国家和地区的风筝队前来参加比赛。与此同时举行大型的经济贸易活动，成交额逐年上升，由原来的1亿元上升到20亿元，并吸引大批国内外资金的投入，使当地经济快速、稳步地发展，带动了旅游业的发展，促进了城市的建设和人民生活水平的提高。小小的风筝造福于一方百姓，可见民族传统体育在现在社会经济发展中的桥梁作用。

河南是我国少林武术的发源地，在郑州举办的国际少林武术节引人注目。在武术节期间开展的经贸活动完成的国内外贸易成交额每年都达20亿元人民币。1991年在广西南宁举办的第四届全国少数民族传统体育运动会，既是我国民族体育的空前盛会，又是一次"体育搭台，经济唱戏"，推进民族经济发展的重要活动。这届民运会，广西借助体育舞台，把振兴民族经济的戏唱得轰轰烈烈，共签订对外技术合同55个，外贸成交额2.1亿美元，共实现国内外贸易成交额达31亿元人民币。这一切，也充分显示出民族体育活动在现代社会经济活动中的桥梁作用。

在我国西部有着丰富的少数民族传统体育资源，各种形式的民族传统体育项目近千种，有许多富有民族生活气息的体育节日集会，诸如蒙古族的"那达慕大会"、侗族的"花炮节"、瑶族的"达努节"、苗族的"龙船节"、傈僳族的"刀杆节"、景颇族的"目瑙节"等。作为一种文化形式在运行状态下又具有多面性，对内具有显著的内部特征：有其独特的文化构成体系；有其独特的文化价值观念；有其特定的运动项目和行为特征；有其特殊的社会功效。对外亦有鲜明的外部特征：参加人员的大众性；民族文化的复合性；健身娱乐的实用性；历史发展的阶段性；运动项目的地域性。当地政府、社会团体可以利用这种活动的特点，以此为契机，利用这些机会振兴当地经济的发展。

（四）发展民族体育产业，推动民族地区经济的迅速发展

在20世纪80年代前，我国只有体育事业的提法，而无体育产业这一概念。体育事业具有两层含义：一是指社会活动中人们所从事的有一定目标、规模、组织和系统的活动；二是指体育部门的机构是由国家机关领导的，所需经费由国家财政支出，不进行经济核算。自1985年国务院颁布的《国民生产总值计算方案》将国民经济按三类产业分类，并把体育列入第三产业。从此，我国便有了体育产业这一概念。我国的民族体育，在这样一种背景下，也应该考虑加强其产业化进程。体育产业是指从事体育服务产品的生产和经营，以满足人们健身、娱乐和精神需要的体育部门和体育机构的活动。在1995年年初举行的全国体育工作会议上，国家体委明确指出，推进体育产业化已成为我国体育改革发展的重点。

体育作为一种产业越来越受到人们的重视。据统计，目前全世界体育

产业每年的总产值已达到 4000 亿美元，并且每年以 20％的速度发展。在 2000 年奥运会上，悉尼已经成为将奥林匹克运动和商业社会精诚合作的典范和新的里程碑。我国 1998 年的体育消费就达到 1400 亿元人民币，而且，每年都在大幅度地增长。体育与市场接轨，竞赛与经济联姻，已经成为体育产业发展的最佳途径。

少数民族传统体育也含有巨大的商业价值潜力。在这种体育文化长期发展的历史中，少数民族传统体育与宗教、民俗、艺术、环境等相互交融，你中有我、我中有你。因此，当我们对少数民族传统民族体育进行研究和开发时，它表现出来的不仅仅是一种体育文化，而且也是一种民族文化，反映出的是一个民族在长期历史发展中保留下来的精神和财富，具有无穷的魅力。同时，如果我们进行商业包装，不仅会弘扬这种民族文化，使它发扬光大，更会创造出很高的商业价值。

我国少数民族传统体育项目少说也有 700 多个，有的项目惊险、刺激，具有强烈的表演性，是祖传下来的"绝活"。如新疆的阿迪力表演的"达瓦孜"，使观众惊心动魄，曾穿越了南岳衡山，创造了世界吉尼斯纪录；北京的"风幡"走向了国际；由世世代代傈僳族流传下来的"上刀山"、"下火海"让人望而生畏等；有的项目具有很强的竞技性，如蒙古族的"赛马"、"摔跤"，满族的"珍珠球"，侗族的"抢花炮"等；有的项目表现出了机敏、幽雅之美，如受到各民族人民喜爱的"武术"，朝鲜族的"跳板"、"秋千"，壮族的"打扁担"，京族、黎族的"跳竹竿"等。在这些项目中有的已经具有很高的商业价值，许多还没有被充分开发利用。

在现代社会中，体育越来越受到国际上的重视，民族体育也不例外，民族体育国际化发展趋势日益明显。众所周知，日本的"柔道"、韩国的"跆拳道"都走上了奥运会，就算是没有走上奥运舞台的，也在政府的支持、市场经济的运作下，发扬光大，形成了一定的体系。如美国的"橄榄球"，日本的"相扑"。许多国家政府有关部门都很重视保护和开发自己的民族体育。在我国，党和政府就很重视挖掘和发展自己的民族体育，四年一度的全国少数民族传统体育运动会已举办了八届。1995 年，国家体委提出了《全民健身计划》，把少数民族体育作为在少数民族地区贯彻全民健身计划的重要形式，从政策上肯定了少数民族体育在全民健身计划中的作用，也为少数民族体育指明了发展方向。政策有了，党和国家扶持了，但少数民族体育还在发展阶段中，远未达到一定的规模，如何去开发，如何去促进民族地区经济的发展，更多地促进国际上的交往，成功的例子有，毕竟很少。我们应该清楚地看到，利用少数民族传统体育，能够提高劳动者素质，发展社会生产力。利用传统的民间体育文化集会，可以促进少数民族地区经济贸易活动的交流；以国内外民族体育竞赛活动为契机，加速少数民族地区经济的腾飞；通过发展体育产业，推动少数民族地区经济的迅速发展。所有这些，都具有重大的学术研究价值和实际应用价值。

（五）提高劳动者素质，发展社会生产力

我国少数民族大多以从事狩猎、游牧、农耕和养殖业为主。在这些生产活动中，人的体力劳动占极大的比重。因此，强健的体魄、良好的身体素质与熟练的生活技能，是民族经济得以发展的重要因素。从经济学理论中我们知道，生产力的三要素是劳动者、劳动工具和劳动对象。在这三要素中，劳动者是劳动工具的创造者和使用者，是生产力中最活跃、最积极的因素。广泛开展少数民族体育活动，能有效地提高劳动者的身体素质，还可以在活动中进行劳动技能的训练和提高。民族体育活动的开展，无疑有助于提高劳动者的生产能力。我国许多游牧民族中开展的骑技、赛马、叼羊、摔跤，农耕民族开展的斗牛、栽秧舞、农耕舞，渔猎民族进行的泅水、渡船，山地民族开展的射箭、射弩、攀爬、武术、狩猎等活动，对人们体力的增强与劳动技能的提高都起到了良好的促进作用。

少数民族传统体育是中华民族传统文化的一颗璀璨夺目的明珠，我们应该继承和发扬。充分开发和利用少数民族传统体育文化，对传播文化，促进人们思想观念的提高，促进民族地区经贸活动的开展，促进旅游，发展民族传统体育产业化等有着重要意义。各级政府和社会团体应充分重视少数民族传统体育文化的开发，并积极地予以扶持，充分利用这种文化资源促进民族地区经济发展。

第六节　少数民族传统体育与旅游

一、旅游业的发展趋势

现代旅游业开始于19世纪40年代。20世纪60年代，世界旅游业加快了发展速度，一跃成为世界上最重要的经济活动之一。随着世界经济文化的发展，尤其是20世纪90年代以来，许多国家的旅游业已经发展为支柱产业。据世界旅游组织的初步统计数字，2000年全球跨国旅游人数创历史纪录，达6.983亿人次，旅游创汇达4760亿美元。中国内地和香港2000年分别接待了 3123.6 万和 130.9 万外国游客。中国内地保持世界第五旅游大国的地位，我国香港跃居世界第 14 位。1999 年全国旅游创汇达到 141 亿美元，全年旅游总收入超过 4000 亿元人民币，成为国民经济的增长和消费热点。2000 年全国旅游总收入比 1999 年增长近 13 个百分点。世界旅游组织的一项预测称，到 2020 年中国将成为世界第一旅游接待大国，第四位客源输出国。

从旅游的作用和方式上来讲，人们将更加重视精神疲劳的消除和放松，要求更多地发展着眼于调节精神的旅游业，过去走马观花式的观光游览，将逐渐为多元化的旅游项目所代替。日益增多的旅游者要求旅行生活能有深厚的文化内涵、运动的内容乃至冒险的刺激，要求参与其中，而不是从旁观赏。所以，那些单调、机械甚至使人置身其外的旅游方式已经使游客失去了兴趣，代之而起的是那些富有活力和兴趣，参与性强和特色鲜明的旅游活动类型。在旅游过程中，旅游者渴求能亲身体验到当地人民的生活，直接感受异域的风土人情。希望通过参与和交流得到感情的交流和心灵的碰撞。旅游者喜欢那些轻松活泼、丰富多彩、娱游于乐和游乐结合的旅游方式。云南的西双版纳、楚雄等地（州）每逢傣族的"泼水节"、黎族的"火把节"，游客数量大增，就是这种情况的典型例证。

随着经济的发展和社会的进步，人们生活水平不断提高。在高度工业化的地方，由于大城市综合征的困扰，旅游已经成为一种必须的生活方式。人们渴望在旅游中得到放松和休息，减少疲劳，恢复和增强身心健康。旅游方式也朝着度假型方向发展，而不满足于以前的一口气游 3~5 个地区的疲劳式"游览"了。

二、民族体育旅游业现状

体育旅游是指旅游者以参与或观赏体育活动为主要目的的旅游活动，是体育与旅游的结合。目前，我国的体育旅游大致可以分为参与性旅游和观赏性旅游两大类，参与性旅游主要包括探险旅游、趣味旅游、健身旅游、疗养旅游等几种类型。不同兴趣爱好、年龄、身体条件的人们选择适合自己的体育旅游方式。如攀岩、漂流、穿越沙漠、越野、滑翔、滑雪、冲浪、潜水、登山、游泳、自行车、钓鱼、武术、气功等项目，越来越受到人们的喜爱。观赏性体育旅游是人们为了观赏体育比赛而进行的旅游。

体育集音乐、舞蹈、娱乐于一体，有广泛的群众性和参与性，能使旅游者娱乐休息、强身健体、愉悦身心，因此，体育旅游价值受到有关国家旅游部门的重视，体育旅游以其独特的风采进入旅游市场。我国的少数民族主要聚居在我国的边疆地带,良好的旅游环境和引人入胜的体育文化极大地顺应了目前旅游业的发展方向。这也为民族体育旅游业的发展提供了广阔的前景。

在体育旅游迅猛发展的同时,各具特色的少数民族传统体育项目也成为人们旅游活动的重要内容。一些少数民族地区的相关部门为了满足和吸引旅游者,纷纷推出一些特色鲜明的民俗风情专项旅游产品。例如,东北地区的一些旅行社把鄂温克族的滑雪、狩猎等体育活动编入自己的旅游项目中,或是让游客参加蒙古族的赛马、摔跤、射箭等。充分发挥少数民族体育活动项目繁多的优势,开展民族体育旅游已经成为一种具有广阔前景的旅游方式。

在云南,许多地方都开展了一些内容丰富、形式多样的少数民族传统体育旅游活动。例如,组织游客观看傣族的"泼水节"中的划龙舟比赛;让旅游者参加黎族的"阿细跳月"、斗牛;组织游客观看和参加黎、哈尼等民族的打磨秋、荡秋千以及藏族的骑马射箭;参加白族"三月街"的赛马、霸王鞭等民族体育项目。从而丰富了旅游产品的内容,增强了对游客的吸引力,带来了良好的经济和社会效益。彻底改变了过去"白天看庙,晚上睡觉"的格局。

我国许多少数民族地区的政府和旅游部门对少数民族传统体育旅游资源给予了充分重视,一方面注意保护、开发和利用少数民族传统体育旅游资源;另一方面,投入大量资金,广泛开展少数民族传统体育旅游活动,发展少数民族传统体育旅游业。例如,在云南的迪庆、怒江、西双版纳和楚雄等地,各族人民经常利用节庆活动来开展民族体育旅游,并以此来吸引游客,从而使这些富有民族特色的传统体育项目,成为无数游客感受浓郁民族风情,体验新异神奇和健身娱乐的一项旅游活动。同时,也为当地政府和企业创造了巨大财富。

虽然各种形式的民族体育旅游活动都取得了巨大的成效,体育旅游资源得到了开发和利用,其经济效益和社会效益也引起了各级政府和企业的重视,但我国民族体育旅游的总体规模仍然偏小,许多少数民族地区在开发民族体育旅游时,只把它作为民族风情旅游的补充或其中的一个组成内容,还没有把它作为一个独立的旅游项目或旅游产业来抓,以至于使民族体育旅游业的规模仍然较小,在整个旅游业中还处于从属地位。

我国地域广阔、民族众多,经济文化发展不平衡。经济发达的地区,往往民族体育旅游业开展得较早,经济效益和社会效益较好,他们还积累了丰富的旅游管理经验。以一些大公司为代表，组成一些行业组织，为民族体育旅游业提供人才培养、市场营销、广告宣传及信息交流等服务，加之这些地区交通发达，设施完善，所以民族体育旅游业发展较快。而一些欠发达地区，多数属于民族聚居地。虽然拥有许多独特的民族体育旅游资源，但经济落后，资金短缺，旅游基础设施和接待设施数量少、质量差，加之人才缺，所以民族体育旅游资源优势并没有充分发挥出来。

三、我国少数民族地区旅游资源

世界遗产包括文化遗产和自然遗产，两者同为人类的共同财富，因而越来越受到世界人民的重视。同时，文化遗产和自然遗产历来是重要的旅游资源，文化名胜和自然名胜也往往成为旅游者观光的热点。

我国旅游资源极为丰富，突出地表现在文物古迹、自然景观和民族风情三个方面。少数民族地区的旅游景观也具有这三个方面的优势，与汉族相比，自然景观和民族风情就更为绚丽多彩。分布在少数民族地区的历史古迹有高昌故都、交河故都、楼兰遗址、克孜尔千佛洞等"古丝绸之路"的重要遗迹；内蒙古的成吉思汗陵、元上都遗址、昭君墓等；西藏的布达拉宫、罗布林卡、大昭寺、哲蚌寺、泽当比乌哲古洞等；另外在宁夏、新疆、广西、青海、甘肃等少数民族主要聚居地区都有许多文物古迹。

在自然景观方面，1980年国务院公布的开放的8座高峰全部在少数民族地区。它们是：珠穆朗玛峰、希夏邦玛峰、慕士塔格山、公格尔山、公格尔九别峰、博格达峰、贡嘎山和阿尼玛卿峰。1982年和1988年，国务院先后两次公布的国家级重点名胜区中，分布在少数民族地区的有：桂林漓江、桂平西山、花山、黄果树瀑布、织金洞、龙宫、黄果寺、九寨沟、天山天池、路南石林、西双版纳、大理苍山洱海、三江并流、丽江玉龙雪山等。目前我国已经批准建立的森林公园300余处。伴随着保护自然、回归自然和强调自然风光旅游的热潮，我国少数民族所特有的高山、峡谷、激流、湖泊、草原、沙漠、森林、海滨、溶洞，从亚热带到寒带都有的奇异风光已成为现代旅游的重要资源。

少数民族风情是反映民族文化的重要窗口，55个少数民族的风情展现了丰富多彩的民族文化。民族服饰五彩缤纷，令人眼花缭乱；民族建筑五花八门，令人咋舌称奇；数以千计的民族节日，饱含着丰富的文化宝藏；民族饮食千姿百态，反映出悠久的农业特色；民族艺术百花齐放，呈现出乐观向上的民族性格；民族宗教历史悠久，许多民族文化中都反映出宗教文化的深刻印象。少数民族传统体育文化与各种民族风情相融，呈现出你中有我、我中有你的形式，少数民族传统体育文化是展现民族风情的重要方式。

我国少数民族传统体育文化源远流长，各种形式的体育活动是民族传统体育旅游的重要资源。它们内容繁多，内涵丰富，形式多样，据资料显示有1000个项目之多。这些体育项目，从不同角度和侧面反映出了各民族的生活环境、民族特征、审美情趣、生产劳动、生活习惯、宗教祭祀、节庆娱乐、婚葬习俗等一系列民族文化特征，使其具有浓郁的观赏性和娱乐性。例如，节庆性的民族体育竞赛活动是我国各民族节日活动的重要内容。每逢节庆日，各族群众都要进行物质交易，开展民族特色浓郁的传统文体活动。民族的情感、民族的性格、民族的文化特征都会在节庆期间最为真实、强烈、鲜明地表现出来。可以毫不夸张地说：每个民族的节庆活动都是了解这个民族的最好时机。每逢过节，各地区、各民族都要举行一些民族传统体育活动。在我国云南，每年春节，大理白族群众都要举行霸王鞭、耍狮、舞龙、花灯等一系列活动；农历八月初八耍海会上的"游花船"；农历六月二十五火把节上的洱海龙舟赛；农历六月二十三至二十五日的"绕三灵"；四月中旬傣族的泼水节上的丢包、放高升、赛龙船等。这些活动不仅是本民族群众的喜庆活动，同时还带动其他民族群众积极地参与，更有甚者能够吸引国内外许多媒体和游客的青睐。使节庆活动成为名副其实的旅游节日。2000年，中央电视台在云南对傣族的泼水节进行了现场直播，富有浓郁特色的傣拳、孔雀舞、芦笙舞及群众娱乐活动使整个节日成了一片欢乐的海洋。前往参观和游览的游客使交通出现了拥堵现象，不少游客只好踏上了返程，希望来年再来。在这些活动中，民族体育活动成为带动整个活动的主体。

我国少数民族传统体育旅游资源不仅具有增强体质、增进健康的健身价值，还具有愉悦身心的娱乐价值，惊心动魄、耳目一新的观赏价值，融入其中的参与价值，体现风情的文化价值，体现社会、经济、文化的科考价值，反映历史的史学价值以及赏心悦目的审美价值等。这些都为少数民族传统体育旅游业的产业化发展提供了有力的保障。

四、开发利用少数民族传统体育旅游资源的必要性和可行性

（一）开发利用少数民族体育旅游资源的必要性

少数民族旅游包含着浓郁的民风民俗，有着很强的观赏性，也具有很

大的经济价值。通过民族体育文化的欣赏和参与,增加了旅游项目,丰富了旅游的内容,吸引了游客,延长了游客的逗留时间,促进了游客的消费,满足了游客,提高了经济效益。同时又带动了相关产业的发展,形成了一定的民族体育旅游消费市场。

体育旅游有一个很重要的特点是健身。通过体育旅游,能更好地促进人们身心健康,缓解和消除疲劳,增强体质,防范"文明病"。同时,通过观摩和参与,进一步了解民族文化和民族风情,促进民族文化的传播和发展。

通过大力开展少数民族传统体育旅游,可以极大地丰富旅游文化的内涵,进一步促进民族文化旅游资源的开发和利用,推动旅游产业体系的完善;可以带动少数民族群众的广泛参与,增进文化信息的交流,提高他们的收入,振奋民族精神,增进民族自豪感;可以进一步落实旅游开发与民族地区的扶贫相结合的方针,促进民族地区脱贫致富;可以促进对民族传统体育文化的挖掘整理工作,使民族体育研究工作进一步科学化、规模化,有利于民族体育的继承和发扬。

少数民族传统体育文化是体现民族风情的重要方式。只有将风光旅游和风情旅游结合起来,才能使人们在沉醉于水光山色的同时,领略少数民族风俗习惯以及丰富的特色文化。少数民族旅游产业化的发展,可以使用赚取的资金促进自身的发展,同时也能够为少数民族传统体育的发掘、整理、研究等工作提供资金支持。

(二)开发利用少数民族传统体育旅游资源的可行性

随着西部大开发战略的不断深入和我国成功地加入世界经济贸易组织,机遇和竞争给少数民族传统体育旅游带来了新的挑战。近年来,国家对发展旅游采取了一系列措施。如1995年国务院颁布了历史文化名城;20世纪80年代国务院公开开放了8座高峰;1982年和1988年,国务院先后两次公布国家级重点风景名胜区。其中大部分分布在少数民族聚居区。各省、自治区也为旅游业的发展制定和采取了一系列的政策和措施,如云南省批准建立宜良阳宗海等省级旅游度假区;发布了《云南省人民政府关于大力发展旅游业的意见》等文件;设立了云南省旅游发展专项基金等。1994年8月,云南省第六次党代会明确指出,要把旅游业建设成为云南省的四大支柱产业之一。一系列的措施为民族地区旅游业的发展提供了宽松的政策环境,有力地促进了旅游业的发展。

在许多少数民族地区,当地政府把旅游业作为促进经济发展和社会繁荣的重要手段。各有关部门加快发展旅游业以及社会兴办旅游业的积极性。加速了社会主义市场经济下少数民族地区旅游业的发展与兴旺，使市场机制在旅游经济中得到了较好的发挥；促进了各级人民政府、机关部门和广大群众的思想观念的转变，"旅游促进经济发展和社会繁荣"已经成为越来越多的干部和群众的共识。因此，重视旅游、支持旅游、开发旅游资源的意识空前强烈，积极性日益高涨。兴办旅游业、经营旅游业、脱贫致富、增加就业等更使人们在实践中尝到了甜头，得到了实惠。许多具有发展旅游业资源优势和条件的地、州、市、县，都把旅游业作为本地区的优势产业来发展，并把它纳入了本地的国民经济发展规划之中，在这种背景下，充分利用本地的民族体育资源，开展民族体育旅游，加快民族体育产业化进程，将会得到各族人民的拥护和支持。

我国得天独厚的少数民族体育旅游资源，为其开发利用奠定了坚实的物质基础。我国历史悠久的少数民族传统体育文化从不同角度和侧面，在一定程度上反映了各民族的社会、历史、政治、经济、文化、宗教、风俗和心理等，是各民族传统文化的重要组成部分，也是中华民族灿烂文化的重要组成部分。对这种独特的旅游资源的开发和利用无疑会对现有的民族旅游资源、内容、形式和社会效益与经济效益的更新和发展起到积极的促进作用。旅游者在旅游过程中喜爱寻奇猎胜、求同存异。地区、民族间的强烈差异是激发旅游者动机的重要因子，差异性越大，其吸引力越强。少数民族传统体育项目集竞技、健身、艺术、科考、娱乐等多功能于一体，具有鲜明的独特性，广泛的民俗性，良好的健身性，强烈的娱乐性和观赏性等。可通过让旅游者参与其中，达到健身、享受、了解民族风情民俗的目的。同时，满足不同年龄、不同性别、不同职业的游客的各种心理和生理需要，起到增长知识、延年益寿的功效。良好的旅游环境和客源是开展少数民族传统体育旅游业的根本保障。我国少数民族地区得天独厚的民族自然景观和人文景观为少数民族传统体育旅游的发展提供了广阔的前景。我们伟大的祖国山河壮丽、民族众多、风情各异，到少数民族聚居的地区进行风光旅游，享受那里的湖光山色、民俗风情，极富诗情画意，令人流连忘返。而作为人文旅游资源重要组成部分的民族体育，具有很强的吸引力和感染力，可以让游人亲身体验民族体育给人们带来的喜悦与激情。例如到内蒙古呼伦贝尔大草原，人们可以骑上骏马漫游茫茫草原，亲身体验"风吹草低见牛羊"般的诗情画意。步入黔东南地区的苗乡侗寨，可以观赏美丽奇特的民居建筑，还能亲眼目睹节日期间的摔跤、斗牛、赛龙舟、轮秋、跳芦笙等精彩壮观的民族传统体育表演。到西双版纳傣族地区过泼水节，可观赏到美丽富饶、山水碧绿的自然风光，还可以在热烈奔放的象脚鼓声中看到万众欢腾、百舸争游的龙舟竞渡场面。在世界屋脊的青藏高原，游人可参观到独具风格的藏族建筑、绘画、体育、歌舞，徒步登上巍峨的山峰，可锻炼人的意志和体力，领略高原山河的壮观秀丽。漫游新疆，观看到热烈勇猛的赛马、叼羊及富有民族生活情趣的"姑娘追"等体育活动，还可以亲自骑上骏马，驰骋于草原与沙漠之间，体验古代丝绸之路的文明气息。

在市场经济中，任何一个产业部门要想得到生存和发展，它所生产的产品或提供的服务必须有市场，必须能够销售出去。对旅游业来讲，其市场就是客源，游客是旅游业的生命线，没有游客就没有旅游业。现在，"求新"、"求乐"、"求变"是人们外出旅游的重要动机。少数民族传统体育旅游则能很好地满足人们的这种获取新感受、新体验、愉悦身心的需求。少数民族传统体育旅游既具有浓郁的民族风情和地方特色，同时又多与娱乐相结合，将会受到越来越多的游客的喜爱。广阔的客源市场，旺盛的需求，将会促进少数民族传统体育旅游业的不断扩大，产业化进程日益加快。

为了加快少数民族旅游产业化的发展，适应旅游市场的需求，吸引更多的游客，各级政府以及旅行社、旅游公司等部门纷纷推出一些具有鲜明民族特色的民俗风情专项旅游产品，其中少数民族传统体育活动常常成为这些产品的重要组成部分。如旅行社组织游客参观傣族"泼水节"中的划龙舟比赛，或组织客人参加彝族阿细人的"阿细跳月"民族歌舞体育娱乐项目；白族的"三月街"的赛马、霸王鞭，傈僳族的"上刀杆"和景颇族的"目脑纵歌"等。民族体育旅游的发展，加速了其产业化进程。出现了一些专门从事经营民族体育旅游的旅行社、旅游公司。他们一方面组织旅游者参观、参与、体验民族体育活动；另一方面投入资金，组织人员对民族体育旅游资源进行开发、宣传和促销，形成了一些有一定影响和知名度的民族体育旅游产品。还有部分少数民族群众在旅游部门的组织管理下，成立了许多民族体育专业表演队伍，成为民族体育旅游业的从业人员；另外，还出现了一些为民族体育旅游业服务的相关部门，主要有民族体育用品、运动器材装备、服装等方面的生产经营企业。此外，随着民族体育旅游业的发展，一些辅助部门也应运而生，例如，对民族传统体育的挖掘、整理、研究部门等，他们在从事专业研究的同时，也为民族体育旅游业服务。

第七节 节日中的少数民族传统体育

少数民族的传统节日是展示少数民族传统体育活动的重要窗口，他们之间有着十分密切的关系，可以说，少数民族的传统体育活动，是民族节日中不可缺少的重要内容。了解、认识和研究少数民族传统节日与体育活动之关系，将有助于民族传统体育的继承和发展。我国的少数民族大多分布在东北、西北、西南、东南以及南方的广大边疆地区，所占面积为我国总面积的60%左右。由于我国的少数民族生活的地域不同、风俗习惯、宗教信仰等诸方面也各有差别。因此，产生了许多丰富多彩的节日活动。这些节日，不管是祭祀和纪念性的，也不管是庆贺和社交娱乐性的，几乎与传统的体育活动结下了不解之缘。真可谓哪里有少数民族的节日，哪里就有少数民族的传统体育活动。节日为体育活动提供了良好的场所，体育活动又为民族的节日体育活动提供了良好的场所，体育活动也为民族的节日内容增添了纷繁多资的色彩，相得益彰，互相生辉。

一、祭祀性节日的体育活动

这类节日形成的时间较早，那时自然科学尚不发达，人们对一些自然现象还不能用科学道理加以深刻地解释，于是就通过舞蹈、模仿自然界、动物等形态、动作来表达图腾，以示对祖先的崇拜，对万物之神的敬仰，以此来取悦神灵，祛除人世间的灾难，保佑人畜平安、五谷丰登。这种原始信仰的祭祀活动，逐渐演变为节日活动而固定下来，代代相传直到今天。

例如，在贵州黔东南苗族侗族自治州等地的苗族群众中，每年有祈求风调雨顺、五谷丰登的"龙船节"，届时往往有几十只龙船在清水江中比赛竞渡，参赛人数相当多，方圆几十里的群众都前往观看，江畔人海歌潮，节日气氛很热闹。节日期间还举行赛马、斗牛、踩鼓等体育活动。"六月节"是哈尼族的传统节日，又称"若扎扎"。"若扎扎"的含义是度过青黄不接的日子，驱赶瘟神，保佑人畜平安。每年农历六月二十四日前后，哈尼人以秋千代"马"，迎神进寨，转起磨秋来驱害除邪。生活在台湾岛最南端屏江县等地的高山族排湾人，保持有最为隆重的"五年祭"节，顾名思义，即每隔五年祭祀一次。意思是感谢祖宗保佑丰收并求赐于来年的收获和幸福。每到节日时，成群结队的人们聚集到村子的公共场地观看竿球比赛。此外，还有藏族以求得佛祖保佑的"朝山节"等宗教性质的节日活动，都融合有体育活动的内容。

二、纪念性节日的体育活动

这类节日大都是各民族为纪念本民族历史上的重大事件和缅怀本民族英雄人物而确立的，一般都有准确的日期。例如锡伯族的"杜因拜专扎坤"节，也叫"四·一八"节，节日的由来是纪念历史上锡伯族的迁居活动。清朝乾隆二十九年四月十八日，居住在今辽宁一带的锡伯族官兵千余人，连同妻室子女奉政府之命启程赴新疆伊犁一带屯垦戍边，并以此为家逐渐定居下来，建立起了自己的家园。以后每到农历的四月十八日，都要举行热闹的娱乐活动，并以此定为节日，在节日里进行射箭等体育竞技的比赛。在云南的傈僳族，每年农历二月初八要举行"刀杆节"。

相传明朝时，外敌入侵云南边境，朝廷兵部尚书王骥率兵前往，依靠当地傈僳族人民的鼎力相助，很快赢得了胜利。但在班师回朝的途中二月八日被奸佞杀害。为了纪念抗击侵略的英烈，人们以上刀杆表示前赴后继的决心，并将此定为"刀杆"节。贵阳附近的苗族有纪念古代英雄"亚努"的传统节日"四月八"节。在西藏拉萨，每年藏历四月十五日，都要在布达拉宫后面的龙王潭畔举行纪念释迦牟尼诞生、圆寂成佛和唐代文成公主进藏的纪念活动，称为"萨噶达瓦"节。这些节日活动的内容紧扣节日主题，且伴有体育活动的内容。

三、庆贺性节日的体育活动

最典型的莫过于春节、藏历年、开斋节、傣族的泼水节、哈尼族的十月年节等。许多少数民族和汉族一样，以春节作为自己的主要节日，自然节日期间的民俗活动、体育活动多种形式并举，异彩纷呈，构成了节日活动中的喜庆氛围。"开斋节"是伊斯兰教的三大节日之一，我国的回、维吾尔、哈萨克、柯尔克孜、乌孜别克、东乡、保安及撒拉等民族均有欢度开斋节的习俗。节日期间，除了大家互相祝贺、互致问候、唱歌跳舞、聚会等民俗活动的内容外，有的民族还要举行叼羊、赛马、套马、摔跤等体育活动。哈尼族的"十月年"，又称"年收扎勒特"。节日中人们探亲访友、赶场聚会，男女青年除唱歌跳舞外，荡秋千、摔跤也是必不可少的内容。傣族泼水节是庆祝傣历新年、节日的第一天，称"桑刊日"。这一天，在西双版纳州的澜沧江畔，万人云集观看龙舟比赛是节日中的主要内容之一。壮族的春节除守岁燃放烟花爆竹迎新以外，节日期间还要举行抛绣球、耍龙、踢毽子、打谷榔等传统体育活动。

四、社交娱乐性节日的体育活动

因为少数民族多居住在边远的山区，或者是莽莽的大草原上，由于居住分散、交通不便等原因，他们平时很少能够交往。所以，只有规定的固定日期和地点，使大家能够有个社交和经济、文化交流的机会，也包括青年人谈情说爱的内容。当然，文体活动也是必不可少的。例如，壮族的"三月三"节。每年农历三月三日，广西壮族地区都要举行歌圩。这天青年男女穿上节日盛装，云集在山头或树林草坡即兴对唱山歌、相互盘答，还要对阵抛接绣球以传递爱慕之情。姑娘们赠以绣球，小伙子则报之手帕等物来缔结百年之好。布依族每年正月初一到二十一要举行传统的"跳花会"节。在平坦的大草坝上，青年男女们载歌载舞。恋人们坐在河边弹月琴、吹木叶谈情说爱。以上这些活动，除带有择偶色彩的社交娱乐外，还有不少属于体育活动的性质。白族的"绕三灵"，也属于这个范畴。每年农历四月二十三日，成千上万的人们结伴沿苍山洱海巡游歌舞。队伍中既有吹唢呐、弹三弦、唱白族曲艺的民间艺人，还有一对对打霸王鞭、敲金钱鼓和舞双飞燕的男女青年，人们吹拉弹唱，一路欢歌。既锻炼了身体，又愉悦了身心。

在我国众多的民族节日中，有些就是直接用单项传统体育项目命名的。如"花炮节"、"陀螺节"、"摔跤节"、"爬山节"、"赶秋节"等。这些活动的内容也均以体育为主体。

"花炮节"是贵州、湖南、广西相毗邻的侗族地区最为热闹的传统节日，但举行日期各异。花炮是一只缠着红、绿绸布的铁圈，将铁圈置于火炮上，炮点燃后铁圈被冲上天空，这时男队员们蜂拥而上，在队友们的配合下，用挤、抢、护、拦等动作争抢落下来的花炮，类似橄榄球的打法，故有人称"中国式的橄榄球"。传说抢到花炮能村寨平安，还可获得一定的奖品，并有权主持次年的抢花炮比赛活动。所以"花炮节"很受人们喜爱。

在广西壮族聚居的地方，每年都要举行有名的体育盛会"陀螺节"。时间为除夕前两三日开始到正月十六日结束，历时半个多月。壮族陀螺有大有小，大如柚子，小似鹅蛋。陀螺节期间，村村寨寨热闹非凡，比赛方法各式各样，获胜者冠以"陀螺王"的美称。

在贵州黎平地区的侗族中，每年农历二月十五和三月十五日为"摔跤节"。节日的早晨，参加摔跤的小伙子们要听寨老训讲摔跤戒律，朗诵节日的来历，然后在寨老的带领下，吹着芦笙步入跤场。举行摔跤仪式后，按传统习惯，寨老们交换摔跤用的布带，摔跤手进入场地中互相拱手施礼将寨老授予的布带缠在对方腋下，以令后两人迅速交手。侗族摔跤有拉摔、绊脚摔、提摔等方法，采用三战两胜制。有的选连摔二三十次而不倒，最后的擂台得主，便可树旗"挂榜"称雄。

苗族的"爬山节"，又称"爬坡节"。居住在黔东南凯里地区的苗族人民，每年的农历六月二十九日，欢聚在香炉山上对歌联欢。男女青年唱着歌沿着山间小路向山顶攀登，最先达到山顶的被称为"爬山英雄"，因而备受人们的称赞。

还有一些节日，虽然不是以体育项目命名的，但其中糅进了较多的体育成分。例如，"马奶节"是内蒙古锡林郭勒地区的盛大节日，在每年秋高气爽的农历八月底举行。赛马是节日的主要活动，这天赛马场上人声鼎沸，彩旗飘扬，骑技娴熟的勇士们头缠彩巾，腰扎五颜六色的长绸带，足蹬马靴骑在赛马背上，随着发令声响，如离弦之箭飞向前方。赛马结束后还有摔跤、拔河、打布鲁等体育活动。湖南、贵州一些苗族地区的"赶秋节"也是如此。"赶秋节"，又称"调秋节"，是欢庆丰收的传统节日。在每年立秋的这一天，男子们敲锣打鼓，舞着龙灯、狮子灯涌向"秋场"，姑娘们盛装打扮相随而来。人们在秋场上唱歌、跳舞、荡秋千，寻找自己的如意伴侣。另外，还有拳击、武术表演等体育项目，为节日增添了欢快热闹的气氛。

总之，几乎在所有的民族节日中，都可以看到体育文化的缩影。可以说，中国少数民族传统体育与民族节日活动有机结合、密切相连，这是少数民族传统体育的一大特色。

思 考 题

1. 怎样理解少数民族传统体育文化与民俗文化之间的关系？
2. 怎样理解少数民族传统体育文化与民族艺术之间的关系？
3. 怎样理解少数民族传统体育文化与宗教文化之间的关系？
4. 怎样理解少数民族传统体育文化与地理环境之间的关系？
5. 怎样理解少数民族传统体育文化与旅游文化之间的关系？
6. 怎样理解少数民族传统体育文化与节日文化之间的关系？

第七章　少数民族传统体育竞赛项目介绍

第一节　武　术

武术是以踢、打、摔、拿、击、刺等项格斗技术，按照一定的运动规律组成的套路和对抗的运动形式。用以锻炼身心，防御自卫。具有丰富的技术内容和广泛的群众基础。据不完全统计，各民族拳种达100余个，有些拳种又有多种流派。

武术的特点是以套路为主，动作具有攻守含意、内外合一、形神兼备、节奏鲜明的运动特色和民族特色。

武术按其内容分为拳术（长拳、太极拳、南拳、形意拳、八卦拳、通臂拳）、器械（刀、双剑、双钩、双枪等双器械，九节鞭、绳镖、流星锤等软器械）、对练（徒手对练、器械对练、徒手与器械对练）、集体表演、攻守技术（散手、推手、短兵）五类。

武术具有悠久的历史，是中华民族文化遗产的一个组成部分。据文字记载，自周秦就有"角力"、"手搏"、"击剑"、"刺枪"等拔艺，技术水平也较高。唐代兴武举，促进了武术发展；宋代武术渐以套路为主；到元明清三代，不同拳种、流派林立，"十八般武艺"及各家拳法广泛流传。1953年在天津举行的第一届全国少数民族传统体育运动会上，各省市派优秀运动员进行了精彩的武术表演，大会对一些优秀的武术项目给予了奖励。1956年国家体委把武术列为竞赛项目。1982年和1986年的全国少数民族传统体育运动会上，武术未被列为参赛项目。从1991的第四届全国少数民族运动会开始，第五、第六届均被列为正式竞赛项目。比赛包括男子拳术、女子拳术、各种长拳、南拳、太极拳、行意拳、八卦拳、太极拳、通臂拳、翻子拳、劈挂拳、地躺拳、象形拳、查拳、华拳、花拳、炮拳、洪拳、少林拳以及各种拳术套路。男子器械和女子器械包括长短类刀、在贵州黎平地区的侗族中,每年农历二月十五和三月十五日为"摔跤节"。节日的早晨,参加摔跤的小伙子们要听寨老训讲摔跤戒律,朗诵节日的来历,然后在寨老的带领下,吹着芦笙步入跤场。举行摔跤仪式后,按传统习惯,寨老们交换摔跤用的布带,摔跤手进入场地中互相拱手施礼将寨老授予的布带缠在对方腋下,以令后两人迅速交手。侗族摔跤有拉摔、绊脚摔、提摔等方法,采用三战两胜制。有的选连摔二三十次而不倒,最后的擂台得主,便可树旗"挂榜"称雄。

苗族的"爬山节",又称"爬坡节"。居住在黔东南凯里地区的苗族人民,每年的农历六月二十九日,欢聚在香炉山上对歌联欢。男女青年唱着歌沿着山间小路向山顶攀登,最先达到山顶的被称为"爬山英雄",因而备受人们的称赞。

还有一些节日,虽然不是以体育项目命名的,但其中糅进了较多的体育成分。例如,"马奶节"是内蒙古锡林郭勒地区的盛大节日,在每年秋高气爽的农历八月底举行。赛马是节日的主要活动,这天赛马场上人声鼎沸,彩旗飘扬,骑技娴熟的勇士们头缠彩巾,腰扎五颜六色的长绸带,足蹬马靴骑在赛马背上,随着发令声响,如离弦之箭飞向前方。赛马结束后还有摔跤、拔河、打布鲁等体育活动。湖南、贵州一些苗族地区的"赶秋节"也是如此。"赶秋节",又称"调秋节",是欢庆丰收的传统节日。在每年立秋的这一天,男子们敲锣打鼓,舞着龙灯、狮子灯涌向"秋场",姑娘们盛装打扮相随而来。人们在秋场上唱歌、跳舞、荡秋千,寻找自己的如意伴侣。另外,还有拳击、武术表演等体育项目,为节日增添了欢快热闹的气氛。

总之,几乎在所有的民族节日中,都可以看到体育文化的缩影。可以说,中国少数民族传统体育与民族节日活动有机结合、密切相连,这是少数民族传统体育的一大特色。

思 考 题

1. 怎样理解少数民族传统体育文化与民俗文化之间的关系?
2. 怎样理解少数民族传统体育文化与民族艺术之间的关系?
3. 怎样理解少数民族传统体育文化与宗教文化之间的关系?
4. 怎样理解少数民族传统体育文化与地理环境之间的关系?
5. 怎样理解少数民族传统体育文化与旅游文化之间的关系?
6. 怎样理解少数民族传统体育文化与节日文化之间的关系?

第七章 少数民族传统体育竞赛项目介绍

第一节 武 术

武术是以踢、打、摔、拿、击、刺等项格斗技术,按照一定的运动规律组成的套路和对抗的运动形式。用以锻炼身心,防御自卫。具有丰富的技术内容和广泛的群众基础。据不完全统计,各民族拳种达100余个,有些拳种又有多种流派。

武术的特点是以套路为主,动作具有攻守含意、内外合一、形神兼备、节奏鲜明的运动特色和民族特色。

武术按其内容分为拳术(长拳、太极拳、南拳、形意拳、八卦拳、通臂拳)、器械(刀、双剑、双钩、双枪等双器械,九节鞭、绳镖、流星锤等软器械)、对练(徒手对练、器械对练、徒手与器械对练)、集体表演、攻守技术(散手、推手、短兵)五类。

武术具有悠久的历史,是中华民族文化遗产的一个组成部分。据文字记载,自周秦就有"角力"、"手搏"、"击剑"、"刺枪"等拔艺,技术水平也较高。唐代兴武举,促进了武术发展;宋代武术渐以套路为主;到元明清三代,不同拳种、流派林立,"十八般武艺"及各家拳法广泛流传。1953年在天津举行的第一届全国少数民族传统体育运动会上,各省市派优秀运动员进行了精彩的武术表演,大会对一些优秀的武术项目给予了奖励。1956年国家体委把武术列为竞赛项目。1982年和1986年的全国少数民族传统体育运动会上,武术未被列为参赛项目。从1991的第四届全国少数民族运动会开始,第五、第六届均被列为正式竞赛项目。比赛包括男子拳术、女子拳术、各种长拳、南拳、太极拳、行意拳、八卦拳、太极拳、通臂拳、翻子拳、劈挂拳、地躺拳、象形拳、查拳、华拳、花拳、炮拳、洪拳、少林拳以及各种拳术套路。男子器械和女子器械包括长短类刀、剑、枪、棍，各种双、软器械以及各种单器械。还有男子对练、女子对练和3人以内的各种套路。

武术是我国许多民族共同创造的宝贵财富，内容丰富多彩，不同民族武术，风格不同，各具特色。如瑶拳，因瑶民多依山险而居，又有集体演练特点，所以该拳主张结合形象发声摧力，动作配合密切，要求"拳打四顾"、"下盘稳固"等。

第二节 抢 花 炮

抢花炮是流行在侗族、壮族和仫佬族等民族中间，具有浓郁的民族特色的体育活动。据考证，已有五百多年的历史，据广西三江侗族自治县《民国志卷二·赛会娱乐篇》记载："花炮会，届时男女咸集。其竞赛以冲天铁炮内装铁环，若实弹燃。燃铁炮后，铁炮直冲霄汉，观众闻炮声，即以铁环为目标蜂拥争取，以夺得铁环者按头炮、二炮、三炮依次领奖，其友族皆簇拥争议庆贺，欢声若雷。"位于湘、桂、黔三省区交界之处的湖南通道侗族自治县，侗族同胞有时到广西三江、龙胜一带去参加抢花炮，三江、龙胜的侗胞也来通道抢花炮。这种"甜如蜜、胶似膝"的友好往来，一直保持并有所发展。

1985年国家体委根据广西、中央民族学院等单位起草的规则，制定了抢花炮竞赛规则，规则规定：每场比赛40分钟（上下两个半场各20分钟，中间休息5分钟）。每队上场队员10人。点炮手在发炮点点响炮时，比赛即开始。花炮可以用传递、掩护、假动作、奔跑等方法，力图将花炮攻进对方炮台。另一方可用拦截、拉手等，力图抢到花炮或阻止持花炮运动员前进。每进一炮得一分，进炮后，重新在发炮点点炮。

近年来，在保留民族特点的基础上，对"抢花炮"进行了适合正式比赛的改革：规定了比赛时间、场地范围、参赛人数，制定了比赛规则，并对炮台等比赛器械也进行了改革。运动员可以用挤、钻、护、传、拦、抢以及各种假动作进行比赛，但不准踢、扭对方运动员。从1986的第三届全国少数民族传统体育运动会开始，抢花炮一直被列为正式比赛项目。

1998年国家民委、国家体育总局重新审定了《抢花炮竞赛规则》。

第三节 珍 珠 球

珍珠球原名"采珍珠",其满语为"尼楚赫",是满族传统体育运动项目之一。在古代,居住在松花江、牡丹江以及嫩江一带的满族采珠人将采珍珠的工具——抄网,当做游戏器材,并模仿采珍珠人的劳动过程发明了"采珍珠"游戏。此游戏最初在河中进行,后来移至陆地上。居住在白山黑水之间的青年男女在采珠之余,欢庆收获之际,用布包、绣球或猪膀胱(充气)代表珍珠,竞相往鱼篓中投,或用抄网将球抄入网中,投(抄)中者预示可以采集到更多的珍珠。同时为了表示人们与风浪拼搏的艰险,便将蛤蚌神化,"蛤蚌精"张开贝壳,防卫着珍珠不被夺走,于是演变成一种攻防兼备的满族传统体育运动项目,显示出满族先人的聪明与才智。珍珠球运动真实地再现了古代满族人民在东北的江河、湖海中采珍珠的劳动场景。

模仿采珠人劳动场面而产生的"采珍珠"游戏,在当时松花江、鸭绿江和渤海沿海一带的少年儿童中普遍开展,其场地中设有水区、蛤蚌区和威呼(其满语为"船"之意)区,采珍珠人在水区设法摆脱蛤蚌区的防守,用布包、绣球等以传、投等动作投入到威呼区同伴手中,投中多的一方为胜者。伴随着17世纪中叶清朝入关并定都北京,大批满族人也陆续进入关内,其八旗兵被派往各地重镇驻防,"采珍珠"游戏也随之传入北京、河北及山东等地。随着时代的变迁及清王朝的灭亡,"采珍珠"游戏在民国初期失传。新中国成立后,特别是改革开放以来,在党的民族政策指引下,在国家民委和国家体育总局制定的"积极提倡,加强领导,改革提高,稳步发展"的方针下,民族传统体育进入一个崭新的发展阶段,许多民族、民间传统体育经过挖掘与整理显现出新的活力。1983年北京市民委组织在京的民族传统体育专家、学者,对"采珍珠"游戏进行加工、修改,同时参照篮球、手球规则编写出"采珍珠"游戏规则的雏形,并正式更名为珍珠球。珍珠球在松花江、牡丹江及嫩江一带开展比较普遍。游戏丰富了采珠人的生活。

1986年8月10—17日在新疆乌鲁木齐市举行的每三届全国少数民族传统体育运动会上,北京代表团首次按照新的规则表演了这一项目,受到大家的好评,从而为珍珠球走向全国民运会竞赛项目奠定了基础。1988年5月北京市举办了全国首届部分省、市、自治区珍珠球邀请赛。有辽宁、吉林、河北和北京等省、市的7支代表队参赛。这次比赛各队不仅在技术上进行了切磋和交流，而且对珍珠球比赛规则、场地器材进行了修订与补充。同年10月20日由北京、辽宁、黑龙江、河北、山东等省、市及满族自治县的有关领导和热心于民族体育的体育工作者在承德市松鹤山体育训练基地成立了满族传统体育研究会。从而对挖掘、整理满族传统体育运动项目，推动珍珠球发展，发挥了积极的促进作用。1990年在第四届全国少数民族传统体育运动会筹委会上，珍珠球被列为正式比赛项目。1991年11月在广西南宁市第四届全国少数民族传统体育运动会上，珍珠球首次作为正式比赛项目顺利亮相，有来自全国的10支代表队参加了比赛。此后，珍珠球运动在全国迅速开展起来，许多省、市开始将珍珠球列为本地区民运会正式比赛项目。

第四节 赛　马

赛马是许多少数民族喜爱的传统体育项目，在内蒙古、新疆、西藏、青海、甘肃、云南、四川、贵州等地区尤为盛行。每逢节日和举办婚礼时举行。各少数民族习俗不同，赛马内容与方式各异。

1986年在第三届全国少数民族传统体育运动会上，赛马被列为正式比赛项目。在第四、第五、第六届全国少数民族传统体育运动会上，赛马仍为正式比赛项目。竞赛包括：速度赛马（1000米、2000米、3000米、5000米、10000米）、走马（1000米、2000米、5000米）、跑马射击、跑马射箭、跑马拾哈达。

第五节 摔　跤

我国是多民族的国家，各民族有各民族的摔跤形式。如蒙古族摔跤、维吾尔摔跤、彝族摔跤、藏族摔跤、满族摔跤、回族摔跤、朝鲜族摔跤、哈萨克族摔跤、哈尼族摔跤等，都别具一格。每年逢节日都要举行摔跤比赛。民族式摔跤运动不但历史悠久，而且深受各族人民喜爱，有广泛的群众基础。1991年11月在广西南宁举行的第四届全国少数民族传统体育运动会上，摔跤开始被列为比赛项目。在第五、第六届全国少数民族传统体育运动会上，摔跤仍为正式比赛项目。

第六节 押 加

1999年8月18日至23日，在西藏拉萨第六届全国少数民族传统体育运动会分会场的比赛上，"押加"被列为正式比赛项目。押加也被称为"大象拔河"，是流行于我国藏族的一项传统体育项目。比赛分为55公斤、60公斤、80公斤、80公斤以上级别。比赛采用三局两胜制，不受时间限制，直至一方取胜为止。比赛采用国家民委、国家体育总局1998年审定的《押加竞赛规则》。

第七节 射 弩

少数民族用弩历史悠久，有许许多多古老传说，并以善用弩和射技精而闻名。如云南怒江傈僳族使用的弩弓是用岩桑制成。大弩的弓背长110厘米，射程达150米左右。小弩弓背长70厘米，射程达70米左右。每当过年时，都要举行射弩比赛。射手每人出几块包谷粑粑，在50步处放粑粑作靶子，射中赢得粑粑，傈僳族叫"粑粑打"。傈僳族用弩历史悠久，早在明天启《滇志》中记载："善用弩，发无虚矢，每令其妇负小木盾经之，四寸者前行，自后发矢其盾，而女无伤。"独龙族的弩用楸木或亚缘青木制成，质坚而轻，遭雨水浸淋而不变形。弩弓长80厘米，弩机是用兽骨制成，弩箭包用两块带毛的生熊皮缝合而成，上口有一搭盖，用一皮带缝上以便佩带，斜套于肩上。独龙族入山行猎时，要祭山神"仁木大"，以酒和面做成面兽若干作祭品。祭祀结束后，将面兽抛在山坡上，众人用弩射击，预卜未来收获，被射中的面兽收起来回家烧着吃。有时将兽皮作靶子进行射弩比赛。

至今仍然用弩狩猎，或以弩作为装束和定亲信物，除傈僳、独龙族之外还有广西的巴马、贵州的瑶族，西藏自治区的纳西族、云南的苗族、四川的布依族等。

弩作为民族传统体育项目，在云南、广西、贵州、湖南开展较普遍。1982年在内蒙古召开的第二届全国民运会上，云南、广西运动员作了精彩射弩表演。1986年2月国家体委批准了由云南省体委和中央民族学院等单位起草的《民族射弩竞赛规则》。1986年8月在新疆举行的第三届全国少数民族传统体育运动会上，射弩开始列为正式比赛项目，第四、第五、第六届全国少数民族传统体育运动会射弩仍为比赛项目。1998年国家民委和国家体育总局重新审定了《射弩竞赛规则》。

第八节 赛 龙 舟

赛龙舟是深受各族人民喜爱的传统体育活动。特别是南方各少数民族，如贵州苗族、广西壮族、云南傣族和白族，最喜欢此项活动。竞赛多在节日举行，比赛时，场面壮观、扣人心弦。

为了促进这一具有民族特色体育活动的开展和旅游事业的发展，国家体委每年都要举行大规模的龙舟比赛。在1991年于广西南宁举行的第四届民运会上，赛龙舟被列为正式比赛项目。第五、第六届全国少数民族传统体育运动会上，龙舟项目仍然被列为正式比赛项目。龙舟比赛分为：男子直道竞速（500米、800米）、女子直道竞速（500米、800米）、混合直道竞速（500米、800米）。

第九节 陀 螺

陀螺种类很多，佤族陀螺形状像鸡棕蘑菇，叫鸡棕陀螺；哈尼族陀螺像一只萝卜；满族陀螺虽然个型较小，但在冰上旋转如风，叫冰猴，旋转起来可发出嗡嗡声响，也叫鸣声陀螺。

陀螺制作简单，只需将木头旋成圆柱形，上平下尖就行。稍复杂些的陀螺，则在柱体内挖空，使其内部形成一个腔体。传统玩法：一是以鞭抽打，使其旋转，以旋转时间长短判胜负。二是以绳由上至下，缠在陀螺上部，抛出旋转后撞击对方陀螺，若对方陀螺被撞出圈、撞停、撞倒皆为负，这种玩法叫"撞架"。

陀螺是白、傣、哈尼、佤、满等少数民族传统体育项目，比赛多在民族节日进行。1995年11月在云南昆明举办的第五届民运会上，由云南人民政府推荐，陀螺被列为正式比赛项目。1999年第六届全国少数民族传统体育运动会上，陀螺仍为正式比赛项目。

第十节 毽 球

毽球运动是在踢毽子的基础上发展而来的。踢毽子在我国历史悠久，源远流长。据说在距今3000多年前的殷商时代，有一种祭神祈雨时边跳边踢的舞蹈，这就是古代"蹴鞠"的雏形。"蹴"就是用脚踢的意思，"鞠"就是用皮革缝制而成的球，内充毛发和茅草等物。在战国时代"蹴鞠"很盛行，而到汉代已有蹴毛丸和蹴鞠的区别了，蹴鞠须有鞠域，踢法与现代足球相似；蹴毛丸和今天的踢毽子相似。1913年在我国山东省济宁县喻北屯城南张村的一个东汉墓中，出土了23块画像石，其中一块就是蹴毛丸图，图中8人以椭圆形地盘为中心，表演蹴毛丸。他们的动作和谐舒展、神态各异、潇洒自然。从图中可见蹴毛丸的动作姿态和现代踢毽子的盘、拐、磕、绷以及手心、手背、里抱月、外抱月等踢毽子的技术动作基本相似。蹴毛丸汉砖的出土为研究毽子的起源提供了充分的依据，由此证明今天的踢毽子起源于汉代蹴毛丸活动，现在的毽子是当时毛丸的发展。

为了继承和发扬民族传统体育的优秀遗产，挖掘民族传统体育的精华，国家体委组织力量，运用现代体育科学理论，对踢毽子运动加以整理、规范，正式定名为毽球，并编写出一套毽球竞赛规则，经过推广，试验效果良好，国家体委于1984年3月3日决定将其列为正式比赛项目。

第一届全国毽球锦标赛于1985年4月1日在苏州举行，火车头体协男、女代表队双获冠军。1987年，中国毽球协会成立，并于1989年创办了自己的刊物《中国毽球报》。从此，这项起源于我国传统踢毽子的毽球运动，便雨后春笋般地在全国迅速普及开来，并列为小学体育课的教学内容。1991年在广西南宁举行的全国第四届少数民族传统体育运动会上，毽球第一次被列为表演项目进入民运会；1995年在云南昆明举行的全国第五届少数民族传统体育运动会上，毽球被列为民运会正式比赛项目。1999年主会场在北京的第六届全国少数民族传统体育运动会上，毽球也被列为正式比赛项目，比赛采用原国家体委1997年审定的《毽球竞赛规则》。

第十一节 木 球

宁夏回族民间流传的"打木球"，历史悠久，内容丰富多彩，是重要的民族传统体育活动。改革开放以后，我国社会稳定、人民安居乐业，重新焕发了各族人民的活力和热情。吴忠市马莲渠乡回族青年"打木球"又红火起来了，引起了社会的关注，后经宁夏回族自治区体委和民委组织专家进行挖掘和整理正式定名为"回族木球"。1982年9月马莲渠回族木球队代表宁夏参加了在内蒙古自治区呼和浩特市举办的第二届全国少数民族传统体育运动会,进行了两场精彩的表演。1986 年在新疆维吾尔自治区乌鲁木齐市举办的第三届全国少数民族传统体育运动会上,宁夏木球队再次表演,受到了大会的肯定。1990 年宁夏举办了首届全国木球邀请赛,安徽、天津、内蒙古、山西等 7 家单位的木球队参加了比赛,并取得了圆满的成功。1991 年国家体委和国家民委在广西南宁举办的第四届全国民运会上,将木球列入正式比赛项目。

第十二节 高 脚 马

　　高脚马是源于湘、鄂、渝、川、黔五省市边界地区广大土家族群众的一种传统体育活动。"高脚马"又称"竹马",土家族称为"吉么列",是在两根竹竿上绑上两个脚蹬,人踩在上面行走的一种游戏。据传"高脚马"最初是土家族、苗族人在雨天或穿越水浅的河流时为了不湿鞋而采用的代步工具。土家族人在闲暇时利用高脚马进行竞速、对抗、越野、角斗和花样表演,其起源时间已经无法考证。

　　1996 年,湖南省首届少数民族传统体育运动会上,"高脚马"被列入比赛项目。2001 年 6 月经国家民委和国家体育总局批准,全国"高脚马"教练员、裁判员培训班和全国首届"高脚马"邀请赛在湖南吉首大学举行,来自北京、广东、湖北、贵州、湖南 5 个省(市)的代表队 30 余名运动员参加了男子、女子 100 米和 100 米接力 3 个竞速项目的比赛。

第十三节 蹴 球

　　清朝末期,在北京和我国北方地区,民间流行起了一种踢石球的游戏,这种石球是"琢石为弹丸",它的踢法在《京帝景物略》、《北京民间风俗百图》等书中均有记述。崔灏在《通俗编》卷三十一说:"今小儿搏土为丸,置其一以为标,足蹴他丸击之,或用瓦球,或用胡桃,率以击中为胜。"《燕京岁时记》记踢石球时也说:"亦蹴鞠之类也。"踢石球是古蹴鞠和击壤的变异还是结合产物,还需要进一步考证。原因是踢石球与蹴鞠虽然都是踢,但球的结构、踢法有本质不同,与击壤的玩法也没有相似之处。清富察敦崇《燕京岁时记》记载:"十月以后,寒贱之子,琢石为球,以足蹴之,前后交击为胜。盖京师多寒,足指皴冻,儿童踢弄之,足以活血御寒。"另据清李声振《有戏竹枝词·踏鞠》:"踏鞠场中浪荡争,一时捷足趁坚冰。铁球多似皮球踢，何不金丸逐五陵。"以上说明踢石球起源于北方，是民间之游戏，清代盛行。

近十几年来，由北京民族传统体育协会组织有关专家和学者对蹴球项目进行了挖掘和整理，又经过不断的表演和竞赛，现在形成了比较完善的规则，已经在群众中广泛普及和推广起来。1991年、1995年在第四、第五届全国少数民族传统体育运动会上，蹴球列为表演项目；1998年11月在北京市的少数民族传统体育运动会上，首次将蹴球列为正式比赛项目；1998年11月在北京举行了全国蹴球教练员、裁判员学习班；1999年4月在北京再次举行了全国教练员、裁判员学习班，并且在北京的奥林匹克中心曲棍球场进行了首届全国蹴球邀请赛，在这次邀请赛中，完善了竞赛规则，为以后蹴球运动的推广奠定了基础。1999年9月20～23日在第六届民运会蹴球比赛开始前，再次组织担任本届比赛的裁判员进行学习和实习，为蹴球运动正式成为全国少数民族传统体育运动会竞赛项目做好了充分的准备。1999年9月蹴球运动成为在北京召开的第六届全国少数民族传统体育运动会的正式比赛项目，2003年和2007年分别在宁夏银川、广东广州召开的第七、第八届全国少数民族传统体育运动会上均被列为正式比赛项目。目前，蹴球运动已经比较广泛地开展起来，特别是在少数民族地区受到老年人和少年儿童的青睐，湖北、湖南、贵州、四川、西藏、河北、北京等省（市）竞技水平较高。

蹴球比赛只要求有一块10平方米平坦的场地、4个蹴球就可以进行，而且趣味性强、双方斗智斗勇，不要求年龄和性别的限制，即使在旁边观看也能充分体会到比赛的魅力。因此，蹴球运动受到广大群众的喜爱，非常容易得到开展。高水平的蹴球比赛往往能打出让人意想不到的技战术。比赛中场上情况瞬息万变，不论是长距离的奔袭球、还是近距离的擦边球，往往能一次机会得4分甚至8分。每一次发球、放球、进攻、防守都包含着极强的战术意识。一次成功的进攻可以转被动为主动并且奠定比赛的胜利；一次无谓的失误也能造成全局的失败。比赛不仅是比技术、比战术、比体力，更是比意志、比胆量、比智慧。蹴球比赛要求运动员神情专一，要有较强的控制能力，不受场上、场下各种因素的干扰，锻炼意志，陶冶情操。蹴球时必须是单脚支撑，另一只脚稳当地踩住球用力向前蹴出，这样就要求有较强的支撑和平衡能力。比赛中要求运动员有迅速、敏捷的判断力，对场上情况短时间内作出准确的分析，才能抓住战机，取得比赛的胜利。

第十四节　秋　千

少数民族秋千种类繁多，历史悠久。据清人翟灏《通俗篇》卷三十一引《古今艺术图》："秋千本山戎之戏，自齐桓公北伐山戎，此戏始传中国。"山戎是春秋时北方的一个少数民族，地处今辽宁西南、河北东北部之间，周惠王十四年（公元前 663 年），齐桓公北伐山戎时，带回秋千游戏，在汉唐时期开始流行。

上述记载说明，秋千始传于中原，起初只是宫廷之戏。后由于历代帝王嫔妃提倡，在民间开始广泛流传，并多在清明节做此游戏，后久之形成习俗。到元、明、清，秋千活动更加盛行，不论贫、富之家，每到清明之日，置秋千架，作秋千之戏，古代文人多有记述。"都门之女，闺阃打秋千，窄袖手摇蝴蝶影，短襟足破鹭鸶烟，云际耸香肩"，"半仙之戏，无处无之，仕女春图，此为第一"，"近有二女对舞者双双对蹴"，"二女对舞"这是指汉族秋千，到了元、明、清时期已有双人荡秋千。

受北戎秋千影响最大的是山东。山东秋千不仅传入早，而且持续长，范围广。主要盛行始传古齐国地域（令山东淄博、潍坊及胶东各县），清代居住山东章丘的李开先在《观秋千作》序言中描述了当地汉族荡秋千之俗："东接回军，北临大河，庄名犬沟崖。清明日，高竖秋千数架，近村妇女，欢聚其中。予以他事偶过之，感而赋诗：彩架傍长，女郎笑且歌，身轻如过鸟，手捷类飞梭。村落人烟少（人多逃亡），秋千名目多（有转立、独脚等）。从傍观者俱，任路今如何。"兵荒马乱之年，清明节仍荡秋千，不仅仅是乐于此戏，而是祈祷国泰民安。

为了促进少数民族秋千的发展，国家体委、国家民委主持制定了秋千竞赛规则，使古老的秋千运动迈向正规化和科学化。1986 年 8 月新疆举行的第三届少数民族传统体育运动会上设立秋千为比赛项目。第四、第五届全国少数民族传统体育运动会上秋千仍为正式比赛项目。

第十五节　板　鞋

"板鞋接力"源于明代，据传，明代倭寇侵扰我国东南沿海，广西土官瓦氏夫人率众赴浙江抗倭。瓦氏夫人当年为了培养士兵的集体观念，以求步调一致，而命人根据壮族的木履样子做成长木鞋。她让士兵 3 人一组或6人一组地共穿一双长木鞋，练习赛跑，要想跑得快，必须团结一心，默契配合。正是这种饶有趣味的练兵方法，使壮兵团结一致，勇敢无畏，挫败了倭寇。后来效仿瓦氏夫人"同步"练兵法，在田头地脚、房前屋后开展板鞋竞速活动以自娱。该运动项目是在"板鞋舞"、"板鞋竞速"的基础上经多次修改、不断提高而定型的竞技形式。板鞋是用长2～5米而比足稍宽的木板两块，按等距离钉制三双脚带。比赛时，三人一组，脚穿板鞋，双手扶在前边人的肩上，听裁判发令出发，并开始计时，经折回点返回原地，按比赛时间排列名次，奖励优胜者。

　　板鞋项目于2007年在广州召开的第八届全国少数民族传统体育运动会上被列为正式比赛项目。

附录　各民族传统体育项目表

民族	传统体育项目
蒙古族	蒙古象棋、鹿棋、八门阵棋、摔跤、踢行头、踢毽、中幡、赛马、马术、赛骆驼、射箭、打布鲁、套马、贵由赤、击石球、布木格、嘎拉哈、武术、秋千、打唠唠球、踢牛嘎拉哈、沙塔拉、鲍格棋、祭海
回族	打铆球、木球、打抛俩、打梭儿、打抛、打得栲、墙球、洒蛋蛋、打石头、踢毽、踢毛毽、放风筝、打毛蛋、弓弩射、拔河、掼牛、掷子、耍水、拔腰、拌跤、抱小腰、打杈杨、叠罗汉、耍狮子、踩高跷、拧手指头、扭扁担、扳手腕、推步、对棍、花式跳绳、顺风扯旗、中幡、赛马、摇杆、方棋、跳格、跳皮筋、扔包、赶老牛、斗鸡赛、滑冰车、秋千、打砖、弹腿、回民七势、回回十八肘、护身拳、通备拳、白猿通背拳、八极拳、阴把枪、查拳、心意六合拳、八门拳、八门驷拳、环子捶、汤瓶拳、十三太宝气功、回民七势
藏族	赛牦牛、赛马、马术、跑马打枪、骑马点火枪、射箭、射击、藏棋、尼格尔、吉布杰曾、巴塘藏棋、和尚棋、甲泼得雪、略之巴棋、加哲、拔腰、大象拔河、朵加、举皮袋、赶喽喽、吉韧、娃郎得、击球、俄尔多、打牛角、套圈、跳高、跳绳、游泳、蹬棍、风筝、射碧秀
维吾尔族	达瓦孜、萨哈尔地、切里西、赛马、叼羊、骑射、帕卜孜、打嘎儿、奥都卡尔、顶瓜竞走、抢花帽
苗族	秋千、划龙舟、爬坡杆、爬滑杆、上刀梯、手毽（麻古）、掷鸡毛、赛马、跳鼓、猴儿鼓舞、拉鼓、踢毛毽、接龙舞、舞狮、跳狮子、打泥脚、打禾鸡、踢角架、布球、打"草蛇"、穿针赛跑、织麻赛跑、穿花衣赛跑、穿花裙赛跑、踢枕头、摔跤、芦笙刀、射弩、射背牌、打花棍、金钱棍、舞吉保、苗拳、蚩尤拳
彝族	摔跤、赛马、射弩、射箭、互布吉则、皮风子、陀螺、磨秋、跳火绳、跳牛、跳板凳、跳小单门、跳大单门、棕球、小包团、皮球窝、撒实威威、十六赶将军、青木咱拉、月亮棋、吉菠基伸、设渡比拉、阿勤难、跳大海、字过、耍龙、耍狮子、老虎抢蛋、日尔嘎、杠术、顶头、抵肩、对手拉、扭扁担和顶扁担、尔满古、抽、望骂掷、跳高脚马、爬油竿、绵羊拉绳、辣地、阿克登登土、刀术
壮族	投绣球、抢花炮、特朗、春榔争蛙、打陀螺、跳花灯、打手毽、磨秋、舞狮、扒龙船、芭芒燕、打拐、赶猪进城、踩风车、跳斑鸠、翡翠舞、射柳、扳腰、翻歪涧、虎抱羊、搭人山、蚂拐刀、蚂拐棍、壮拳、洪拳、烟筒花、拾天灯、跳桌
布依族	丢花包、花棍舞、打格螺、划竹排比赛、秋千、赛马、耍狮、铁链械
朝鲜族	摔跤、荡秋千、跳板、顶罐走、高丽象棋、铁边极、投甑

续表

民族	传统体育项目
满族	冰嬉、双飞舞、溜冰车、溜冰、打冰嘎、雪地走、采珍珠、射箭、步射、追射、射柳条、射香火、射鹄子、射米团、射簇、射兔、立射、举重石（刀）、摔跤、跳马、跳骆驼、狩猎、赛威呼、放风筝、满族秋千、骑马战（赛马）、跑马城、绳飞（跳白索）、踢毽、踢石球、赶石弹、击石球、桦皮婆、插鸡尾翎、打牛毛球、马球、夹兽跳、铜锣球、玩嘎拉哈、拉地弓、穿树林、中幡、挪子、通背拳满族传人、武当剑满族传人
侗族	抢花炮、哆毽、踩石轮、草球、骑木马、学斗牛、舞龙头、耍春头、踩芦笙、投火把、摔跤、三三棋、侗拳
瑶族	毛莱球、人龙、播公、打陀螺、独木滑水、独木桥、对顶木杠、瑶拳
白族	赛马、赛龙船、霸王鞭、秋千、仗鼓、登山、耍火龙、打陀螺、跳伟登、跳火把、人拉人拔河、"老虎跳"、跳花棚、洱海龙舟赛
土家族	打飞棒、踢毽子、抢贡鸡、扁担劲、抱磨盘赛跑、抵杠、跑泽田、搭撑腰、肉莲花、撒尔嗬、秋千、打磨秋、摇旱船、舞板凳龙、舞草把龙、地龙、双虎凳、跳红灯、脚踩独木穿急流、攀藤、撑杆跳远、拔地功、倒挂金钩、玩抱姑、王码棋、高脚马、跳马儿、抱蛋、拉头巾、踏木桩、潜水游戏、漂滩、滚坛子、滚环、拣子、搂腰带、土家族的武术、举石、立阳桩、耍石碗、护身耙、火棍、鸡形拳、虎占山捶
哈尼族	磨秋、摔跤、打陀螺、赛蒙抬、打石头架
哈萨克族	叼羊、赛马、姑娘追、马上射击、马上摔跤、摔跤、穿麻袋摔跤、掷白骨头、躺倒拔河、滑雪、拍打毛线球
傣族	赛龙舟、象脚鼓对踢、丢包、藤球、跳竹竿、打陀螺、赛舟、青蛙赛跑、鸭子赛跑、游泳、跳水、堆沙、傣拳、傣族武术
黎族	卡咯、打花棍、打狗归坡、盖洌、钱铃双刀、射箭、粉枪射击
傈僳族	泥弹弓、尼昂急、傈德德、德细来火、爬树爬竹竿、逮来火、拉肚夺、划爬子比赛、拉绳、爬绳比赛、四方拔河、皮球得来火、皮球丢、赖地、"背什"、滑板子、跳牛、砍竹竿、投掷
佤族	射弩、布隆、陀螺、爬竿、牛尿泡球、布球、藤球、莫海亚、能顿、重章撒、顶杠、卓威达威
畲族	操石磉、打尺寸、抢山猪头、赛海马、斗牛、站柱、虎抓羊、打野战、舞铃刀、畲族拳
高山族	竿球、背篓球、斗走、射猎、竹摔、拉竿、顶壶竞走、拔河、斗力、打陀螺、弄狮、弄龙、龙舟竞渡、风筝、钱仔球、秋千、头目棋
拉祜族	射弩、蜡河毕、卡扒、打马桩、投茅、鸡毛球、丢包、嘎克依峨达、迈切切、扁达、阿浅、戛水戛都、卡扎吸峨、哈鸣郭、瓦逮、贾祖巴、扎底戛打、拳术·器械

续表

民族	传统体育项目
水族	赛马、狮子登高、翻桌子、水族武术
东乡族	赛马、压走马比赛、压走骡比赛、巴哈邦地、"咕咕杜"、跑火把、三连石击目标、一马三箭、打鞭子比赛、当夯达至拿杜、羊皮筏子、羊皮袋、牛皮袋竞渡、骑木划水、夹木过河、人牛泗渡过河、放鹰野猎、赛马、摔跤
纳西族	东巴跳、秋千、赛马、占占夺、飞石锁、丽江球、跑罐子、偷狐儿、拨拨拉、内窝扑
景颇族	火枪射击、爬滑车、拉拉、扭杠、顶杠、秋千、跳高摔跤、蛇龙、赶猪、走子棋、刀术
柯尔克孜族	追姑娘、飞马拾银、叼羊、赛马、走马、射元宝、狩猎、奥塔热希、马背拔河、跨驼比武、月下赛跑、奥尔达、昂克尔代克、科力布卡、二人翻、莫西拉西、二人秋、包考、"狼吃羊"棋、交安尼希、阔宽铁、奥尔托托莆、阿尔罕塔尔提希、棒击球
土族	轮子秋、拉棍、拔腰、赛马、射箭、摔跤、踢毽子
达斡尔族	波依阔、颈力、射箭、赛马、摔跤、滑雪、寻棒、萨克、"陶勒塔日喀贝"（陶力棒）、掷坑、打枕头、老虎棋、鹿棋
仫佬族	游泳、抢花炮、打篾球、玩花龙、打灰包、象步虎掌
羌族	推杆、摔跤、骑射、观音秋、扭根子、跳盔甲
布朗族	藤球、亚都都、斗鸡、爬竿、射箭、跑马
撒拉族	拔腰、打缸、打蚂蚱、打瓦、打日斗来、拔腰、蹬棍、放木筏、赛瓦、骑术、游泳、溜道滑冰
毛南族	同填、同顶、同背、同拼、石担和石锁、抛沙袋三棋、射棋、围母棋（母子棋、簸箕棋、牛角棋、禾剪棋）
仡佬族	打篾鸡蛋球、打花龙、高台舞狮
锡伯族	射箭、摔跤、秋千、狩猎、举重射箭杆儿、滑冰、打瓦、踢熊头、打螃蟹
阿昌族	耍象、耍龙、荡秋、车秋、蹬窝罗、射弩、猫赖过、阿昌拳术、晃赖过
普米族	射箭、射弩、磨秋、摔跤、击鸡毛球、板羽球、布球（堵鲁）、跳高、赛跑
塔吉克族	叼羊、赛马、马术、马球
怒族	溜索、跳竹、虎熊抱石头、踢脚（脚斗）、划猪槽船、滑草、摔跤
俄罗斯族	嘎里特克
鄂温克族	套马、狩猎、滑雪、赛马
德昂族	射弩、梅花拳、左拳

续表

民族	传统体育项目
保安族	抹旗、夺腰刀、抱腰、拔腰、夺腰刀比赛、甩抛尕、打石头、打红五枪、羊皮筏竞渡、赛马、骑螺竞走、射箭
裕固族	赛马、摔跤、骑雪马、射箭、赛骆驼、浩尔畏、打蚂蚱、拉棍、拉爬牛、顶牛、叼羔羊、射箭
京族	打狗、踩高跷、跳竹竿、顶竹竿、游水捉鸭
塔塔尔族	赛跳跑、爬杆、赛马、摔跤、拔河
独龙族	射弩、溜索比赛、登独木天梯、登绳梯、跳高、撑竿跳、摔跤、老熊抢石头、滑草、拉姆、网石
鄂伦春族	射击、夏巴、耶路里得楞、皮爬犁、赛马、套马、滑雪、狩猎、毛皮球、撑竿跳、滑雪、斗熊、板棍
赫哲族	叉草球、叉草人、射箭、恰尔厅刻、击木轮赛、木枪射击赛、打爬犁、赛狗爬犁、摔跤比赛、游泳与潜水赛、夺万岁、快马子赛、冰磨、游泳、划船、秋千、骑狗赛、潜水
门巴族	狩猎
珞巴族	射箭、碧秀（响箭）
基诺族	跳嘎、竹竿比赛、"羊打架"、摔跤、高跷、藤条拔河、游泳、射弩、射箭、打毛毛球、泥弹弓
乌孜别克族	赛马、叼羊、摔跤

参 考 文 献

[1] 徐万邦、祁庆富：《中国少数民族文化通论》，中央民族大学出版社，1996年版。
[2] 林耀华：《民族学通论》，中央民族学院出版社，1997年版。
[3] 中国当代文学研究会少数民族文学分会：《少数民族民俗资料》，内部资料，1985年。
[4] 费孝通：《中华民族多元一体格局》，中央民族大学出版社，1989年版。
[5] 费孝通：《论文化与文化自觉》，群众出版社，2007年版。
[6] 方征、马辉：《经济全球化与民族传统体育文化遗产的保护与发展》，载《民族文化理论与实践》，民族出版社，2004年版。
[7] 徐玉良、方征：《少数民族传统体育通论》，远方出版社，2002年版。
[8] 佩雷斯·德奎利亚尔著：《文化多样性与人类全面发展》，张玉国译，广东人民出版社，2006年版。
[9] 胡小明：《运用体育人类学开展民族传统体育的研究》，载《浙江体育科学》1992年第3期。
[10] 中国社会科学院语言研究所词典编辑室：《现代汉语词典》，商务印书馆，2007年版。
[11] 杨文轩、陈琦：《体育原理》，高等教育出版社，2004年版。
[12] 国家体育总局：《国家体育总局关于进一步繁荣发展体育科学的意见》，载《体育科学》2005年第1期。
[13] 汪康乐：《体育科学新学科创建学》，北京体育大学出版社，2006年版。
[14] 赵静冬、殷俊、陈宇红：《中国少数民族传统体育研究》，云南民族出版社，2001年版。
[15] 饶远、陈斌：《体育人类学》，云南大学出版社，2005年版。
[16] 崔建功、曹运华、叶伟：《民族传统体育学科建设的基本理论问题——兼论该学科产生的时代背景》，载《北京体育大学学报》2007年第5期。
[17] 倪依克：《民族传统体育学学科理论体系的研究》，载《广州体育学院学报》2006年第3期。
[18] 武冬：《从学科的角度全面审视民族传统体育学——对民族传统体育学的基本认识》，载《北京体育大学学报》2006年第4期。
[19] 张选惠：《民族传统体育概论》，人民体育出版社，2006年版。
[20] 周伟良：《民族传统体育概论》，高等教育出版社，2000年版。
[21] 胡小明：《拓展民族传统体育赖以生存的理论空间》，载《体育学刊》2003年第

5期。
- [22] 周伟良：《中华民族传统体育概论高级教程》，高等教育出版社，2003年版。
- [23] 庄孔韶：《人类学通论》，山西教育出版社，2005年版。
- [24] 庄孔韶：《人类学概论》，中国人民大学出版社，2006年版。
- [25] 张实：《体质人类学》，云南大学出版社，2003年版。
- [26] 芦平生、杨兰生：《民族传统体育研究》，甘肃教育出版社，2002年版。
- [27] 郑旭旭：《民族传统体育发展论集》，上海古籍出版社，2007年版。
- [28] 中国体育博物馆、国家体委文史委员会：《中华民族传统体育志》，广西民族出版社，1990年版。
- [29] 胡小明：《民族体育》，广西师范大学出版社，2000年版。
- [30] 胡小明：《体育人类学》，高等教育出版社，2005年版。
- [31] 李鸿江：《中国民族体育导论》、《中国传统体育导论》，中国书籍出版社，2000年版。
- [32] 狐鸣、谭广鑫：《当代中国体育人类学的发展与展望》，载《体育文化导刊》2008年第1期。
- [33] 倪依克、邵晓军、张自治：《民族传统体育学学科建设的理论基础》，载《体育科学》2005年第1期。
- [34] 席焕久：《体育人类学》，北京体育大学出版社，2001年版。
- [35] 熊晓正：《人文奥运与凹林匹克运动》，载《第七届全国体育科学大会论文集》，中国体育科学学会，2004年。
- [36] 杨圣敏：《中国民族学的现状与展望》，引自《中国人类学评论》，世界图书出版公司，2001年版。
- [37] 侯艳：《京华时报》，2004年5月4日。
- [38] 姚鸿恩、王家林：《健康教育》，广西师范大学出版社，2003年版。
- [39] 夏建中：《文化人类学理论流派》，中国人民大学出版社，1997年版。
- [40] 方征：《浅谈傈僳族传统体育文化》，载《体育文化导刊》2002年第3期。
- [41] 云南社会发展中心：《少数民族体育文化论》，云南民族出版社，1995年版。
- [42] 延超、饶远：《水与火洗礼中的民族传统体育——傣族与彝族体育的比较研究》，载《体育科学》2006年第11期。
- [43] 李延超、饶远：《傣族体育与"水文化"缘由探析》，载《体育科学》2006年第4期。
- [44] 费尔迪南·德·索绪尔著：《普通语言学教程》，高名凯译，商务印书馆，1985年版。
- [45] 克利夫德·格尔茨著：《文化的解释》，纳日碧力戈译，上海人民出版社，1999年版。
- [46] 宋蜀华、白振声：《民族学科学与方法》，中央民族大学出版社，1998年版。
- [47] 费孝通：《盘村瑶族》，民族出版社，1983年版。

[48] [美]卢克·拉斯特：《人类学的邀请》，王媛、徐默译，北京大学出版社，2008年版。
[49] 王铭铭：《中国人类学评说》，世界图书出版公司，2007年版。
[50] 林惠祥：《文化人类学》，商务印书馆，1996年版。
[51] 黄新美：《体质人类学基础》，科学普及出版社广州分社，1983年版。
[52] 费尔迪南·德·索绪尔：《普通语言学教程》，高名凯译，商务印书馆，1985年版。
[53] 陈松岑：《社会语言学导论》，北京大学出版社，1985年版。
[54] 戴庆厦：《社会语言学教程》，中央民族大学出版社，1993年版。
[55] 芮逸夫：《云五社会科学大词典·第十册·人类学》，台湾商务印书馆股份有限公司，2000年版。
[56] 布鲁斯·特里格：《考古学主要概念的历史演变》，《东南文化》，1995年。
[57] 保罗·巴恩（PaulBahn）：《当代学术入门——考古学》，牛津大学出版社，1998年版。
[58] 容观琼、乔晓勤：《民族考古学初论》，广西民族出版社，1992年版。
[59] 华安德：《序三》，《文化遗产的保护与经营》，社会科学文献出版社，2003年版。
[60] 色音：《文化遗产与文化人类学》，《文化遗产的保护与经营》，社会科学文献出版社，2003年版。
[61] 张力平：《中国少数民族习俗与传统文化》，广西民族出版社，1994年版。
[62] 王如松、周鸿：《人与生态学》，云南人民出版社，2004年版。
[63] 克莱夫：《环境与伟大文明的衰落》，上海人民出版社，2002年版。
[64] 美国时代生活公司：《人类文明史图鉴》，吉林人民出版社、吉林美术出版社，2000年版。
[65] 黄秉生、袁鼎生：《民族生态审美学》，民族出版社，2004年版。
[66] 颜天民：《体育学概论》，广西师范大学出版社，2006年版。
[67] 曾于久、刘星亮：《民族传统体育概论》，人民体育出版社，2000年版。
[68] 姚重军：《少数民族传统体育文化研究》，民族出版社，2004年版。
[69] 韦晓康、方征、张延庆、赵志忠：《少数民族传统体育可持续发展研究》，中央民族大学出版社，2006年版。
[70] 图道多吉：《中国民族理论与实践》，山西教育出版社，2003年版。
[71] 钟敬文：《节日与文化》，载《人民日报》1988年3月11日。
[72] 钟敬文：《中国民族节日大全》，知识出版社，1993年版。
[73] 陈永龄：《贵州节日文化》，中央民族学院出版社，1988年版。
[74] 方征：《我国少数民族体育科学研究之思考》，载《体育文化导刊》2008年第9期。
[75] 易剑东：《体育文化学》，北京体育大学出版社，2006年版。
[76] 童昭岗、孙麒麟、周宁：《人文体育》，中国海关出版社，2002年版。

[78] 方征、刘新华:《论民族传统体育学学科的理论基础》,载《武汉体育学院学报》2008年第9期。
[79] 冯胜刚:《关于正确定义中国少数民族传统体育文化的研究》,载《贵州民族研究》2004年第4期。
[80] 冯胜刚:《对"文化"和"体育文化学"定义的求索》,载《贵州师范大学学报》2003年第6期。
[81] 袁华亭:《对少数民族传统体育文化基本概念的探讨》,载《武汉科技学院学报》2006年第12期。

后 记

　　这本书经过近两年的努力，总算撰写出来了。作为中央民族大学2008—2009年度校级特色教材立项项目，得到了学校及相关部门的大力支持，并给予出版经费上的资助。

　　1987年6月，20岁出头的我从武汉体育学院来到了中央民族大学，成为一名体育教师。经过几年的摸爬滚打之后，我猛然发现这里盛开着一支绚丽的奇葩——少数民族传统文化，于是沿着这条路我就摸索起来。从蹴球等竞技项目的挖掘研究到傈僳族的"上刀山、下火海"、纳西族的东巴跳、拉祜族女童的健康、少数民族传统体育的起源与发展、鄂伦春族的文化变迁、传统体育的保护与发展的研究等，凭着自己的兴趣一步步走来，研究领域涉及许多民族和许多项目。这种"胡子眉毛一把抓"的研究，显现出散乱和不系统性。当我的足迹踏进了拉祜族山寨、鄂伦春族猎民村之后，我开始感到困惑和茫然。面对如此众多的少数民族传统体育资源，我该怎样选择？在田野工作中，我应该怎样进行调查？如何应对实际工作中错综复杂的情况？如何从众多的文化现象中剥离出有价值的资料？用什么样的理论来武装自己？用什么样的方法去深入阐释？经过反思之后，我就扎进了民族学和人类学的书堆里，尽情地吸吮着这些营养丰富的甘露。这些理论就像一把钥匙——打开了我的心结，照亮了我的学术前景，为我指明了前进的方向。于是便将自己的读书心得与实际考察相结合，撰写了《少数民族传统体育科学研究之思考》、《论民族传统体育学学科的理论基础》、《少数民族传统体育学学科建设研究》等论文。与此同时，我就在自己与中央民族大学体育学院教授徐玉良先生合著的《少数民族传统体育通论》的基础上，开始撰写《少数民族传统体育学概论》。撰写这本著作的目的一方面是为了给体育专业的学生在关注竞技体育的同时，向他们展示少数民族传统体育文化的价值和魅力，促使他们向着全面发展的道路迈进；另一方面是试图为从事民族传统体育文化研究的朋友，解决在理论依据和方法论方面遇到的困惑和问题，为他们的研究提供一个新的视角，同时也为大家展示进行跨学科综合研究所具有的巨大潜力和广阔前景。尽管我在跨学科学习民族学和人类学理论时，也遇到了很大的困难和挑战，几年来我拼足力气去"补充营养"，但底蕴深厚和快速发展的民族学、人类学理论一时还难以让我全面消化。不管怎样，丑媳妇总是要见公婆的，既然写出来了，也就得与大家见面，就把它当做一个小石子投入到浩瀚的大海中，它所泛起的涟漪也许会产生一丝波纹，为大家带来一丝遐想。

在这里我首先要感谢中央民族大学，在这个一草一木都散发着少数民族文化芳香的民族大花园里，我自觉和不自觉地受到了感染，是她给我指明了方向、给了我力量、给了我信念，使我受益终生。在这里我结识了民族学教授王庆仁、民族教育学教授滕星、人类学教授王建民、语言学教授丁石庆等，在与他们零距离的促膝交谈中，我领略到了他们谦逊的风格、渊博的知识等大家风范，这将促使我向着更高的目标迈进。感谢将我带入民族传统体育文化殿堂的徐玉良教授，感谢长期以来一直给我指导和鼓励的饶远教授，感谢我的团队伙伴韦晓康教授和张延庆副教授，感谢未曾谋面的胡小明、汪康乐、易剑东、周伟良、周宁等专家和学者，感谢我的家人，感谢中央民族大学教务处给予的支持和信任，感谢中央民族大学出版社给予的大力支持。

作　者
于中央民族大学
2009 年 1 月 26 日